时间、劳动与社会统治

马克思的批判理论再阐释

Time, Labor, and Social Domination:
A Reinterpretation of Marx's Critical Theory

[加] 莫伊舍·普殊同（Moishe Postone） 著
康 凌 译

北京大学出版社
PEKING UNIVERSITY PRESS

著作权合同登记号　图字：01-2013-3708
图书在版编目（CIP）数据

时间、劳动与社会统治：马克思的批判理论再阐释／（加）莫伊舍·普殊同（Moishe Postone）著；康凌译．—北京：北京大学出版社，2019.6
（雅努斯思想文库）
ISBN 978-7-301-30151-7

Ⅰ．①时⋯ Ⅱ．①莫⋯ ②康⋯ Ⅲ．①马克思主义-辩证批判理论-研究 Ⅳ．① A811.63

中国版本图书馆 CIP 数据核字（2018）第 291461 号

TIME, LABOR, AND SOCIAL DOMINATION First Edition (ISBN 978-0-521-56540-0) by MOISHE POSTONE first published by Cambridge University Press 1993.
All rights reserved.
This simplified Chinese edition for the People's Republic of China is published by arrangement with the Press Syndicate of the University of Cambridge, Cambridge, United Kingdom.
© Cambridge University Press & Peking University Press 2019.

This book is in copyright. No reproduction of any part may take place without the written permission of Cambridge University Press and Peking University Press.

This edition is for sale in the People's Republic of China (excluding Hong Kong SAR, Macau SAR and Taiwan Province) only.
此版本仅限在中华人民共和国（不包括香港、澳门特别行政区及台湾地区）销售。

Copies of this book sold without a Cambridge University Press sticker on the cover are unauthorized and illegal.
本书封面贴有 Cambridge University Press 防伪标签，无标签者不得销售。

书　　　名	时间、劳动与社会统治：马克思的批判理论再阐释 SHIJIAN、LAODONG YU SHEHUI TONGZHI：MAKESI DE PIPAN LILUN ZAI CHANSHI
著作责任者	［加］莫伊舍·普殊同（Moishe Postone）　著　　康凌　译
责 任 编 辑	张文华
标 准 书 号	ISBN 978-7-301-30151-7
出 版 发 行	北京大学出版社
地　　　址	北京市海淀区成府路 205 号　100871
网　　　址	http://www.pup.cn　新浪微博：@北京大学出版社　@培文图书
电 子 信 箱	pkupw@qq.com
电　　　话	邮购部 010-62752015　发行部 010-62750672　编辑部 010-62750883
印 刷 者	天津联城印刷有限公司
经 销 者	新华书店
	660 毫米 × 960 毫米　16 开本　30.5 印张　507 千字
	2019 年 6 月第 1 版　2022 年 11 月第 3 次印刷
定　　　价	85.00 元

未经许可，不得以任何方式复制或抄袭本书之部分或全部内容。
版权所有，侵权必究
举报电话：010-62752024　电子信箱：fd@pup.pku.edu.cn
图书如有印装质量问题，请与出版部联系，电话：010-62756370

献给我的父母：
亚伯拉罕·普殊同和伊夫琳·普殊同

目 录

译者序　05
致　谢　09

第一部分　对传统马克思主义的批判　1

第一章　重新思考马克思对资本主义的批判　3
第一节　导论　3
　　传统马克思主义的危机　8
　　重建一种现代社会的批判理论　16
第二节　《大纲》：重新思考马克思的资本主义概念及其克服　23
　　资本主义的基本核心　26
　　资本主义、劳动与统治　33
　　资本主义的矛盾　38
　　社会运动、主体性与历史分析　41
　　一些现实意义　44

第二章　传统马克思主义的预设前提　49
第一节　价值与劳动　49
第二节　李嘉图与马克思　57
第三节　"劳动"、财富与社会建构　67
第四节　从劳动角度出发的社会批判　74
第五节　劳动和整体性：黑格尔与马克思　82

第三章　传统马克思主义的局限与批判理论的悲观论转向　97
第一节　批判与矛盾　101
第二节　波洛克与"政治的首要性"　104
第三节　波洛克的论述的前提与困境　111
第四节　霍克海姆的悲观论转向　120

第二部分　朝向对马克思的批判性重构：商品　141

第四章　抽象劳动　143

第一节　一种范畴性再阐释的要求　143

第二节　马克思的批判的历史规定性　148

历史特殊性：价值与价格　151

历史特殊性与内在批判　161

第三节　抽象劳动　168

第四节　抽象劳动与社会中介　173

第五节　抽象劳动与异化　184

第六节　抽象劳动与拜物教　194

第七节　社会关系、劳动与自然　200

第八节　劳动与工具性活动　209

第九节　抽象的与实质的整体性　213

第五章　抽象时间　217

第一节　价值量　217

第二节　抽象时间与社会必要性　222

第三节　价值与物质财富　225

第四节　抽象时间　233

第五节　社会中介形式与意识形式　251

第六章　哈贝马斯对马克思的批评　262

第一节　哈贝马斯早期对马克思的批判　263

第二节　《交往行为理论》与马克思　281

第三部分　朝向对马克思的批判性重构：资本　303

第七章　朝向一种资本理论　305

第一节　货币　306

第二节　资本　310

  第三节　对资产阶级市民社会的批判　316

  第四节　生产领域　322

第八章　劳动与时间的辩证法　332

  第一节　内在动力　333

  第二节　抽象时间与历史时间　338

  第三节　转化与重构的辩证法　346

第九章　生产的轨迹　356

  第一节　剩余价值与"经济增长"　356

  第二节　阶级与资本主义的动力　364

  第三节　生产与增殖　376

    协　作　378

    工场手工业　382

    大工业　389

  第四节　实质整体性　403

    资　本　403

    无产阶级　410

    矛盾与特定的否定　413

    普遍性的模式　422

    社会时间划分的发展　431

    必然王国　436

第十章　结论性思考　445

参考书目　462

译者序

一

莫伊舍·普殊同（Moishe Postone，1942—2018），德国法兰克福大学博士，长期执教于芝加哥大学历史系，并任托马斯·E.唐纳利（Thomas E. Donnelley）讲席教授。此外，他曾任芝加哥当代理论中心联合主任之一、犹太研究中心委员会成员，以及《社会学理论》（*Sociological Theory*）、《历史与记忆》（*History and Memory*）、《星座：批判与民主理论国际期刊》（*Constellations: An International Journal of Critical and Democratic Theory*）、《哲学与地理》（*Philosophy and Geography*）和《历史唯物主义》（*Historical Materialism*）等多家重要学术期刊的编委。普殊同的主要工作集中于对19至20世纪欧洲思想史与批判理论的研究，尤其是对资本主义、现代反犹主义以及战后德国的记忆与认同问题的批判与研究。

普殊同是当代最重要的马克思主义历史学家之一，他的代表作《时间、劳动与社会统治：马克思的批判理论再阐释》萌芽于20世纪70年代西方激进社会运动逐渐落潮的历史语境中，经历了约二十年的撰写与修订后于1993年出版，随即获得美国社会学学会的理论著作奖，并被普遍认为是当代最为严谨、精深的对马克思的批判理论的再阐释之一。在戴维·麦克莱伦（David McLellan）看来，此书是自大卫·哈维（David Harvey）的《资本的限度》（*The Limits to Capital*，1982）以来，对马克思的成熟期政治经济理论所展开的最出色分析。齐泽克则将普殊同称为当代为数不多的真正尝试对政治经济学予以批判的理论家之一。

普殊同此著以对马克思的《政治经济学批判大纲》(以下简称《大纲》)的阅读为起点，结合当代资本主义在20世纪60年代以后的发展状况，一方面对马克思的《大纲》及后来的《资本论》中的一些核心范畴——如劳动、商品、价值和资本等——进行更为严格的说明，另一方面也对以法兰克福学派为代表的传统的马克思主义理论阐释（尤其是霍克海姆、波洛克和哈贝马斯的著作）加以评说或是批判。普殊同指出，传统的马克思主义理论错误地认为，在马克思的论述中，"劳动"是一种超历史的、普遍存在于一切社会形式中的社会活动。因此，在他们那里，对资本主义的批判变成了从劳动的角度出发，对资本主义社会的分配方式（如市场和私有制）进行批判。

与此相对，普殊同认为马克思笔下的"劳动"所指的是具有历史特殊性的资本主义劳动，马克思对资本主义的批判不仅是对分配方式的批判，也是对生产方式，是对资本主义劳动本身的批判。根据这一全新阐释，在马克思看来，资本主义体系的核心不仅在于市场机制和私有财产，更在于一种由资本主义劳动本身所产生的非个人的社会统治形式。无产阶级劳动和工业生产过程应该被理解为这种统治的表现方式，而不是人类解放的手段。这一再阐释带来了对现代社会生活的历史运动特质的批判性分析。这一分析将现代社会中的经济发展形式和社会劳动结构与居于资本主义心脏处的异化和统治联系了起来。普殊同指出，这样一种重构将为一种更加适用于20世纪晚期资本主义的批判性社会理论奠定基础。

二

从2012年读完全书开始动笔算起，本书的翻译算是经历了不短的一段时间，其中颇多变故，不足为外人道。但这也给我留出了充分的时间，去向师友请益。在译稿修订的过程中，新伟、王晴、任致均等阅读了部分章节并提出了许多中肯的意见；文哲凯（Jake Werner）通读了全文，作为普殊同的学生，他在许多关键概念上为我提供了详细的解释。责编张文华在审订过程中细心纠正了我的诸多疏漏。对于他们的帮助，我深致谢忱。

2012年夏天，普殊同教授应邀在华东师范大学以"主体与社会理论：马克思与卢卡奇论黑格尔"为题做了一场讲座。讲座结束后，在慕唯仁（Viren Murthy）教授的帮助下，我有幸与新伟、文哲凯一起对普殊同教授进行了一次访谈。在访谈中，普殊同教授不仅澄清了书中的一些论述关节与要旨，同时也介绍了促使他写作本书的现实的政治、经济与理论背景。之后，我将访谈稿整理成文，以"重读马克思：关于'时间'与'劳动'的省思——Postone教授访谈"为题发表在2012年第5期的《杭州师范大学学报》上。对于想要初步了解普殊同教授的理论脉络及其问题意识的读者，此文是一个很好的参照。

以上这些帮助使我得以大致把握此著的基本内容，但就译稿本身而言，还有两点需要说明：第一，在原书中，作者经常使用斜体、首字母大写等格式来强调某些重点或表达一些特定意涵——譬如用大写的Critical Theory来指代法兰克福学派的批判理论，以区别于用小写的critical theory所指代的一般的具有批判性的理论。在译稿中，原著中斜体的部分依旧用斜体表示，原著中首字母大写的部分则用加粗的方式来表示。

第二，本书是以重新阐释马克思的《政治经济学批判大纲》及《资本论》中的一些核心范畴来展开其论述的。因此，译稿中涉及马克思的引文或是他所使用的概念的部分，我均尽量严格对应到中共中央马克思恩格斯列宁斯大林著作编译局版《马克思恩格斯全集》中的译法，以方便中文世界中的马克思研究者参阅，并希望能够引起进一步的讨论。

三

从2011年夏天到2013年年初，几乎每个周末，我都会坐长长的地铁跑到市中心的一家咖啡馆，和从上海其他各个角落跑来的朋友们一起，读马克思。其间有许多人中途加入继而离开：途经上海的学生或学者、满心好奇的媒体记者、周末无事的家庭主妇、热衷政治的中年男子等，但读书会的主体成员终究坚持了下来。用了约一年半的时间，我们读完了《资本论》的第一卷。阅读进展得很缓慢，也很笨拙：朗读一段，停下来讨论，随后再朗读下一段，再讨论。涉及的问题也细琐而纠缠，一点也不"理论"，一点也不"总体性"。然而，在翻译此书的过程中，我却常常想起这些讨论，想起由这些讨论串联起的生活，以及在这些生活中结下的友谊。我愿将这里的劳作视为对这些讨论的一个延宕太久的回应，并希望这样的讨论可以继续。

康 凌

2018 年 12 月

致 谢

本书起源于多年以前，当我还是一名研究生时，第一次读到了马克思的《政治经济学批判大纲》。当时，我为它的深远意涵所震惊，它提示了一种对马克思成熟期批判社会理论的根本性再阐释，这一阐释与传统马克思主义的一些核心假设相决裂。同时我以为，这样一种再阐释可以提供一个出发点，来建立一种对现代社会的有力而复杂的分析。

我在重新解释马克思的理论的尝试中，有幸受到了大量思想与精神上的支持。我在芝加哥大学的两位老师，Gerhard Meyer 和 Leonard Krieger 极力鼓励我开始这项计划。在我额外停留在法兰克福的那段时间里，我进一步发展了我的想法。那里普遍的理论氛围，以及与朋友间的大量深入讨论，都使我获益极大。我尤其要感谢 Barbara Brick、Dan Diner 和 Wolfram Wolfer-Melior，他们为我提供了个人与思想上的重要支持，并且帮助我完善了对本书中提出的许多议题的讨论。我同样要感谢与 Klaus Bergmann、Helmut Reinicke 和 Peter Schmitt-Egner 间的许多具有启发性的谈话。本书的一个较早版本曾作为论文提交给法兰克福大学的社会科学系，在那里，Iring Fetscher 给予了我宝贵的指导和鼓励，而 Heinz Steinert、Albrecht Wellmer、Jeremy Gaines、Gerhard Brandt 和 Jürgen Ritsert 都给出了非常有益与细致的批判性评论。通过加拿大艺术委员会，我在居留法兰克福期间从德国学术交换服务处那里获得了慷慨的财政资助。

芝加哥社会心理研究所为我提供了博士后奖学金，以及一个活跃而热情的思想环境，这使我能够将论文改写成本书。一系列研讨会给予我宝贵的机会，以将自己的工作展现在一群思想与学术各异的同行面前；他们的回应令人非常兴奋。我感谢 Ed LiPuma、John Lucy、Beth Mertz、Lee Schlesinger、Barney Wessbourd 和 Jim Wertsch，他们的评论与批评帮助我进一步澄清了自己的理念。我尤其感谢 Craig Calhoun 和 Ben Lee，他们花时间仔细阅读了本书的原稿和修订版本，他们的批评建议也令我受益匪浅。

我在芝加哥大学完成了本书，并始终从我的同事和学生所创造的令人兴奋的、开放的、在思想上极其严谨的环境中获益。

我深深地感谢下面这些朋友对我的工作的鼓励，以及他们在思想与精神上的支持：Andrew Arato、Leora Auslander、Ike Balbus、Seyla Benhabib、Fernando Coronil、Norma Field、Harry Harootunian、Martin Jay、Bob Jessop、Tom McCarthy、György Márkus、Rafael Sanchez、George Steinmetz、Sharon Stephens、John Boyer、Jean Cohen、Bert Cohler、Jean Comaroff、John Comaroff、Michael Geyer、Gail Kligman、Terry Shtob 和 Betsy Traube。我同样感谢 Fred Block、Cornelius Castoriadis、Geoff Eley、Don Levine、Bertell Ollman 和 Terry Turner 的有益评论。

我要特别感谢我的兄弟 Norman Postone，他自始至终陪伴、支持着这一项目。我尤其谢谢 Patrick Murray，我已经不记得他读过本书的多少个版本了，他的评论总是有益而慷慨。我从我们持续的对话中学到许多。

Emily Loose 原先供职于芝加哥大学出版社，她对这一工作做出了积极的回应，并在准备出版的过程中给予了巨大的帮助。她的许多敏锐的评论和推荐为本书的完成贡献良多。我感谢 Elvia Alvarez、Diane New 和 Kitty Pucci 帮我输入了本书各个阶段的稿本以及他们其他的帮助，也感谢 Ted Byfield 对本书的编辑。同时，我还要感谢 Anjali Fedson、Bronwyn McFarland 和 Mike Reay，他们帮忙做了校对。

最后，我希望向我的妻子 Margret Nickels 表达我最深的感激。这么多年以来，她以各种方式在思想上和情感上对这一项目起到了关键作用。

第一部分 对传统马克思主义的批判

第一章
重新思考马克思对资本主义的批判

第一节　导论

在这项研究中，我将对马克思的成熟期批判理论进行一次根本性的再阐释，以此理解资本主义社会的本质。借由重新思考马克思的政治经济学批判的诸核心范畴，我们得以以最富成效的方式，重新阐释马克思对资本主义社会特有的社会关系与统治形式的分析。[①] 出于这一目的，我将在两重标准之下展开我的概念：第一，它们应当能够把握现代社会的核心特征与历史发展；第二，它们应当超越我们所熟悉的那些关于结构与行动、意义与物质生活之类的理论二分法。在这一方法的基础上，我将试图以一种具有当下理论意义的方式，重构马克思理论与当代社会、政治理论诸话语之间的关系，并对传统马克思主义理论和所谓的"现实存在的社会主义"提出一种基础性的批评。以此，我希望为一种与之相异的、更为有力的对资本主义社会形态的批判性分析打下基础，它将充分适用于20世纪晚期。

为了展开我对资本主义的这一理解，基于马克思的分析，我将尝试在

[①] 帕特里克·默里和德里克·塞耶最近也撰写了对马克思理论的阐释，在很多方面，他们都与我在这里的阐释类似。见 Patrick Murray, *Marx's Theory of Scientific Knowledge* (Atlantic Highlands, N.J., 1988); 以及 Derek Sayer, *Marx's Method* (Atlantic High-Lands, N.J., 1979) 和 *The Violence of Abstraction* (Oxford, 1987)。

概念上把资本主义的基本核心与其在 19 世纪的诸种形式区分开来。然而，这一方式将会对传统马克思主义阐释的许多基本前提提出质疑。譬如，我并不首先依据生产资料私有制或者市场来分析资本主义。相反，正如之后将会阐明的，我将资本主义理解为一种具有历史特殊性的社会联系形式，它具有一种非个人的（impersonal）并似乎是客观的性质。这一联系形式由历史上独特的社会关系形式所造就，后者由社会实践的既定形式所建构，却又准独立于被纳入这些实践之中的人们。这导致了一种新的、愈渐抽象的社会统治形式——它使人们隶属于非个人的结构律令与禁锢之中，无法依据实体性统治（如个人的或集团的统治）来加以充分把握，并造就了持续的历史动力。在重新理解资本主义特有的社会关系与统治形式时，我将试图为一种能够分析现代社会的系统特性——譬如现代社会的历史动力的特性、理性化进程、特定的经济"增长"形式，乃至其特定的生产方式——的实践理论提供基础。

这一再阐释并不将马克思的资本主义理论作为一种在现代社会之*内*的关于剥削与统治形式的理论，而更多地将其作为一种针对现代性本质自身的批判社会理论。现代性并非是一个所有社会所必经的进化阶段，而是一种社会生活的特定形式，它肇端于欧洲并发展为一个复杂的全球体系。①尽管现代性在不同的国家与地区表现为不同的形式，我的关注点却不在于考察这些差异，而在于在理论上探索现代性的性质本身。在一种非进化论进路的框架中，这一考察必须依据历史上特定的社会形式来解释现代性的独特性质。在我看来，马克思对于那些公认结构了资本主义的基本社会形式——商品与资本——的分析，提供了一个绝佳的起点，去尝试从*社会*出发来把握现代性的体系性特征，并表明现代社会能够得到根本改变。此外，这一进路能够系统地阐明现代社会那些在线性进步理论或历史进化论

---

① S. N. 艾森施塔特也构造了一种非进化论式的现代性观。他的首要考量，是各种类型的现代社会之间的差别。而我则关注现代性作为一种社会生活形式本身。见 S. N. Eisenstadt, "The Structuring of Social Protest in Modern Societies: The Limits and Direction of Convergence," in *Yearbook of the World Society Foundation*, vol. 2 (London, 1992)。

的框架中无法处理的特征：最为鲜明的，是在大量富足中依旧不断出现的贫困，以及现代生活的那些重要方面所受到的抽象的、非个人的作用力的塑造、支配的程度之深——尽管对社会生活环境进行集体控制的可能性已经大为增长。

我对马克思的批判理论的阅读聚焦于他的劳动在社会生活中的中心性这一概念，它一般被认为处于其理论的核心。我认为，在他的成熟期作品中，劳动这一范畴的意义不同于传统的看法：它具有历史特定性，而不是超历史的。在马克思成熟期的批判中，劳动创造了社会世界并且是所有财富的来源，这一观念并非意指社会一般，而仅仅意指资本主义社会，或曰现代社会。此外，重要的是，马克思的分析中的劳动，不同于人们一般地、超历史地设想的劳动——一种有目的导向的、中介着人与自然的社会活动，创造特定的产品来满足既定的人类需求——而仅仅意指劳动在资本主义社会中扮演的特有角色。正如我将要阐明的，这一劳动的历史特殊性内在地关联着资本主义社会特有的社会联系形式。它建构了一种历史特殊的、准客观的社会中介形式，在马克思的分析框架中，这一形式被作为现代性之基本特质的首要社会基础。

正是这一对马克思的劳动概念的重要性的重新认识，为我提供了重新阐释其资本主义分析的基础。它将对时间性的考察和对生产的批评置于马克思的分析的核心，并为一种对现代资本主义社会——它是一个由一种历史上独特的社会中介形式所结构的方向性动态社会；这一形式尽管是被社会地建构的，但具有一种抽象的、非个人的、准客观的特质——的分析提供了基础。这种中介形式结构于一种历史上特定的社会实践形式（资本主义的劳动），并相应地构造了人们的活动、世界观和倾向。这一路径将文化与物质生活之关系的问题重新纳入了一种历史特殊的社会中介形式与社会"客体"和"主体"形式的关系之中。作为一种社会中介理论，它试图克服关于主体与客体的经典理论二分法，同时对其做出历史解释。

大体而言，我认为马克思理论不应被理解为一种普遍适用的理论，而是一种特别针对资本主义社会的批判理论。借由那些切中了劳动、财富与时间的资本主义特定形式的范畴，马克思理论分析了资本主义的历史特殊性，以及克服它的可能性。① 此外，依据其方法，马克思理论是自我反思的，因此，它本身也具有历史特殊性；它对于理论与社会之关系的分析在认识论上是自洽的，借由那些它用来分析自身社会背景的范畴，它可以为自身在历史上的位置做出判定。

用这样的方法来进入马克思的成熟期理论具有重要的含义，我将在这项研究的过程中加以展开。作为起点，我会区分两种根本上不同的批判性分析的模式：一种是从劳动的角度出发来批判资本主义；另一种是*对资本主义劳动的批判*。前者基于一种对劳动的超历史的理解，假定存在一种结构性的张力：一边是资本主义特有的社会生活的方方面面（如市场和私有财产），一边是由劳动所建构的社会领域。由此，劳动成为了批判资本主义的基础，成了进行批判的*出发点*。依据第二种批判模式，资本主义中的劳动具有历史特殊性，并建构了这一社会的本质结构。由此，劳动是资本主义社会批判的*对象*。从第二种批判模式的立场出发，可以清楚地发现，对于马克思的各种阐释，共同分享着第一种批判模式的若干基本前提；因此，我将这些阐释称为"传统的"。我将从我对马克思的理论——一种*对资本主义的劳动的批判*——的阐释出发，考察这些前提，以阐明传统的分析的局限，同时，我的这一方法也将内含着另一种更为充分的对资本主义社会的批判理论。

将马克思的分析理解为一种历史特殊的对资本主义中的劳动的批判，会带来一种完全不同于传统马克思主义阐释的对资本主义社会的理解。譬

---

① 安东尼·吉登斯注意到了资本主义社会的特殊性这一观念，它内在于马克思在《大纲》中对非资本主义社会的处理中。见 Anthony Giddens, *A Contemporary Critique of Historical Materialism* (London and Basingstoke, 1981), pp. 76-89。我试图将这一观念的基础，建立在马克思的范畴性分析之中，也即建立在他关于资本主义劳动的特殊性的概念之中，以此来重新阐释他对资本主义的理解，以及重新思考他的批判理论的性质。

如它指出，在马克思的分析中，资本主义特定的社会关系与统治形式无法在阶级关系——源于产权关系并由市场所调节——中得到充分的理解。相反，他对商品与资本——即由资本主义劳动所建构的社会中介的准客观形式——的分析，应当理解为对这一社会的基本社会关系的分析。这些非个人的、抽象的社会形式并非仅是*遮蔽*了阶级关系这一传统上被认为是"真实的"资本主义社会关系；它们*正是*资本主义社会的真实关系，且结构了它的动力轨迹和生产形式。

马克思的理论绝不将劳动视为社会建构的原理以及*所有*社会中的财富源泉，相反它认为，资本主义独一无二的特质，正在于其基本社会关系是为劳动所建构的，这使它最终与其他非资本主义社会之间具有了根本的不同。尽管他对资本主义的批判性分析确实包含了对剥削、社会不平等和阶级统治的批判，但亦更进一步：这一理论将社会构成方式建立在特定的、结构化的实践形式之上，并由此试图阐明现代社会的社会关系的真正肌理，及其内在的社会统治的抽象形式。

这一对马克思成熟期批判理论的再阐释，将其批判的首要关注点从对产权与市场的考量中移开。不同于传统的马克思主义进路，它为批判生产、工作与资本主义社会的"发展"的本质提供了基础；因为在它看来，它们是由社会而非技术所建构的。因而，它将资本主义批判的焦点转向了劳动领域，并由此，这里所述的阐释导出了一种对工业生产过程的批判——乃至一种对社会主义的基本决定因素的重新理解，并将重估在克服资本主义的历史过程中，人们曾经赋予无产阶级的那个政治与社会角色。

由于我的这一再阐释所批判的资本主义不限于19世纪自由主义资本主义状况，并认定对于工业生产的批判是一种资本主义批判，因此，它得以为一种能够阐明当代资本主义社会的本质与动力的批判理论提供基础。同时，这种批判理论能够提供一个起点，来分析"现实存在的社会主义"：它是一种替代性的（并且失败的）资本积累形式，而非一种代表了对资本主义的历史否定的（尽管不完美的）社会形式。

传统马克思主义的危机

展开这一重新思考的背景，既包括传统马克思主义的危机，又包括先进工业资本主义发展的一个似乎是新的阶段的出现。在这项研究中，"传统马克思主义"一词并不指代马克思主义的某种特定历史趋势，而是泛指所有从劳动的角度出发分析资本主义的理论方法，它们对社会的描述本质上基于阶级关系——它由生产资料私有制与市场调节的经济所结构。统治关系首先被理解为阶级统治与剥削。众所周知，马克思指出，在资本主义发展过程中，一种结构性张力，或曰矛盾，产生于代表资本主义特质的社会关系与"生产力"之间。这一矛盾一般被解释为如下的对立：一方面是私有财产与市场，另一方面是工业生产方式。由此，私有财产和市场被作为资本主义的标志，工业生产被假定为未来的社会主义社会的基础。社会主义被内在地理解为生产资料的集体所有制以及工业化环境中的经济计划。也就是说，对资本主义的历史否定首先被视为一个阶级统治与阶级剥削已经被克服的社会。

这一宽泛而初步的对传统马克思主义的描述之所以有效，是因为它勾勒出了一个为各种理论所共享的普遍阐释框架，尽管它们在其他方面或许彼此差异很大。我的目的是在这项研究中批判地分析这个普遍的理论框架本身的基本前提，而非在马克思主义传统中追溯各种理论趋向与思想流派的历史。

居于所有传统马克思主义形式之核心的是一种超历史的劳动概念。马克思的劳动范畴被理解为一种目的导向的社会活动，它中介着人与自然，创造特定的产品以满足特定的人类需求。如此，劳动被认为处于所有社会生活的中心：它建构了社会世界，并且是所有社会财富的源泉。这一路径把在马克思眼中为资本主义劳动所特有的历史特征*以超历史的方式*赋予了社会劳动。这一超历史的劳动概念联系着一种对马克思的政治经济学批判，乃至其资本主义分析的基本范畴的特定理解。譬如，人们普遍地认为，马克思的价值理论试图表明的是，社会财富无时无地不由人类劳动所创造；此外，在资本主义中，是劳动构成了无意识的、"自动的"、市场调节的分配模式的基础。[①] 依据这种观点，他的剩余价值理论试图证明，撇开表象，资本主义的剩余产品仅仅由劳动所创造，并被资产阶级占有。于是，在这一普遍的框架中，马克思对资本主义的批判性分析首先是一种*从劳动角度出发*的对剥削的批判——它祛除了资本主义社会的神秘：一是通过揭示劳动作为社会财富的真正来源，二是通过证明这一社会依赖于一种剥削体系。

当然，马克思的批判理论同时勾勒出了走向一个可能出现的自由社会的历史发展。根据传统的阐释，他对资本主义发展过程的分析可以概括如下：自由市场资本主义的结构引发了工业生产，后者使社会财富得到极大增长。然而，在资本主义中，财富不断被一种剥削进程所榨取，并以一种极不平等的方式加以分配。然而，工业生产与现存的生产关系之间的矛盾愈演愈烈。以竞争与危机为特征的、持续的资本积累进程导致了以市场和私有财产为基础的社会分配方式逐渐不能适应发达的工业生产。不过，资本主义的历史动力不仅使得旧的社会生产关系落伍于时代，同时也使得一套新的社会关系的产生成为可能。它为中央计划以及废除私有财产准备了技术的、社会的、组织的前提条件，譬如生产方式的集中与汇聚，管理权与所有权的分离，以及一个工业无产阶级的建立与汇集。这些发展造就了废除剥削与阶级统治，创造一个新的、公正的、合理的分配方式的历史可能性。依据这一阐释，马克思的历史批判的焦点，在于*分配方式*。

这一断言似乎显得矛盾，因为马克思主义通常被认为是一种*生产理论*。那么，让我们简要地思考一下传统阐释中生产的角色。如果生产力（在马克思看来，它将与资本主义生产关系发生矛盾）被等同于工业生产方式，

[①] 见 Paul Sweezy, *The Theory of Capitalist Development* (New York, 1969), pp. 52-53; Maurice Dobb, *Political Economy and Capitalism* (London, 1940), pp. 70-71; Ronald Meek, *Studies in the Labour Theory of Value* (2d ed., New York, 1956), p. 155。

那么，这一方式显然被理解为一个纯粹的技术过程，内在地独立于资本主义。资本主义被作为一系列作用于生产过程的外在因素：私有权与市场经济中资本增殖的外在制约。与此相关，资本主义中的社会统治主要被理解为阶级统治，而它同样外在于生产过程。这一分析意味着工业生产一旦历史地建立起来，便独立于资本主义，并与之没有本质上的联系。马克思的生产力与生产关系的矛盾，当它被理解为工业生产和私有财产及市场之间的一种结构性张力时，便成为了生产方式与分配方式之间的矛盾。由此，从资本主义到社会主义的转变被视为分配方式（私有财产、市场）的转变，而非生产方式的转变。与此相对，大规模工业生产的发展被作为资本主义分配方式与另一种可能的社会分配机制之间的中介，一旦得以发展，建立在无产阶级劳动之上的工业生产方式便被认为走向了历史终结。

这一对资本主义发展轨迹的阐释显然对作为一种生产方式的工业生产表达了肯定的态度，它造就了废除资本主义，建构社会主义之基础的条件。社会主义被视为一种新的政治治理与经济控制的方式，而其对象*正是*资本主义所创造出的工业生产方式；其社会分配方式被认为不仅更为公正，而且更*适于*工业生产。这一适用性由此被认为是一个公正的社会的核心历史条件。这一社会批判在根本上是一种对分配方式的历史批判。作为一种生产理论，传统马克思主义并未给出一种生产*批判*。恰恰相反：生产方式成了批判的出发点，以及判断分配方式的历史适用性的准则。

这种资本主义批判内含了另一种社会主义概念：在这一社会中，劳动免除了资本主义关系的障碍，直接地结构社会生活，由其所创造的财富也得到更为公平的分配。在传统框架中，劳动的历史"实现"——它的充分的历史发展以及它浮现为社会生活与财富的基础——是普遍的社会解放的根本条件。

这种社会主义观——劳动的历史实现——同样彰显在如下的观念中：无产阶级，即与工业生产具有本质联系的劳动阶级，将在社会主义中作为普遍阶级而得到承认。换句话说，在另一个层面上，资本主义的结构性矛盾被视为一种阶级对立：一面是拥有并控制着生产的资产阶级，一面是以他们的劳动创造着社会（以及资产阶级的）财富，且必须出卖劳动力来生存的无产阶级。这一阶级对立，因其奠基于资本主义的结构性矛盾，而具有一个历史的维度：尽管资产阶级是现存秩序的统治阶级，但工人阶级却根植于工业生产，并因此根植于一个新的社会主义秩序的历史基础上。这两个阶级之间的对立同时被视为被剥削者与剥削者以及普遍利益与特殊利益之间的对立。在资本主义中，工人生产的一般社会财富无法使所有社会成员获益，却被资产阶级为其特殊目的所占有。在从劳动出发的对资本主义的批判中，基于普遍性的立场，统治性社会关系（私有财产）被批判为是特殊性的：劳动所建构的普遍的、真正社会的东西，被特殊的资本主义关系所阻碍而难以充分实现。由这种对资本主义的理解所导出的解放观，如我们将要看到的，是一种整体性的解放观。

在我所谓的"传统马克思主义"的基本框架中，存在着极为重要的理论与政治差异：例如，决定论理论对立于那种将社会主体性和阶级斗争作为资本主义历史的必然要素的尝试；议会共产主义者对立于政党共产主义者；"科学的"理论对立于那种以诸种方式综合马克思主义与精神分析，或是发展一种关于文化与日常生活的批判理论的尝试。尽管如此，它们在很大程度上全都依赖于上文所述的关于资本主义和社会主义的劳动与根本特征的基本假定，因此依旧停留在传统马克思主义的框架之中。不论这一理论框架所产生的社会、政治、历史、文化与经济分析的分歧如何尖锐，它的局限在20世纪的各种发展中已经日渐明晰。举例而言，这一理论能够分析自由主义资本主义走向另一阶段的历史轨迹——其特点是，干预主义的国家作为首要分配者，部分或完全废弃了市场。但是，因为传统的批判的焦点在于分配方式，国家干预资本主义的兴起便为这一理论路径提出了严峻的考验。如果政治经济学批判的范畴仅仅适用于一个自发的市场调节的经济以及对剩余的私人占有，那么干预主义国家的兴起便意味着这些范畴不再适于当代社会批判。它们无法继续充分把握社会现实。因此，传统马克思主义理论逐渐无法对后自由主义资本主义进行历史批判，它只剩下两种可能。第一，无视资本主义在20世纪的性质变化，并聚焦于那些残存下来的市场形式的各种方面——因此也就含蓄地承认了它已沦为一种局部性的批判；第二，它可以将马克思的范畴的适用性限定在19世纪资本主义，并试图发展出一种新的批判，一种或许更加适用于当代状况的批判。在这项研究之中，我将讨论后者的一些尝试中所包含的理论困境。

传统马克思主义在试图系统分析"现实存在的社会主义"时，特别明显地暴露了其自身在处理后自由主义社会上的弱点。并非所有传统马克思主义形式都赞同"现实存在的社会主义"社会，如苏联。然而，这一理论方法无法对这一社会形式进行充分的批判性分析。在传统阐释中，马克思的范畴在对于一个由国家所管理、统治的社会进行社会批判时显得捉襟见肘。因此，苏联常常被认为是社会主义的，因为私有财产和市场已经被废除；持续的不自由被归咎于压抑性的官僚机构。然而，这一看法意味着社会经济领域的性质与政治领域的特质之间毫无关系。它声称，马克思的社会批判的范畴（如价值），当它们被理解为市场与私有财产时，无法把握"现实存在的社会主义"的持续增长的不自由的基础，并且因而无法提供对于这类社会的历史批判的基础。在这一框架内，社会主义与自由的关系沦为偶然；然而，这意味着从社会主义立场出发对资本主义进行的历史批判，不再被认为是从普遍的人类解放的立场出发，对不自由与异化的基础所进行的批判。① 这些根本问题标示了传统阐释的局限。它们表明，如果对资本主义的分析仅仅聚焦于市场与私有财产，那么它将不再能够作为一种解放性的批判理论的充分基础。

随着这一基本缺陷日益鲜明，传统马克思主义逐渐受到质疑。此外，由于科学知识与先进技术在生产过程中的地位日隆，上述资本主义社会批判的理论基础——人类劳动是所有财富的社会源泉这一断言——广遭批

---

① 就社会主义的关系而言也同样如此，如果这一关系被定义为经济计划、生产资料公有制和克服性别统治的话。

评。传统马克思主义不仅无法为对"现实存在的社会主义"(及其崩溃)进行充分的历史分析提供基础,同时,它对资本主义及其解放目标的批判性分析,也日渐远离当下发达工业化国家中的社会不满的主题与原因。在它对阶级的独断的、积极的关注中,在它对标志着资本主义的工业无产阶级劳动、生产的特定形式和技术"进步"的肯定中,这一点尤为正确。在当下对这类"进步"与"发展"的渐长的批评中,在对生态问题的强烈意识中,在对现存劳动形式的广泛异议中,在对政治自由的日益关注中,以及在非阶级的社会认同(如性别或种族)的重要性的不断彰显中,传统马克思主义似乎日见落伍。不论在东方还是西方,它都被认为在20世纪的发展中不再具有历史适用性。

然而,传统马克思主义的危机绝不意味着我们不再需要一种适用于当代资本主义的社会批判。① 恰恰相反,它唤起了对这一批判的需求。我们的历史状况可以被理解为现代的资本主义社会的一场转型,其意义之深远——社会的、政治的、经济的、文化的——不亚于早先从自由主义向国家干预资本主义的转型。我们似乎正在进入发达资本主义的另一个历史阶段。② 这一新阶段的轮廓尚不清晰,但是,过去二十年已经见证了那些曾处于国家干预资本主义——其形式特征包括集中化生产、大型产业工会、政府对经济的持续干预,以及继续扩张的福利国家——核心的机构与权力中心的重要性的相对减弱。两种貌似对立的历史趋势促使这一资本主义的国家干预主义阶段的核心机构走向衰弱:一方面,是生产与政治的局部去中心化,以及随之而来的各种社会团体、组织、运动、政党、亚文化的多元化;另一方面,是资本的全球化与集中化进程,它发生在一个新的、非

---

① 见 Stanley Aronowitz, *The Crisis in Historical Materialism* (New York, 1981).
② 关于这一新的资本主义阶段的勾勒和理论描述,见 David Harvey, *The Condition of Postmodernity* (Oxford and Cambridge, Mass., 1989); Scott Lash and John Urry, *The End of Organized Capitalism* (Madison, Wisc., 1987); Claus Offe, *Disorganized Capitalism*, ed. John Keane (Cambridge, Mass., 1985); Michael J. Piore and Charles F. Sabel, *The Second Industrial Divide* (New York, 1984); Ernest Mandel, *Late Capitalism*, trans. Joris De Bres (London, 1975); Joachim Hirsch and Roland Roth, *Das neue Gesicht des Kapitalismus* (Hamburg, 1986).

常抽象的层面,远离直接经验,并且就现在而言,显然超越了国家的有效控制。

然而,这些趋势无法在一个线性历史进程中得到理解。它们包含的发展凸显了传统理论的落伍与乏力——举例而言,新社会运动,如大众生态运动、女权运动、少数族裔解放运动的兴起,以及对于现存的劳动形式和传统价值体系、机构的日渐增长的不满(考虑到两极分化)。而我们自20世纪70年代早期以来的历史境遇同样被描述为"经典的"工业资本主义场景的重现,例如世界范围的经济紊乱以及全球范围内不断加剧的资产阶级间的对抗。综合来看,这些发展表明,一种充分适用于当代资本主义社会的批判性分析必须能够把握其重要的新生维度,以及其作为资本主义的深层的延续性。

换句话说,这一分析必须避免那些传统马克思主义正统版本的理论片面性。它们常常能够指出,危机与资产阶级间的对抗是资本主义的持续性特征(不考虑干预主义国家的出现);但它们并未在表达着不满与反对的那些社会集团的认同与性质中,或在这些团体的需求、不满、抱负与意识形式的特质中,把握到质性的历史变化。而一种充分的分析,必须同时避免仅仅抓住后面这些变化这一同样片面的趋势——或是忽视"经济领域",或是简单地声称,由于干预主义国家的兴起,经济的考量不再那么重要。总之,仅仅将那些持续关注经济议题的分析与那些专注于质性的社会和文化变动的分析这两者加以合并,无法构筑一个充分的批判——只要这一批判的基本理论前提依旧和那些传统马克思主义理论相同。作为一种解放性的批判理论,传统马克思主义日益增长的悖时性及其重要弱点内在于它自身;在根本上,它们源于其无法对资本主义加以充分的把握。

在当下的现代资本主义社会的转型中,这一失败变得愈来愈清晰。正如大萧条揭示了市场调节的经济"自我管理"的局限,并证明了将资本主义等同于自由主义资本主义的想法的缺陷一样,终结了战后的繁荣与经济扩张的危机时期,也凸显了干预主义国家在经济管理上的局限;它质疑资本主义发展由一个自由主义阶段走向国家中心阶段的线性观念。"二战"之后福利国家的扩张源自资本主义世界经济的一次长期增长，它后来被证明是资本主义发展的一个阶段，而不是政治领域成功地、永久地控制了经济领域的结果。事实上，资本主义在过去二十年间的发展，通过减弱与限制国家干预主义，逆转了前一阶段的明显趋势。这一点在西方福利国家的危机——它预示了凯恩斯主义的破产，并明确地重新确认了资本主义的矛盾动力——以及在东方的大多数共产主义国家与地区的危机与崩溃中尤为显著。①

值得注意的是，相较于20世纪20年代末自由主义资本主义崩溃之后的状况，资本主义的这一最新转型及其连带的世界范围内的危机与紊乱，并未促成什么以克服资本主义的可能性为出发点而进行的批判性分析。在我看来，这表明了理论的不确定性。国家干预资本主义的危机表明，资本主义以一种准自主的动力继续发展。这一发展因此要求对这些理论——它们声称，国家对市场的取代标志着经济危机的有效解决——进行批判性的重审。然而，资本主义——其运动进程再一次清晰地维护了自身——的深层本质并不清楚。如果"社会主义"仅仅意味着引入中央计划和国家（乃至公共）所有制，那么，宣称"社会主义"代表了对资本主义问题的回答就已经不再令人信服。

常常见称的"马克思主义的危机"并不仅仅表达了对"现实存在的社会主义"的幻想破灭后的拒绝、无产阶级中的失望，以及对任何其他可能的根本社会转型的社会动能的怀疑，更为根本地，它表达了对资本主义的本质，对克服资本主义意味着什么的不确定。过去十年中的各种各样的理论立场——20世纪60年代末至70年代初许多新左团体的教条主义，随后重新出现的纯政治批判，以及当代的许多"后现代"立场——可以被视为表达了对资本主义社会之本质的这种不确定，甚至是放弃尝试对其加以把

---

① 这两者之间的历史关系内在地表明，"现实存在的社会主义"和西方的福利体系不应被认为是根本不同的社会形态，而是20世纪世界资本主义的普遍的国家干预主义形式的重要不同变体。"现实存在的社会主义"最近的崩溃绝非证明了资本主义对社会主义的胜利，它应被理解为是标志着国家干预主义资本主义的最为刻板、脆弱、压抑性形式的崩溃。

握。在某种程度上,这一不确定可以被理解为传统马克思主义路径的基本失败的一种表现。这一路径不仅在面对"现实存在的社会主义"时捉襟见肘,其弱点也暴露在新社会运动所表达的要求与不满中;更为根本地,这一理论范式明显无法提供一种令人满意的资本主义之本质的概念,一种能够建立对资本主义的变动的条件进行充分分析的概念,一种能够以指出其历史转型的可能性的方式来把握其基本结构的概念。没有人继续相信,传统马克思主义所指出的转型,能够"解决"现代社会的症结。

如果现代社会可以被认为是资本主义的,并因此在根本上是可以转变的,那么,资本主义的根本核心必须得到重新理解。在此基础上,我们得以构造一种不同的、关于现代社会之本质与轨迹的批判理论——它试图社会地、历史地把握现代社会的不自由与异化的基础。这一分析将同样促进民主政治理论。传统马克思主义的历史再清楚不过地表明,政治自由的问题必须居于任何批判性立场的中心。然而,一种充分的民主理论依旧需要对于自由的社会条件进行历史分析,并且无法从某种抽象的规范性立场或者从某种实体化的政治领域着手。

重建一种现代社会的批判理论

我对马克思的批判理论之本质的重新理解回应了资本主义的历史转变以及上文所述的传统马克思主义的缺陷。[①] 我对马克思的《政治经济学批判大纲》——作为其后充分发展的政治经济学批判的一个初步版本——的阅读,使我重估他在其成熟作品,尤其是《资本论》中所发展的批判理论。对我而言,这一理论异于传统马克思主义,并更为有力;同时,它对当下

---

① 伊林·费切尔同样批评了更为传统的资本主义批判中所包含的社会主义观念的一些核心教义。他同时呼唤一种更新的对资本主义以及"现实存在的社会主义"的民主批判,它将批判失控的增长和当代技术生产。他所关注的是真正的个人和文化异质性的社会与政治条件,并敏感于人与自然的生态和谐关系这一议题。见 Iring Fetscher, "The Changing Goals of Socialism in the Twentieth Century," *Social Research* 47 (Spring 1980)。关于这一立场的更早的版本,见 Fetscher, *Karl Marx und der Marxismus* (Munich, 1967)。

也更富意义。在我看来，重新阐述马克思在其作品中对资本主义社会的基本结构性关系的分析，能够为资本主义批判理论提供一个起点，以此克服传统阐释的许多缺点，并以更为恰当的方式把握晚近的问题与发展。

这一阐释受到了格奥尔格·卢卡奇（特别是他的《历史与阶级意识》）和法兰克福学派诸成员所发展的路径的影响，同时也试图对他们给出批评。他们的路径建基于对马克思之批判的复杂的理解，通过重新理解资本主义，理论性地回应了资本主义由一种自由主义的、市场中心的形式，向一种组织化的、官僚化的、国家中心的形式的历史转变。在这一分析传统中，马克思的理论不被认为是一种关于物质生产与阶级结构的理论，更不是经济理论。相反，它被理解为一种关于社会客体与主体之规定性的、物化的形式的历史建构的理论；他的政治经济学批判被作为一种批判性地分析资本主义文明的文化形式与社会结构的尝试。① 此外，由于马克思的理论试图对其自身的语境（资本主义社会）进行分析，历史地定位自身，并说明其自身立场的可能性，因此，它被认为以自我反思性的方式把握住了理论与社会的关系。（这种为理论批判奠定社会可能性的企图，被视为是任何为对抗性、变革性的社会行动奠定可能性的企图的必要方面。）

借由一种自我反思性的社会理论（及其解放性意图），他们发展出一种宽泛且统贯的社会、政治与文化批判的普遍方案，以适用于当代资本主义社会，对此我表示同情。然而，正如我将阐明的，他们的一些基本理论前提，在不同层面上阻碍了卢卡奇以及法兰克福学派的成员们充分地实现他们的理论目标。一方面，他们认识到，那种仅仅依据 19 世纪，即仅仅依据市场与私有财产来定义资本主义的现代性批判理论具有诸多

---

① 关于这一立场的阐释，见 Georg Lukács, *History and Class Consciousness*, trans. Rodney Livingstone (London, 1971); Max Horkheimer, "Traditional and Critical Theory," in Max Horkheimer, *Critical Theory*, trans. Matthew J. O'Connell et al. (New York, 1972)［这个译本不全］; Herbert Marcuse, "Philosophy and Critical Theory," in Stephen Bronner and Douglas Kellner, eds., *Critical Theory and Society* (New York and London, 1989); Theodor Adorno, *Negative Dialectics*, trans. E. B. Ashton (New York, 1973); Alfred Schmidt, "Zum Erkenntnisbegriff der Kritik der politischen Ökonomie," in Walter Euchner and Alfred Schmidt, eds., *Kritik der politischen Ökonomie heute: 100 Jahre Kapital* (Frankfurt, 1968).

缺陷；另一方面，尽管如此，他们依旧陷于这类理论的某些前提，尤其是其超历史的劳动概念。他们的既定目标，即发展一种适用于 20 世纪的资本主义概念，无法在此种对劳动的理解的基础上实现。通过重新阐释马克思对资本主义劳动的本质与重要性的分析，我希望借用这一阐释传统的理论锋芒。

尽管马克思对资本主义的分析的确导出了一种对剥削与资产阶级分配方式（市场、私有财产）的批判，但根据我的论述，它并非是从劳动的角度出发进行的；相反，它基于一种对资本主义劳动的批判。马克思的批判理论试图指出，资本主义劳动在中介社会关系时扮演了一种独一无二的历史角色，同时，它也阐明了这一中介形式的后果。他对资本主义劳动的关注并不意味着物质生产过程必然比其他社会生活领域更为重要。相反，他对劳动在资本主义中的特殊性的分析表明，资本主义生产并非一个单纯的技术过程；它不可避免地联系着这一社会的基本社会关系，并为后者所塑造——而这无法仅仅依据市场与私有财产来加以理解。对马克思理论的这一分析，为批判资本主义特有的生产形式与财富形式（即价值）提供了基础，而非简单地质疑其私人占有。它所勾勒的资本主义的特质，是一种抽象的统治形式，它与这一社会特有的劳动之本质相关。在这一统治形式中，失控的"发展"、这一社会的日益碎片化的工作乃至个人生存，都找到了其最终的社会基础。同时，这一理论指出，劳动阶级是资本主义——而非其否定形式——的*必然*部分。正如我们将要看到的，这一路径依据马克思成熟期对资本主义劳动的批判来重新阐释他的异化概念，并将这一经过重释的异化概念置于他对这一社会的批判的中心。

显然，对资本主义社会的这一批判截然不同于那种"生产主义"的批判，后者是许多传统马克思主义阐释的特点，它肯定无产阶级劳动、工业生产和无节制的工业"发展"。事实上，就上述的重释来看，生产主义的立场无法代表一种根本性的批判：它不仅无法指出一个超越资本主义的可能的未来社会，同时，它还肯定了资本主义本身的许多核心方面。就此而言，在这项工作中所进行的对马克思成熟期批判理论的重建，为批判传统马克思主义中的生产主义范式提供了起点。我将指出，那些为马克思主义传统所普遍肯定的东西，正是马克思后期著作中的批判对象。借由这一区分，我不仅试图指出马克思的理论不是生产主义的，并由此质疑那种号称以马克思的文本为据的理论传统；同时，我试图展现马克思的理论本身是如何对生产主义范式提出有力的批判，它不仅将其斥为谬误，更试图在社会和历史的语境中对其加以理解。它在资本主义社会的结构化的社会形式中为这一思想的可能性找到了理论基础。以此，马克思对资本主义的范畴性分析①为批判生产主义范式奠定了基础：这一立场确实在某个时刻表达了资本主义社会的历史现实——但是以一种超历史的，因而是非批判的、肯定性的方式。

我将对马克思的历史理论给出一个类似的阐释。在他的成熟期著作中，他的"历史发展的内在逻辑"这一观念同样不是超历史的或肯定性的，而是批判性的，且特指资本主义社会。马克思将历史逻辑的一种特定形式的基础置于资本主义社会的特定社会形式之中。他的立场既未肯定一种超历史的历史逻辑的存在，亦未否认任何历史逻辑的存在。相反，他将这种逻辑理解为一种资本主义社会的特征，这一逻辑将会并且已然投射到整个人类历史之上。

马克思的理论以这一方式获得了思想形式的社会与历史可信度，因此，它也反思性地试图以此使自身的范畴得以成立。于是，理论被处理为其所立身的社会现实的一部分。我所提出的方法，是试图在马克思的生产批判的社会范畴的基础上，构造一种对生产范式的批判，并由此将理论批判与一种可能的社会批判连接起来。这一方法为一种现代社会的批判理论提供了基础，它既非一种对现代性的抽象普世主义的、理性主义的肯定，亦非一种反理性主义的、反现代的批判。相反，它认为这些对立是历史地

---

① 为了避免"范畴的"一词所可能带来的误解，我用"范畴性"一词来指代马克思借由其成熟期批判诸范畴来把握现代社会生活形式的尝试。

规定的，且根源于资本主义社会关系的本质之中，由此，它试图超越这些立场。

这里所述的对马克思的批判理论的再阐释，建基于对其政治经济学批判的基本范畴——如价值、抽象劳动、商品与资本——的重新思考之上。在马克思那里，这些范畴"表现这个一定社会的……存在形式、存在规定"[①]。这些范畴（曾）是一种资本主义社会的批判性民族志工作所赖以进行的范畴，它们号称表达了社会客体性与主体性的基本形式，这些形式结构了这一社会中的社会、经济、历史与文化诸生活维度，并且它们自身也由社会实践的特定形式所建构。

然而，马克思的批判的范畴常常被视为单纯的经济范畴。譬如，马克思的"劳动价值论"被认为是试图解释"第一，相对价格与平衡利润率；第二，交换价值与利润的可能条件；最后，计划经济中对货品的合理配给"[②]。在处理马克思的批判理论中的社会、历史与文化认识论的维度时，这样一种狭隘的使用方式将会把这些范畴从马克思的范畴性分析的语境中抽离出来，而仅仅依据那些直接提到它们的段落来理解它们。然而，为了充分把握马克思的批判理论的广泛性及其系统性的本质，我们应当将这些范畴视为资本主义的社会存在的规定，来加以分析。只有当马克思的那些直接陈述，被置于他的诸范畴的展开之中来加以理解，其批判的内在逻辑才得以充分重构。因此，我将以相当的篇幅来重审马克思批判理论的基本范畴的规定与内在含义。

在重新阐释马克思的批判时，我会力图重建其系统性质并发掘其内在逻辑。我既不会考察马克思的成熟期作品中可能存在的分歧与矛盾倾向，也不会追踪其思想的发展。在方法论上，我所关注的是以尽可能具有逻辑一致性和系统性力量的方式，来阐释马克思的政治经济学批判的基本范

[①] Karl Marx, *Grundrisse: Foundations of the Critique of Political Economy*, trans. Martin Nicolaus (London, 1973), p. 106.

[②] Jon Elster, *Making Sense of Marx* (Cambridge, 1985), p. 127.

畴，并借由对这些范畴的说明，来建立关于资本主义之核心的理论——它揭示了不同阶段的资本主义之为资本主义的定义。我对传统马克思主义的批判，是这一对马克思理论的再理解过程中理所应当的一部分。

同时，这一方法能够提供一个出发点，以历史地定位马克思自己的工作。这一反思性的尝试能够从这一关于资本主义的深层本质与轨迹的理论（正如其基本范畴所表明的）出发，来检验这些工作中可能的内在紧张与"传统"要素。那些内在紧张中的一部分，可以由此被理解为一种张力，一边是马克思对作为整体的资本主义的范畴性分析的逻辑，另一边是他对自由主义资本主义的更为直接的批判，换句话说，便是两个层面的历史定位之间的张力。然而在我的研究中，我将默认马克思的自我理解已蕴含在他关于资本主义社会形态之核心的理论逻辑之中。因为，我的目标是推动一种系统的资本主义批判社会理论的重建，出于这一目的，马克思的实际自我理解是否确与这一逻辑相一致，便成为次要的问题了。

这项研究是我所构想的对马克思的批判的再阐释的第一个阶段。它的首要意图，是进行基本的理论澄清，而非对这一批判的详尽阐述，更非一种当代资本主义的成熟理论。因此，在这项研究中我不会直接处理发达资本主义社会的最新阶段。相反，我将尝试解释马克思对现代社会的基本结构关系的看法——如他在商品和资本的范畴中所表达的，并以此避免将它们局限在发达资本主义的任何主要阶段之中，这样或许能使它们得以阐明作为一个整体的社会结构的深层本质。这将为分析 20 世纪现代社会提供基础：其中，资本主义与它早先的资产阶级形式渐行渐远。

首先，我将大致勾勒一下我的再阐释，它建立在对马克思的《大纲》的若干部分的分析之上。在此基础上，在第二章中，我会着手更为细致地考察传统马克思主义的基本前提。为了进一步澄清我的方法，以及指出它与当代批判理论的关系，我将在第三章考察法兰克福学派——尤其是弗里德里希·波洛克（Friedrich Pollock）和马克斯·霍克海姆（Max Horkheimer）——他们试图发展出一种批判社会理论，以充分把握 20 世纪资本主义社会的重要转变。根据我对马克思和传统马克思主义的解释，我将考察他们的尝试中的理论困境与弱点。在我看来，它们表明，一种保留了某些传统马克思主义基本前提的理论，是无法充分把握后自由主义资本主义的。

我对这些局限的分析意在批判性地回应**批判理论**的理论困境。哈贝马斯的工作自然也可以被视作此类的回应，但他同样保留了我所谓的对劳动的传统理解。由是，我对这种理解的批判所指向的重构批判社会理论的可能性，与哈贝马斯并不相同。这一理论试图摒除进化论的历史概念以及以下这样一种观念：人类社会生活建立于一项存在论原则——即在历史发展的过程中"实现自身"（如传统马克思主义中的劳动，或哈贝马斯最近著作中的交往行动）——之上。①

在这本书的后半部分，我将着手重构马克思的批判，这将反过来澄清我对传统马克思主义的批判的基础。在《资本论》中，马克思试图这样来阐明资本主义社会：点出其基本社会形式，并在此基础上，细致地发展出一整套彼此相关的范畴，来解释其深层运作。从那些在他看来切中社会形态的核心结构的范畴——如商品、价值和抽象劳动——入手，马克思系统地将它们展开以容纳社会现实的更为具体、复杂的层面。在这里，我的目的是澄清马克思用来开启他的分析的那些基本范畴，也即他的分析的最为抽象与基本的层面。在我看来，许多阐释者操之过急地进入了分析直接具体的社会现实的阶段，结果，他们忽视了基本的结构性范畴本身的许多关键方面。

在第四章中我将考察抽象劳动的范畴，第五章则是抽象时间。在此基础上，我将在第六章中批判性地考察哈贝马斯对马克思的批判。在随后的第七、八、九章中，我将重构马克思的资本概念，以及他关于矛盾与历

---

① 见 Jürgen Habermas, *The Theory of Communicative Action*, vol. 1: *Reason and the Rationalization of Society*, trans. Thomas McCarthy (Boston, 1984), 及 vol. 2: *Lifeworld and System: A Critique of Functionalist Reason*, trans. T. McCarthy (Boston, 1987)。

史动力的观念的首要规定。在这些章节里，我试图澄清马克思理论的最为基本的范畴，以便确立我对传统马克思主义的批判，同时证成我的以下论点：《资本论》中的范畴展开的逻辑，与《大纲》所述资本主义的矛盾和社会主义的本质之间是相辅相成的。作为进一步发展我的重构的基础性工作，我也将时常从我的论述出发，推论出它们的内涵，以分析当代社会。这些推论是抽象的，也是现代资本主义各方面的首要规定。它们建立在我对马克思批判理论之最基本层面的重构之上，同时并不代表一种直接地、无中介地、以最为抽象的范畴为基础对社会现实更为具体的层面进行分析的尝试。

在这些工作的基础上，我希望在日后的研究中继续我的重构计划。在我看来，这一工作证明了我对马克思的政治经济学批判的再阐释，以及与之相关的对传统马克思主义的批判的合理性。它表明了马克思理论的理论力量及其对重构一种现代社会的批判理论的可能意义。尽管如此，作为一种当代社会的批判理论，这一方法必须发展得更为完善，以充分地处理对其诸范畴的有效性的质疑。

第二节 《大纲》：重新思考马克思的资本主义概念及其克服

我对马克思成熟期批判理论的再阐释，将从考察《政治经济学批判大纲》入手，这是一份马克思写于1857—1858年的手稿。[①] 对这一再阐释而言，《大纲》是极佳的起点：它比《资本论》容易进入，后者因其严格的逻辑结构方式，而被误解为是一种内在批判，即从其考察对象的内部而非外部出发进行的批判。因为《大纲》在结构上并非如此缜密，马克思的范畴性分析的大致战略意图也更易为人所知，尤其在那些他陈述其关于资本

---

① 这一部分中所给出的论述，最早出现在 Moishe Postone, "Necessity, Labor and Time," *Social Research* 45 (Winter 1978)。

主义社会的首要矛盾的概念的段落中。在书中，他对资本主义的本质核心，以及对其历史克服的性质的分析具有当代意义；它质疑了那些围绕着市场与阶级统治、阶级剥削的思考而展开的对他的理论的阐释。①

我将试图展现，《大纲》中的这些段落如何表明了马克思的理论范畴具有历史特殊性，他对资本主义的批判同时指向了其生产方式与分配方式；同时，他关于资本主义根本矛盾的观念，无法被简单地理解为以市场和私有财产为一方，以工业生产为另一方的矛盾。换句话说，我对马克思在《大纲》中所处理的资本主义矛盾的讨论指出，有必要对其成熟期批判理论的本质做出一种意义深远的重审；尤其是，这将表明，他对资本主义劳动的分析是具有历史特殊性的，他的成熟期批判理论是对资本主义劳动的批判，而非从劳动的角度出发来批判资本主义。在此基础上，我将得以处理这一问题，即为什么在马克思的理论中，资本主义社会生活的基本范畴正是劳动的范畴。它绝非不言自明的，更无法仅仅通过指出劳动在一般人类社会生活中显而易见的重要性来加以证明。②

在《大纲》中，马克思对资本主义"生产关系"与"生产力"之矛盾的分析，迥异于传统马克思主义理论，后者将目光集中在分配方式上，并将这一矛盾理解为分配领域与生产领域之间的矛盾。马克思明确地批判了这些理论方法，它们依据分配方式来理解历史转型，毫不考虑转变生产方式的可能性。马克思将约翰·斯图尔特·穆勒（John Stuart Mill）的论述作为这一方法的例子，穆勒写道："财富生产的规律和条件具有自然真理的性质……财富的分配却不是这样。这种分配仅仅取决于人类制度。"③ 在马克思看来，这一区分是毫无道理的："财富生产的'规律和条件'与'财

---

① 赫伯特·马尔库塞在《单向度的人》中也注意到了《大纲》所具有的可能的当代意义，最近，安德烈·高兹也注意到了这一点。见 Herbert Marcuse, *One-Dimensional Man* (Boston, 1964); André Gorz, *Paths to Paradise: On the Liberation from Work*, trans. Malcolm Imrie (Boston, 1985). 关于《大纲》及其与《资本论》的关系的更为丰富与细致的分析，见 Roman Rosdolsky, *The Making of Marx's "Capital,"* trans. Pete Burgess (London, 1977).

② 类似的论述，也可以施诸那些将语言置于社会生活分析之核心的理论。

③ John Stuart Mill, *Principles of Political Economy* (2d ed., London, 1849), vol. 1, pp. 239-240 (quoted in Marx, *Grundrisse*, p. 832).

富分配'的规律是不同形式下的同一些规律,而且两者都在变化,都经历同一历史过程,一般说来,只不过是一个历史过程的各个要素。"①

然而,马克思关于分配方式的观念并不仅仅指向货品与劳动的社会分配方式(如通过市场);他进一步描述了"工人丧失所有权……资本占有他人劳动"②,也即资本主义财产关系,因为"这种分配方式就是生产关系本身,不过是从分配角度来看罢了"③。这些段落表明,马克思的分配方式的观念包含了资本主义财产关系。它们也意味着,他的"生产关系"的观念不能仅仅依据分配方式来理解,还必须从*生产角度来看*——换句话说,它们意味着,对生产关系不应以传统上人们理解它的方式来理解。如果马克思将财产关系视为分配关系④,那么,他的生产关系的概念就无法在资本主义阶级关系——它根源于生产资料私有制,并表现为不平等的权力与财富的社会分配——中得到充分把握。相反,这一概念必须同时依据资本主义生产方式来加以理解。⑤

然而,假若生产过程与资本主义的基本社会关系是互相联系的,那么,生产方式就不能等同于生产力,后者最终会与资本主义生产关系发生矛盾。相反,生产方式本身应被视为与资本主义具有本质性的关联。换句话说,这些段落指出,马克思的矛盾不应被理解为工业生产与市场、资本主义私有财产之间的矛盾;因此,他对生产力和生产关系的理解必须在根本上被重新思考。显然,马克思关于资本主义之克服的观念不仅包含了现存分配方式的转变,同时包含了生产方式的转变。正因如此,他赞赏地指出了夏尔·傅立叶(Charles Fourier)的思想的重要性:"劳动不可能像傅立叶所希望的那样成为游戏,不过,他能宣布最终目的不是把分配,而是

---

① *Grundrisse*, p. 832.
② 同上。
③ 同上。
④ 出于简化的目的,我将把"生产关系的分配子类"称为"分配关系"。
⑤ 如我将进一步讨论的,对于理解《资本论》第一卷中的范畴如价值、剩余价值、增殖过程和积累,以及第三卷中的范畴如价格、利润和收益而言,生产关系本身和分配关系之间的区别是很重要的。前面这些范畴可以说表达了资本主义的深层社会关系,其根本的"生产关系";后一些范畴,在马克思看来,则是分配的范畴。

把生产方式本身提高到更高的形式,这依然是他的一大功绩。"①

假定"最终目的"是对生产方式本身的"提高"或超越,那么这一方式必然体现了资本主义关系。事实上,马克思对这些关系的批判随后指出了生产的历史转变的可能性:

> 不需要有什么特殊的洞察力就可以理解:例如,如果把从农奴制的解体中产生的自由劳动即雇佣劳动当作出发点,那么,机器只有在同活劳动的对立中,作为活劳动的异己的财产和敌对的力量,*才能产生出来*;换句话说,机器必然作为资本同活劳动相对立。但是同样也不难理解:机器一旦比如说变成联合的工人的财产,也不会不再是社会生产的要素。但在第一种场合,机器的分配,也就是它们不属于工人这一情况,正是以雇佣劳动为基础的生产方式的条件。在第二种场合,*改变了的*分配将以*改变了的*、由于历史过程才产生的新的生产基础为出发点。②

为了更为清楚地理解马克思的分析的本质,并抓住他所谓的生产方式的转变的意义,我们必须考察他关于(资本主义)生产之"基础"的概念。也即我们必须分析其"以雇佣劳动为基础的生产方式"这一观念,并思考一种"改变了的生产基础"是指什么。

资本主义的基本核心

我对马克思的资本主义分析的考察始于《大纲》中一个极为重要的部分,题为"资产阶级生产(*以价值为尺度*)的基础与它的发展之间的对

---

① *Grundrisse*, p. 712.
② 同上书,pp. 832-833。

立"。① 在这部分的开头,马克思写道:"活劳动同对象化劳动的交换,即社会劳动确立为资本和雇佣劳动对立的形式,是*价值*关系和以价值为基础的生产的最后发展。"② 这个题目与这句话表明,对于马克思而言,价值的范畴一方面表达了资本主义生产的基本关系,这些关系是资本主义作为一种社会生活模式的特定性质;另一方面也说明,资本主义中的生产是建立在价值的基础上的。换句话说,在马克思的分析中,价值建构了"资产阶级生产的基础"。

价值这一范畴具有一种特性,它似乎既表达了一种社会关系的确定形式,又表达了一种财富的独特形式。任何对价值的考察,都必须同时阐明这些方面。我们之前看到,作为一种财富的范畴,价值通常都被认为是一个市场的范畴;然而,当马克思在上文对"价值关系"的思考中提到"交换"时,他所涉及的是资本主义生产过程本身。他这里的交换并非属于流通过程,而是属于生产过程 ——"活劳动同对象化劳动的交换"。这意味着,价值不应仅仅被理解为一个商品分配方式的范畴,它也不试图为自我调节市场的自动性提供基础。相反,它应当被理解为一个资本主义生产本身的范畴。由此,马克思观念中生产力与生产关系之间的矛盾,似乎应被重新解释为生产过程中的可区分的环节。"以价值为基础的生产"和"以雇佣劳动为基础的生产方式"似乎是紧密相连的。这需要进一步解释。

当马克思讨论以价值为基础的生产时,他将其描述为一种生产方式,它的"前提现在是而且*始终*是:直接劳动时间的量,已耗费的劳动量是财富生产的决定因素"③。在马克思那里,作为一种财富形式,价值的特征在于,它是由生产过程中耗费的直接人类劳动所构成的,它始终取决于作为财富生产决定因素的这种耗费,而且它取得了一种暂时的形态。价值是一种社会形式,它表达了并且建基于直接劳动时间的耗费。对于马克思来说,

---

① *Grundrisse*, p. 704(第二处斜体由引者所为)。
② 同上。
③ 同上(斜体由引者所为)。

这种形式居于资本主义社会的核心位置。作为一种构造了资本主义的基本社会关系的范畴，价值表明了它现在是并且始终是资本主义生产的基本基础。然而，在资本主义生产方式和它自己的历史发展所造成的结果之间，不断出现着一种张力：

> 但是随着大工业的发展，现实财富的创造较少地取决于劳动时间与已耗费的劳动量，较多地取决于在劳动时间内所运用的动因的力量，而这种动因自身——它们的巨大效率——又和生产它们所花费的直接劳动时间不成比例，相反地却取决于一般的科学水平和技术进步……现实财富不如说是表现在已耗费的劳动时间和劳动产品之间惊人的不成比例上，同样也表现在被简化为单纯抽象物的劳动和由这种劳动看管的生产过程的威力之间在质上的不成比例上。①

价值与"现实财富"之间的反差——也即依赖于"劳动时间与已耗费的劳动量"的财富形式与不依赖于它的财富形式之间的反差——在这些段落中非常关键，同时也有助于理解马克思的价值理论，以及他关于资本主义社会的根本矛盾的看法。显而易见，价值并不是指财富一般，它是一个具有历史特定性的、暂时的范畴，可以用来把握资本主义社会的基础。此外，它不仅是一个市场的范畴，把握了具有历史特定性的财富的社会分配方式。这种市场中心论的解释联系着穆勒的立场，即分配方式在历史上是可变的，但生产方式不是。这一解释暗示存在着一种超历史的财富形式，在不同的社会以不同的方式被分配。然而，在马克思那里，价值是社会财富的一个特定历史形式，它在本质上联系着一种历史特定的生产方式。显然，这种财富形式的历史特殊性意味着，社会财富在不同社会中并不一致。马克思对于价值的这些方面的讨论指出，正如我们将看到的，劳动形

---

① *Grundrisse*, pp. 704-705.

式以及社会关系的结构，在不同的社会形态中都是不一样的。

在本书中，我将探讨价值的历史特征，并试图澄清马克思所说的价值与劳动时间的关系。这里先提几句，许多研究者在讨论马克思所谓劳动是价值的独一无二的源泉时，都没有看到他在"现实财富"（或"物质财富"）与价值之间所做的区分。然而，马克思的"劳动价值论"不是一个关于劳动一般的独特性质的理论，而是在分析价值——及其基础，即劳动——作为一种财富形式所具有的历史特殊性。因此，如果把他的价值理论作为一种（超历史的）劳动财富论，那么无论对其表示赞同还是反对，都和马克思无关——因为马克思写的是一部政治经济学*批判*，而不是一部政治经济学。① 当然，这不是说，把马克思的价值范畴解释成一个具有历史特殊性的范畴就证明了他对于现代的分析是正确的；不过，我们*依旧*有必要把马克思的分析放在其自身的历史框架中，而不是把它当作一种超历史的政治经济学理论——后者正是马克思所严厉批判的。

在马克思的分析框架中，价值是一个批判性的范畴，它揭示了资本主义特有的财富与生产形式的历史特殊性。上面所引的这段话表明，在马克思那里，以价值为基础的生产形式所经历的发展方式，最终可能导致对价值本身的历史否定。在所有看上去与当代状况有关的分析中，马克思都指出，在资本主义工业生产的发展过程中，价值越来越无法充当已生产出来的"现实财富"的尺度。他将价值，这一取决于人类劳动时间耗费的财富形式，对照于现代科学与技术所具有的惊人的财富生产潜能。在它所造就的生产体系的潜能的对照下，价值逐渐被历史所淘汰；这一潜能的实现将导致价值的废除。

然而，这种历史可能性并不仅仅意味着在现有的工业生产方式上能制造出前所未有的巨额货物，且它们能得到更为平等的分配。"现实财富"

---

① 约恩·埃尔斯特提供了这种论述的一个例子。他反对马克思的价值与剩余价值理论，否认"工人具有一种无中生有的神秘能力"；相反，他坚持，"人类开发自然的能力使得超过消费之上的剩余得以可能"（Jon Elster, *Making Sense of Marx*, p. 141）。埃尔斯特以一种超历史的方式来对待财富创造的问题，以此，他的论述内在地将价值作为一种超历史的范畴，由此混淆了价值和财富。

与价值两者之间矛盾的发展，使得前者有可能取代后者成为社会财富的规定。这一逻辑同时也意味着，有可能出现一种不同的生产过程，它建立在更新的、解放性的社会劳动结构上：

> 劳动表现为不再像以前那样被包括在生产过程中，相反地，表现为人以生产过程的监督者和调节者的身份同生产过程本身发生关系。……工人不再是生产过程的主要当事者，而是站在生产过程的旁边。在这个转变中，表现为生产和财富的宏大基石的，既不是人本身完成的直接劳动，也不是人从事劳动的时间，而是对人本身的一般生产力的占有，是人对自然界的了解和通过人作为社会体的存在来对自然界的统治，总之，是社会个人的发展。现今财富的基础是盗窃他人的时间，这同新发展起来的由大工业本身创造的基础相比，显得太可怜了。①

我们正在处理的这段《大纲》的内容清晰地表明，对马克思而言，对资本主义的克服，包括了对作为社会财富形式的价值的废除，这相应地导致了对资本主义下所发展出的特定生产方式的废除。他明确地断言，废除价值标志着劳动时间不再作为财富的尺度，财富的生产也不再主要受到生产过程中的直接人类劳动的影响："一旦直接形式的劳动不再是财富的巨大源泉，劳动时间就不再是，而且必然不再是财富的尺度，因而交换价值也不再是使用价值的尺度。"②

换句话说，马克思以其价值理论分析了彼此关联的资本主义的基本社会关系、财富形式以及物质生产形式。根据马克思的分析，以价值为基础的生产、以雇佣劳动为基础的生产方式和以无产阶级劳动为基础的工业生产，这三者具有内在的联系；因此，当价值日渐被历史淘汰时，资本主义

---

① *Grundrisse*, p. 705（第二处斜体由引者所为）。
② 同上。

下所发展的工业生产过程也将逐渐不符合历史要求。在马克思那里，克服资本主义意味着物质生产形式以及人类工作方式的根本转变。

显然，这一立场在根本上不同于传统马克思主义者。后者的批判仅仅关注分配方式的转变，并将工业生产方式视为外在于资本主义的技术发展。然而在这里，马克思显然没有将资本主义的矛盾视为工业生产与价值之间的矛盾。相反，他认为后者塑造了前者：工业生产是"以价值为基础的生产方式"。正是在这个意义上，在他的晚期著作中，马克思明确指出，工业生产方式是一种"资本主义特有的生产形式……（在技术层面上同样如此）"①，这也意味着，它将与资本主义的克服一同被转变。

显然，马克思的基本范畴所包含的意义没有办法用几句话总结出来。本书的后半部分将力图阐明他对价值及其在塑造生产过程时所起作用的分析。而在这里我只需指出，正如《大纲》中的这些段落所表现的，马克思的批判理论不是一种技术决定论，而是认为，由于技术和生产过程是被价值所塑造的，在这个意义上，它们都是为社会所建构的。因此，它们不应被简单地等同于马克思的"生产力"——它将会与资本主义社会关系发生矛盾——的概念。尽管，它们确实体现了某种矛盾：马克思的分析所区分出的矛盾双方，一方是建立在价值基础上的生产形式所具有的实际能力，另一方是它的潜力——这一潜力为一种新的生产形式奠定了可能性。

从上述引文可以清楚地看到，当马克思在《大纲》中描述资本主义矛盾的克服，并宣称"工人群众应当占有自己的剩余劳动"②时，他不仅是指征用私有财产，以及以更理性、人道、有效的方式使用剩余产品。他所说的占有要远超于这个层面，它同时包含了将资本主义下所发展的生产力反过来应用于生产过程本身。也即他看到，发达资本主义生产中所包含的潜力，可以有助于工业生产过程自身的转变，有助于社会生产体系的废

---

① Marx, *Results of the Immediate Process of Production*, trans. Rodney Livingstone, in Marx, *Capital*, vol. 1, trans. Ben Fowkes (London, 1976), p. 1024 (see also pp. 1034-1035).
② *Grundrisse*, p. 708.

除：这一体系通过占有直接劳动时间和工人劳动（他们就像高效的机器中的齿轮）来创造财富。在马克思那里，工业资本主义生产方式的这两个方面是互相关联的。由此，《大纲》中所说的克服资本主义，无疑包含了克服以雇佣劳动为基础的生产方式的形式的与物质的两个方面。它一方面将导致分配体系的废除，这个体系建立在作为商品的劳动力与用来购买消费资料的工资之间的交换之上。另一方面，它也将导致生产体系的废除，这个体系建立在无产阶级劳动之上，也即建立在资本主义工业生产的片面的、碎片化的劳动之上。换句话说，克服资本主义，也包括了克服无产阶级所做的具体劳动。

这一解释为资本主义中的具体生产形式提供了历史批判的基础，由此帮助我们理解马克思那句著名的断言，即资本主义社会形态标志着人类社会史前史的终结。① 克服无产阶级劳动这一观念意味着，"史前史"应当被理解为这样一些社会形态，其中，剩余产品不断出现，并且它首先建立在直接人类劳动的基础上。许多社会都拥有这样的特点：在那里，剩余产品是由奴隶、农奴或雇佣劳动所创造的。然而，根据马克思的论述，建立在雇佣劳动上的社会形态具有一种特殊的性质，其中所产生的动能，催生了一种历史可能性，使得以人类劳动这一生产过程中的内在因素为基础的剩余产品，有可能得到克服。一个新的社会形态得以创立，其中"*群众的剩余劳动*不再是发展一般财富的条件，同样，*少数人*的*非劳动*不再是发展人类头脑的一般能力的条件"②。

对马克思而言，史前史的终结标志着克服了体力劳动和智力劳动之间的区分与对立。然而，在他的历史批判的框架之内，仅仅将现存的体力劳动和智力劳动混同在一起（正如20世纪60年代的中国所实行的那样），是无法克服对立的。他在《大纲》中对生产的处理说明，不论是这些劳动

---

① Marx, *A Contribution to the Critique of Political Economy*, trans. S. W. Ryazanskaya (Moscow, 1970), pp. 21-22.
② *Grundrisse*, p. 705.

形式之间的区分，还是它们的决定性特质，都根植于现存的生产形式。只有同时转变现存的体力与智力劳动的形式，也即历史性地建构一种新的劳动结构及其社会组织方式，才能克服两者之间的区分。根据马克思的分析，只有当剩余产品不再以直接人类劳动作为其首要基础时，这种新的结构才有可能出现。

资本主义、劳动与统治

与传统马克思主义立场相左，马克思的社会理论要求对资本主义下所发展的生产形式，以及对其彻底转变的可能性进行批判性分析。显然，它并不包含对这一形式的生产至上主义式的歌颂。马克思将价值视为一种特定生产方式的特定历史范畴，这说明了一个关键问题：构造价值的劳动，不能被等同于那种超历史地存在着的劳动。相反，这种劳动是一种特定的历史形式，它将随着资本主义的克服而被废除，而非实现。马克思关于资本主义中的劳动的历史特殊性的看法，要求我们在根本上重新解读他对资本主义社会所特有的社会关系的理解。根据马克思的说法，这些关系是由劳动本身所构造的，并因此具有一种特定的、准客观的形式；它们无法在阶级关系中得到充分理解。

对于资本主义基本社会关系的"范畴论"的阐释与"阶级中心论"的阐释之间存在着重要的区别。前者是对资本主义中的劳动的批判，而后者是从劳动的立场出发批判资本主义；这两者意味着截然不同的对资本主义统治形式的规定，因此，对这一统治的克服，也具有截然不同的性质。我将进一步分析在马克思笔下，资本主义劳动的特殊性如何建构了其基本社会关系，以及它如何构成了以下两者的基础：作为一种财富形式的价值的特殊性，以及工业生产形式的本质。随着分析的推进，上述差异所导致的结果也将逐渐清晰。这里先提一点，劳动的特殊性同样建构了一种历史特殊的、抽象的、非个人的社会统治形式。

在马克思的分析中，资本主义社会统治，在其根本层面，并不在于一部分人对另一部分人的统治，而在于人们自己所建构的抽象社会结构对人的统治。马克思试图借助其商品与资本的范畴，来把握这种抽象的、结构性的统治——它包含阶级统治，但远不止于此。据马克思所说，这种抽象统治不仅决定了资本主义生产的目标，同时决定了其物质形式。在马克思的分析框架中，资本主义特有的社会统治的形式，在根本上不是由私有财产，也不是由剩余产品和生产资料的资本主义所有权所导致的；相反，它建立在财富的价值形式本身上，建立在与活劳动（工人）相对立的社会财富形式上，财富的价值形式是一种结构上异己的、统治性的权力。① 我要试图展现的是，对于马克思来说，这一社会财富与人之间的对立是如何建立在资本主义社会中的劳动的独特性质上的。

在马克思那里，资本主义劳动建构了统治着人们的抽象社会结构，这一过程引发了生产力和人类知识在历史上的迅猛发展。而之所以能做到这一点，是因为它割裂了社会劳动，也就是说，它将特定的个人变得狭隘化、空洞化。② 马克思指出，以价值为基础的生产为财富创造了无数可能，这仅仅是因为"个人的全部时间都成为劳动时间，从而使个人降到仅仅是工人的地位"③。在资本主义之下，人类的权力与知识极大增加，但却采取了一种压迫人类的异化形式，并将摧毁自然。④

由此，资本主义的一个核心标志是，人类事实上无法控制他们的生产活动或他们的产品，反而最终会被这些活动的结果所支配。这种统治形式被表达为个人与社会间的对立，后者被构造成一个抽象的结构。马克思对这一统治形式的分析，是在为他早期著作中用异化这个词来表达的内容找寻基础，并给予解释。我不会全面讨论马克思的早期写作和他晚期的批判理论之间的关系，但我将试图表明，他后来并没有放弃早期

---

① *Grundrisse*, p. 831.
② *Capital*, vol. 1, pp. 458, 469, 481-482, 486, 547.
③ *Grundrisse*, p. 708.
④ *Capital*, vol. 1, pp. 376, 638.

著作中的所有核心议题，其中的一些——譬如异化——依旧处于其理论的中心。事实上，只有在晚期著作中，马克思才为其在《1844年经济学哲学手稿》中表达的立场奠定了严格的基础，也即私有财产不是异化劳动的社会原因，而是其结果，因此，克服资本主义不应仅仅被理解为废除私有财产，而必须克服这种劳动。① 在他的晚期著作中，他通过对资本主义劳动的历史特殊性的分析，为这一立场奠立了基础。当然，这一分析也对其早期的异化概念做出了修正。马克思成熟期批判理论中包含的异化理论所指的，并不是工人们失去了那些早先属于他们的财产（因此需要将其收回）；相反，它指的是一种社会权力与知识的历史建构的过程，这些权力与知识不能被理解为无产阶级目前的权力与技能。借由资本这一范畴，马克思分析了这些社会权力与知识如何被建构为各种客观化的形式，这些形式准独立于构造了它们的个体，并且采取了一种抽象的社会统治形式来统治这些个体。

这种自我繁殖的结构性统治的过程，无法在阶级剥削或阶级统治的意义上得到充分的理解，也无法被理解为静止的、无方向的、"共时的"问题。马克思借由价值和资本分析了现代社会特有的社会统治的基本形式，这一形式产生了一种不受创造它的个体所控制的历史动力。马克思对资本主义社会中劳动的特殊性的分析的一个核心要旨，正是解释这种历史动力。马克思的资本主义批判理论不仅是一种关于剥削的理论，也不仅是关于狭隘意义上的经济运作的理论，而是一种关于现代社会历史之本质的理论。它认为历史是被社会性地建构起来的，且具有一种准自主的发展逻辑。

这一初步讨论指出了一种完全不同于传统马克思主义的对克服异化

---

① Marx, *Economic and Philosophic Manuscripts of 1844*, in Karl Marx and Frederick Engels, *Collected Works*, vol. 3: *Marx and Engels: 1843-1844* (New York, 1975), p. 279ff. 更为全面地讨论马克思的早期手稿和他的后期作品之间的关系将会表明，前期的许多其他主题（比如人与自然的关系、男人与女人的关系、工作与娱乐的关系），在后期中依旧具有内在的核心性，但却被他关于资本主义劳动的历史特殊性的分析所转化了。

的理解。它表明，资本主义下所发展的工业生产方式，以及这一社会的内在历史动力，都被马克思认为是资本主义社会形态的特征。对这一社会形态的历史否定，意味着同时废除抽象统治的历史动力体系，以及工业资本主义生产方式。同样地，发展了的异化理论表明，在马克思眼中，否定资本主义的结构性核心，意味着允许人们占有那些在历史上以异化形式出现的权力与知识。这种占有将导致对先前的一种分裂状况的物质超越，分裂一方是狭隘的、贫困的个体，另一方是社会中被异化的一般创造性知识，因为后者将为前者所吸收。这将使得"简单的工人"[①]转变为"社会个人"[②]——他掌握了先前以异化形式在历史上发展的人类知识与潜能。

社会个人这一概念表达了马克思的思想，即克服资本主义意味着克服个人与社会间的对立。根据他的分析，资产阶级个人，以及作为一个抽象整体与个人相对立的社会，两者都被构造为资本主义，取代了早期社会生活形式。不过对马克思而言，克服这一对立既不意味着将个人纳入社会之下，也不意味着两者无中介的统一。马克思对资本主义个人与社会之关系的批判，并非人们普遍认为的那样，局限于批判孤立的、碎片化的资产阶级个人。正如马克思不是站在工业生产的立场上批评资本主义一样，他也没有对集体（所有人都是其中的一部分）给出正面的评价，以作为他批评原子化个人的出发点。除了将原子化个人的历史建构与商品流通领域联系起来之外，马克思还将元机械——其中人仅仅是齿轮——作为被资本规定的生产领域的*特征*。[③] 由此，原子化的个人与集体（作为一种"超级主体"）之间的对立并不代表资本主义与后资本主义社会生活方式之间的对立。相反，它是个人与社会之关系的两个片面性规定之间的矛盾，两者一起构成了资本主义社会形态的另一个二律背反。

[①] *Grundrisse*, p. 708.
[②] 同上书，p. 705。
[③] *Capital*, vol. 1, pp. 477, 547, 614.

对于马克思来说，社会个人代表着对这种对立的克服。这一观念不是指一个人与他人一起进行公共的、无私的劳动；相反，它意味着每个人都能得到充分的、丰富的发展的可能性。实现这一可能性的一个必要条件是，每一个人的劳动都充分地、完全地由自己决定，并且与社会的普遍丰富性、多元性、权力、知识相契而为一个整体。由此，克服异化并不意味着重新获得某种先前存在过的本质，而意味着占有那些过去以异化方式建构的东西。

至此，我们的讨论表明，马克思将无产阶级劳动视为异化劳动的物质化表现。这一立场意味着，如果每个人的具体劳动依旧与资本主义时的一样，那么声称当私有财产被废除时，当人们对劳动怀有一种集体的、具有社会责任的态度时，劳动的解放就能实现了，这种话至多不过是一种意识形态。与此相对，劳动的解放以一种新的社会劳动结构为前提。在马克思的分析框架中，只有当生产力的潜能以一种彻底变革劳动过程之组织机制的方式得到使用时，劳动才能成为社会个人的构成因素。人们必须摆脱直接劳动过程（之前他们作为其中一部分劳动着），并对它加以控制。"改变为工业过程的自然过程"[1]，不仅应当为社会整体所控制，也应当为其所有成员所控制。所有个人都能得到充分发展的一个必要的物质条件是，"人不再从事那种可以让物来替人从事的劳动"[2]。

马克思所谓"工人群众应当占有自己的剩余劳动"[3]，将导致一种自我废除的过程，也即一种物质上的自我转变的过程。克服资本主义绝不意味着无产阶级的实现，而是意味着无产阶级劳动的物质废除。劳动的解放要求的是从（异化的）劳动中解放出来。

我们将在考察过程中看到，在马克思的分析里，资本主义是这样一种社会形态，其中社会生产的目的是生产，而个人劳动的目的是消费。而我

---

[1] *Grundrisse*, p. 705.
[2] 同上书，p. 325。
[3] 同上书，p. 708。

的讨论进一步指出，马克思所设想的否定资本主义的社会形态是指，社会生产的目的是消费，而个人劳动则是为了充分满足其自我实现的目的。①

资本主义的矛盾

在马克思那里，社会主义社会并不会作为一个线性的革命历史的发展结果而产生。上文所述的生产过程的彻底变革，不是科技的知识与应用高速增长之后的自动结果。相反，它是一种由社会内在矛盾的不断发展带来的可能性。

这种矛盾的本质是什么？对马克思而言，很清楚，在资本主义发展过程中，出现了一种新的解放性的社会劳动结构的可能性，但在资本主义中，它是无法普遍实现的。

> 资本本身是处于过程中的矛盾，因为它竭力把劳动时间缩减到最低限度，另一方面又使劳动时间成为财富的唯一尺度和源泉。因此，资本缩减必要劳动时间形式的劳动时间，以便增加剩余劳动时间形式的劳动时间；因此，越来越使剩余劳动时间成为必要劳动时间的条件——生死攸关的问题。②

---

① 如我将要在第九章中讨论的，重要的是去区分马克思的社会劳动分析中的两种必然性与自由形式。如我们所见，他认为未来社会中的社会劳动将被结构为愉悦的、享乐的活动，并不意味着他认为这种劳动可以成为娱乐。马克思的非异化劳动的观念在于，它摆脱了直接关系和抽象社会统治，由此可以成为自我实现的活动，因而更具娱乐性。然而，这里的摆脱统治并不意味着摆脱所有的限制，因为任何人类社会都需要某些形式的劳动以维持生存。但是，劳动从来不是一个绝对自由的领域这一点，也不意味着非异化的劳动在方式和程度上，都与为社会统治形式所限制的劳动具有同样的自由度。换句话说，马克思虽然否认了劳动领域中存在绝对的自由，但也没有回到亚当·斯密的劳动与自由和幸福之间未分化的对立中去。(见 Grundrisse, pp. 611-612。)

显然，片面的、碎片化的工作，不会随着资本主义的克服而被全部废除。此外可以理解的是，其中的一些工作永远不会被彻底废除（尽管所需的工作时间极大地缩短了，以及这种工作将在人口中轮替）。尽管如此，为了凸显马克思对资本主义劳动的分析，以及他与之相关的关于未来社会中劳动的观念所抱有的主要论旨，我在本书中将不会思考这些问题。（关于这些问题的一个简单谈论，见 Gorz, Paths to Paradise, p. 47ff。）

② Grundrisse, p. 706.

下面我将更为细致地思考"必要"与"剩余"劳动时间的问题。在这里只要注意到，在马克思那里，尽管资本主义趋向于发展出强大的生产力，其潜力逐渐淘汰了以直接劳动耗费为基础的生产组织，但是，它不能允许这一潜力的完全实现。唯一能够造就资本的财富形式，是建立在直接劳动时间的耗费之上的。因此，价值尽管越来越无法充当所生产的物质财富的尺度，它也不会简单地被一种新的财富形式所取代。相反，在马克思那里，价值依旧是资本主义社会必要的结构性前提（虽然表面看上去不是这样，正如他在《资本论》第三卷中指出的）。因此，尽管一种内在的发展动力构成了资本主义的特征，但这一动力依旧要受到资本主义的限制，它无法自我克服。在一方面成为"剩余"的东西，在另一方面依旧是"必要"的：换句话说，资本主义*确实*为它的否定提供了可能性，但它不会自动地发展成其他东西。直接人类劳动时间的耗费依旧是资本主义所不可或缺的核心内容，尽管它因为资本主义的发展而日渐脱离历史的要求，这导致了一种内在的张力。正如我将阐明的，马克思依据这一张力，分析了工业生产的本质及其发展轨迹。

马克思的理解表明，资本主义根本矛盾的这一重要维度不应被直接等同于具体的敌对或冲突的社会关系，譬如阶级斗争关系。根本矛盾内在于资本主义社会的结构性要素之中，它赋予整体一种矛盾性的力量，并为一个新的社会秩序提供了内在可能性。更进一步说，上述引文表明，马克思所谓的生产力与生产关系之间的结构性矛盾不能用传统的方式加以解释；其中，"生产关系"仅仅被理解为分配方式，而"生产力"则被等同于工业生产方式，一个纯技术过程。在这种阐释中，从理性的"镣铐"中解放"生产力"的结果，或许是生产运动的加速，而其基础依旧是生产过程与劳动结构的具体形式。然而，上文所讨论的《大纲》中的章节表明，马克思将工业生产方式和资本主义的历史动力理解为资本主义社会本身的特质，而非试图超越资本主义关系而又被其所压抑的历史发展。他对资本主义矛盾的理解，似乎在根本上也并不是指私人占有与社会化生产之间的矛盾①，而是指一种生产领域之内的矛盾。这一生产领域包括了直接的生产过程，以及由资本主义劳动所建构的社会关系的结构。考虑到社会劳动结构，马克思所说的矛盾，应当被理解为这样一种不断发展的矛盾：矛盾一方是资本主义中人们从事的那种劳动；另一方是当价值被废除，当资本主义所发展出来的生产潜能被反过来用于将人们从（由他们自己的劳动所建构的）异化结构的支配下解放出来之后，人们可能从事的那种劳动。

在本书之中，我将展现马克思如何将这种矛盾建立在资本主义的根本社会结构形式（也即商品）之上，并将同时阐明，对于马克思而言，将生产力从生产关系的"镣铐"中"解放"出来，如何要求同时废除价值以及资本主义劳动的特殊性。这不仅将否定内在历史逻辑，也将否定资本主义社会形态特有的工业生产方式。

这一对马克思的异化观念和资本主义矛盾观念的初步探索表明，他的分析试图将资本主义发展过程理解为一个既日渐丰富，也日渐贫困的双重进程。这意味着这一发展无法在单一层面上被充分理解，不论是作为知识与幸福的进步，还是作为统治与毁灭的"进步"。根据他的分析，尽管出现了让社会劳动方式造福于所有人的历史*可能性*，但社会劳动实际上正使大多数人变得贫困。因此，资本主义之下科学技术知识的高速增长，并不标志着朝向解放的线性进步。根据马克思对商品和资本的分析，这种增长了的知识本身是被社会所建构的，它导致了个人劳动的碎片化与空洞化，也导致了人类日益被其客观化的活动结果所控制。不过，它也增加了这样的可能性，即劳动可以使个人变得富有，以及人类可以对其命运有更大的把握。这种双面的发展根植于资本主义社会的异化结构，并有可能得到克服。因此，在任何意义上，马克思的辩证分析都不能被等同于对线性的科

---

① 吉登斯也指出，对马克思而言，资本主义的首要矛盾是结构性的，不单指向社会冲突。然而，他将这一矛盾置于私人占有和社会化生产之间，也即置于资产阶级分配关系和工业生产之间：见 Anthony Giddens, *Central Problems in Social Theory* (Berkeley and Los Angeles, 1979), pp. 135-141。我对《大纲》的阅读支持一种截然不同的阐释。

学进步，或对社会进步，或对两者之间的相关性的实证主义信念。①

由此，马克思的分析所指出的克服资本主义的观念，既不是无批判地肯定作为人类进步条件的工业生产，也不是不切实际地拒绝技术进步本身。马克思指出，资本主义所发展的生产体系的潜力能够用来变革这一体系自身，由此，马克思的分析克服了立场之别，并说明其中每一种立场都在一个更为复杂的历史发展的整体之中占据一个位置。也就是说，坚信线性进步的立场，与不切实际地拒绝它的立场之间的对立，在马克思的方法中被理解为一种历史的二律背反，*两者一起构成了资本主义时代的特征*。②更为一般地说，面对资本主义的历史建构，他的批判理论既不要求简单地保留，也不要求简单地废除。相反，他的理论指出了一种可能性：以异化形式被建构的东西，有可能被占有挪用，并因此被根本地变革。

社会运动、主体性与历史分析

重新阐释马克思所分析的资本主义及其根本矛盾的性质，再一次提出了关于社会阶级关系、社会运动和克服资本主义的可能性的问题。我的分析方法否认工业生产方式与资本主义之间存在根本的紧张关系，并因此拒绝认为无产阶级代表了资本主义的社会对立面。在马克思这里，资本的代言人与工人之间，围绕着工作时间或工资与利润关系而表现出的阶级斗争，在结构上内在于资本主义之中，因此是这一体系之动力的重要构成要素。③然而，他对价值的分析必然意味着，资本的基础是并且依旧是无产阶级劳动。那么，这一劳动就不会是否定资本主义社会形态的潜在基础。《大纲》所述的资本主义矛盾不在于无产阶级劳动与资本主义之间，而在

---

① 在第四章和第五章中，我将更为细致地处理这一立场。其出处见 Jürgen Habermas, *Knowledge and Human Interests*, trans. Jeremy Shapiro (Boston, 1971); Albrecht Wellmer, *Critical Theory of Society*, trans. John Cumming (New York, 1974)。
② *Capital*, vol. 1, pp. 568-569, 798ff.
③ 同上书，p. 344。

于无产阶级劳动（即现存的劳动结构）与可能的另一种生产方式之间。如果说社会主义被理解为从资本主义中发展起来的一种更为高效的、人道的、公平的管理工业生产方式的方法，那么本书中对社会主义的批判，便同时也意在批判将无产阶级作为革命**主体**这一观念，其中，无产阶级则被认为是一种社会动能，它既构建了历史，又在社会主义中实现了自身。

这意味着，工人阶级在历史中建构与实现自我的要求、构想，不会线性地导出超越资本主义的需求、要求与构想。后者——其中可能包含了一种对自我实现行动的需求——不会仅限于消费领域，仅限于分配正义的问题，它将动摇资本主义所特有的工作之本质以及客观限制性结构。这表明，关于资本主义及其可能的克服的批判理论，必须是一种关于这种需求与意识结构之社会建构的理论，这种理论将能把握主体性的历史质变，并能据此理解社会运动。这一路径将为马克思关于无产阶级的自我废除的看法提供新的解释，同时能够有效地分析过去二十年间的新社会运动。

马克思批判理论的诸范畴，当它们被阐释为能够同时决定社会"客体性"与"主体性"的结构化的实践形式（而非仅仅被阐释为社会"客体性"范畴，或是经济范畴）时，能够为这种关于主体性的历史理论提供基础。此外，如果能够说明结构资本主义社会的社会形式是矛盾的，那么，就有可能将批判的、反抗的意识作为社会建构的产物。

马克思所说的矛盾既是"客观的"又是"主观的"，然而，这种阐释并不意味着反抗的意识必然会出现，更不是说解放会自动实现。在这里，我所涉及的不是关于*必然性*的理论层面，比如出现这种意识的必然性，相反，我所考虑的是*可能性*的层面，也就是说，我所考虑的是在根本上构造一种方法，来回应主体性的社会建构的问题，其中包括批判与反抗意识的可能性。矛盾这一观念，使得一种理论得以将这类意识的可能性建立在社会层面。如果资本主义社会不被看作是一个一元整体，它的社会形式不被认为是"单向度"的，那么我们就能说，批判的、反抗的意识形式来自于由社会所建构的可能性。

这种关于主体性的社会建构的理论（包括批判其自身环境的主体性），对立于那种无疑是功能主义的观念，即只有肯定或支持现有秩序的意识是由社会构造的。同时，它也对立于功能主义所隐藏的那种观念，即批判的、反抗的或革命的意识的可能性，在本体论或至少是超验论的层面上，只能源自于据说是非资本主义的社会生活要素。我所描述的方法并不否认那些遗留的、非资本主义的趋向的存在或重要性，它们会为统治秩序注入一些异质性，并促使对其保持批判性的距离。但是，我的方法*在事实上*提供了一个批判这些理论企图的基础；这些理论企图仅仅关注这些趋向，*正是因为*它们将资本主义视为一个一元的整体。这些分析抵抗与反对的方法将资本主义社会仅仅理解为物化的、变形的社会，并认为批判性的思想与实践是不具有历史特定性的；然而，将资本主义作为一个矛盾性社会的分析方法则试图说明，批判性距离和异质性是在资本主义框架内部社会地产生的。它为主体性（包括主体性的反抗形式）的历史理论所提供的基础，在我看来远远强于以下这些理论努力：它们假定在现存的社会秩序和批判性的主体性形式与实践之间存在一个简单的对立。由此，借由我的方法，我们得以探索各种批判性概念与实践和它们的历史语境之间的关系——一方面依据这些概念与实践的建构，另一方面依据它们可能的历史效果。由此，我们也可以思考这种反抗的主体性与实践，将会在可能的对资本主义的历史否定中起到什么样的作用。简而言之，我的方法使我们得以分析变革现存秩序的可能性。

资本主义是矛盾的，这一看法造就了一种具有自我反思性的社会批判，它将自己置入自身所处的语境中加以理解。这使得我们能够分析批判理论与否定资本之需求的出现之间的内在关系（不论经过了多少中介），同时能够分析大众层面的反抗意识形式。这种具有自我反思性的主体性社会理论，尖锐地对立于那些没有办法或是只能以一种客观主义的办法，来将根本性的反抗意识的可能性建立在现存秩序之中的批判。后者隐含地为批判性思想家赋予了一种优越性地位，使他们的知识不可思议地超越于社会形态之外。这些方法落回到了启蒙运动唯物主义的二律背反之中，马克思在《关于费尔巴哈的提纲》中已经对此做出过批判：大众被分割为受社会所限定的大部分和出于某些理由而没有为社会所限定、具有批判性的小部分。① 这小部分人无疑象征着一种在认识论上前后矛盾的社会批判方式，他们无法说明自身的存在，只能声称自己处于一个悲剧性的位置或是握有先锋性的教学法。

一些现实意义

在此，我将简要地指出在《大纲》的基础上对马克思的批判理论进行的这一阐释所具有的一些更深层的含义。对资本主义中劳动的历史特殊形式的集中分析，为一种新的资本的概念与一种新的对资本主义社会形态的动力的理解奠定了基础，而这种概念和理解在根本上并不依赖于市场调节的分配方式。换句话说，对于资本主义的分析不再被限制在其 19 世纪的形式中。这种方法提供了一个基础，来分析某一段时间内现代社会的（资本主义的）本质与动力；在这段时间中，国家机构和其他大型科层组织成为重要的、有时是首要的社会管理与分配的机制。同时这种方法也可以作为一个出发点，来理解当下的全球社会与经济的转型，也即资本主义的转型。

此外，关注对生产的批判，使我们得以将马克思的社会主义观念，恢复为一种*后*资本主义的社会生活形式。我已经证明，对马克思而言，社会主义与资本主义的历史关系，不仅是废除生产资料私有制的历史前提，或者用计划取代市场。这一关系同样应当被理解为一种不断增长的可能性，即劳动在资本主义中起到的特定历史作用，可能将被另一种社会中介形式所取代。在马克思这里，这种可能性的基础，建立在资本主义发展所造成

---

① Marx, "Theses on Feuerbach," in Karl Marx and Frederick Engels, *Collected Works*, vol. 5: *Marx and Engels: 1845-1847* (New York, 1976), pp. 5-8.

的价值与"现实财富"之间不断增长的张力之上。这种张力可能导致系统性地废除价值,并因此废除抽象统治,废除一种特定"增长"形式的抽象必要性,废除作为生产的一个内在要素的直接人类劳动。依据马克思在《大纲》中的阐述,某种生产形式构成了一个无阶级社会的物质基础,在这种生产形式中,剩余产品不再主要由直接人类劳动所创造。依据这一方法,社会主义的核心问题不是资本家阶级是否存在,而是无产阶级是否依旧存在。

如果资本主义的批判理论仅仅处理了对资产阶级分配方式的克服,那么它将无法充分把握资本主义的上述维度,更糟糕的是,它将遮蔽这一事实:克服阶级社会必然要求克服生产方式的基础。因此,一种传统马克思主义的变体成为了一种将某些社会形式合法化的意识形态,这些社会形式就是"现实存在的社会主义"国家;其中,自由资产阶级的分配方式被废除了,但为资本所规定的生产方式却没有,同时,前者的废除在意识形态上遮蔽了后者的存在。①

由此,马克思关于后资本主义社会的观念,必须被区别于国家主导的资本积累方式。上文所述的阐释,及其对建构着资本的特定劳动形式的强调,符合了对"现实存在的社会主义"国家之兴起的历史分析,这种分析以世界经济核心地区的工业资本主义发展与"边缘"国家不断增长的作用之间的相互关系为依据。可以说,对全球资本主义发展的一个阶段而言,国家可以在全国范围内造成总资本的创造。在这一情形下,暂停商品、货

---

① 在本书中,我不会进一步探究对于后资本主义社会的阶段和形式而言,我对马克思关于资本主义基本参量概念的重新思考所具有的意涵。不过我应当指出,一旦资本主义特有的并位于其核心的社会统治与剥削形式不再被置于生产资料私有制中,而是被置于由商品和资本的范畴所表达的异化的社会关系结构中,一旦异化过程被理解为一种社会与历史建构形式,而非对前定的人类本质的疏异,那么问题的方式就发生了变化。关于这一问题的不同路径,见 Stanley Moore, *Marx on the Choice between Socialism and Communism* (Cambridge, Mass., and London, 1980)。斯坦利·穆尔将剥削等同于资本主义私有制,在此基础上他指出,一个只有交换而没有生产资料私有制的社会(即他所规定的"社会主义"),要优于一个两者皆无的社会("共产主义"),见 pp. viii-ix, 34-35, 82。穆尔的意图在于反对这样一种看法,即按上述的定义,社会主义只是后资本主义社会的一个不完整形式,是"共产主义"的前奏。其中,他试图削弱"现实存在的社会主义"社会中存在政治的、社会的和文化的压迫这一意识形态的合法性。在这个意义上,穆尔的路径的战略意图,与这里对马克思的截然不同的阐释之间存在似之处,两者都不认为这些社会应被认为是后资本主义社会。

币与资本的自由流通并不意味着社会主义。相反，它是在世界市场的环境下，"资本革命"得以在边缘地区实现的方式之一（如果不是唯一一种的话）；在这一世界市场中，资产阶级革命和国家总资本的巩固之间最初的历史联系不再存在。然而，结果并不是，也不会是后资本主义社会。由资本所规定的社会并不仅仅是市场与私有财产的一个工具；在社会学的意义上，它无法被缩减为资产阶级的统治。

显然，从资本主义社会形态发展的角度，而非从否定资本主义的角度来思考现代社会的中央集权组织，重新提出了后资本主义民主的问题。这一分析，将一种在历史上为资本主义所特有的、抽象的强制与约束形式的基础，建立在价值与资本的社会形式之上。由这些范畴所表达的社会关系不能完全等同于市场与私有财产，这意味着，即使资产阶级分配关系消失了，那些强制也将继续存在。如果是这样，那么后资本主义民主的问题，就无法仅仅在中央集权与非中央集权的政治概念的对立中被充分地表达。相反，我们必须思考一个更具批判性的层面：价值与资本的形式对政治决定所强加的束缚的本质。也就是说，我在这项研究中所发展的方法指出，后资本主义民主意味着比取消了生产资料私有制之后的民主政治形式更多的东西。它同时要求废除抽象的社会强制，这些强制源于为马克思的范畴所把握的那些社会形式。

作为一种对现代社会做出批判性分析的方法，对马克思理论的这一重构在今天显得尤为富有成效。它既意在批判传统马克思主义，又试图为一种批判社会理论提供基础，这种理论能够回应以下这些伟大的社会思想家的悲观主义的分析：格奥尔格·齐美尔（Georg Simmel）、涂尔干（Émile Durkheim）和马克斯·韦伯（Max Weber），他们每个人都证实并分析了一些现代社会发展中的负面要素。（举例而言，齐美尔考察了丰富的"客体文化"和相对狭隘的个人的"主体文化"之间不断增长的鸿沟，涂尔干考察了伴随着有机结合取代机械结合而来的增长的混乱，韦伯分析了社会生活所有领域中的理性化。）他们写作的时间，正是资本主义从一个更为自由的形式转向一个更为组织化的形式的时期。他们每个人都以自己的方式坚持道，如果将批判资本主义理解为批判私有财产与市场，那么这种资本主义的批判理论将无法充分把握现代社会的核心特征。他们也认识到，如果仅仅转变分配方式，转变阶级权力的关系，那么，现代工业社会生活最核心的重要方面还远未被触及。对这些思想家而言，传统马克思主义所想象的社会主义对资本主义的取代，是社会形态的一种非本质的转变，如果不是凸显了它的否定方面的话。

我在这里所述的对马克思批判理论的再阐释，意在回应他们在对现代社会各方面的批判中所提出的挑战。我将发展出一种更为宽泛与深入的资本主义理论，它能够将这些批判容纳在内。不同于将各个方面的进程——譬如"客体"文化与"主体"文化间鸿沟的扩大，现代社会的不断工具理性化——视为一个宿命般的发展的必然的、不可逆转的结果，我的这一方法使我们得以将这些进程的社会基础建立在社会实践的历史特定形式中，并将它们的发展轨迹视为非线性的，并因而是可以转变的。如前所述，这一对马克思的再阐释同时将造就一种主体性的历史社会理论，在此基础上，我们可以发展出一种有力的方法，去回应韦伯就现代性与理性化提出的问题。这些思想形式对资本主义的发展，对持续的分化与理性化进程而言都是关键的。考虑到其重要性，我们的方法同样能依据马克思的范畴所表达的社会生活形式，来处理这一思想与这些进程本身。最后，我们同样应该看到，马克思关于历史的特定实践形式建构了现代社会的社会结构与历史动力的理论，可以被视为皮埃尔·布尔迪厄（Pierre Bourdieu）最近所提出的那类理论的一个精致版本，也即一种关于社会结构与日常实践、思想形式之间的互相建构关系的理论。① 这种理论能够克服当下广为传播的功能主义和方法论个人主义所具有的内在矛盾，这两者都无法在社会生活的主体与客体方面之间建立本质性的联系。

---

① Pierre Bourdieu, *Outline of a Theory of Practice*, trans. Richard Nice (Cambridge, 1977), pp. l-30, 87-95.

而最重要的是，一种有关资本主义之结构与历史进程的社会建构性的理论，同时也是一种关于它们的可能的克服的理论。这一克服可以被理解为上文所述的辩证性反转，即对抽象社会强制结构——它最终根源于异化劳动——的克服，使得主体有可能占有客体文化及其转型。在这一定义下，资本主义与其可能的历史否定之间的区别，便可以理所应当地被处理为一种社会形态与另一种社会形态之间的区别。

第二章

传统马克思主义的预设前提

第一节 价值与劳动

我将着手描述的这一方法，代表了一种截然不同的批判理论类型，它区别于传统马克思主义的资本主义批判。它质疑了对资本主义及其"生产力"与"生产关系"这一基本矛盾的性质的传统理解，也质疑了传统概念里的社会主义以及工人阶级的历史角色。这一方法并非仅仅为传统资本主义观——它首先强调市场与私有财产——补充了一个对生产形式的批判。[1] 相反，基于对马克思的批判理论的再阐释，它将重新把握资本主义社会的本质。在这里，马克思的理论被作为一种具有历史特殊性的、现代的、资本主义社会的批判理论，它依赖于对这一社会中的劳动、中介形式，以及生产方式的批判。这一方法来自于上文所述的对《大纲》的理解，它引发了对传统马克思主义阐释的基本前提的批判，同时表明有必要对马克思成熟期批判理论中那些核心范畴进行根本性的再阐释。

为了阐明这一范畴性再阐释的方方面面，在最开始，我将更为细致地

---

[1] 这两种批判路径之间的张力，渗透于欧内斯特·曼德尔的《晚期资本主义》(Ernest Mandel, *Late Capitalism*, trans. Joris De Bres, [London and New York, 1978]) 中，它是处理现代资本主义历史轨迹的重要研究。尽管他对资本主义当代阶段——以"第三次工业革命"为标志的阶段——的考察是基于马克思在《大纲》中对资本主义矛盾的分析，但是，他并未连贯地表达出这一分析的意涵。相反，他对资本主义发展各时期的处理，聚焦于竞争和"不平等发展"的问题，其处理方式内在地局限于传统马克思主义对资本主义以及对苏联（它是社会主义的）的理解之中。

分析传统马克思主义批判的一些预设前提。(如前文所述,本书并不意在考察马克思主义思想,但它将部分地说明所有形式的传统马克思主义所共有的一些前提,虽然这些形式在其他方面会有很大的差异。)这一分析将会清楚地表明,本书中所采用的方法与传统马克思主义的方法在根本上属于两种社会批判形式——后者是从劳动的角度出发批判资本主义,而前者则是对资本主义劳动所具有的历史特定性质的批判,而这一性质同时建构了资本主义社会。(在这一考察过程中,我必然会涉及一些马克思的范畴,如价值,而它们的完整意义将在本书的后半部分得以揭示。)

资本主义特有的社会关系,即马克思所谓的资本主义"生产关系",已由他成熟期的政治经济学批判中的基本范畴所把握。马克思以商品这一范畴开始了他对现代资本主义社会的批判分析。在他的分析框架中,这一范畴不仅指产品,同时也指资本主义社会最为根本的结构性社会形式,这一形式由一种历史特定的社会实践方式所建构。由此,马克思展开了一系列范畴,如货币与资本,同时试图解释资本主义的本质与发展动力。他将商品这一范畴本身分析为所谓"价值"与"使用价值"之间的对立。① 在后文中我将会更为详尽地考察这些范畴,但这里我们只需要想到,在《大纲》中,马克思认为价值这一范畴既表现了社会关系的既定形式,又表现了资本主义所特有的独特财富形式。在马克思的分析中,它是首要的并且在逻辑上最为抽象的资本主义社会关系的规定。② 我们同样看到,马克思的价值范畴,以及他关于资本主义生产关系的概念,无法仅仅在分配方式中得到充分的理解,而必须同样将生产方式纳入其中来加以把握。

在此基础上,我们得以进一步考察传统马克思主义范畴的前提条件,我们将分析若干知名的对马克思的价值范畴的阐释,包括"价值规律"和由价值构建的劳动的性质。在《资本主义发展理论》中,保罗·斯威齐(Paul Sweezy)强调,价值不应被理解为狭义的经济范畴,而应是"商品

---

① Marx, *Capital*, vol. 1, trans. Ben Fowkes (London, 1976), p. 125ff.
② 同上书,p. 174n3。

持有者之间的社会关系的一个外在形式"。① 在斯威齐这里，这一社会关系的基本性质是"彼此分开、独自工作的个体生产者事实上是在为彼此工作"②。换句话说，尽管社会依存关系确实存在，但它无法在社会机构中得到公开的表达，而以一种间接的方式起作用。价值是这种非公开的依存关系的外在形式。它表达了劳动及其产品的一种间接的社会分配方式。由此，斯威齐仅仅在市场的范围内对价值范畴进行解释。结果，他如此描述马克思的价值规律："马克思所谓的'价值规律'总结了一个商品生产社会中的那些作用力，它们控制着a）商品交换率，b）每种商品的产量，c）劳动力在各种生产部门间的分配。"③ 根据这种阐释，价值规律"本质上是一种关于一般均衡的理论"④。它的首要作用之一是"清楚地说明，在一个商品生产社会中，尽管没有集中化、协调性的决定机制，依旧会产生秩序而不仅是混乱"⑤。由此，在斯威齐那里，价值规律被用来解释自我调节市场的运作。这意味着，价值仅仅是一个分配范畴，表现了资本主义的无意识的、"自发的"、市场调节的分配方式。因此，斯威齐不出所料地将价值（资本主义的原则）与计划（社会主义的原则）抽象地对立了起来。⑥ 要批判这种阐释，关键之处在于其如何影响分配。

　　对于马克思而言，克服资本主义毫无疑问包括了克服"自发的"分配方式。尽管如此，价值范畴却无法仅仅根据分配方式而得到充分的理解。马克思不仅分析了分配是如何产生的，而且分析了分配的对象。正如我们所见，他将价值作为一种历史特定的财富形式，在《大纲》中将其与"现实财富"相对立。然而，当价值被认为在本质上是一个市场调节的分配范畴时，它便被作为一种历史特定的*财富分配方式*，而非一种特定的*财富形式*。我们将看到，依据马克思的说法，作为一种财富形式的价值的

---

① Sweezy, *The Theory of Capitalist Development* (New York, 1969), p. 27.
② 同上。
③ 同上书，pp. 52-53。
④ 同上书，p. 53。
⑤ 同上。
⑥ 同上书，pp. 53-54。

出现，历史地联系着一种特定的分配方式的兴起，但是，它并非由这种方式所限。一旦这一形式在社会上充分地建立起来，它将可以以各种方式被分配。事实上，我将指出，与保罗·斯威齐、欧内斯特·曼德尔（Ernest Mandel）①等人的假设不同，在价值与计划之间甚至不存在什么逻辑上的对立。后者的存在未必代表着前者的缺席，价值同样可以用计划的方式来分配。

传统的阐释将价值作为一种财富分配的范畴，它忽略了马克思所说的价值与所谓"物质财富"或"现实财富"之间的对立，因此，它无法分析建构价值的劳动形式所具有的历史特殊性。如果价值是一种历史特殊的财富形式，那么，创造价值的劳动同样必然是由历史所规定的。（一种对特殊性的分析将可以认识价值形式如何构造了生产领域以及分配领域。）然而，如果价值仅仅是一个财富分配的范畴，那么，创造财富的劳动在本质上就与非资本主义形态中的劳动没有区别。两者间的差别将是外在的——仅仅涉及它们在社会中如何被协调。

因此，毫无疑问，传统的方法依据外在差别来说明资本主义劳动的特殊性。举例而言，维塔利·维戈茨基（Vitali Vygodski）和斯威齐一样，将价值解释为一个市场分配的范畴，他这样描述资本主义劳动的特殊性："在生产资料私有制的条件下，所有社会劳动都不具有直接的社会性质。"②在分析维戈茨基的"社会"所指为何之前，我们需要注意到，他的描述意味着资本主义的劳动在本质上与所有社会的劳动一样；差异仅仅在于，它的社会性质不是直接地表现出来的。曼德尔表达了一个类似的观点。尽管他在私有财产在资本主义中是否具有核心性这一问题上与维戈茨基存在分歧③，但是，他同样将资本主义劳动的特殊性描述为其非直接的社会性质："个人劳动直接被认为是社会劳动，这是社会主义社会的基本特质之一。

---

① Ernest Mandel, *The Formation of the Economic Thought of Karl Marx* (New York and London, 1971), p. 98.
② Vitali Solomonovich Vygodski, *The Story of a Great Discovery* (Berlin, 1973), p. 54.
③ Mandel, *The Formation of the Economic Thought*, p. 98.

在这意义上，在市场中绕上一大圈，只为了'重新发现'这种劳动的社会性质，实在是荒诞不经。"① 在曼德尔那里，马克思的价值理论的目的，是为了表明劳动的社会性质在资本主义中是以一种非直接的方式所构建的。②

认为资本主义劳动的社会性是非直接的，这一类阐释非常普遍。③ 然而，我们注意到，被他们表述为资本主义劳动的独特社会"性质"或"属性"的东西，事实上是其分配方式。这一因素依旧处于劳动之外。马克思对资本主义劳动的描述——它既是私人的又是社会的——能够帮助我们澄清资本主义劳动的特殊性的内在规定与外在规定之间的区别。④

上文所引的这些段落表明，当价值被阐释为一个市场范畴时，对资本主义劳动的私人与社会二重性的描述，便具有了这样的意思：劳动之所以是社会的，是因为人们"实际上"在为彼此劳动，大家都是一个巨大的社会有机体的成员；但是，在一个由市场和私有财产所构造的社会中，这种劳动看起来是私人的，因为人们直接为他们自己劳动，只是间接地为他人劳动。只要劳动还由资本主义生产关系所中介，劳动的社会性质就无法显现出来。然而，在这类描述中，"社会"仅仅是那些"私人"之外的东西，是那些据说属于集体而非个人的东西。没有人质疑这里所谓的社会关系的特殊性质是指什么，也没有人问过，这一类"社会"概念中所包含的社会与个人之间的对立是指什么。

这种阐释指出，克服资本主义包含了以一种直接的、非中介的社会关系的形式来取代中介的形式。劳动由此得以直接实现其社会性质。这一类的批判分析站在劳动的"真实的"、直接社会化的、整体性的立场上，批判资本主义劳动的个人化的、非直接的社会性质。更一般地说，这是站在

---

① Mandel, *The Formation of the Economic Thought*, p. 97.
② 同上。
③ 见 Helmut Reichelt, *Zur logischen Struktur des Kapitalbegriffs bei Karl Marx* (Frankfurt, 1970), pp. 146-147; Anwar Shaikh, "The Poverty of Algebra," in Ian Steedman, Paul Sweezy, et al., *The Value Controversy* (London, 1981), p. 271。
④ Marx, *A Contribution to the Critique of Political Economy*, trans. S. W. Ryazanskaya (Moscow, 1970), p. 34.

非中介的("直接的")社会关系的立场上,批判中介的社会关系。

然而,与这些阐释不同,马克思对资本主义劳动的私人性与社会性的描述,不是从其社会层面出发来批判其私人层面。它所涉及的,不是劳动的真实的、超历史的"本质"和劳动在资本主义中的表现形式之间的差异;相反,它涉及的是资本主义劳动本身的两个关节:"表现在交换价值中的劳动,被事先假定为单独个体的劳动。它获取了与它直接对立的形式,抽象一般的形式,从而成为社会劳动。"[①]马克思在这里的描述,是他对商品性劳动所具有的"二重"性质的分析的一部分,也即这一劳动"是单独个体的劳动",同时它"获取了抽象一般的形式"。(正如我们所见,马克思将后一种形式定义为直接的或无中介的社会形式。)马克思对资本主义劳动的双重性质的分析所内含的方法,不同于上文所述的建基于一种无差别的"社会"的观念之上的方法。他所关心的,是把握一种特定社会生活形式所具有的特殊性。他绝不认为社会与私人之间的对立,等同于潜在的非资本主义社会与资本主义社会之间的对立。他把这种对立本身,及其两个层面,视为资本主义劳动与资本主义社会的特有性质。换句话说,私人劳动与直接的社会劳动之间的对立,是彼此互相补充、互相依赖的两个层面。这表明,恰是资本主义中的劳动才具有一个直接的社会层面,同时,"直接的社会劳动"也只存在于以"私人劳动"为标志的那种社会框架中。与上文所述的阐释不同,马克思明确断言,资本主义社会中劳动的直接的社会性质,是这一社会的核心。在他看来,这一劳动的直接社会性质,居于资本主义所特有的历史进程的中心位置;在这一进程中,社会普遍权力与财富将会发展,但将以个人为代价:

> 在这个直接处于人类社会实行自觉改造以前的历史时期,人类本身的发展实际上只是通过极大地浪费个人发展的办法来保证和实现

[①] Marx, *A Contribution to the Critique of Political Economy*, p.34.

的。因为这里所说的全部节约都来源于劳动的社会性质,所以,实际上正是劳动的这种直接社会性质造成工人的生命和健康的浪费。①

我们已经开始揭开一个引人注目的对立。如果把价值作为一个市场范畴,那么,劳动在所有社会中都是直接社会化的,*除了*在资本主义中;而根据马克思的说法,*只有*在资本主义中,劳动才同时具有了一个直接的社会维度。传统路径中由对资本主义的克服所实现的东西,在马克思那里则恰是将会被废除的东西。

本书的一个核心关注点,将是借由分析马克思对资本主义劳动所具有的直接社会层面的理解,去阐明上述基本分歧。在分析之前,我在这里先做一总结:在马克思的成熟期批判理论的框架中,资本主义劳动具有直接的社会性,因为它扮演一种社会中介的角色。这种社会性质具有历史独特性,它将资本主义的劳动与其他社会中的劳动区分了开来,并规定了资本主义形态中的社会关系的性质。劳动的直接社会性质绝不意味着社会中介的消失(也即直接社会关系的存在),相反,它建构了一种为资本主义所独有的特定社会中介形式。

马克思对资本主义社会的批判不应被理解为从集体的观点——所有人都是它的组成部分——出发,去批判以原子化的方式在这一社会中存在的个人。相反,它是从孤立的个人和社会集体之间的对立出发,来对资本主义社会进行分析。批判*同时*针对这两个层面。它宣称,这两个层面在结构上是互相关联的,同时,它们形成了一个为资本主义所特有的对立。马克思对这一对立的批判分析,是从克服这一对立的历史可能性出发的,这一立场体现在马克思关于社会个体的看法中。与此相同,我们现在知道,马克思对资本主义劳动的批判,不是站在直接社会劳动的立场上批判劳动的私人性;相反,它所批判的私人劳动与直接社会劳动是互补的,是资本主

---

① Marx, *Capital*, vol. 3, trans. David Fernbach (Harmondsworth, England, 1981), p. 182(斜体由引者所为)。

义社会所特有的基本对立的两个方面。

　　这种对马克思的阐释表明，不论我们将社会关系，即社会依存形式，理解为直接的还是间接的，都不够充分。马克思所批判的，是资本主义社会中介的本质，而非仅仅指向社会是被中介的这一状况。社会依存关系始终是被中介的（非中介的社会依存关系在字面上是矛盾的）。构成一个社会的特征的，是这一中介、这一社会关系的特定性质。马克思的批判，是站在未来可能出现的另一种社会政治中介的立场上，来批判由劳动中介的社会关系。如此，它是一种关于社会中介形式的批判理论，而非从无中介的立场出发批判中介。理解这一点，使我们避免了后一种立场所设的陷阱：一个可能的后资本主义社会如果克服了中介本身，将可以带来一个在本质上非政治的社会主义社会，不论它是一个中央集权的社会还是一个空想共产主义式的社会。① 此外，如果将马克思的批判视为对一种特定中介形式的批判，而非对中介本身的批判，那么它便可以用于思考后资本主义社会中可能的社会与政治中介形式。事实上，这一理论为这种思考建立了社会的与历史的基础，使其可以用于评估可能的后资本主义形式的历史可行性与社会后果。

　　我已经描述了两种理论，第一种理论的批判性考察的核心对象，是劳动的历史特殊形式。而在另一种理论中，劳动形式依旧是一个未经检验的出发点，被用来批判性地分析分配形式。这些分歧联系着两种不同的社会主义版本：其一以《大纲》为代表，其中，资本主义所特有的财富与劳动形式，随着对这一社会形态的废除而一并废除了。其二则包含在这样一种阐释中，其中，价值被作为一个市场范畴，据此，*同样的*财富与劳动形式，在资本主义中被间接地分配，而在社会主义中则被直接地协调。两者的分歧之大，使得我必须进一步考察关于分配方式的批判理论所具有的前

---

① 关于这一点的更为细致的讨论，见 Jean Cohen, *Class and Civil Society: The Limits of Marxian Critical Theory* (Amherst, Mass., 1982). 尽管琼·科恩将传统视野中对中介的克服等同于马克思的批判，她的战略意图却在于批判中介本身可以超然地存在这一观念，这一点与我的阐释很接近。

提。为此，我将对马克思的批判与古典政治经济学进行比较。

第二节　李嘉图与马克思

在《政治经济学与资本主义》一书中，莫里斯·多布（Maurice Dobb）对价值规律的定义与斯威齐类似："价值规律是一种商品（包括劳动力）交换关系的原理。它同时也规定了在一般的社会劳动分工与产品的阶级分配下，劳动在不同工业部门间的分配方式。"① 多布将价值阐释为一个市场范畴，由此将资本主义的本质特征描述为一个无意识的社会管理体系。在多布这里，价值规律表明，"商品的生产与交换体系可以自我运转，无须集体管理或单一设计"②。他根据古典政治经济学理论来描述这一"自发的"分配模式的运作③：价值规律表明，"社会劳动力的配置不是任意的，而是遵循着成本法则的规定。这一法则背后，则是亚当·斯密所谓竞争关系的'看不见的手'"④。多布清晰地表明，他这种对马克思的价值规律的解释，基本上就是将其含义等同于亚当·斯密的"看不见的手"。然而，问题是这两者真的能被等同起来吗？说得更明白点：古典政治经济学和马克思的政治经济学批判的差异在哪里？

依多布的看法，古典经济学家"在论证自由放任原则时，已经批判了之前的社会秩序；但他们没有为资本主义本身提供一种历史批判"⑤。后一任务由马克思完成。⑥ 这样看来，多布的话似乎没什么问题。但是，我们有必要详细考察一下多布所谓的一般的社会批判和资本主义批判究竟是什么意思。

在多布这里，政治经济学的核心要旨是表明，国家对社会的管理尽

---

① Dobb, *Political Economy and Capitalism* (London, 1940), pp. 70-71.
② 同上书，p. 37。
③ 同上书，p. 9。
④ 同上书，p. 63。
⑤ 同上书，p. 55。
⑥ 同上。

管在重商主义者眼中至关重要,而事实上是毫无必要的。① 进一步说,政治经济学主要是一种关于生产的理论,因为它表明,控制着交换价值之表现的那些关系,正是作为生产者的人们之间的关系。② 这意味着,一个与商品生产没有多大关系的消费阶级,在社会中没有起到什么积极的经济作用。③ 因此,李嘉图主义者可以用这个理论来攻击土地收益,在他们看来,生产中唯一的积极因素是劳动和资本,而不是地租。④ 换句话说,多布的社会批判是一种从生产效率的角度出发,对非生产性的社会群体的批判。

照多布的看法,马克思对资本主义的历史批判,是将古典价值理论加以改良,并用以反对资产阶级。多布指出,马克思超过李嘉图主义者之处在于,马克思表明了利润并不能被解释为资本的固有属性,只有劳动才具有生产性。⑤ 位于马克思论述中心的,是剩余价值的概念。他首先分析了资本主义社会的阶级结构,其中的主要阶级没有财产,且被迫出卖劳动力以获取生存。在这基础上,他指出,劳动力作为商品所具有的价值(这是为其再生产所必需的),要少于劳动在实际上所生产的价值。⑥ 两者的差额形成了"剩余"价值,并被资产阶级所占有。

多布认为,马克思与古典政治经济学的差异在于剩余价值理论,为此,他假定两者共享着本质上相同的价值理论与价值规律理论。因此,他断言马克思从古典政治经济学那里"接管"⑦并进一步发展了价值理论:马克思表明了利润仅仅是劳动的结果。⑧ 因此,"马克思与古典政治经济学的本质区别……在于剩余价值理论"⑨。在这种非常常见的解释中,马克思

---

① Dobb, *Political Economy and Capitalism*, p. 49.
② 同上书,pp. 38-39。
③ 同上书,p. 50。
④ 同上。
⑤ 同上书,p. 58。
⑥ 同上书,pp. 58-62。
⑦ 同上书,p. 67。
⑧ 同上书,pp. 56, 58。
⑨ 同上书,p.75。

的价值理论本质上成了李嘉图的劳动价值论的一个更为严谨的改良版本。①他的价值规律也具有同样的作用——用劳动来解释自由放任的分配方式。然而，多布自己也指出，尽管古典政治经济学所发展出的价值范畴和价值规律能够批判早先的社会秩序，它们本身却不能为资本主义的历史批判提供基础。②这一立场意味着，马克思对资本主义的批判，尚未表现在他在批判政治经济学的初步逻辑层面上所发展出来的那些范畴中，如商品、抽象劳动和价值。③相反，这一层面的分析理当被视为某种批判的序曲；它应当只是为"真正的批判"准备了基础，而"真正的批判"始于剩余价值范畴的引入。④

马克思的分析中的这些初步范畴是否表达了对资本主义的批判？这一问题取决于这些范畴是否在理论上奠定了资本主义社会特有的历史动力。⑤奥斯卡·兰格（Oskar Lange）认为，马克思的经济学的"真正的优越性"在于"解释并预测了经济进化的过程"⑥。兰格对价值规律的阐释与多布和斯威齐类似，然而，在此基础上他指出，"劳动价值论的经济学意义……正是一种静态经济均衡理论"⑦。这样一来，它便只能被用于一种前资本主义的、独立小生产者的交换经济，而无法用来解释资本主义发展。⑧据兰

---

① 见 Mandel, *The Formation of the Economic Thought*, pp. 82-88; Paul Walton and Andrew Gamble, *From Alienation to Surplus Value* (London, 1972), p. 179; George Lichtheim, *Marxism: A Historical and Critical Study* (New York and Washington, 1965), p. 172ff。
② Dobb, *Political Economy and Capitalism*, p. 55.
③ 这样一种立场紧密地联系着对《资本论》前几章的一种错误阐释，它将其作为对前资本主义阶段的"简单商品生产"的分析。在后文我将更为细致地讨论这一点。
④ 马丁·尼古劳斯为这一路径提供了一个更为晚近的例子：在其《大纲》译文的导论中，尼古劳斯声称，"以'劳动力'这一概念，马克思解决了古典价值理论的内在矛盾。他保留了其中合理的部分，即工作时间对价值的规定……并通过冲破它所包含的限制，将古典理论转向了其反面；从对资产阶级规则的合法化，变成了解释资产阶级如何从工人的'劳动'中获得财富的理论"(Martin Nicolaus, Introduction, in Karl Marx, *Grundrisse: Foundations of the Critique of Political Economy*, trans. Martin Nicolaus [London, 1973], p. 46).
⑤ 见 Henryk Grossmann, *Marx, die klassische Nationalökonomie und das Problem der Dynamik* (Frankfurt, 1969)。
⑥ Oskar Lange, "Marxian Economics and Modern Economic Theory," in David Horowitz, ed., *Marx and Modern Economics* (London, 1968), p. 76. (This article first appeared in the June 1935 issue of *The Review of Economic Studies*.)
⑦ 同上。
⑧ 同上书，pp. 78-79。

格的说法，马克思对资本主义动力的分析的真正基础，是一种"制度性的基本事实"：人们被分割为一个拥有生产资料的阶级和另一个只拥有劳动力的阶级。① 正是由于这个原因，资本主义利润只能存在于一个不断发展的经济中。② 技术进步的原因，是资本主义为了防止工资过高以致吞噬利润。③ 换句话说，兰格对马克思的价值理论的阐释泛泛无奇，认为它在本质上和古典政治经济学一样。在此基础上，兰格指出，在马克思的静态"特定经济概念"和他的"具有鲜明特点的制度性框架（其中资本主义社会的经济发展不断持续）"之间存在着距离。④ 只有后者才能解释社会形态的历史动力。在兰格这里，价值规律是一种均衡理论；这样，它便与资本主义的发展动力无关。

由此我们看到，如果马克思的价值理论与古典政治经济学基本相同，那么它将无法直接为资本主义的历史批判，或为解释其动力性质提供基础。（也就是说，我的阐释必须表明，马克思的分析的最初逻辑层面上所提出的那些范畴，确实可以用于批判资本主义，也确实指向了一种内在的历史动力。）

根据上文所述的阐释，马克思的劳动价值论之所以祛除了资本主义社会的神秘形式（或"拜物形式"），是因为它揭示了劳动是社会财富的真正源泉。这种财富由市场"自发地"分配，并被资本家阶级隐秘地占有。由此，马克思的批判的核心要旨，是去揭示等价交换的外表之下存在的阶级剥削。市场与生产资料私有制被认为是根本的资本主义生产关系，它们表现在价值与剩余价值的范畴中。社会统治被作为阶级统治的工具，而阶级统治反过来被认为根源于"土地与资本的私有制"。⑤ 在这个一般框架中，价值与剩余价值的范畴表现了劳动及其产品如何在一个以市场为基础的

---

① Oskar Lange, "Marxian Economics and Modern Economic Theory," p. 81.
② 同上书，p. 82。
③ 同上书，p. 84。
④ 同上书，p. 74。
⑤ Dobb, *Political Economy and Capitalism*, p. 78.

阶级社会中被分配。然而，这些范畴并未被阐释为财富与劳动的*特定形式*。

这种对资产阶级分配与占有方式的批判的基础是什么？用多布的话说，它是一种"生产理论"。[①] 如我们所见，多布认为，这种理论肯定了那些真正为经济社会做出生产贡献的阶级，并以此为基础，去质疑那些非生产性阶级的作用。古典政治经济学，至少在李嘉图那里，表明大土地所有者阶级是非生产性的；马克思通过发展剩余价值理论，表明资产阶级也是如此。

此处应当指出的是——这是一个关键所在——这一立场意味着，马克思的资本主义批判的性质，基本上等同于资产阶级对先前的社会秩序的批判。两者都是从劳动的角度出发对社会关系进行的批判。但是，如果劳动是批判的出发点，那么它就不可能是批判的对象。多布所谓的"生产理论"所包含的是对分配方式，而非对生产的批判，它的基础则是一种对财富的"真正的"生产源泉——劳动——的分析。

至此，我们可以质疑，马克思的批判是否在其基本结构上与古典政治经济学相一致。正如我们所见，这种理解预先假定，马克思的价值理论是与政治经济学的价值理论相一致的。因此，他的资本主义批判并未在其分析的最初逻辑层面上表达出来。以此看来，马克思的批判，始于他之后在《资本论》中所阐述的理论，也即他对劳动范畴和劳动力范畴的区分，以及与此相关的，劳动是剩余价值的唯一源泉这一观点。换句话说，马克思的批判的首要任务，被认为是去证明剥削是在结构上内在于资本主义的。马克思的价值范畴与李嘉图基本一致这一假设，更进一步地意味着他们关于劳动（它形成的价值）的概念也必然是基本一致的。如前所述，劳动既是一切财富的源泉，又是社会批判的出发点，这一理念是典型的资产阶级社会批判理念。它至少可以追溯到洛克的著作中，并且在李嘉图的政治经

[①] Dobb, *Political Economy and Capitalism*, p. 39.

济学中得到了最严谨的表达。对马克思的传统理解将他的范畴阐释为分配范畴（市场与私有财产），并将资本主义生产力等同于（工业）生产过程，这种理解在根本上是因为他们将李嘉图的作为价值源泉的劳动的概念与马克思的画上了等号。

然而，这种等同是似是而非的。马克思的政治经济学批判与古典政治经济学之间的本质差异，正在于对劳动的不同看法。

确实，在讨论李嘉图的分析时，马克思曾这样赞扬他：

> 资产阶级制度的……基础、出发点，是价值决定于劳动时间这一规定。李嘉图从这一点出发，迫使科学去讲清楚……这个制度的表面运动和它的实际运动之间的矛盾是怎么回事。李嘉图在科学上的巨大历史意义也就在这里。①

马克思的敬意绝不意味着他接受了李嘉图的劳动价值论。他们之间的区别也不能被理解为仅仅是表达方式上的区别。事实上，在马克思看来，李嘉图的步子迈得过快，也过于直接，他从劳动时间规定了价值量这一点出发，直接就开始思考其他的经济关系和范畴是否与这种规定矛盾，或者是否会改变这个规定。②马克思本人则沿着不同的路线前进：在《政治经济学批判》第一章末尾，马克思列出了最常见的对劳动价值论的反对意见，并声明，他将用他的雇佣劳动、资本、竞争与地租理论来回应这些反对。③之后，这些理论在三卷本的《资本论》中得到了范畴性的展开。然而，像曼德尔那样坚持认为它们代表了"马克思本人对经济学理论发展的贡献"，

---

① Marx, *Theories of Surplus Value*, part 2, trans. Renate Simpson (Moscow, 1968), p. 166.
② 同上书，p. 164。
③ 他所罗列的反对包括：第一，如果劳动时间是价值的内在尺度，那么如何在这一基础上规定工资？第二，为何以交换价值为基础的生产仅仅为劳动时间所规定，却能够使得劳动的交换价值少于其产品的交换价值？第三，在交换价值的基础上，市场价格如何能不同于交换价值？（换言之，价值与价格必然是不等的。）第四，不包含劳动的商品如何能具有交换价值？（见 *A Contribution to the Critique*, pp. 61-63。）许多马克思的批评者似乎忽略了，他本人已经承认了这些问题的存在，更不用说他所提出的解答的性质了。

也会招致误解。① 好像马克思仅仅是解决了李嘉图理论的问题，而没有对它进行根本性的批判一样。

李嘉图和马克思之间的主要区别远为根本。马克思不是简单地以更严密的方式提出了"劳动时间决定了交换价值"这一点。② 马克思绝非接受并改进了李嘉图的劳动价值论，相反，他批评了李嘉图所假设的将无差别的"劳动"作为价值源泉的看法，李嘉图没有更进一步考察生产商品的劳动所具有的特殊性：

> 李嘉图是从商品的相对价值（或交换价值）决定于"劳动量"这一论点出发的。……而这种劳动的形式——作为创造交换价值或表现为交换价值的劳动的特殊规定——这种劳动的性质，李嘉图并没有研究。③

李嘉图没有认识到与商品形式的社会关系相关的那种劳动形式所具有的历史特定性，相反，他把它变得超历史了："李嘉图还把劳动的资产阶级形式看成是社会劳动的永恒的自然形式。"④ 正是这种超历史的决定价值的劳动概念，阻碍了对资本主义社会形态的充分分析：

> 劳动产品的价值形式是资产阶级生产方式的最抽象的但也是最一般的形式，这就使资产阶级生产方式成为一种特殊的社会生产类型，因而同时具有历史的特征。因此，如果把资产阶级生产方式误认为是社会生产的永恒的自然形式，那就必然会忽略价值形式的特殊性，从而忽略商品形式及其进一步发展——货币形式、资本形式等的特

---

① Mandel, *The Formation of the Economic Thought*, pp. 82-83.
② *A Contribution to the Critique*, p. 61.
③ *Theories of Surplus Value*, part 2, p. 164.
④ *A Contribution to the Critique*, p. 60.

殊性。①

据马克思看来，对资本主义进行充分分析是可能的，只要我们从分析资本主义劳动的历史特殊性入手。这一特殊性的首要的、基本的规定正是马克思所谓的商品性劳动的"二重性"。

> 我的书最好的地方是：（1）在第一章就着重指出了按不同情况表现为使用价值或交换价值的劳动的二重性（这是对事实的全部理解的基础）；（2）研究剩余价值时，撇开了它的特殊形态——利润、利息、地租，等等。②

在本书的第二部分，我将详尽地讨论马克思关于资本主义劳动的"二重性"的观念。在这里我只需提到，据马克思自己的表述，他对资本主义的批判并非始于剩余价值这一范畴的引入，而始于《资本论》第一章，在这一章中他分析了商品性劳动的特殊性。这标志着马克思的批判与古典政治经济学的根本区别，也就是"对事实的全部理解的基础"。在马克思看来，斯密和李嘉图根据无差别的"劳动"③观念来分析商品的做法是"*单纯的*"。④如果资本主义劳动的特殊性没有被认识到，它就会被理解为超历史的、根本上是非批判的概念。这种"劳动"⑤，"只是指人借以实现人和自然之间的物质变换的人类一般的生产活动，它已经脱掉一切社会形式和性质规定"⑥。在马克思这里，社会劳动本身——"人类一般的生产活动"——只是一个幽

---

① *Capital*, vol. 1, p. 174n34.
② Marx to Engels, August 24, 1867, in *Marx-Engels Werke* (hereafter *MEW*), vol. 31 (Berlin, 1956-1968), p. 326.
③ Marx, *Results of the Immediate Process of Production*, trans. Rodney Livingstone, in *Capital*, vol. 1, trans. Ben Fowkes (London, 1976), p. 992.
④ Marx to Engels, January 8, 1868, *MEW*, vol. 32, p. 11.
⑤ *Capital*, vol. 3, p. 954.
⑥ 同上。

灵，一个抽象，就它本身来说，是不存在的。①

和一般的解释不同，马克思并未接受李嘉图的劳动价值论，或把它变得更为严谨，并用它来证明利润仅仅来自劳动。马克思所写的是政治经济学*批判*，是对古典劳动价值论本身的内在批判。马克思处理了古典政治经济学的范畴，揭示了它们未经检验的、具有历史特殊性的社会基础。由此他将这些范畴从超历史的财富建构范畴，转化为对资本主义中的财富形式与社会关系的特殊性进行批判的范畴。马克思将价值分析为一种财富的历史特定形式，并揭示了建构这种财富的劳动所具有的"二重性"。由此，马克思指出，一般意义上的劳动，也即以一种特定方式改变物质形态的有意识活动，无法用来充分把握创造价值的劳动。② 相反，资本主义的劳动具有另外一个社会维度。按照马克思的看法，问题在于，尽管商品性劳动具有社会与历史特殊性，但它看上去具有一个超历史的形式，看上去是一种中介着人类与自然的活动。由此，古典政治经济学将其基础建立在这种历史特定的社会形式所具有的超历史的外在形式上。

像古典政治经济学那样以"劳动"观念为基础的分析和以资本主义劳动的具体与抽象的二重性这一概念为基础的分析之间，存在着关键性的区别。用马克思的话说，这是"批判地理解问题的全部秘密"③。他勾勒了两种社会批判之间的差异：一种从"劳动"的立场入手，这一立场本身依旧是未经检验的。而对另一种而言，*劳动形式本身成为批判性考察的对象*。前者依旧限于资本主义社会形态之内，而后者则超越其上。

如果说古典政治经济学提供了从"劳动"的角度批判社会的基础，那么，政治经济学批判则要求对这一角度本身进行批判。因此，马克思并未

---

① *Capital*, vol. 3, p. 954.
② "经济学家们毫无例外地都忽略了这样一个简单的事实：既然商品是二重物——使用价值和交换价值，那么，体现在商品中的劳动也必然具有二重性，而像斯密、李嘉图等人那样只是单纯地分析劳动本身，就必然处处都碰到不能解释的现象。实际上，这就是批判地理解问题的全部秘密。"(Marx to Engels, January 8, 1868, *MEW*, vol. 32, p. 11.)
③ 同上。

接受李嘉图所设定的政治经济学考察的目标：确立支配着社会财富在社会的各种阶级之间进行分配的规律。① 因为这种考察将劳动形式和财富形式视为理所当然。相反，在马克思的批判中，他重新确立了考察的对象。他的思考中心转向财富、劳动以及资本主义生产的形式，而不仅是分配形式。

马克思在根本上重新确立了批判性考察的对象，这同时蕴含着一种重要的、对资本主义社会秩序之结构的分析性重审。

古典政治经济学表现了国家与市民社会之间不断增长的历史分化，并认为自己与后一领域有关。有人认为，马克思的分析是对这一事业的延续，他将市民社会视为一个由资本主义的结构性形式所支配的社会领域。② 而我在后面将会说明，马克思与古典政治经济学之间的差异表明，他试图超越那种依据国家与市民社会的对立来理解资本主义社会的方式。马克思对政治经济学的批判（写于大规模工业化生产兴起之后）无疑证明，处于资本主义社会核心的是其方向性的动力性质，这一社会生活的维度无法以任何一种现代生活的分化的领域为充分基础。相反，他试图通过勾勒出*另一种*资本主义社会的社会维度，来把握这种动力。这是他对生产的分析所具有的根本意义。马克思确实考察了市民社会的领域，但这是根据资产阶级*分配*关系而进行的。他对资本主义劳动的特殊性和资本主义*生产*关系的特殊性的分析，具有另一个理论目标：他试图为资本主义社会的*历史动力*找到基础和解释。因此，马克思对生产领域的分析，既非根据"劳动"而展开的分析，亦非将"生产环节"提到优先于其他社会生活领域的地位。（事实上，他断言资本主义生产并非一个由社会关系所控制的纯粹技术过程，而是一个包含着这种关系的过程；它规定着这些关系，并为这些关系所规定。）

---

① David Ricardo, *Principles of Political Economy and Taxation*, ed. P. Sraffa and M. Dobb (Cambridge, 1951), p. 5.
② 见 Cohen, *Class and Civil Society*。

为了阐明资本主义社会具有历史动力的社会维度，马克思对生产的分析无疑指出，这一维度无法在国家与市民社会的关系中加以把握。相反，发达资本主义的历史动力日益嵌入并转化着这些领域。因此，这里的问题不是"经济"与"国家"的相对重要性，而是资本主义社会中介的性质，以及这种中介与这一社会的方向性动力特质之间的关系。

第三节 "劳动"、财富与社会建构

如果我们像传统马克思主义一样，将价值解释为首先是一个关于市场调节的分配方式的范畴，便是将马克思的价值范畴及其对创造价值的劳动的理解，等同于古典政治经济学的理解。而我们已经看到，马克思的分析与政治经济学的区别，恰恰在于构建价值的劳动这一问题；马克思批判政治经济学，是因为后者将资本主义劳动视为一种超历史的"劳动"。这一区别是根本性的，因为它奠定了两种完全不同的社会批判形式。我将阐明这种"劳动"在传统的批判中所扮演的角色，并勾勒出这一角色所具有的理论内涵。届时，上述两者之间的区别所富有的意义将更为明显。

我已经指出，如果以"劳动"为批判理论的出发点，那么，批判的焦点就必然变成分配方式以及对劳动及其产品的占有。[①]一方面，资本主义特有的社会关系被认为是外在于劳动本身的（比如财产关系）；另一方

---

① 关于这一点，多布给出了一个极端的例子："比起对于李嘉图，下述这点对马克思而言甚至更为关键：他所关心的，是社会主要阶级收益的运动，这是'资本主义社会运动规律'的关键，也是他的分析所首要针对的。"（Dobb, *Political Economy and Capitalism*, p. 23.）然而，在马克思的分析中，收益的问题——由一个阶级创造的剩余价值在社会各阶级中的分配——是在《资本论》第三卷中进行考察的，也就是说，是在生产的价值形式及其内在动力之后得到考察的。后者代表了"运动规律"运作的逻辑层面。前者则是试图说明这些"规律"如何在社会行动者背后普及开来的——也就是说，他们没有意识到价值及其运作。

面，资本主义劳动的特殊性，事实上被表现为其分配方式的特殊性。① 然而，马克思的理论带来了一种完全不同的关于资本主义基本社会关系的概念。此外，正如我们将看到的，在马克思那里的资本主义劳动的特殊性，正是传统马克思主义赋予超历史的"劳动"的性质，一种中介了人与自然之互动的活动。结果，传统的批判给予了劳动本身太多的在人类社会和历史上的重要性，它从自身的阐释方式出发，以一种本质上是形而上学的方式处理这一问题，并遮蔽了劳动在资本主义中所扮演的特定社会角色。

从一开始，传统的阐释就将"劳动"作为社会财富的超历史的源泉。这一前提构成了琼·罗宾逊（Joan Robinson）等人阐释的基础。她坚持道，在马克思那里，劳动价值论将会在社会主义中实现自身。② 而这同样是多布等人所持的立场的特点，他并未赋予价值范畴以超历史的正当性，而仅仅在市场的范围内对其加以阐释。这种立场是超历史的，它认为价值范畴是一种历史特定的财富分配形式，而非一种历史特定的财富形式。从另一方面看，它无疑在人类劳动与社会财富之间确立了一种超历史的关联；它

---

① 人们很少这样认识到对分配方式的片面批判。可以参考这篇文章：Rudolf Hilferding, "Zur Problemstellung der theoretischen Ökonomie bei Karl Marx," *Die Neue Zeit* 23, no. 1 (1904-1905), pp. 101-112。鲁道夫·希法亭试图说明马克思和李嘉图之间的区别。其中，他批评了那些主要以分配问题为关注点的社会主义者，如李嘉图（p. 103）。然而，抛开表象，希法亭的批评不是从生产的角度出发的批评。他确实强调了，与马克思不同，李嘉图没有探究资本主义财富形式（p. 104），而是将生产关系确立为前定的、自然的、永恒的东西（p. 109），并仅仅关注分配（p. 103）。然而，只有在乍看之下，希法亭的立场才是如上所述的。更为细致的考察发现，希法亭的考察基本上也是一种分配方式的批判：他对财富形式的考察与对生产的考察无关，他仅仅在人与自然的关系的层面上处理后者（pp. 104-105）。他对财富形式的阐述，仅仅依据在其被生产出来之后，被社会所给定的那种产品形式，将其作为自我调节的市场的产物（p. 105ff）。因此，希法亭并未真的认识到价值是一种不同于物质财富的社会形式。相反，他将价值作为同一种财富形式的不同的外在表现形式。以一种类似的方式，他将价值规律阐释为市场的运作，将生产关系仅仅理解为个人生产者之间由市场中介的、无意识地调节的社会关系（pp. 105-110）。最后，希法亭随后将他的批评限定、窄化为李嘉图只对分配感兴趣。他所指的是，李嘉图只关注现存秩序中的产品分配，而非在各种生产领域中的人们被分配到对立的阶级中（p. 110）。换句话说，希法亭对强调分配问题的社会主义者的批评，直接针对的是那些只关注现存生产方式下的货品分配的人。他的出发点，是质疑资产阶级分配结构，而非资本主义生产结构。他以一种对分配关系的质的批评，来批判一种对分配的量的批评，却将前者误解为对生产关系的批评。

② Joan Robinson, *An Essay on Marxian Economics* (2d ed., London, Melbourne, and Toronto, 1967), p. 23. 这种对价值在马克思的分析中所具有的历史性质的误解，使得我们不可能理解这一范畴在政治经济学批判中的重要性。

意味着，尽管"价值形式"——在这一阐释中，它指市场调节的分配形式——将在社会主义中被克服，但生产过程中的直接人类劳动却必然会继续作为社会财富的源泉。不同于马克思在《大纲》中的路径，这一类分析方法不对直接人类劳动与社会财富之间的"必然"关系提出历史质疑，也无法范畴性地把握科学技术的财富创造潜能的问题。因此，马克思对资本主义生产的批判，便处于其视野之外。这种立场导致了相当程度的困惑，包括为什么劳动本身应被认为建构了价值，以及科学技术应当如何被理论化地处理。

在这一视野中，"劳动"不仅被认为是财富的超历史的源泉，更被认为是在根本上结构了社会生活。举例而言，两者的关系在鲁道夫·希法亭回应欧根·庞巴维克（Eugen Böhm-Bawerk）对马克思的批判的文章中显而易见。希法亭写道："马克思始终认为，劳动的重要性在于它建构了人类社会并……最终决定了社会的发展。由此，马克思以其价值原理把握住了这一要素，其质和量控制着社会生活。"①

"劳动"在这里成为了社会的本体论基础，它建构、决定并控制了社会生活。如果像传统的阐释所坚持的那样，在所有社会中，劳动都是财富的唯一源泉以及所有社会生活的核心构成要素，那么，各种社会之间的区别，只能来源于这种支配性要素发挥作用的不同方式——是以一种隐藏的、"间接的"形式，还是以一种（较好的）公开的、"直接的"形式。正如希法亭所说：

> 经济分析的范围被限制在社会发展的这一特定阶段……在这里，货物变成了商品，也就是说，在这里，劳动和分配劳动的权力尚未被自觉地用来管理社会新陈代谢与社会支配的原理，这一原理无意识

---

① Rudolf Hilferding, "Böhm-Bawerk's Criticism of Marx," in Paul M. Sweezy, ed., *"Karl Marx and the Close of His System" by Eugen Böhm-Bawerk, and "Böhm-Bawerk's Criticism of Marx" by Rudolf Hilferding* (New York, 1949), p. 133.

地、自动地成为事物的物质属性。①

这一段落清晰地说明了这种立场的核心意涵，这一立场将资本主义劳动的特性解释为其间接的社会性，并将价值视为一个分配的范畴。"劳动"被作为管理"社会新陈代谢"和社会权力之分配的超历史的原理。由此，社会主义与资本主义的区别，撇开生产资料私有制是否存在不谈，在本质上被理解为这样的区别：劳动是否被认为建构并支配着社会——要么它自觉地如此运作，要么社会管理无意识地发生着。在社会主义中，社会的本体论原理公开地显现；而在资本主义中，它被隐藏了起来。

这种从"劳动"的角度出发的批判会导致一些关于形式与内容之关系的问题。说价值范畴表达了"劳动"在资本主义中以无意识的、自动的方式运作，就等于说一种超历史的本体论内容在不同的社会中采取了不同的历史形式。赫尔穆特·赖歇尔特（Helmut Reichelt）提供了这种阐释的一个例子，他写道：

> 然而，当价值与价值量的*内容*被有意识地提升为经济学的原理，马克思的理论就会失去其考察对象，当上述内容被装入其他的形式，因而能与其历史外在形式区别开来时，这一对象就只能被表现、理解为一种*历史*的对象。②

和希法亭一样，赖歇尔特指出，资本主义中价值的内容将会在社会主义中被"有意识地提升为经济学的原理"。由此，"形式"（价值）彻底与"内容"（"劳动"）分离开来。随之，形式就不再是劳动的规定，而是其社会分配方式的规定。根据这种阐释，形式与内容之间就不存在内在的关联——考虑到后者的超历史性质，这种关联不可能存在。

---

① Rudolf Hilferding, "Böhm-Bawerk's Criticism of Marx," p. 133.
② Helmut Reichelt, *Zur logischen Struktur*, p. 145.

同时，这种对形式与内容之关系的阐释也表达了外在与本质的关系。在马克思的分析中，价值既表达了又遮蔽了一种社会本质——换句话说，作为一种外在的形式，它是"神秘的"。在以"劳动"概念为基础的阐释框架之内，批判的作用是在理论上祛除神秘性（或拜物教），也就是去揭示，抛开外表，劳动事实上是社会财富的超历史的源泉以及社会的管理原则。由此，社会主义是真正"去神秘化"了的资本主义。正如保罗·马蒂克（Paul Mattick）所评论的，这种立场坚持"随着资本主义一起终结的，只是'价值规律'这种社会生产机构的*神秘化形式*。在去*神秘化*之后，它又重新出现在自觉管理的经济之中"①。换句话说，当"劳动"被作为社会生活的超历史的本质，神秘化就必然被这样理解：神秘化的、将会被废除的暂时的历史形式（价值），是独立于被它所遮蔽的、超历史的本质（"劳动"）的。而去神秘化则被理解为本质公开地、直接地显现的过程。

然而，正如我试图表明的，我所勾勒的这种从"劳动"的角度出发的社会批判所具有的特点，在根本上不同于马克思成熟期的政治经济学批判。我们将看到，在马克思看来，*只有在资本主义中*，劳动才具有社会性的建构与决定的作用。这是由于其历史特殊性，而不仅是因为它是一种中介着人与自然的物质互动的活动。在马克思的论述中，希法亭之类的理论家所赋予"劳动"的，是资本主义劳动的特殊性的一种超历史的实体化形式。事实上，马克思对劳动的特殊性的分析指出，那种貌似超历史的、社会生活的本体论基础，实际上具有其历史特定性，有鉴于此，这种分析就可以给出对这类传统马克思主义所特有的社会本体论的批判。

此外，马克思对资本主义劳动的特殊性的分析，还将提供一种处理资本主义社会形式与内容之关系的方法，它与那种从"劳动"的角度出发的批判方式截然对立。我们看到，"劳动"的观念内含着一种神秘化的概念，据此，在社会"内容"与其神秘化的形式之间，不存在任何内在关联。然

---

① Paul Mattick, *Marx and Keynes: The Limits of the Mixed Economy* (Boston, 1969), p. 32.

而，在马克思的分析中，神秘化的形式（他称之为"拜物"）当然与其"内容"之间*存在着*内在关联，它们被视为那种既被它们所表达又被它们所遮蔽的"本质"所具有的*必然的*外在形式。① 举例而言，在马克思看来，由商品所规定的社会关系必然以拜物教形式被表现出来：社会关系表现为"现在这个样子，就是说……表现为人们之间的物的关系和物之间的社会关系"②。换句话说，由商品与价值这些范畴所表达的准客观的、非个人的社会形式，不是简单地掩盖了"真实的"资本主义社会关系（即阶级关系）；相反，这些范畴所表达的抽象结构正是"真实的"社会关系。

由此，形式与内容的联系在马克思的批判中是必然的，而非偶然的。外在形式的历史特殊性内含着它所表达的东西所具有的历史特殊性，因为一种超历史的"内容"所具有的必然的外在形式，是不可能具有历史特定性的。而位于这一路径的核心的，是马克思对资本主义劳动的特殊性的分析：在马克思的分析中，社会的"内容"（或"本质"）不是"劳动"，而是劳动的一种历史特殊形式。

马克思指责政治经济学没有能力处理资本主义中社会形式与内容所具有的内在的、必然的关系这一问题："但它甚至从来也没有提出过这样的问题：为什么这一内容采取这种形式呢？为什么劳动表现为价值，用劳动时间计算的劳动量表现为劳动产品的价值量呢？"③ 他对历史既定内容以及资本主义劳动所具有的特殊性的分析，提供了他解答这一问题的出发点。如我们在之后将会讨论的，在马克思看来，资本主义劳动的特质，在于它必须以价值的形式存在（并以其他形式出现）。资本主义的劳动必然要以一种既表达了它又遮蔽了它的形式表现出来。然而，以一种无差别的、超历史的"劳动"观念为基础的阐释，则意味着这种"内容"与价值形式之间的关系是偶然的；因此，这种阐释和古典政治经济学一样，无法处理

---

① 见马克思对相对价值形式和等价形式的讨论，*Capital*, vol. 1, pp. 138-163。
② 同上书，p. 166。
③ 同上书，p. 174。

社会内容与形式、劳动与价值之间的关系问题。

在马克思的批判中，社会形式与内容之间的必然关系表明，如果对克服资本主义——将其真正地去神秘化——的理解，不包含"内容"（它必然以神秘化的形式表现出来）的变革，那么，这种理解便是与马克思的分析背道而驰的。这意味着，对价值以及与之相关的抽象社会关系的克服，无法脱离对创造价值的劳动的克服。马克思的分析所抓住的"本质"不属于人类社会，而属于资本主义；随着资本主义社会的克服，它将被废除，而非实现。然而，正如我们所见，当资本主义劳动被本质化为"劳动"，那么，克服资本主义就会被理解为将价值的"内容"从其神秘化的形式中解放出来，由此使得"内容"被"有意识地提升为经济学的原理"。这不过是计划（社会主义的原理）与市场（资本主义的原理）之间的抽象对立的一个精致版本的表达而已，我在上文中已经批判过了。它既无法解释何为计划的对象，也无法解释计划在多大程度上是真正自觉的，在多大程度上是能够脱离结构性统治的约束的。这种对分配方式的片面批判与劳动的超历史的社会本体论是互相关联的。

马克思在对历史特殊性的分析的基础上，构造了对资本主义劳动的批判，由此，他把以劳动价值论为基础的社会批判的性质，从一种"肯定的"批判转向了一种"否定的"批判。如果一种资本主义批判保留了古典政治经济学的出发点，即超历史的、无差别的"劳动"观念，并用它来证明剥削的结构性存在，那么，根据这一形式，它就是一种"肯定的"批判。这种对现存社会状况（剥削）与结构（市场与私有财产）的批判，是基于现存状况（工业生产形式中的"劳动"）而进行的。它试图解释的是，撇开其外表，劳动"事实上"是社会的而非私人的，利润"事实上"仅仅是劳动的结果。它囿于某种对社会神秘化的理解，其中，资本主义社会的真正基础（"劳动"）与遮蔽了它的社会外在形式之间，没有内在的联系。一种肯定的批判，是以实然之物来批判另一实然之物，并将最终导向现存的资本主义社会形态的另一种变体。我们将看到，马克思对资本主义劳动的批判是如何为一种"否定的"批判提供了基础，这种批判以或然之物来批判实然之物，并导向了另一种社会形态的可能性。在这个意义上（且只有在这个非社会还原论的意义上），这两种社会批判形式之间的差异，正是一种"资产阶级的"社会批判与一种对资产阶级社会进行的批判之间的差异。就批判资本主义劳动的特殊性而言，从"劳动"的角度出发进行的批判，内含着一种对社会主义的想象，它将走向资本主义社会本质的实现。

第四节　从劳动角度出发的社会批判

这两种形式的社会批判，在规范层面与历史层面上也彼此不同。如我们所见，前一种说法认为，马克思化用了古典劳动价值论，对其进行改良，并由此证明了剩余价值（以及利润）仅仅来源于劳动。这种论述的基础，是一种在历史上无差别的"劳动"的观念。他的批判被作为一种对分配方式和分配关系的批判，其对象是无意识的、"无政府"的分配模式，以及资产阶级对剩余物的私人占有。社会统治被首先理解为阶级统治。因此，克服价值也被理解为废除一种中介性的、无意识的分配形式，并由此带来一种得到自觉地、理性地管理的社会生活方式。克服剩余价值被理解为废除私有财产，并进而废除非生产性阶级对普遍社会剩余物——它仅仅来源于劳动——的占有，生产性的工人阶级由此得以重新占有他们的集体劳动的成果。[①] 这样，在社会主义中，劳动将公开成为社会生活的管理原则。基于一般原理，这将会为实现一个理性而公正的社会打下基础。

我们已经看到，这种批判的性质在本质上等同于早期资产阶级对土地贵族和更早的社会形式的批判。它是一种从那些"真正"从事生产的群体的立场出发，对非生产性社会群体的规范性批判；它将"生产性"作为社

---

① 见 Dobb, *Political Economy and Capitalism*, pp. 76-78。

会财富的指标。此外,由于它的前提是社会被劳动建构成一个整体,因此,它将劳动(以及工人阶级)与社会的普遍利益等同起来,并认为资产阶级的利益是特殊的,与这些普遍利益相对立。结果是,在以阶级社会为特点的社会秩序中,非生产性群体扮演了一个重要的或者说是统治性的角色,而对这一社会的理论攻击,在性质上则是以普遍为名,对特殊进行批判。[①]最后,在这一视野下,因为劳动建构了人类与自然间的关系,它便成为评判人们之间的社会关系的出发点:与劳动相和谐并反映了劳动的根本重要性的关系,被认为在社会上是"自然的"。因此,从"劳动"的角度出发的社会批判,是一种从准自然的角度出发,从一种社会本体论出发的批判。它是一种以社会的"真正"本质为名义对人造之物的批判。由此,传统马克思主义的"劳动"范畴,为一种以公正、理性、普遍和自然为名进行的社会批判提供了一个规范的出发点。

"劳动"的角度同时意味着一种历史批判。这种批判不仅谴责现存的关系,同时还试图表明,这些关系正日复一日地变得与时代脱节,同时,随着资本主义的发展,好的社会的实现真正变得可能起来。当"劳动"被作为批判的出发点,生产发展的历史水平便被用来决定那些现存的关系,也即现存的分配方式,是否依旧充分适用。工业生产不是历史批判的对象,而是被确立为"进步"的社会维度,它越来越受到私有财产和市场的"束缚",并将成为社会主义社会的基础。[②] 资本主义的矛盾被视为"劳动"与分配方式之间的矛盾,并由价值与剩余价值的范畴加以把握。在这一框架之中,资本主义发展的过程导致了市场与私有财产日益背离历史要求,它们越来越不能充分地适用于工业生产状况,这使得废除它们成为可能。由此,社会主义将建立一种充分适用于工业生产的分配方式——在没有私

---

① 这一点标示出了古典政治经济学和圣西门的社会批判之间的内在关系。两者都是黑格尔思想的组成部分。而马克思成熟期的资本主义分析,则带来了一种内在的批判,超越了英国政治经济学、法国社会学理论和德国哲学的三位一体,将它们作为依旧停留在资本主义文明的限制之内的思想形式,而这里所讨论的传统马克思主义,在某种程度上,是它们的"批判的"综合。
② 见 Karl Kautsky, *Karl Marx's oekonomische Lehren* (Stuttgart, 1906), pp. 262-263。

有财产的情况下进行公共计划。

如果把社会主义看作一种分配方式的变革，以使其*充分适用*于工业生产方式，那么，这一历史充分性显然被认为是普遍的人类自由的条件。由此，后者便以工业生产方式为基础，它已经从"价值"（即市场）和私有财产的镣铐中解放出来。在这一视野中，解放的基础是"劳动"——在实现了解放的社会形态中，"劳动"已经实现了它的直接社会性质，公开成为社会的核心要素。当然，与这种理解不可分离的是以下这种看法：社会主义革命是无产阶级的"自我实现"，作为社会的生产性成分，工人阶级在社会主义中将自己实现为普遍阶级。

因此，以"劳动"为基础的规范性批判与历史批判在性质上是肯定的。其出发点是一个已然存在的劳动结构，以及表现这一结构的阶级。当这一现存劳动结构不再由资本主义关系所控制，不再用于满足特殊利益，而服从于普遍利益的自觉控制时，解放就得以实现。因此，资产阶级将会在社会主义中被废除，但无产阶级不会。剩余物的私人占有以及市场分配方式将会被历史地否定，但生产结构不会。①

然而，就对资本主义劳动的特殊性的批判而言，从现存社会形态的一个维度出发来批判它的另一个现存维度——也即从工业生产出发来批判分配方式——具有严重的缺陷与后果。从"劳动"的角度出发进行的传统的肯定性批判，非但没有指向对资本主义社会形态的超越，反而将资本主义所特有的财富与劳动形式实现、投射到了所有历史与所有社会中。这种投射阻碍了对社会特殊性的思考（在这一社会中，劳动扮演了一个独特的、建构性的角色），同时也模糊了对这一社会的可能的超越的性质。两种社会批判方式的区别在于，前者是将资本主义作为*现代社会内部*一种阶级剥削与阶级统治的形式而加以批判性分析，而后者是对*现代社会形式本身*的批判性分析。

---

① 见 Dobb, *Political Economy and Capitalism*, pp. 75-79。在下文中，我将回到将生产力作为出发点这一观念，但是，为了勾勒一种否定性批判，我将把未来可能的生产，而非目前的生产，作为出发点。

对资本主义的这些不同理解意味着对批判的规范性层面的不同理解。譬如说，我认为，一种建立在"劳动"上的批判会导致资本主义特有之物的超历史的投射，在另一个层面，这也意味着对这一批判的规范性的出发点，即理性、普遍性和正义这些概念的历史重审。在资本主义的肯定性批判的框架之内，这些概念（它们历史地表达了资产阶级革命的理想）代表了现代社会的非资本主义的时刻；因为资产阶级的特殊利益，它们尚未在资本主义社会中得到实现，但理应会在社会主义中实现。因此，社会主义被认为将带来现代社会之理想的普遍的社会实现，在这个意义上，它也代表了现代社会本身的充分实现。在本书的第二部分中我将指出，传统马克思主义社会批评与早期资产阶级社会批评所持有的理性、普遍性与正义这些理想，并不代表着现代社会的非资本主义时刻；相反，它们应被理解为由资本主义劳动所产生的那种社会建构。事实上，传统批判所特有的那种对立——也即抽象普遍性与具体特殊性的对立——并非超越资本主义的理想与资本主义社会现状之间的对立；相反，这种对立是资本主义社会所具有的特征，它根植于其由劳动所中介的社会建构方式本身之中。

这些规范性概念与资本主义社会所特有的社会建构形式有关，它们并未真正指向对资本主义社会形式的超越。然而，这并不意味着它们是为资产阶级的利益进行意识形态伪装的假象，也不意味着这些理想与资本主义现实存在之间的距离不具有解放性的意义。然而，它确实意味着，这一距离，以及与它具有本质性联系的解放形式，依旧囿于资本主义之内。问题在于这种批判在哪个层面上与资本主义发生关系——不论资本主义是被理解为一种社会形式，还是仅仅被理解为一种阶级统治形式，不论社会价值与概念是被作为一种社会建构理论，还是被作为一种功能主义（或观念论）。说这些规范性概念代表了现代社会的非资本主义时刻，或者说它们仅仅是一种伪装，两者同样把资本主义理解为现代社会内部的一种阶级剥削与阶级统治的方式。

与传统批判不同，对资本主义劳动的特殊性的社会批判，是一种关于建构了现代社会本身的社会实践所具有的特定结构形式的理论。通过将现代社会的理想与现实的基础建立在这些社会形式中，它试图理解现代社会的特殊性，并避免那种非历史的姿态——即资产阶级社会的理想将会在社会主义中实现——及其相反的版本，即资产阶级社会的理想都是伪装。这种社会建构理论是我将要描述的否定性批判的基础。我不会试图把理论批判与现实批判的可能性放在现代资本主义社会的理想与现实的距离上，我会将它放在建构了资本主义社会的社会中介形式所具有的矛盾性本质上。

传统批判的规范性层面内在地与其历史维度有关。现代社会的理想代表了这个社会的非资本主义时刻这一观念，呼应着如下的想法，即在以无产阶级为基础的工业生产方式（作为现代社会的非资本主义时刻）与市场和私有财产之间，存在着结构性的矛盾。它将"劳动"作为批判的出发点，并缺乏对资本主义财富与劳动的历史特殊性的理解。由此，它意味着，在资本主义中被私有者阶级所占有的同一种财富形式，将在社会主义中被集体占有，并加以自觉的管理。与此类似，它指出，社会主义的生产方式在本质上将与资本主义生产方式相同，无产阶级及其劳动将在社会主义中"实现自身"。

生产方式在本质上独立于资本主义，这一想法意味着一种对技术进步——"劳动的进步"——的单向度的、线性的理解，它转而迅速地被等同于社会进步。这种理解与马克思的态度截然不同。他认为，由资本规定的工业生产方式极大地增加了人类的生产力，但其形式是异化的；因此，这种增加了的能力同样统治着劳动个体，并对自然具有破坏性。[1]

两种批判形式的区别也明显地表现在，它们以不同的方式来理解资本主义特有的社会根本统治形式。从"劳动"角度出发的社会批判将这种统治形式首先理解为阶级统治，植根于生产资料私有制；然而，对资本主义劳动的社会批判，则将资本主义社会最为根本的统治形式描述为一种抽象

---

[1] *Capital*, vol. 1, p. 638.

的、非个人的、结构性的统治形式，支撑着资本主义的历史动力。这一路径将抽象统治形式的基础建立在价值和生产价值的劳动所具有的历史特殊社会形式中。

对马克思的资本主义批判理论的后一种理解，为一种对抽象统治——人们的劳动对人们的统治——的深刻批判，以及为一种以内在方向性动力为特征的社会生活形式的社会建构理论提供了基础。然而，在传统马克思主义那里，这一批判被扁平化为一种对市场和私有财产的批判，它将资本主义特有的劳动形式与生产方式投射到社会主义之中。根据传统理论，"劳动"的发展在工业生产中达到历史终点；一旦工业生产方式从市场与私有财产的镣铐中解放出来，"劳动"将会作为一种准自然的社会建构原理而实现自身。

如上所述，传统马克思主义与早期资产阶级批判共享着一种关于历史进步的观念，这种观念的悖论性在于，它是朝向"天然的"人类的运动，是朝向本体论意义上的人类（如理性、"劳动"）实现自身并战胜非天然之物的可能性的运动。在这一点上，以"劳动"为基础的社会批判将会受到马克思的批评。马克思对广泛意义上的启蒙思想，尤其是对古典政治经济学批评道："经济学家们的论证方式是非常奇怪的。他们认为只有两种制度，一种是人为的，一种是天然的。封建制度是人为的，资产阶级制度是天然的。……于是，以前是有历史的，现在再也没有历史了。"① 固然，被视为天然制度的东西，对"经济学家们"和传统马克思主义理论而言并不相同。然而，这种思想形式是一致的：他们都将社会建构与历史特殊之物自然化了，并将历史视为一种朝向他们所谓"天然人类"之实现的运动。

正如我们所见，以自我调节市场和生产资料私有制来理解资本主义的决定性关系的这种看法，建立在一种对马克思的价值范畴的理解之上，这种理解依旧停留在古典政治经济学的框架内部。结果，这种批判社会理论

---

① *Capital*, vol. 1, p. 175n35。

的形式本身——从"劳动"的角度出发的社会批判——依旧囿于上述框架之内。当然，它在某些方面与政治经济学确有区别：比如，它并不认为资产阶级分配方式是最终方式，并对其提出了历史质疑。然而，分配领域依旧是其批判性思考的中心。当马克思把劳动形式（以及生产形式）作为批判对象时，对传统马克思主义而言，一种未经检验的"劳动"，则成为了财富的超历史的源泉，以及社会建构的基础。其结果并非一种*政治经济学批判*，而是一种*批判的政治经济学*，也即一种仅仅针对分配方式的批判。根据它对劳动的看法，这种批判可以冠以"李嘉图式马克思主义"之名。① 传统马克思主义以对分配方式的批判取代了马克思对生产方式和分配方式的批判，以无产阶级的自我实现理论取代了他的无产阶级的自我废除理论。两种批判形式之间的区别是深远的：在马克思的分析中的资本主义批判的核心对象，在传统马克思主义那里，则成为了自由的社会基础。

这种"颠倒"无法以一种注经式的方法得到充分的解释——譬如说，声称马克思的著作在马克思主义传统中没有得到正确的解释。这种"颠倒"要求一种社会的、历史的解释，并将在两个层面上展开。首先，它应该试图为传统的资本主义批判的可能性找到理论基础。比如，跟从马克思的脚步，它可以尝试将这种理论的可能性建立在资本主义社会关系的表现方式上。在下文中我将在这个方向上继续前进，我将展现，资本主义劳动的历史特殊性，在马克思看来，是以怎样的方式表现为超历史的"劳动"。更进一步的工作——我在本书中只会简单涉及——将展现分配关系何以成为社会批判的唯一焦点。为了做到这一点，它将展开《资本论》第一卷与第三卷之间的关系中所包含的意义。在第一卷中，马克思对价值与资本这些范畴的分析处理了资本主义的深层社会关系，其根本的生产关系；在第三卷中，他对生产价格和利润这些范畴的分析处理了分配关系。生产关

---

① 对所谓"左翼李嘉图主义"更为丰富的批判，见 Hans Georg Backhaus, "Materialien zur Rekonstruktion der Marxschen Werttheorie," *Gesellschaft: Beiträge zur Marxschen Theorie* (Frankfurt), no. 1 (1974), no. 3 (1975), and no. 11 (1978)。

系与分配关系是相关的，但并不等同。马克思指出，分配关系是直接的日常经验的范畴，是生产关系的表现形式，通过一种使得分配关系得以被视为生产关系的方式，它同时表现与遮蔽了生产关系。当马克思的生产关系的概念被仅仅依据分配方式而加以解释时——正如传统马克思主义所做的——外在形式便被视为全部。这类系统性的误解根植于资本主义社会关系外在表现的特定形式，它正是马克思试图用"拜物"的概念加以把握的对象。

其次，在将这种"批判的政治经济学"的可能性建立在社会关系本身的外在形式上（而非将其归咎于思想的混乱）之后，我们可以开始尝试阐明这一思想形式得以产生的历史条件。① 这种尝试极有可能包含着一种分析，其对象是 19 世纪末 20 世纪初的工人阶级运动，他们在他们的斗争中构造、挪用社会理论来建构自身、获得认识，并引出社会与政治变化。显然，上文所述的这种姿态试图主张劳动的尊严，并致力于实现这样一个社会，其中劳动的核心重要性在物质和道德上都得到了确认。它将生产过程中的直接人类劳动确立为财富的超历史的源泉，并由此不将价值的克服理解为对生产中的直接人类劳动的克服，而理解为直接人类劳动的非神秘化的社会确立。结果一方面批判了不公平的财富与权力分配，另一方面则缺乏对直接人类劳动作为一种生产要素所具有的独特意义的社会认识——而非批判这种劳动，分析废除这一劳动的历史可能性。然而，这是可以理解的：在工人阶级及其组织的形成与巩固过程中，他们的自我废除问题以及他们所进行的劳动的问题，很难成为核心问题。无产阶级的自我实现的观念，建立在对"劳动"作为社会财富源泉的确认之上，这充分适用于这一

---

① 尽管这里提出的方式也要求用马克思的分析去考察马克思主义，但它仅仅是在最表面的层面与卡尔·科尔施的以下这一观念类似：他要将"马克思的辩证唯物主义原理，运用到整个马克思主义的历史上"(Karl Korsch, *Marxism and Philosophy*, trans. Fred Halliday [New York and London, 1970], p. 56)。科尔施并未利用到《资本论》的认识论维度，在这一维度中，思想的形式是与资本主义社会关系形式相联系的。同时，他首先关心的，也不是社会批判的实质性质问题——即对生产和分配的批判，而非仅仅对分配的批判。科尔施的方法停留在更为外在的层面：他试图在革命时期和更整体、更激进的社会批判之间，以及在非革命时期和碎片化的、更学术、更消极的社会批判之间建立相互的联系（同上书，pp. 56-67）。

历史语境的紧迫性，并联系着对自由市场与私有产权的批判。这一观念被作为社会主义的规定而投射到未来之中；不过，它意味着资本的发展了的存在，而非其废除。

对马克思而言，废除资本是劳动的尊严的必要前提，只有在此之后，另一种社会劳动结构，另一种工作与娱乐的关系，以及其他个人劳动形式，才能成为社会一般的结构、关系与形式。传统的立场为劳动所赋予的尊严是碎片化的、异化的。很有可能，这种居于古典工人运动核心的尊严，已然对工人的自尊产生很大的重要性，而且已经成为工业化的资本主义社会的民主化与人性化的一个有力因素。然而，这一立场的讽刺性在于，它内在地确立了这种劳动以及与之具有内在关联的增长形式的永恒性，认为它们对人类的存在而言是必要的。马克思将对"仅仅是工人"的历史克服视为人类的完整实现的前提①，而传统立场的内涵却是完整的人类将实现在"仅仅是工人"之中。

我在本书中所做的阐释也必须被历史地理解。在分析资本主义社会的劳动与财富形式所具有的特殊性的基础上展开对资本主义的批判，这应当被放在第一章所勾勒的历史发展的语境中加以理解，它也揭示了传统阐释的不充分性。正如我试图说明的，我对传统马克思主义的批判并非仅仅是追溯性的：它试图发展一种方法来使自己合法化，这种方法将能避免传统马克思主义的短处与陷阱，*同时*将对范畴的传统阐释建立在其自身的范畴性分析的基础上。它将由此开始社会地建立自己的可能性。

第五节　劳动和整体性：黑格尔与马克思

现在我必须再一次往后跳一些，以便充实这一对传统马克思主义的根本前提的简要考察。最近已经有大量的批判性讨论围绕着无产阶级而展开，

---

① *Grundrisse*, p. 708.

其中，无产阶级被作为历史**主体**，以及马克思主义中的整体性。讨论的问题在于：肯定性地确立这一概念，将其作为社会批判的出发点，在政治上会带来什么后果。① 这些概念在马克思的分析中具有什么意义与重要性，这一问题内在地联系着他的成熟期批判与黑格尔哲学之间的关系问题。对这一问题的详尽讨论将远超于这项研究的范围之外。但是，在先前讨论的基础上，简要地勾勒一下这一关系是必要的。我将大致描述马克思在其对资本主义劳动的特殊性的分析中所暗含的关于**主体**的观念及其整体性的概念，并将他的概念与基于"劳动"的传统批判相比较。

黑格尔试图克服古典理论的主客体二分法，在他的理论中，所有的现实，不论是自然的还是社会的，是主体的还是客体的，都由实践所建构——更准确地说，是由客体化的*精神*（*Geist*）的实践，由世界历史的**主体**所建构。借由一个客观化或自我客体化的进程，*精神*建构了客观现实，与此同时也反过来建构了自身。因为客体性与主体性都是精神在其辩证展开中所建构的，因此，它们具有相同的实质，而非彼此差异：它们是属于一个同质性的普遍整体——一种整体性——的不同片段。

对黑格尔来说，精神既是主体的亦是客体的——是主—客体的同一，"实体"同时就是"**主体**"："活的*实体*，只当它是建立自身的运动时，或者说，只当它是自身转化与其自己之间的中介时，它才真正是个现实的存在，换个说法也一样，它这个存在才真正是*主体*。"②

这一自我运动的实体/**主体**（*精神*）在其辩证展开中建构客体性与主体性的过程，是一个历史过程，它建立在整体性的内在矛盾之中。就黑格尔而言，这一自我客体化的历史过程是一个自我异化的过程，最终将导致*精神*重新占有其展开过程中所异化了的对象。也就是说，历史发展具有一个重点：*精神*作为一个整体性的以及整体化了的**主体**而实现自身。

---

① 关于西方马克思主义中这一问题的一个很好的讨论，见 Martin Jay, *Marxism and Totality* (Berkeley and Los Angeles, 1984)。
② G. W. F. Hegel, Preface to the *Phenomenology*, in Walter Kaufmann, ed., *Hegel: Texts and Commentary* (Garden City, N.Y., 1966), p. 28（斜体由引者所为）。

在其杰出的文章《物化与无产阶级意识》中，卢卡奇试图以一种"唯物主义"的方式挪用黑格尔的理论，将其有效性限制于社会现实之中。以此，他将实践范畴置于一种辩证社会理论的核心。对于其一般的理论企图，即构造一种能够充分适用于20世纪资本主义的资本主义批判而言，卢卡奇对黑格尔的挪用是非常重要的。在这一语境中，卢卡奇采纳了韦伯依据一个理性化的历史过程而对现代社会进行的描述，并试图将这一分析嵌入马克思对资本主义的分析框架中。他将理性化过程置入马克思对作为资本主义社会的基本结构原理的商品形式的分析中。通过这一方法，卢卡奇试图展现，理性化过程是社会地建构起来的，它以一种非线性的方式发展；韦伯所谓的现代生活的"铁笼"并非一切形式的"后传统"社会的伴生物，而只是资本主义的结果——因此，它可以被变革。由此，卢卡奇回应韦伯说，财产关系并非现代社会最根本的结构性特征，它被包纳于一个更为宽泛的资本主义概念的框架之中。

卢卡奇论述的某些方面非常丰富且有价值。他将资本主义社会描述为所有生活领域的理性化，并将这些进程的基础奠定在社会关系的商品形式中。由此，他内在地指出了一种更为深刻而广泛的资本主义概念，它不只是一种基于私有财产的剥削体系。此外，通过其对黑格尔的唯物主义挪用，卢卡奇清晰地表达了这一思想：马克思的范畴代表了一种克服古典的主—客二元论的有力尝试。这些范畴指涉着结构化的实践形式，它们同时是客体形式与主体形式。这一路径带来了一种分析方式，其中，具有历史特殊性的社会结构既建构了实践，又为实践所建构。同时，正如我在本书随后部分所将阐明的，它指向了一种关于思想形式及其在资本主义中的转型的理论，这一理论避免了由基础—上层建筑的模型以及许多文化主义模型的观念论所导致的唯物主义的简化论。

然而，尽管有着种种优点，卢卡奇重新理解资本主义的尝试具有深刻的矛盾。尽管他的方法指向是超越传统马克思主义的，但它依旧囿于一些基本的理论前提。他对黑格尔的唯物主义挪用，导致他将社会分析为一个整体，由劳动所建构，正如传统的理解。在卢卡奇那里，这一整体性被资产阶级社会关系的碎片性与特殊性所遮蔽，并将在社会主义中得到公开实现。由此，整体性提供了他对资本主义社会的批判性分析的出发点。与此相关，卢卡奇以"唯物化"的黑格尔式术语来定义无产阶级，将其作为历史进程的主—客体的同一，作为历史的**主体**，它通过其劳动建构了社会世界及其自身。在推翻资本主义秩序后，这一历史**主体**将实现自身。①

无产阶级象征了可能的后资本主义社会这一理念，只有当我们首先依据生产资料私有制来定义资本主义，将"劳动"作为批判的出发点时，才有意义。换句话说，尽管卢卡奇的分析指出，如果想得到一个充分的现代性的批判理论的话，资本主义就不能按照传统的方式加以定义，但是，他的内在洞见却因为他依旧以这些传统的方式作为批判的出发点而被削弱。

对卢卡奇的方法进行更为完整的讨论，将会以更丰富的细节来说明他对黑格尔的唯物主义挪用，是如何损害了其借由商品形式来分析理性化的历史进程的努力。然而，与其直接进行这样一种讨论，我希望仅仅展现卢卡奇与马克思在方法上的重要分歧。卢卡奇的理解，尤其是他将无产阶级界定为主客同一体这一点，常常被认为与马克思的态度相一致。②不过，他对主客同一体的理解与马克思的理论方法之间的距离，依旧和李嘉图的劳动价值论与马克思的距离一样遥远。马克思的政治经济学批判所依据的前提条件与卢卡奇的理解截然不同。在《资本论》中，马克思事实上是尝试以社会的和历史的方式去解释黑格尔试图用*精神*这一概念来把握的东西。然而，他的方法在根本上与卢卡奇不同，

---

① Georg Lukács, "Reification and the Consciousness of the Proletariat," in *History and Class Consciousness*, trans. Rodney Livingstone (London, 1971), pp. 102-121, 135, 145, 151-153, 162, 175, 197-200. 关于这篇文章的很好的讨论，见 Andrew Arato and Paul Breines, *The Young Lukács and the Origins of Western Marxism* (New York, 1979), pp. 111-160。

② 见 Paul Piccone, General Introduction, in Andrew Arato and Eike Gebhardt, eds., *The Essential Frankfurt School Reader* (New York, 1978), p. xvii。

后者以肯定性的态度看待整体性，将其作为批判的出发点，并将黑格尔的主客同一体等同于无产阶级。马克思对黑格尔的历史批判，与卢卡奇对黑格尔的唯物主义挪用之间的差异，直接联系着我们所考察的两种社会批判形式之间的差异。对整体性与无产阶级的概念而言，以及更为一般地，对理解资本主义的基本性质及其历史否定而言，它产生了深刻的后果。

马克思在其成熟期理论中的黑格尔批判的性质，与其早期著作有所不同。[①] 他不再以费尔巴哈式的方法来颠倒主体与客体，如他在《黑格尔法哲学批判》(1843)中所做的那样；也不再以超历史的方式处理劳动，如他在《1844年经济学哲学手稿》中所说，黑格尔将劳动形而上学化为了劳动的理念。在《资本论》(1867)中，马克思并非仅仅以一种"唯物主义"的方式翻转了黑格尔的概念。相反，他尝试去把握资本主义社会关系的独特性质。马克思分析了这些理念化的黑格尔式概念在资本主义社会中的社会合法性，而之前他则指责它们是颠倒的神秘化形式。所以，在《神圣家族》(1845)中马克思批评了"实体"的哲学概念，尤其是黑格尔将"实体"作为"**主体**"这一理解方式。[②] 然而，在《资本论》开头，他自己也使用了"实体"的范畴。他指出，价值拥有一种"实体"，并将其定义为抽象人类劳动。[③] 由此，马克思不再认为"实体"仅仅是理论上的具体化，现在，他把它视为一种由劳动中介的社会关系的属性，表达了一种特定类型的社会现实。在《资本论》中，他从使用价值、价值及其"实体"等诸范畴，逻辑地推演到了商品与货币形式，以此来考察这种社会现实的性

[①] 正如本书的论述将表明的，我的阐释拒绝阿尔都塞的理解方式——他将马克思早期的工作当作"哲学的"工作，将后期的工作当作"科学的"工作，并在两者之间确立了一种断裂。同时，我也拒绝那种对结构主义新客观主义的人道主义式回应，它没有认识到马克思批判分析的发展过程中的重大变化。在早期作品中，马克思的范畴还是超历史的；虽然他早期关注的对象在后期作品中依旧是焦点所在，譬如对异化的分析，但它们变得历史化了，因此被转化了。社会形式的历史特殊性在马克思的成熟期作品中所具有的核心性，加上他将这一特殊性加以超历史化的批判理论，两者共同表明，早期作品中的范畴不能被直接等同于或直接用来阐释他的政治经济学批判中的范畴。

[②] Marx, *The Holy Family*, in Lloyd D. Easton and Kurt H. Guddat, eds., *Writings of the Young Marx on Philosophy and Society* (Garden City, N.Y., 1967), pp. 369-373.

[③] *Capital*, vol. 1, p. 128.

质。在此基础上,马克思开始分析表现在他的资本范畴中的复杂的社会关系结构。他首先以价值来确定资本——他将其描述为自我增殖的价值这样的范畴。当他的论述进行到这里时,他清晰地将所描述的资本概念联系上了黑格尔的*精神*概念:

> 价值不断地从一种形式转化为另一种形式,在这个运动中永不消失,这样就转化为一个自动的主体。……实际上,价值在这里已经成为一个过程的主体,在这个过程中,它不断地变换货币形式和商品形式,改变着自己的量……自行增殖着。既然它生出剩余价值的运动是它自身的运动,它的增殖也就是自行增殖。……商品的价值突然表现为一个处在过程中的、自行运动的实体,商品和货币只是这一实体的两种形式。①

这里,马克思显然将资本描述为一个自行运动的实体,也即**主体**。以此,马克思指出,黑格尔意义上的历史**主体**确实存在于资本主义中,但他并未将其等同于任何社会群体,如无产阶级,也未将其等同于人性。相反,马克思依据社会关系的结构对其进行了分析,这些结构由客体化的实践形式所建构,并被资本(以及价值)的范畴所把握。他的分析表明,资本主义所特有的社会关系是一种非常独特的类型——它们拥有了黑格尔赋予*精神*的那种属性。正是在这个意义上,黑格尔所设想的历史**主体**存在于资本主义中。

从马克思对资本概念的初步规定中可以清楚地看见,资本无法以物理的、物质的方式加以充分理解,也即理解成楼宇、资料、机器及资本家持有的货币;相反,它指的是一种社会关系的形式。不过,即使从社会层面上来理解,上面的引文也表明,马克思的资本范畴无法依据私有财产,依

---

① *Capital*, vol. 1, pp. 255-256(斜体由引者所为)。

据资产阶级对无产阶级的剥削与统治而得到充分的理解。马克思指出，黑格尔试图通过*精神*这一概念所表达的东西，应该被理解为由资本范畴所表达的社会关系。这意味着，资本主义特有的社会关系具有一种特定的、辩证的以及历史的性质，它无法仅仅依据阶级来加以理解。他同时指出，这些关系为黑格尔的概念本身建构了社会基础。上述两点都标志着马克思批判理论的性质——因而同时也是其对黑格尔的唯物主义批判的性质——上的一次转变，这在其对主客体关系这一认识论问题、对历史**主体**的问题以及对整体性概念的处理中具有重要意义。

马克思依据资本范畴对历史**主体**所进行的阐释，标志着他从一种首先依据阶级关系来理解的社会关系理论，转向了一种由价值和资本这些范畴所表现的社会中介形式的理论。两者的区别关联着我在本章中所讨论的两种社会批判形式的区别，也即要么将资本主义理解为现代社会内部的阶级剥削与阶级统治体系，要么认为资本主义建构了现代社会本身的结构。对马克思而言，"**主体**"是这一结构的概念性规定。如我们所见，黑格尔的理念化的**主体**概念，与马克思所谓这一概念的唯物主义的"合理内核"之间的分歧，并不在于前者是抽象的、超人的，而后者是具体的、人类的。事实上，根据马克思的说法，考虑到黑格尔的**主体**概念确实具有一定的历史与社会的合法性，这一**主体**不是一种具体的人类社会的角色，不论是集体的还是个人的。相反，马克思所分析的历史**主体**包括了客体化关系和资本主义特有的主客体范畴形式，其"实体"是抽象劳动，即劳动作为一种资本主义的社会中介活动的特殊性。由此，马克思的**主体**和黑格尔的一样是抽象的，而且不能被等同于任何社会角色。此外，它们都以独立于个人意志的方式在历史中展开。

在《资本论》中，马克思试图依据一种发展的辩证法来分析资本主义，这种辩证法独立于个人意志，并因此将自己表现为一种逻辑。他考察了这一辩证逻辑如何作为异化的社会关系的现实表达而展开，这些关系由实践所建构，并以准独立的方式存在。他并未把这种逻辑作为一种错觉或仅仅作为人们缺乏知识的结果。正如他所指出的，知识本身并未改变这些关系的性质。① 我们将会看到，在他的分析框架中，这种发展的逻辑最终是资本主义社会关系的产物，而非人类社会的特征。②

作为**主体**，资本是一种不同寻常的"主体"。黑格尔的**主体**是超历史的，并具有认识能力；而在马克思的分析中，它是历史特定的，并且不具有认识能力。资本，作为一种特定实践形式所建构的结构，反过来也能建构社会实践与主体性的形式；不过，作为**主体**，它没有自我。它是自我反思性的，同时作为一种社会形式，它可能会引起自我意识，但与黑格尔的*精神*不同，它自身并不具有自我意识。换句话说，主体性与社会历史**主体**必须在马克思的分析中区别开来。

将主客同一体认定为社会关系的确定性结构，这对于一种主体性理论而言具有重要意义。这表明，马克思抛弃了主—客体的范式与认识论，走向了一种社会意识理论。也就是说，由于他并未简单地将主客同一体的概念（黑格尔试图克服古典的主客二分法的认识论）等同于某种社会角色，马克思改变了认识论问题的方式。他将知识问题的关注焦点，从有认识能力的个人（或超个人）主体及其与外在世界的关系，转向了社会关系的形式，这种形式被视为社会主体性与客体性的规定。知识的问题现在成为了社会中介形式与思想形式之间的关系问题。事实上，正如我在下文中将要涉及的，马克思对资本主义社会形态的分析，内含着对古典认识论问题本身进行社会地、历史地分析的可能性，它体现在自主性的主体与客观世界

---

① *Capital*, vol. 1, p. 167.
② 在这个意义上，阿尔都塞的立场可以视为卢卡奇的片面的对立面。卢卡奇在主体性意义上将黑格尔的*精神*等同于无产阶级，而阿尔都塞则宣称，马克思的历史是一个无主体的过程这一观念，是从黑格尔那里来的。换句话说，被阿尔都塞以客观主义的方式超历史地假定为**历史**的东西，在马克思的《资本论》中，则被分析为历史特定的、持续的社会关系结构。卢卡奇和阿尔都塞的立场都无法充分把握资本的范畴。见 Louis Althusser, "Lenin before Hegel," in *Lenin and Philosophy*, trans. Ben Brewster (New York and London, 1971), pp. 120-125。

之间的尖锐对立中。① 对古典的主客二分法的这种批判是为马克思在其成熟期批判理论中所发展的方法所独有的。它与其他批判方式不同，比如说，它不同于那些基于现象学传统的批判。其他的批判方式否认无实体的、去语境化的主体的观念，它们认为，"在实际上"人们总是身处于某种特定语境之中的。不同于简单地将古典主客二元论摒弃为错误思维的结果（它依旧没有回答这一反驳立场所持的"高级的"看法从何而来的问题），马克思的路径试图历史地对它们进行解释。他根据其背景的性质，给出了它们的合理性；也就是说，在他的分析中，这些思想形式是与结构化了的以及结构性的社会形式相关的，后者建构了资本主义社会。

马克思对黑格尔的批判，与卢卡奇对黑格尔的唯物主义挪用相当不同，因为前者没有认定某种具体的、自觉的社会**主体**（如无产阶级）；这种**主体**在历史中自我展开，通过一个自反性的客体化过程而获得了完整的自我意识。这样做无疑会将"劳动"确立为**主体**的构成性实体，它受到资本主义关系的阻碍而无法实现自身。正如我在对"李嘉图式的马克思主义"的讨论中指出的，这里的历史**主体**会是一个资产阶级主体的集体化版本，通过"劳动"建构起自身以及外部世界。"劳动"的概念与资产阶级主体（不论它被阐释为个人还是某个阶级）具有内在的关联：它们以本体论的形式表达了一个历史特定的社会现实。

马克思对黑格尔的批判与上述立场所持的前提条件截然不同（尽管它依旧在社会主义传统中盛行一时）。马克思并不认为资本主义关系是外在于**主体**、阻碍了**主体**的充分实现的东西；相反，在他的分析中，正是这些关系建构了**主体**。这一根本区别与之前所论及的区别有关：由马克思的政

---

① 尽管马克思放弃了主—客体模式这一点是非常重要的，但它却被忽略了。因此，哈贝马斯认为他有理由转向一种交往行动理论，这一理论试图为一种批判理论奠定基础：它既具有解放意图，又不依赖于古典主—客体模式所具有的主体性与认知性的工具意味——在他看来，这一模式损害了马克思主义（见 Jürgen Habermas, *The Theory of Communicative Action*, vol. 1: *Reason and the Rationalization of Society*, trans. Thomas McCarthy [Boston, 1984], p. xl）。然而，正如我在下文将指出的，马克思确实给出了一种对主—客体模式的批判——他转向了一种关于社会中介的历史特殊形式的理论。在我看来，这一理论为社会批判理论所提供的基础，要好于哈贝马斯所转向的那种超历史的进化理论。

治经济学批判诸范畴所把握的那些准客观的结构，既未*遮蔽*"真正的"资本主义社会关系（阶级关系），亦未*遮蔽*"真正的"历史**主体**（无产阶级）。相反，这些结构*正是*资本主义社会的基本关系，由于它们的独特性质，它们*建构*了黑格尔所谓的历史**主体**。这一理论转向意味着，马克思的理论既未确立亦未断言某种历史元**主体**（它将在未来社会中实现自身）的观念，如无产阶级。事实上，从一种关于集体（资产阶级）**主体**的理论走向一种关于异化的社会关系的理论，这一转变内含着对上述观念的批判。这是批判视野的一次重大转型的一个方面：它从一种以"劳动"为基础的社会批判转向了一种对资本主义劳动的独特性质的社会批判，前者的出发点变成了后者的批判对象。

在考虑到整体性的概念时，这一转变更为显著。它不应被含糊地理解为一般的"全体"。对黑格尔来说，*精神*建构了一个一般的、同质化的整体性，它不仅存在于历史进程的起点，同时，当它展开后，它也是其自身发展的结果。*精神*的完全展开与自我实现是其发展的终点。我们已经看到，传统的假设中对资本主义劳动与社会关系的思考，采纳并赋予了黑格尔式的整体性概念一个"唯物主义"的解释：社会整体性是由"劳动"所建构的，但显然，资本主义关系把它遮蔽、碎片化，并阻碍了它的自我实现。它代表了资本主义批判的*出发点*，并将在社会主义中被实现。

然而，马克思将资本作为历史**主体**的规定范畴，意味着整体性已经成为其批判的*对象*。正如下文将要讨论的，在马克思的分析中，社会整体性是资本主义形态的一个本质特征，也是异化的一种表现。马克思指出，资本主义社会形态是独一无二的，因为它是由一种同质性的社会"实体"所建构的；因此，它作为一个社会整体而存在。其他社会形态不具有这样的整体性：它们的根本社会关系不是同质性的。它们无法以"实体"的概念来加以把握，无法由一种单一的结构性原则而展开，也没有展现一种内在的、必然的历史逻辑。

马克思断言，资本，而非无产阶级或人类，是整体性**主体**。这清楚地表明，对资本主义的历史否定中所包含的，不是整体性的*实现*，而是其*废除*。因此，驱动着这一整体性的展开的矛盾，也必须以完全不同的方式加以理解——可以说，它驱动着整体性走向可能的历史废除，而非走向其实现。也就是说，这一矛盾通过指向对整体性的超越，表达了其在时间上的有限性。（我将在后文中讨论此种对矛盾的理解与传统马克思主义的理解之间的差异。）马克思将资本主义的历史否定理解为整体性的废除，而非实现，这一看法联系着他对社会主义的观念，也即社会主义代表了人类历史的开端，而非终结。同时，它也联系着马克思的如下理念：对资本主义的否定所带来的，是对一种特定的社会中介形式的克服，而非对社会中介本身的克服。从另一层面来看，这表明成熟期的马克思对历史的理解无法被解释为一种世俗形式的本质性的末世论概念。

最后，资本建构了历史**主体**这一观念同时表明，后资本主义社会中的政治领域不应被视为一个因为在资本主义中受到阻碍而无法彻底实现的整体性领域。事实恰恰相反，一个在体制上整体化的政治形式，应当被认为是这样一种政治表现：它对应着作为整体的资本，臣属于资本的强制与压抑，而非克服了资本。由此，整体性的废除带来了可能的、截然不同的、非整体性的社会管理形式及其对应的政治形式。

乍看起来，资本作为历史**主体**的规定似乎否认了人类创造历史的实践。然而，这却符合那种依据异化的社会关系而展开的对资本主义社会的方向性动力的分析。也就是说，社会关系是由结构化的实践形式建构的，它获得了一种准独立的存在状态，并使得人们服从于特定的准客观的强制。这一阐释中所包含的解放性的可能，是那种或明或暗地将历史**主体**等同于工人阶级的阐释所无法提供的。对黑格尔的"唯物主义"阐释将阶级或人类确立为历史**主体**，它似乎由于强调了实践在创造历史中的作用而强化了人类的尊严；但是，它只是看上去具有解放性，因为对**主体**的彻底实现的呼唤，只能意味着一种异化的社会形式的彻底实现。在另一方面，很多当下流行的姿态也是如此，它们否认整体性的存在，以解放的名义批评对整体性的肯定。① 这些路径将整体性仅仅作为特定理论立场的造物，忽视了异化的社会结构的现实存在，因此，它们既无法把握资本主义社会的历史趋势，也无法构造一种对现存秩序的充分的批判。有些人仅仅为了肯定整体性而断言它的存在，另一些人认识到社会整体性的实现将会有害于解放，并因此否认整体性的存在。从我的角度出发，这两者是相反相成的。两者都是片面的，因为它们以相反的方式，在实然与应然之间确立了超历史的等同关系。

马克思对整体性的批判具有历史特殊性，它没有混合实然与应然；它没有以本体论的方式来处理整体性问题；也就是说，它既未在本体论上肯定整体性的超历史存在，又未否认整体性的存在（根据资本的存在，它只能是神秘化的）。相反，它依据资本主义社会的结构性形式来对整体性做出分析。在黑格尔那里，整体性展开为**主体**的实现；在传统马克思主义那里，整体性成为作为具体的**主体**的无产阶级的实现。在马克思的批判中，整体性具有历史特殊性，其展开的方式指向了其被废除的可能性。马克思将**主体**历史地解释为资本，而非某个阶级，其目的是将黑格尔的辩证法建立在社会的基础上，并由此给出他的批判。②

马克思的论述在《资本论》中辩证展开的结构，应当被视为对黑格尔的一次元评论。马克思不是将黑格尔"应用"在古典政治经济学上，而是依据资本主义社会的社会结构，将黑格尔的概念语境化了。也就是说，马克思成熟期对黑格尔的批判内在于《资本论》中诸范畴的展开之中——与黑格尔展开这些概念的方式相比，它不言自明地提示了这些表述所处的特定的社会历史语境。照马克思的分析，黑格尔的辩证法、矛盾与主客同一体

---

① 尤其在法国，这些立场在过去十年中变得越来越普遍，马丁·杰伊对它们做过一次有效的概述。见 Martin Jay, *Marxism and Totality*, pp. 510-537.
② 一种类似的论述，见 Iring Fetscher, "Vier Thesen zur Geschichtsauffassung bei Hegel und Marx, " in Hans Georg Gadamer, ed., *Stuttgarter Hegel-Tage 1970* (Bonn, 1974), pp. 481-488.

这些概念表达了资本主义现实的根本方面，但没有充分把握它们。[①] 黑格尔的范畴既没有阐明资本这一异化的生产方式的**主体**，也没有分析这些形式所具有的历史特殊动力，即它们被其特殊的内在矛盾所驱动。相反，黑格尔将*精神*确立为**主体**，将辩证法确立为普遍的运动法则。换句话说，马克思所要说的是，黑格尔确实把握了抽象的、矛盾的资本主义社会形式，*但没有理解其历史特殊性*。相反，他以一种理念化的方式体现并表达了它们。不过，黑格尔的观念论确实表达了这些形式，即使并不充分：它以主客同一体的范畴将它们展现了出来，使它们似乎拥有了自己的生命。这种批判性的分析与某种唯物论截然不同，后者只会简单地以人类学的方式颠倒这些理念化的范畴，它无法对资本主义所特有的异化的社会结构做出充分的分析，那些社会结构确实统治着人们，并且确实独立于人们的意志。

因此，马克思的成熟期批判不再是一种对黑格尔的观念论辩证法的"唯物主义的"、人类学的颠倒；相反，在某种意义上，它是其唯物主义的"辩护"。马克思显然试图表明，黑格尔辩证法的"合理内核"正在于其理念化的性质[②]：它表达了一种由社会关系结构所建构的社会统治方式，由于这些结构是异化的，因此它们获得了一种相对于个体而言准独立的存在状态，又因为它们特殊的二元性，而具有了辩证的属性。在马克思那里，历史**主体**是异化的社会中介结构，它建构了资本主义形态。

于是，《资本论》是同时对黑格尔与李嘉图进行的批判。在马克思看来，这两位思想家代表了在现存社会形态的束缚下所能达到的最深刻的思想发展。马克思并非简单地将李嘉图"激进化"或将黑格尔"唯物主义化"。他的批判——开始于资本主义劳动所具有的"二重性"这一历史特殊性——在本质上是历史性的。他指出，由于李嘉图和黑格尔将他们各自

[①] 阿尔弗雷德·施密特（Alfred Schmidt）和伊林·费切尔也提出过这一点。他们的评论见 W. Euchner and A. Schmidt, eds., *Kritik der politischen Ökonomie heute: 100 Jahre Kapital* (Frankfurt, 1968), pp. 26-57. 另见 Hiroshi Uchida, *Marx's Grundrisse and Hegel's Logic,* ed. Terrell Carver (London and Boston, 1988)。

[②] 见 M. Postone and H. Reinicke, "On Nicolaus," *Telos* 22 (Winter 1974-1975), p. 139。

的"劳动"和*精神*的概念确立为超历史的概念,因此,它们无法完整地把握他们的考察对象所具有的历史特殊性。由此,马克思的成熟期分析的展开形式,不是将黑格尔的辩证法"应用"到资本的问题中,他对商品的批判性考察也不意味着他"接管"了李嘉图的价值理论。恰恰相反,他的论述是一种根本性的批判理论,试图将黑格尔与李嘉图的理论的合理性建立在它们各自的语境之中,即其中的社会形式所具有的独特性质中。

悖论的是,马克思自己的分析试图通过对自己加以历史限制,来超越当下的整体性的局限。正如我在下文中将会论及的,他对资本主义的内在批判是这样的:对思想之对象的历史特殊性的标示,反过来指向了其理论本身——把握了对象的思想本身——的历史特殊性。

总之,我所谓的"传统马克思主义"可以认为是一种"唯物主义的"、批判的李嘉图—黑格尔综合体。在社会理论中,对黑格尔式的整体性概念的肯定,以及对辩证法的肯定(如卢卡奇所做的),两者确实可以有效地批判资本主义社会的某一方面,乃至第二国际的马克思主义所具有的进化论、宿命论与决定论倾向。不过,它绝对无法被视为一种从资本主义自身的历史否定出发,对资本主义展开的批判。将无产阶级(或人类)认定为历史**主体**,这一想法在根本上和"李嘉图式马克思主义"一样,依赖于那种不具有历史差异的"劳动"观念。"劳动"被确立为超历史的社会财富源泉,同时,作为主体的实质,它被认为建构了社会。资本主义社会关系被认为阻碍了主体的自我实现。整体性,因为它是由"劳动"所建构的,因而变成了批判的出发点。同时,马克思的辩证法也从一种资本主义社会异化的社会形式所具有的历史特殊的、自我驱动的运动,转变为人类的历史创造实践的表现。任何将无产阶级或人类确立为**主体**的理论都意味着,建构**主体**的活动应当被实现,而非被克服。因此,这些活动本身无法被认为是异化的。在以"劳动"为基础的批判中,异化必然根源于劳动之外,根源于某个具体的他者对劳动的控制中,根源于资产阶级。这样,社会主义便包含着**主体**的自我实现,以及重新占有那些在资本主义中被私人占有的财富。这将带来"劳动"的自我实现。

在这种一般化的阐释中，马克思的批判的性质变成了某种"揭露"。它似乎证明了，撇开表象，"劳动"是财富的源泉，无产阶级代表着历史**主体**，也即自我建构的人类。与这种立场密切相关的是这样一种观念，即社会主义将实现资产阶级革命的普遍主义理想，这些理想曾被资产阶级的特殊利益所背弃。

在后文中，我将尽力表明，马克思的批判何以既包括了这些揭露在内，但同时又是一种更为根本的关于资本主义社会的理想*和*现实的社会与历史建构的理论。在马克思的分析中，由劳动所建构的社会关系与历史辩证法，是资本主义的深层结构所具有的特征，而非那种应当在社会主义中得到完全实现的人类社会的本体论基础。由是，任何理论，只要它超历史地认为劳动独自产出了财富并建构了社会，只要它肯定资产阶级社会的理想并将其与现实对立起来，只要它从"劳动"的角度出发对分配方式进行批判，都必然依旧囿于整体性的界线之内。这种批判所确立的矛盾——一边是市场与私有财产，一边是工业化的、以无产阶级为基础的生产——指向了对资产阶级的废除，而没有指向对社会整体性的超越。相反，它试图用一种在国家层面上对发达资本主义生产关系而言更为充分的形式，来克服较早的资产阶级分配关系。也就是说，它所描述的，是用一种看似更为具体的整体性形式来取代较早的、看似更为抽象的整体性形式。如果将整体性本身理解为资本，那么这种批判表明，在其深处，它将导致资本作为一种准具体的整体性而彻底实现，而非导致资本的废除。

第三章

传统马克思主义的局限与批判理论的悲观论转向

在先前的章节中,我考察了传统马克思主义对资本主义的根本矛盾——市场与私有制和工业生产之间的矛盾——的分析之中所包含的一些基本假设。随着后自由主义资本主义的历史发展,这类分析所具有的局限与困境日益显现出来。在本章中,我将更为细致地考察这些局限,我将批判性地检视以"法兰克福学派"或"**批判理论**"之名而日益为人所知的那一理论派别的一些基本面向,这一派别被认为是对上述历史发展的最为丰富与有力的理论回应之一。①

阿多诺、霍克海姆、洛文塔尔、马尔库塞、波洛克,再加上那些聚集在法兰克福社会研究所及其《社会研究杂志》周围的作者们,一起构造了**批判理论**的基本框架。他们试图发展出一种根本的社会批判,以充分适用于后自由主义资本主义带来的转变。在卢卡奇的《历史与阶级意识》一书的部分影响下(尽管卢卡奇将无产阶级等同于历史主客同一体的看法并未得到采纳),他们一开始就对马克思的理论抱有一种复杂的理解,将其作为一种对资本主义中社会、经济、政治诸生活方面的内在关系的批判性的、自我反思性的分析。在遭遇并解读资本主义在20世纪中的重大转变时,他们发展出了一种对工具理性和对自然之支配的批判,一种对文化与意识形态的批判,以及一种对政治统治的批判,并将这些置于他们思考的

---

① 本章中的一些论点首见于 Barbara Brick and Moishe Postone, "Critical Pessimism and the Limits of Traditional Marxism," *Theory and Society* 11 (1982)。

中心。这些尝试在相当程度上拓宽并深化了社会批判的视界,并对传统马克思主义能否胜任批判后自由主义现代社会的工作提出质疑。不过,在试图构建一种更为充分的批判时,**批判理论**遭遇了严重的理论难点与困境。随着 20 世纪 30 年代末发生的理论转向,这些困境变得愈发明显。当时,后自由主义资本主义开始被视为一个受到完全控制的、严整的、单向度的社会,不再为社会解放提供任何内在的可能性。

我将阐述这一悲观论转向所带来的各种问题。我将指出,它们说明尽管**批判理论**建立在对传统马克思主义的资本主义批判的局限性的意识之上,但它未能跳出这一批判的那些最根本的假设。因此,对于这一理论转向的分析,一方面将澄清传统马克思主义的局限,另一方面也将说明一种对现代社会而言更为充分的批判理论所需的条件。

我在考察**批判理论**对后自由主义资本主义的悲观主义看法时,将会尝试澄清其理论基础,这一尝试所依据的,正是我之前所讨论的那种区分:一方是从"劳动"出发的社会批判,另一方是对资本主义劳动的历史特殊性的批判。由是,这一路径将不会把**批判理论**的悲观论仅仅置于其宏观的历史背景中来加以思考,这一背景包括了革命在西方的失败、斯大林主义的发展、国家社会主义的胜利,以及战后资本主义的性质。它们当然使得一种悲观主义的反应显得可以理解,但是,**批判理论**的悲观论分析的独特性,无法仅仅依据这些历史事件,乃至"二战"与大屠杀而得到充分的理解。虽然这些事件确实对理论具有重大的影响,但是,对这一分析的理解,依旧需要一种对其根本理论假设的理解,那些重大的发展正是以这些假设为基础而得到解释的。① 我将展现,**批判理论**

---

① 关于历史变动对**批判理论**的直接影响,一个更为集中的讨论见 Helmut Dubiel, *Theory and Politics: Studies in the Development of Critical Theory*, trans. Benjamin Gregg (Cambridge, Mass., and London, 1985)。关于**批判理论**的更为一般的处理,见 Martin Jay's pioneering work, *The Dialectical Imagination* (Boston and Toronto, 1973); Andrew Arato and Eike Gebhardt, eds., *The Essential Frankfurt School Reader* (New York, 1978); Seyla Benhabib, *Critique, Norm, and Utopia: On the Foundations of Critical Social Theory* (New York, 1986); David Held, *Introduction to Critical Theory* (London, Melbourne, Sydney, Auckland, Johannesburg, 1980); Douglas Kellner, *Critical Theory, Marxism and Modernity* (Baltimore, 1989); 及 Rolf Wiggershaus, *Die Frankfurter Schule* (Munich and Vienna, 1986)。

对这些历史事件的出现与加剧的悲观主义理论回应，是如何深刻地根植于一系列关于资本主义发展的性质与过程的传统假设之中的。批判理论的建构者很早就认识到后自由主义资本主义变化了的形态学所具有的意义，并对它的一些方面做出了敏锐的分析。然而在他们的阐释中，这一变化建构了一种新的社会整体性形式，其中没有任何内在的结构性矛盾，也因此不具有任何内在的历史动力，来为一种新的社会形态的兴起提供可能。① 因此，我所说的悲观论并非偶然，它并非仅仅表达了对重大的政治与社会变动的可能性的怀疑。相反，它是**批判理论**对 20 世纪资本主义社会的深远变化的分析中不可或缺的一环。也就是说，它是一种*必然的悲观论*；它所忧虑的是废除资本主义的内在的历史*可能性*——而不仅是其发生的*必然性*。② 这一悲观论分析，意味着**批判理论**的基础本身出了问题。

我将检视这一必然的悲观论的基本前提，为此，我会考察波洛克与霍克海姆写于 20 世纪 30 年代与 40 年代的一些文章，它们在**批判理论**的发展中具有重大意义。特别是，我将考察以下两者之间的关系：一是波洛克对后自由主义资本主义中的国家与市民社会之间的关系变化的分析；二是在 1937 年与 1941 年之间，霍克海姆对一种批判的社会理论的理解所发生的变化。围绕着社会矛盾这一主题，我将展现波洛克在 20 世纪 30 年代的工作，如何为霍克海姆的理论中的悲观论转向及其对社会批判之理解的变化，提供了内在的政治经济前提。更为一般地，基于对波洛克的考察，我将讨论**批判理论**的政治—经济维度与它的社会、政治与认识论维度之间的

---

① 在对矛盾问题的讨论中，我将处理的是资本主义作为一个整体所具有的形式和动力，而非直接处理阶级斗争和作为革命**主体**的无产阶级。马克思的分析中的资本主义历史辩证法包括但不限于阶级斗争。由此，一种坚持认为社会整体性不再具有内在矛盾的立场，已经超越了工人阶级已经被整合入整体性之中的论断。

② 在这个意义上，马尔库塞部分代表了一个例外。他依旧试图寻找一种内在的解放可能性，即使他将后自由资本主义视为一种单向度的整体性。譬如在《爱欲与文明》(New York, 1962) 中，他试图借由将矛盾转移到精神形态的层面上，来寻找这一可能性。见 Eros and Civilization, pp. 85-95, 137-143。

内在关系。[1] 如我们将会看到的,波洛克对后自由主义资本主义的阐释,确实对传统马克思主义作为一种批判理论的适用性提出了质疑,并点出了其作为一种解放理论所具有的局限;但是,他的路径并未带来对传统马克思主义理论的前提假设的深刻重审,因此,它依旧囿于其中的一些假设。之后我将指出,当霍克海姆采纳了一种在本质上与波洛克相同的对后自由主义资本主义的分析时,他的批判理论的性质便发生了转变。这一转变削弱了其在认识论上自我反思的可能性,并导致了其根本上的悲观论。在霍克海姆的悲观论分析中,我们可以发现那些以传统马克思主义前提假设为基础的路径所具有的理论与历史局限。

通过分析传统马克思主义对资本主义的理解所具有的局限,以及分析**批判理论**在多大程度上依旧囿于其中,我意在质疑后者必然的悲观论。[2] 我对**批判理论**的理论困境的分析,指明了一个重构批判社会理论的方向,它将在一个根本上不同的社会批判形式的框架中,保留卢卡奇与法兰克福学派方法的一些重要方面。它与哈贝马斯最近的工作有所不同,后者试图在理论上复兴一种具有解放意图的批判社会理论的可能性,其构造同样针对着**批判理论**的理论困境而展开[3],不过它依赖于对传统马克思主义和**批判理论**的局限的不同理解。事实上,在这一分析以及我对马克思理论的初步重建的基础上,我将指出,哈贝马斯本身也采纳了一些**批判理论**的传统前提,这一点削弱了他重建现代社会批判理论的努力的成效。

---

[1] 关于波洛克的政治—经济预设对霍克海姆的批判社会理论的发展所具有的意义,杰里米·盖恩斯给出了一个类似的分析。在此基础上,他对由这一理论所中介的这些预设和阿多诺、洛文塔尔、马尔库塞的美学理论之间的关系,进行了富有启发的考察。见 Jeremy Gaines, "Critical Aesthetic Theory" (Ph.D. dissertation, University of Warwick, 1985)。

关于波洛克的政治—经济分析和**批判理论**的其他维度之间的关系,见 Andrew Arato, Introduction, in A. Arato and E. Gebhardt, eds., *The Essential Frankfurt School Reader*, p. 3; Helmut Dubiel, Einleitung, *Friedrich Pollock: Stadien des Kapitalismus* (Munich, 1975), pp. 7, 17, 18; Giacomo Marramao, "Political Economy and Critical Theory," *Telos* 24 (Summer 1975), pp. 74-80; Martin Jay, *The Dialectical Imagination,* pp. 152-158。

[2] 我对**批判理论**的根本的悲观论的批判,意在考察传统的阐释在分析资本时的局限。它并不意味着,在实现后资本主义社会的*可能性*上,一种更充分的社会批判理论必然带来乐观的评估。

[3] Jürgen Habermas, *The Theory of Communicative Action* vol. 1: *Reason and the Rationalization of Society,* trans. Thomas McCarthy (Boston, 1984), pp. 339-399.

第一节 批判与矛盾

在考察这一根本的悲观论之前,我必须简要地阐述一下矛盾这一观念,及其在一种内在的社会批判中的核心性。如果一种理论,比如说马克思的理论,对于社会而言是批判性的,并且假定人们是为社会所建构的,那么,为了保证其逻辑一致性,这一理论就无法从一个或隐或显地外在于其社会整体的立足点出发。相反,它必须认为其自身是内嵌于其语境之中的。这种理论是一种内在的社会批判。它不能将其规范性的立足点置于其考察对象(也即批判本身所处的语境)之外——事实上,它必须认识到,去语境化的阿基米德点这种看法是站不住脚的。由是,这种社会理论所使用的概念,必须与其语境联系起来。当这一语境本身成为考察的对象,那么,这些概念的性质便内在地受限于它们的对象的性质。这意味着,一种内在的批判从不站在其对象之外,苛求它"是"什么,比方说,苛求一种超越性的"应然"。相反,它必须能够将这种"应然"置放在其自身的语境之内,作为现存社会的内在的可能性。这样一种批判同样必须在下述意义上是内在的:它必须有能力反思性地把握自身,并将其自身之存在的可能性奠基于其社会语境的特质之中。也就是说,如果它要具有内在的一致性,它就必须能够将其自身的立足点奠定在它自己用来把握其对象的那些社会范畴之中,而非仅仅假设或假定出这一立足点。换句话说,用来把握存在之物的方式,必须能够包含对其进行批判的可能性:这一批判必须能够说明,其社会语境具有这样的性质:这一语境为一种朝向自身的批判性立场提供了可能性。由此,一种内在的社会批判必须表明,它的对象,即它自己作为其中一部分的那个社会整体,不是一个统一性的整体。进一步说,如果这种批判试图将历史发展的基础建立在社会层面上,并且避免通过假设一种超历史的进化式发展来表达具体的历史,那么,它必须表明,社会的根本关系结构能够提供一种持续的方向性动力。

现代社会的结构，即其深层社会关系具有矛盾性，这一观念为那种内在的历史批判提供了理论基础。它使得内在批判得以阐述一种内在于社会形态的历史动力，一种超越自身的辩证动力——指向可实现的"应然"，它内在于"实然"之中，并成为批判的出发点。依据此种路径，社会矛盾既是内在的历史动力的前提，又是社会批判的存在本身的前提。后者的可能性内在地关联着由社会所产生的、其他形式的批判性距离及反抗的可能性——在大众层面上亦然。也就是说，社会矛盾这一观念，同时带来了一种关于大众反抗形式的历史构建的理论，这些形式指向了对现存秩序的超越。因此，社会矛盾这一观念的重要性，便远甚于其狭隘的经济学阐释，即社会矛盾是资本主义经济危机的基础。正如我在上文中指出的，社会矛盾无法被简单地理解为工人阶级与剥削阶级的社会对抗；相反，它所指的是一个社会的真正肌理，是内在于其社会关系结构之中的一种自我生产的"异质性"——因此，它无法构建一个稳定的统一性的整体。

当然，马克思的理论是一种建立在内在社会矛盾——它构成了其社会领域的特征——基础上的经典批判社会理论。我将在下面论及马克思是如何将资本主义社会分析为一个具有内在矛盾以及方向性动力的社会的，以及这些基本特征是如何根植于资本主义劳动的历史特殊性之中的。借助它们，马克思一方面以一种具有自我反思性、具有认识论一致性的方式，为自己的批判的可能性奠定了基础；另一方面也与所有那些认为人类历史作为一个整体具有内在发展逻辑的观念分道扬镳。

如上所述，马克思对资本主义的内在批判，不仅在于这一社会的现实与理想的对立之中。以这样的方式来理解内在批判，意味着这一批判的首要目的是去揭露资产阶级意识形态——如等价交换——的真实面目，并揭示它们所掩盖的肮脏现实——如剥削。显然，这是与之前所述的那种从

"劳动"的立场出发对资本主义的批判相关的。① 但是，以分析资本主义劳动的特殊性为基础的批判具有不同的性质。它并非仅仅试图看穿资产阶级社会的表面，以此将这一表面（"资本主义的"）与由"劳动"所建构的深层的社会整体性批判性地对立起来。相反，马克思在《资本论》中展开的内在批判，将这一深层整体性本身——而非仅外在层面——分析为资本主义的特征。这一理论试图以一种指向对整体可能的历史克服的方式，同时把握表层与深层现实；在另一层面，这意味着它试图同时解释资本主义社会的现实与理想，同时标明两者的历史特定性。以这样的方式历史地描述理论的对象，意味着历史地描述这一理论本身。

内在的社会批判同样有实践的方面：它将自己理解为社会与政治转型的促动者。内在批判拒绝肯定既定秩序、肯定"实然"的立场，也拒绝对既定秩序的乌托邦式批判。因为这一批判的出发点并不外在于其对象，恰恰相反，它是其对象内部的可能性；这一批判的性质既非理论鼓动亦非实践鼓动。社会与政治行动的真正结果，往往由它们所发生的环境决定，不论这些行动的理由和目标是什么。由于内在批判在对它自身语境的分析中，揭示了它的内在可能性，所以，它促使了这些可能性的实现。在实际中把潜能揭示出来，这有助于行动以一种自觉的方式去改变社会。

内在社会批判的充分性取决于其范畴的充分性。如果批判的根本范畴（如价值）被认为是充分适用于资本主义社会的批判性范畴，那么，它们必然表达了资本主义社会的特殊性。进一步说，作为一种历史批判的范畴，它们必须表现出它们能够把握这一社会的内在动力的基础。这些基础将导向这一社会的历史否定的可能性——导向作为内在于"实然"的历史可能

---

① 一种内在的批判揭示了现代资本主义社会的理想与现实之间的差距，这一理念可见 Theodor Adorno in "On the Logic of the Social Sciences," *The Positivist Dispute in German Sociology*, trans. Glyn Adey and David Frisby (London, 1976), p. 115。一般而言，**批判理论**及其同情者都强调马克思的社会批判的内在性质。但是，他们将这一内在批判理解成：以资本主义社会中自由资产阶级的理想为基础，来评判它的现实。见 Steven Seidman, Introduction, in Seidman, ed., *Jürgen Habermas on Society and Politics* (Boston, 1989), pp. 4-5。后一种理解表明了**批判理论**在多大程度上还是局限于从"劳动"出发的传统批判的一些基本前提。

性的"应然"的出现。与此相关，如果我们假定社会具有矛盾性，那么，我们用来表达其社会关系的基本形式的范畴，就必须能表达这一矛盾。正如我们在之前的章节中看到的，这一矛盾必然指向了对现存整体性的超越。只有当范畴本身表达了这一矛盾时，这种批判才能得以避免成为肯定性的批判。换句话说，以一种实然之物来批判另一种实然之物，无法真正超越现存的整体性。充分的、否定性的批判不以实然为基础，而以将来的可能性为基础，后者是内在于现存社会中的潜在可能。最终，一种具有解放性意图的内在社会批判的范畴，必须充分地把握资本主义中不自由的特定基础，只有这样，对这些范畴所表达的对象的历史废除，才意味着社会与历史自由的可能性。

从"劳动"的立场出发的社会批判，无法满足一种充分的内在批判所需要的这些条件。波洛克与霍克海姆对后自由主义资本主义的变化了的性质的分析，表明传统批判的范畴无力充分表达资本主义的内核和资本主义社会的不自由的基础，这些范畴所表达的矛盾并未超越当下的整体性，指向一个解放了的社会。然而，波洛克和霍克海姆指出了这些范畴的不充分性，却没有质疑它们的传统前提。结果是，他们没能重建一种更为充分的社会批判。正是这两个方面的结合，导致了**批判理论**的悲观论。

第二节　波洛克与"政治的首要性"

在讨论批判理论的悲观论转向之初，我将考察波洛克基于干预主义国家的兴起而对资本主义转型所进行的分析所具有的政治—经济前提。在20世纪30年代早期与格哈德·迈耶（Gerhard Meyer）和库尔特·曼德尔鲍姆（Kurt Mandelbaum）的合作中，波洛克首次提出了他的分析，并在之后十年里对其不断加以延伸。面对大萧条以及之后国家在社会经济领域中扮演的越来越活跃的角色，再加上苏联的计划经验，波洛克总结道，政治领域已经取代了经济领域，成为管理经济与表现社会问题的核心场所。他将这一转变描述为政治相对于经济的首要性。① 这个概念由此广为流传②，它意味着，马克思的政治经济学批判虽然对于自由放任式资本主义而言是有效的，但它已经与后自由主义资本主义重新政治化了的社会脱节了。这一立场似乎是 20 世纪资本主义转型的一个不言自明的结果。不过，正如我将指出的，它是建立在一整套有问题的假设之上的，这些假设给对后自由主义资本主义的分析带来了严重的问题。我的批判并未质疑波洛克的基本洞见，即干预主义国家的发展带来了影响深远的经济、社会与政治后果，但是，它确实展现了波洛克用来分析这些转变的理论框架所具有的问题，即他对经济领域的理解，以及对生产力与生产关系的根本矛盾的理解，都很成问题。

波洛克对大萧条以来的社会秩序的理解，经历了两个愈来愈悲观的阶段。对资本主义矛盾的传统阐释构成了他分析大萧条的根本原因及其可能的历史后果的出发点。在写于 1932 年至 1933 年的两篇文章，即《资本主义的当代状况与经济重建计划的前景》③ 和《论经济危机》④ 中，波洛克将资本主义的发展过程描述为传统意义上的不断增长的矛盾：一边是生产力（它被阐释为工业生产方式），另一边是由"自我调节的"市场进行社会中介的私人占有。⑤ 这一不断增长的矛盾潜藏于经济危机之下，而这一危机——激烈地降低生产力（比如不开动所有机器，毁坏原料，以及成千上万的工人失业）——正是资本主义试图"自动地"解决矛盾的手段。⑥ 在这个意义上，世界的萧条不是什么新东西。然而，萧条的严重程度，以及生产出来的社会财富（本来可以用来满足一般的人类需求）与大量人口贫

---

① Friedrich Pollock, "Is National Socialism a New Order?" *Studies in Philosophy and Social Science* 9 (1941), p. 453.
② 比如说，哈贝马斯就在《作为"意识形态"的技术与科学》中给出了这样的立场，并在《合法性危机》中做进一步发展。见 "Technology and Science as 'Ideology,'" in *Towards a Rational Society*, trans. Jeremy J. Shapiro (Boston, 1970); *Legitimation Crisis*, trans. Thomas McCarthy (Boston, 1975).
③ Pollock, "Die gegenwärtige Lage des Kapitalismus und die Aussichten einer planwirtschaftlichen Neuordnung," *Zeitschrift für Sozialforschung* 1 (1932).
④ Pollock, "Bemerkungen zur Wirtschaftskrise," *Zeitschrift für Sozialforschung* 2 (1933).
⑤ "Die gegenwärtige Lage," p. 21.
⑥ 同上书，p. 15。

困之间的巨大鸿沟,标志着自由市场或自由主义资本主义时代的终结。①它们表明,"当下的经济结构,已经无力运用它自己为了所有社会成员的福祉而发展出来的生产力了"②。因为这一发展并非历史的偶然,而是源自自由主义资本主义的动力本身,所以,任何企图在自由主义经济机制的基础上重建社会组织的尝试,都注定要在历史上遭遇失败:"所有迹象都表明,为自由市场经济重建技术、经济与社会心理的条件的尝试,都是无用功。"③

在波洛克看来,尽管自由主义资本主义无法被重建,但它为一种新的社会秩序提供了可能性,这一新秩序将有能力解决旧秩序的难题:潜藏在自由市场资本主义的发展之下的生产力与生产关系的辩证法,为一种中央计划经济提供了可能性。④不过——这里是决定性的转折点——这种经济不必是社会主义。波洛克坚持道,自由放任主义未必等同于资本主义,同时,通过国家对经济的大量持续干预,经济状况可以在资本主义框架之中被稳定下来。⑤波洛克没有将社会主义等同于计划,相反,他区分了两类主要的计划经济系统:"一种是资本主义计划经济,其基础是生产资料私有制,并因此处于阶级社会的社会框架之内;一种是社会主义计划经济,其特点是生产资料的社会所有制,处于一个无阶级的社会框架中。"⑥

波洛克拒绝任何资本主义自动崩溃的理论,他强调社会主义未必紧接着资本主义而来。社会主义的历史实现不仅取决于经济与技术因素,也取决于那些负载着现存秩序的重担的人们所具有的抵抗力量。同时,对波洛克而言,由于工人阶级在经济过程中的作用日渐减低,武器技术的变化,以及新发展出来的对大众心灵与文化的统治手段等,无产阶级的大众抵抗

---

① "Die gegenwärtige Lage," p. 10.
② "Bemerkungen," p. 337.
③ 同上书,p. 332。
④ "Die gegenwärtige Lage," pp. 19-20.
⑤ 同上书,p. 16。
⑥ 同上书,p. 18。

未必会在不远的将来出现。①

波洛克认为,资本主义计划经济,而非社会主义,最有可能是大萧条的结果:"正在走向终结的并非资本主义,而是其自由主义的阶段。"②在波洛克思想的这一阶段,在计划时代中资本主义与社会主义的区别被削减至生产资料的私人所有制与社会所有制的区别。对于这两者而言,自由市场经济都将被国家管理所取代。

不过,以财产形式为基础所做的区分也存在问题。在描述资本主义对危机的反应时,波洛克提到了生产力的急剧下降,以及由于国家干预,"镣铐在松动"——"生产关系"被修正了。③他声称,一方面,两者都有可能在不触及资本主义体系的基础——私有财产及其增殖——的前提下得以发生。④另一方面,他注意到持续的国家干预多多少少严格限制了个人所有者的资本处置权,与此相关的趋势是,所有权和有效的管理之间逐渐分离,这一趋势在"一战"前就已出现。⑤由此,私有财产在资本主义中的决定性作用显得有些含糊。在1941年的文章中,波洛克有效地摈弃了这一概念,并且完整地发展了关于政治的首要性的理论。

在《国家资本主义》和《国家资本主义是一种新秩序吗?》⑥等文章中,波洛克将新出现的社会秩序分析为国家资本主义。他在这里所用的方法是去构造理想型:在1932年,他将社会主义与资本主义的计划经济对立起来;而在1941年,他则将极权的与民主的国家资本主义对立起来,作为新秩序的两种首要理想型。⑦(1941年波洛克把苏联描述为一个国家资本主义社会。)⑧在极权主义形式中,国家落在一个新的统治阶层手中,这个阶

---

① "Bemerkungen," p. 350.
② 同上。
③ 同上书, p. 338。
④ 同上书, p. 349。
⑤ 同上书, pp. 345-346。
⑥ Pollock, "State Capitalism," *Studies in Philosophy and Social Science* 9 (1941); "Is National Socialism."
⑦ "State Capitalism," p. 200.
⑧ 同上书, p. 211nl。

层混合了商业的、国家的与党的领导官员[1];在民主主义形式中,国家由人民所控制。波洛克的理想型分析聚焦于极权主义的国家资本主义形式。剥去那些为极权主义所特有的方面,他对国家与市民社会之关系的根本转变的分析,可以被认为是为一般的后自由主义资本主义批判理论建构了一个政治—经济的维度,而这一维度在霍克海姆、马尔库塞和阿多诺那里得到了更为充分的发展。

据波洛克的看法,国家资本主义秩序的核心特征,是政治领域取代了经济领域。国家取代市场,发挥平衡供需关系的功能。[2]尽管市场、价格体系和工资依旧存在,但它们不再起到调控经济过程的作用。[3]更进一步说,即便私有财产的法律制度依旧被保留下来,它的经济作用也已经被有效地废除了,因为对个人资本的处置权已经在很大程度上从个体资本家手中被转交到了国家那里。[4]资本家变成了单纯的食利者。[5]国家设计了一套普遍的计划并迫使它完成。结果是,私有财产、市场规律和其他经济"规律"——比如利润率的平均化及其降低的趋势——都不再保有它们之前的核心作用。[6]在国家资本主义中不存在自治的、自动的经济领域。因此,行政管理的问题便取代了交换过程的问题。[7]

在波洛克那里,这一转型具有广泛的社会意义。他坚持道,自由主义资本主义之下的所有社会关系都由市场所规定,人与阶级在公共领域中作为准自治的行动者彼此遭遇。撇开这一体系的低效与不公,市场关系意味着控制着公共领域的那些律令之间是彼此约束的。法律具有双重的合理性,既用于统治者又用于被统治者。这样一种非个人的法律领域,促成了公共领域与私人领域之间的分隔,同时,按照其含义,也促成了资产阶级个人

---

[1] "State Capitalism," p. 201.
[2] 同上。
[3] 同上书,pp. 204-205;"Is National Socialism," p. 444。
[4] "Is National Socialism," p. 442.
[5] "State Capitalism," pp. 208-209.
[6] 同上。
[7] 同上书,p. 217。

的形成。社会地位是由市场与收入造成的。雇员们由于对饥饿的恐惧和对更好生活的期待而被迫工作。①

在国家资本主义中，国家成为所有社会生活领域的决定者②。等级制的官僚政治结构占据了社会存在的中心。市场关系被一种等级命令制所取代，其中，一种片面的技术理性主宰了法律的位置。在实际上，大多数人成了政治机关的雇佣员工；他们缺乏政治权利、自我组织的权力以及罢工的权利。工作的动力一方面来自政治恐怖，另一方面来自对心灵的操控。个人与团体不再是自治的，从属于整体；由于他们的生产力，人们更多地被作为自己的手段，而非目标。然而，这一点被遮蔽了起来，因为他们失去的独立性得到了补偿：一些为早先的社会规范所不容的行为现在被社会接受了，尤其在性方面。这种补偿拆除了私人领域与社会和国家之间的围墙，并由此导致了进一步的社会操纵。③

在波洛克看来，在国家资本主义中，市场和私有财产，即传统意义上的资本主义基本社会关系，都被有效地废除了。但是，其社会、政治和文化后果未必是解放性的。波洛克用马克思的范畴表述了这一看法，他声称，国家资本主义中的生产，不再是商品的生产，而是以使用为目标。然而，后面这个规定并未保证生产服务于"将人类解放为一个和谐的社会的需求"④。

波洛克分析了国家资本主义的非解放性质，并断言回到自由主义资本主义是不可能的。考虑到上述两点，那么问题就成了国家资本主义能否被社会主义所取代。⑤这种可能性不再能够被认为内在于当下社会之中，也即不再是由自动运行的经济之下的一种内在矛盾的展开而带来的。因为在波洛克看来，经济已经完全置于管理之下了。他声称，与自由市场资

---

① "State Capitalism," p. 207; "Is National Socialism," pp. 443, 447.
② "State Capitalism," p. 206.
③ "Is National Socialism," pp. 448-449. 在很多方面，波洛克对这一主题的简要评论都预示了之后在马尔库塞那里以压抑性的去升华概念而得到更为充分发展的内容。
④ "Is National Socialism," p. 446.
⑤ 同上书，pp. 452-455。

本主义相反，命令经济有各种方法来检查萧条的经济原因。① 波洛克一再强调，不再有任何经济规律或作用能够阻碍或限制国家资本主义发挥作用。②

如果确实如此，那么是不是国家资本主义就没有可能被克服呢？波洛克给出了一个常识性的解答，他初步概述了一种关于政治危机——政治合法性的危机——的理论。在波洛克看来，国家资本主义在历史上是作为自由主义资本主义的经济问题的解决方案而出现的。因此，新社会秩序的首要任务，将是在保留旧社会结构的基础的同时，保证完全的就业，以及使得生产力能够无障碍地发展。③ 国家取代市场，意味着大规模失业将直接带来一场政治危机，这会为体系带来问题。国家资本主义必然需要充分的就业，来确立自身的合法地位。

国家资本主义的极权主义变种遭遇了额外的问题。这一秩序代表了对抗性社会的最糟糕的形式，"其中，统治阶级对权力的兴趣，使得人们无法充分运用生产力来满足自己的福祉，同时也无法控制社会的组织与行动"④。由于这一对抗的严重性，极权主义的国家资本主义不会允许一般的生活标准有一点点的提升，因为这种提升将会使得人们有空间去批判性地反思自己的状况，而这将导致革命精神的出现，及其对自由与公正的要求。⑤

因此，极权主义的国家资本主义所面对的问题是，保持充分就业，促进技术进步，同时不允许生活标准有任何提升。在波洛克看来，只有一种持续的战争经济可以同时实现这些任务。和平是对极权主义形式的最大

---

① "Is National Socialism," p. 454.
② "State Capitalism," p. 217.
③ 同上书，p. 203。
④ 同上书，p. 223。
⑤ 同上书，p. 220。在政治首要性的时代，波洛克似乎仅仅依据外在的操纵和一种模糊的由生活水准的提高带来的解放可能性，来思考大众意识。看上去，在处理由国家决定的社会时，他不具有这样的概念，即社会意识是这一形式的一个内在方面。(尽管在他对由市场决定的社会的思考中，或许不是这样。)我们可以说，波洛克没有充分展开社会主体性与客体性之间的关系。因此，他仅仅厘定了批判性思考所需的最为外在的"物质条件"，但没法说明为什么这一思考在特定方向上是具有批判性的。

威胁。在和平经济中，尽管有对大众的心理操控和恐怖，体系也无法维持自身。① 它无法容忍高的生活标准，也无法经受大规模失业。民主的国家资本主义可以维持一个高的生活标准，但波洛克认为这一形式是不稳定的、短暂的：要么阶级差异会发生作用，这样一来，民主的国家资本主义将走上极权主义形式之路；要么对国家的民主控制将废除阶级社会的最后残留，由此走向社会主义。② 然而，后一种可能性似乎不太会在波洛克的框架中实现，其中，他指出了经济的可管理性，并意识到，一种军事"备战"政策将在没有战争的情况下导致持续的战争经济，这正是国家资本主义时代的标志。③ 波洛克对国家资本主义的分析，无法为他的希望——即建立民主的国家资本主义，并将其进一步发展为社会主义——提供基础。他的立场在根本上是悲观的：对新秩序的克服，无法内在地源自体系本身；相反，它依赖于一个不太可能的"外在"环境——世界和平。

第三节　波洛克的论述的前提与困境

在波洛克的分析中，有些方面是成问题的。他对自由主义资本主义的考察指出了其动态发展与历史性。它展现了生产力与生产关系的内在矛盾，如何为对自由主义资本主义的历史否定，即一个计划经济的社会提供了可能性。然而，波洛克对国家资本主义的分析却缺乏这一历史维度；相反，它是静态的，仅仅描述了一些理想型。波洛克致力于构造的政治危机论确实试图去发现那些不稳定的、冲突的时刻，但它们却没有联系着任何内在的历史动力，而只有在这种动力的基础上，才有可能出现另一种社会形态。由此，我们必须思考，为什么对波洛克而言，以"经济的首要性"为特征的资本主义阶段是矛盾性与动态性的，而以"政治的首要性"为特

---

① "State Capitalism," p. 220.
② 同上书，pp. 219, 225。
③ 同上书，p. 220。

征的阶段却不是。

通过思考波洛克对经济的理解,这一问题可以得到阐明。波洛克假定,政治的首要性要先于经济。在这里,他将经济理解为准自动的、由市场调节的供需平衡,其中价格机制引导着生产与分配。① 在自由主义资本主义中,利润与工资在经济过程中引导着资本的流动与劳动力的分配。② 市场居于波洛克对经济理解的核心。他断言,当国家取代了市场,经济"规律"便失去了它的主要作用。这表明,在他看来,这些规律仅仅源自市场模式的社会管理。在一个范畴性的层面上,即在他对商品的阐释中,我们也能看到市场在波洛克经济观念中的核心位置:只有当某种货物在市场上得以流通,它才成为商品,不然它就是个使用价值。显然,这一路径意味着马克思的价值的范畴——也即资本主义生产关系的根本范畴——仅仅依据市场而得以阐释。波洛克也仅仅依据分配方式来理解经济领域以及马克思的各种范畴。

据此,波洛克将生产力与生产关系之间的矛盾,解释为工业生产与资产阶级分配方式(市场、私有财产)之间的矛盾。因此,他坚持道,生产的日益聚集与集中使得私有制日益失去其作用并脱离时代要求③,而周期性的危机则表明,"自动的"管理模式不再和谐,经济规律的无政府式运作造成了与日俱增的破坏。④ 于是,这种矛盾导致了一种动力,它既要求着也造成了资产阶级分配方式被一种以计划为特征的形式所取代,以及对私有财产的有效清除。

根据这种阐释,当国家取代市场成为分配的执行者,经济领域在根本上就被悬置了。由此,根据波洛克的说法,作为一门社会科学的经济学失去了它的研究对象:"之前的经济学家们绞尽脑汁去解决交换过程的问题,

---

① "State Capitalism," p. 203.
② "Is National Socialism," p. 445ff.
③ "Bemerkungen," p. 345ff.
④ "Die gegenwärtige Lage," p. 15.

而在国家资本主义中，他们碰上的只有行政管理的问题。"[1] 换句话说，借由国家计划，一个自觉的社会管理与分配方式已经取代了非自觉的经济方式。支撑着波洛克的政治的首要性这一观念的，是一种对经济的理解，这一理解假定分配方式具有首要的地位。

现在应当清楚了，根据这一阐释，为什么国家资本主义不具有内在的动力。一种内在的动力意味着一种发展的逻辑，它超越于自觉的控制之上，其基础是一种内在于体系的矛盾。在波洛克的分析中，所有无意识的社会需求与管理的结构都根源于市场。结果是，市场建构了资本主义社会形态的"运动规律"的基础。此外，波洛克还坚持道，计划本身就意味着完全的自觉控制，因此，它不受任何经济规律的限制。这样一来，国家计划对市场的取代就必然标志着任何盲目的发展逻辑的终结：历史的发展现在得到了自觉的管理。更进一步，把生产力与生产关系的矛盾理解为分配与生产之间的矛盾——这表现在市场与私有财产越来越不适用于发达工业生产状况——意味着，以计划和对私有财产的有效废除为基础的方式，必然充分适用于这些状况。这种理论从传统的以分配为导向的对生产关系的阐释入手，在它的框架内，这些新的"生产关系"与工业生产方式之间不再存有内在的社会矛盾。因此，马克思关于资本主义的矛盾性质的观念，便被归属于自由主义资本主义阶段。由此，波洛克的政治的首要性这一观念，便指向一个对抗性的社会；这一社会不具有内在动力，以导向对自身的否定，导向社会主义的可能性。波洛克理论的悲观论的根源在于，他将后自由主义资本主义分析为一个不自由的但不具有矛盾性的社会。

波洛克的分析表明，以分配方式的首要性为前提而对社会形态进行的批判是有问题的。依据波洛克的理想型分析，随着国家资本主义的发展，价值被废弃而私有财产被有效地废除。而这些社会关系的废除并未必然地为一个"好的社会"奠定基础；恰恰相反，它有可能并确实会导致更严重

---

[1] "State Capitalism," p. 217.

的压迫与专制形式,而以价值的范畴为手段将不再能够对这些形式做出充分的批判。更进一步说,根据他的阐释,克服市场意味着商品的生产体系被使用价值的生产体系所取代。而波洛克指出,这未必会带来解放;它不一定意味着"将人类解放为一个和谐的社会的需求"正被满足。然而,只有当价值和商品为资本主义社会形态所奠定的内在动力能够导向其历史否定的可能性时,这些范畴才被认为是充分适用于这一社会形式的批判性范畴。它们必须有效地把握住这一矛盾性社会的核心,这样,它们的废除才意味着自由的社会基础。波洛克的分析表明,当马克思的范畴被理解为分配方式时,它们无法充分把握资本主义的不自由的基础。但是,他没有重审这些范畴的局限性的来源,即对分配方式的片面强调;相反,他保留了这一强调,同时内在地限制了马克思的范畴对自由主义资本主义而言的有效性。

波洛克的分配的首要性这一传统假设,为他对国家资本主义的处理带来了严重的理论困难。正如我们所见,在波洛克看来,资本主义——如国家资本主义——可以在市场与私有财产消失后继续存在。然而,根据传统马克思主义理论的定义,市场与私有财产是资本主义的两个根本特征。那么,当这些"生产关系"消失之后,是什么东西赋予这一阶段以资本主义的特质?波洛克做出了如下的描述:"国家资本主义是私人资本主义的后继者……国家承担了私人资本家的重要职能……利润收益依旧发挥着重要的作用,同时……它不是社会主义。"[1] 乍看起来,在波洛克把后自由主义阶级社会规定为资本主义社会的过程中的关键,是他所谓的利润收益依旧发挥着重要作用这一点。尽管在波洛克那里,这种利益必须从属于普遍计划,"没有一个国家资本主义政府能够或会摒除盈利的动机":[2] 废除它将会摧毁"整个体系的性质"[3]。看起来,"整个体系"的特

---

[1] "State Capitalism," p. 201.
[2] 同上书, p. 205。
[3] 同上。

质可以被认为是一种对利润的考量。

然而,波洛克并未澄清这一点。他没有对利润进行分析,以此确定新的社会形式的资本主义性质;相反,他以一种非决定性的方式处理这一范畴:

> 在国家资本主义中,另一个被改变了的方面是,对权力的动机取代了对利润的动机。显然,后者是前者的一种特殊形式……然而,区别在于……对权力的动机首先联系着统治集团的权力地位,而盈利动机仅与个人相关。①

有些立场内在地认为,权力关系源自对权力的动机。撇开这些立场的缺陷不谈,很明显,这一路径仅仅强调了国家资本主义的政治性,而没有进一步阐明其资本主义维度。在波洛克那里,经济领域不再扮演首要角色这一点,反映在他基本上将利润作为一个空洞的东西。经济范畴(利润)成为政治范畴(权力)的一个次级分支。

波洛克将后自由主义社会定性为国家资本主义社会的最终依据是,这个社会依旧是对抗性社会,即一个阶级社会。②然而,"资本主义"一词需要比社会对抗更为具体的定义,因为所有发达的社会历史形式都是对抗性的——只要社会剩余物从其直接生产者手中被拿走,并且其使用没有照顾到所有人的福祉。此外,"阶级"一词同样需要更具体的定义,它并不仅仅指涉那些存在于这种对抗性关系中的社会群体。相反,正如我将展现的,马克思的阶级与阶级斗争的概念,只有被视为一个具有内在矛盾性与动力性的体系中的范畴,才能实现其充分的意义。换句话说,社会对抗与社会矛盾并不相等。

国家资本主义这一概念必然意味着,被政治所管理的东西是资本主义。

---

① "State Capitalism," p. 207.
② 同上书, p. 219。

因此，它要求一种关于资本的概念。但是，在波洛克那里却没有这种考量。他使用"国家资本主义"一词的策略性意图似乎是清楚的——为了强调废除市场与私有财产并不足以使资本主义转化为社会主义。然而，波洛克没能奠定充分的基础，以将后自由主义的对抗性社会定性为资本主义社会。

此外，波洛克的立场无法解释持续至后自由主义资本主义的阶级对抗的根源。他对经济领域的理解模糊了国家资本主义与社会主义背后的物质条件的区别。在传统马克思主义的分析中，建立在市场与私有财产之上的体系必然意味着一个特定的阶级体系；对这些生产关系的克服，被认为是一个无阶级社会的经济前提。一种根本上不同的社会组织必然是一个根本上不同的经济组织。波洛克是从与此相同的、关于自由主义资本主义结构的前提入手的，然而，在他对后自由主义社会的处理中，经济组织与社会结构的内在关联却被切断了。虽然他把国家社会主义描述为一个阶级体系，但是，他却认为其（广义上的）基本经济组织是与社会主义相同的：中央计划，以及在发达工业生产条件下有效地废除私有财产。然而，这意味着一个阶级体系与一个无阶级社会之间的区别，是与它们的经济组织之间的根本区别无关的。相反，这一区别仅仅是其行政管理方式与目标的结果。基本社会结构由此独立于其经济形式。波洛克的路径意味着，社会结构与经济组织之间不再有任何关系。

这一悖论性结论潜藏在波洛克的理论起点中。假若根据分配方式来理解马克思的范畴以及生产关系的观念，那么结论不可避免地是：当市场和私有财产被克服时，经济发展的辩证法将走到尽头。随后出现的由政治调节的经济组织则代表了分配方式的历史终结。因此，阶级社会在这种状况下继续存在，就绝非以这一分配方式为基础——这一分配方式可能同样构成一个无阶级社会的基础。就此而言，阶级对抗也并非根源于生产领域。正如我们所见，在对马克思的范畴的传统阐释中，生产关系的转变带来的，不是工业生产方式的转变，而是一种使自身适用于这一生产方式的"调整"。人们认为，这一生产方式已经达至其终极历史形式。在这一框架中，阶级社会的持续存在既无法在生产中，也无法在分配中找到基础。

换句话说，经济组织在波洛克的分析中是在历史上一成不变的，它支撑着各种各样可能的政治形式，并且与社会结构再也没有关系。由于在波洛克对后自由主义社会的分析中，社会结构与经济组织之间没有任何关系，因此，他不得不确立起这样一个政治领域：它不仅维持并加强着阶级差异，同时还是差异的来源。阶级关系被简化为权力关系，其来源依旧晦暗不明。然而，考虑到他的起点，波洛克似乎没有什么选择，只能这样简化地分析后自由主义社会中社会生活的重新政治化。

最后，波洛克的潜在假设无法充分地把握后自由主义资本主义变化了的形态学，它的局限性在波洛克对资本主义生产关系的处理中凸显了出来。这一关系本身指涉着资本主义之为资本主义的那些特征，也就是说，指涉着社会形态的本质。波洛克的阐释的逻辑需要在根本上加以重审：如果市场和私有财产确实被认为是资本主义生产关系，那么，理想型的后自由主义形式就不应该被认为是资本主义的。另一方面，撇开那些关系结构的（假定的）废除不谈，将新的形式定性为资本主义形式，内在地要求一种对作为资本主义之本质的生产关系的截然不同的规定。换句话说，这一路径应当质疑市场和私有财产是否等同于资本主义社会的本质生产关系——即使在自由主义阶段的资本主义中。

然而，波洛克并未进行这样的重审。相反，他修正了传统上生产关系的规定：他将其效力限定在自由主义阶段的资本主义，并假定它被一种政治分配方式所取代。其结果是一系列新的理论困难与缺陷，它们要求对传统理论进行更为激进的检讨。如果有人和波洛克一样坚持资本主义社会形态依次具有几套不同的"生产关系"，那么他就必须假定，这一社会形态具有一个尚未被其中任一生产关系所充分把握的核心。然而，将这一形态的本质与所有既定的生产关系区分开来，这意味着后者的特定性并不充分。此外，在波洛克的分析中依旧处于本质位置的"阶级"对抗，则在描述资本主义社会形态的特质时，显得过于缺乏历史特定性了。这些缺陷表明了波洛克的出发点的不充分性与局限性,即他将生产关系仅仅置于分配领域之中。

波洛克分析了社会生活以及统治结构的重大转型,它们联系着后自由主义资本主义的发展。他的分析包含了许多重要的洞见。但是,它必须被放置在一个更为坚实的理论基础上。我将指出,这一基础同时将对波洛克的悲观论的必要性提出质疑。

很明显,我认为波洛克的批判并不充分,它以传统马克思主义的前提为基础。我们只需指出,在国家干预主义的资本主义中,市场竞争和私有财产并未消失或失去它们的作用,那么,这一方法就会重新将一种动力学引入分析之中。(当然,这并不适用于"现实存在的社会主义"这一国家资本主义的变种。传统马克思主义的缺陷之一,就是它无法为这一类社会提供充分的批判基础。)事实上,在一个不那么直接的经验层面,人们可以质疑资产阶级资本主义是否真的有可能达到一个所有市场资本主义的因素都被克服了的阶段。不过,基于市场与私有财产的持续重要性,在对国家干预主义的资本主义的分析中重新引入一种动力学,这并未触及波洛克的悲观论的根底;它仅仅避免了当这一发展达到其终点——即这些"生产关系"的废除——时所出现的那些根本问题。我们必须面对的问题是,这种废除是否确实是社会主义的充分条件。正如我试图展现的,撇开其静态性质以及成问题的理论基础,波洛克的方法确实表明了,依据分配领域去阐释生产关系以及价值,无法充分把握资本主义中的不自由的核心。因此,从这类阐释的角度出发去批评波洛克将是一种倒退,还不及波洛克对问题的分析所达到的高度。①

---

① 见 Giacomo Marramao, "Political Economy and Critical Theory"。大体上,我同意贾科莫·马拉马奥将波洛克的工作与霍克海姆、马尔库塞和阿多诺相关联的看法,也同意他所说的,波洛克未能在新的资本主义阶段中找到"辩证要素"。然而,尽管马拉马奥承认,亨里克·格罗斯曼(Henryk Grossmann)的分析中的很多方面对马克思的阐释,是截然不同于支配着马克思主义传统的那种分析的(p. 59ff),但是他却没有坚持这一内涵。相反,他将波洛克对生产力与生产关系之冲突的阐释,等同于马克思的阐释,由此潜在地将其接受了下来(p. 67)。这使他没法从一个超越了传统马克思主义之局限的立场上,来支撑他对波洛克的批评,即波洛克将表面现象误当成了本质核心(p. 74)。

撇开波洛克的理想型分析所面临的诸多困难，它具有一种意料之外的启发意义：它认识到了传统马克思主义的前提条件所具有的问题。在从"劳动"的角度出发对分配领域进行片面批判的框架中，马克思的范畴是无法批判性地把握住社会整体性的。不过，只有当市场失去其作为分配者的核心角色之后，这一点才在历史上凸显出来。波洛克的分析表明，任何建立在传统阐释的基础上的把由政治管理的社会秩序定性为资本主义的尝试，都是含糊的。它同时也说明，单单废除市场和私有财产，也即单单有工业生产的"自我实现"，并不构成人类解放的充分条件。因此，波洛克对后自由主义资本主义的处理无意中表明，市场和私有财产并非资本主义最基本的社会范畴的充分规定，因此，对资本主义社会整体性而言，传统马克思主义的范畴不是充分的批判性范畴。对由它们所表达的东西的废除，无法建构普遍自由的条件。

波洛克的分析恰恰凸显了传统马克思主义阐释的这些局限，同时也表明，马克思观念中的矛盾——它是资本主义社会形态的标志——并不等同于社会对抗。一个对抗性的社会形式可以是静止的，而矛盾这一观念则必然意味着一种内在的动力。波洛克的分析认为，国家资本主义是一个对抗性的形式，同时它不具有这种动力。因此，他的分析促使我们注意到社会矛盾的问题，这一问题必须得到结构性的定位，它超越了对阶级和所有制的思考。最后，波洛克拒绝将以最抽象的方式出现的新形式简单地视为未完成的社会主义形式，这使得他能够揭示它的新的、更为负面的政治、社会与文化统治方式。

波洛克和其他法兰克福学派的成员确实在一个决定性的方面与传统马克思主义彼此决裂。波洛克的基本洞见之一是，就其本身而言，一个在私有财产消失后的中央计划体系并不是解放性的，即使这种分配形式充分适用于工业生产。这一点内在地质疑了把"劳动"的理念作为普遍人类解放的条件这一想法——不论这里的劳动是指工业生产方式中的劳动形式，还是由劳动建构的社会整体性。不过，波洛克的分析受到传统马克思主义的一些根本命题的过多限制,以致无法建构一种充分的批判。因为波洛克采纳了对分配方式的片面强调,所以,他与传统理论的决裂,并未真正克服传统理论关于资本主义劳动之本质的基本假设。相反,他保留了"劳动"的观念,但暗暗地翻转了他对"劳动"的作用的评估。在波洛克那里,历史的辩证法已经走到尽头:"劳动"实现了它自身。整体性被实现了,但结果却绝不是解放。他的分析指出,上述结果必然根源于"劳动"的性质。之前的"劳动"被视为自由的核心,而现在它则被内在地视为不自由的来源。正如我将论述的,这一翻转在霍克海姆的著作中被表达得更为明确。我所考察的乐观主义的立场和悲观主义的立场之间共享着一种将资本主义劳动理解为"劳动"的想法,这种理解还不及马克思成熟期对李嘉图与黑格尔的批判所达到的层次。波洛克保留了这一观念,并继续把资本主义矛盾视为生产与分配之间的矛盾。由此他总结道,国家资本主义中没有内在的矛盾。他的分析带来了一种对抗性、压抑性的社会整体性的概念,它在本质上是非矛盾性的,并且不再拥有一种内在的动力。这一概念质疑了人们赋予"劳动"和整体性的实现这二者的解放性作用,但是在根本上,它并未超过传统马克思主义的资本主义批判的水平线。

第四节 霍克海姆的悲观论转向

在波洛克对后自由主义资本主义作为一个非矛盾性整体的分析中,资本主义社会,也即社会批判的对象,在性质上发生了转变,这带来了批判本身的性质转变。我会考察这一转变及其诸多问题,为此,我将思考波洛克的分析对霍克海姆的**批判理论**所具有的意义。**批判理论**的这一转型,常被描述为政治学批判、意识形态批判以及工具理性批判对政治经济学批判的取代。[①] 它常常被理解为这样的一种转变,即对现代社会的批判性分析

---

① 见 A. Arato, Introduction, in *The Essential Frankfurt School Reader*, pp. 12, 19。

曾经只关注社会生活的某一个领域，而现在，它的关注对象变得更广泛与更深入。而我的讨论指出，这一看法需要得到修正。我们已经看到，正如波洛克所述，**批判理论**的出发点是一种对马克思的基本范畴的传统理解，再加上我们认识到，这些传统的范畴已经由于20世纪资本主义的发展而变得不再充分适用。不过，由于这一认识并未导致对马克思的范畴本身的彻底重新理解，因此，**批判理论**对资本主义社会批判的扩展，便包含了一系列严重的理论困难。同时，它也使得这一理论越来越无法把握那些曾经处于马克思政治经济学批判的思考核心的资本主义社会的诸多方面。

换句话说，政治经济学批判与工具理性批判（等等）之间的区别，不能仅仅被视为赋予了社会生活的特定领域以相对不同的重要性。劳动在马克思的分析中处于核心位置，这不是因为他假定物质生产是社会生活中最重要的方面或是人类社会的本质，而是因为他认为资本主义社会的特有的抽象性和方向性动力是其核心标志，并且坚持道，这些基本特征可以依据资本主义社会中劳动的历史特殊性而得到理解与阐明。借由他对这一历史特殊性的分析，马克思试图澄清，一种抽象的社会关系形式与统治形式是资本主义社会的特征，并为它建立社会基础。为此，他的批判将资本主义表现为一种具有内在矛盾性，并因此具有内在动力的整体。就此而言，如果一种对政治体制和工具理性的批判要取代（而非延伸或补充）马克思的政治经济学批判，那么它必须同样能够说明社会形态的历史动力性，也即说明内在于其考察对象的本性之中的矛盾性。在我看来，这是不可能完成的任务。更进一步说，上文所述的**批判理论**的焦点转移，正与如下的假设有关：后自由主义社会的整体性不再具有矛盾性，因此，它也不再具有任何内在的历史动力。这一分析不仅导致了一种根本上的悲观论立场，同时，它也削弱了**批判理论**成为一种具有自我反思性的内在批判的可能性。此外，它反过来证明其自身是具有历史问题的。

通过检视霍克海姆写于1937年和1940年的两篇文章，我将阐明上述论点并考察批判性质的转变；在与这一转变相关的那种分析中，国家资本主义被作为一个非矛盾性的社会。在他的经典文章《传统理论与批判理论》①里，霍克海姆依旧将批判理论的基础置于资本主义社会的矛盾性质之中。他的前提条件是，主客体的关系应当依据对两者的社会建构来理解：

> 事实上，社会实践总是包含着可用的与已用的知识。因此，被感觉到的现实在被具有认知能力的个人有意识地吸收之前，就被人类的理念与概念所共同决定了。……在文明的更高阶段，自觉的人类实践不仅无意识地决定了认知的主体方面，而且越来越能够同时决定客体。②

这一方法意味着，思想是被历史性地决定的，因此，它要求为传统理论与批判理论同时建立社会历史基础。根据霍克海姆的看法，传统理论表达了这样的事实，即尽管在一个历史性地建构起来的整体性中，主体和客体总是内在地互相关联的，但是，这种内在关联没有表现在资本主义中。因为这一社会中的社会综合体形式是中介性的与抽象的，人类协同活动的建构物被异化了，并因此显出一种准自然的真实性。③这一异化的外在形式找到了它的理论表现，比如在笛卡尔式的假设中，主体、客体与理论的关系本质上是永恒不变的。④霍克海姆断言，这种思想与存在之间的本质化的二元论使得传统理论无法理解理论与实践的统一性。⑤此外，资本主义特有的社会综合体形式是这样的：生产活动的各个方面显得并不相关，不构成一个整体，它们是碎片化的，以一种中介性的、似乎是偶然的方式与彼此发生关系。结果这造成了一种幻想，仿佛生产活动的各个领域是彼

---

① Max Horkheimer, "Traditional and Critical Theory," in Horkheimer, *Critical Theory*, trans. Matthew J. O'Connell et al. (New York, 1972), pp. 188-243.
② 同上书，pp. 200-201。
③ 同上书，pp. 199, 204, 207。
④ 同上书，p. 211。
⑤ 同上书，p. 231。霍克海姆所说的理论与实践的统一，并不是在政治行动的层面上，而是在更为根本的社会建构的层面上。

此独立的，就好像在资产阶级社会中，作为经济主体的个人所具有的幻想的自由一样。① 因此，在传统理论中，科学与理论的发展被认为是思想或是独立学科的固有作用，而不再依据现实的社会进程而加以理解。②

霍克海姆断言，思想与存在的充分性的问题，必须依据这样一种理论来处理，其中，它们是由社会活动所建构的。③ 在霍克海姆看来，康德开启了这一路径，但其方式是理念化的：康德宣称，当感性外观被感知到或被自觉地评估时，它们已经被超验主体，即理性活动所赋形。④ 霍克海姆指出，康德的概念具有一种双重性：它们一方面表达了统一性与意向性，另一方面也表达了一个模糊的与无意识的维度。在霍克海姆看来，这一二元性表现在资本主义社会中，但并非以一种自觉的方式；它对应着"现代时期人类活动的矛盾形式"⑤："人们在社会中的合作，是他们的理性的存在方式……但与此同时，这一过程，连同其结果，与它们本身相异化，并且，伴随着对劳动力和人类生活的一切的浪费，它成为一种无可选择的自然力，一种超越人类控制的命运。"⑥

霍克海姆将这一矛盾的基础奠定在生产力与生产关系的矛盾中。在他所呈示的理论框架内，人类集体生产建构了一个可能是合理地组织起来的社会整体。而由市场调节的社会关联形式和建立在私有财产基础上的阶级统治，则为这一社会整体赋予了一种碎片化的、不合理的形式。⑦ 因此，资本主义社会的特征就在于盲目的、机械的发展需求，在于将发达的、人类控制自然的力量用于特殊的、冲突的利益，而非用于普遍利益。⑧ 根据霍克海姆对资本主义轨迹的描述，以商品形式为基础的经济体系在其早期阶段表现为个人幸福与社会幸福的一致；当这一体系出现并渐渐巩固时，

---

① Horkheimer, "Traditional and Critical Theory," p. 197.
② 同上书，pp. 194-195。
③ 同上书，p. 202。
④ 同上。
⑤ 同上书，p. 204。
⑥ 同上。
⑦ 同上书，pp. 207, 217。
⑧ 同上书，pp. 213, 229。

它带来了人类力量的拓展、个人的解放和对自然的逐渐加强的控制。然而，随后这一体系的动力却带来这样一个社会，这个社会不再深化人类的发展，却日益造成阻碍，将人类带向一个新的野蛮状态。① 在这一框架下，生产被社会所整体化，但却因为市场和私有财产，而在其发展中被异化、碎片化，并日益遭到抑制。资本主义社会关系阻碍了整体性去实现自身。

霍克海姆声称，正是在这一矛盾的条件下，批判理论才得以可能。批判理论并不把现实的碎片化作为必要前提而接受下来，相反，它试图将社会把握为一个整体。这必然要求我们去理解社会的内在矛盾，理解那些分裂了整体性并阻碍其实现为一个合理整体的东西。对整体的把握带来了一种意愿，希望以一种合理的人类状况取代其现存形式，而非仅仅做出修正。② 这样，批判理论既不接受既定的社会秩序，也不接受对这一秩序的乌托邦式批判。③ 霍克海姆将批判理论描述为一种对资本主义的内在分析，这种分析基于资本主义社会的内在矛盾，它将揭示实然与或然之间不断增长的差异。④

理性、社会生产、整体性和人类解放彼此交织在一起，并在霍克海姆的文章中提供了历史批判的出发点。对他而言，一种充分适用于所有社会成员的合理的社会组织——自由人的联合体——的理念，是一种内在于人类劳动中的可能性。⑤ 如果说在过去，生产人口中的大部分人的悲剧，部分地来源于低水平的技术发展（因此感觉上是"合理的"），那么现在就不再是这样了。负面的社会状况，如饥饿、失业、危机和军事化，现在仅仅是因为"社会关系不再适用于当下，但生产却依旧在其中进行着"⑥。这些关系如今阻碍了人们"利用控制自然的智力与物质手段"⑦。就生产力的

---

① Horkheimer, "Traditional and Critical Theory," pp. 212-213, 227.
② 同上书，pp. 207, 217。
③ 同上书，p. 216。
④ 同上书，pp. 207, 219。
⑤ 同上书，pp. 213, 217。
⑥ 同上书，p. 213。
⑦ 同上。

潜力而言，由过时的、特殊主义的关系所导致的普遍的社会悲剧显得并不合理。这一潜力带来了这样的可能性，即经过合理计划的社会管理与发展，将会取代资本主义特有的盲目的、由市场调节的管理形式，并揭示出后者的不合理性。① 最后，在另一层面上，一个以劳动为基础的合理的社会组织的历史可能性，同样表明了当下社会中主客体的二分关系是不合理的："在当下的、混乱的经济中，思想与存在、理解与感受、人类需求与其满足之间的神秘对应性——一种在资产阶级时代貌似是偶然的对应性——将在未来的时代中，变成合理的、意图及其实现之间的关系。"②

霍克海姆所勾勒的内在的辩证批判，是传统马克思主义的一个在认识论上更为精致的版本。生产力被等同于社会生产过程，其潜能的实现被市场与私有财产所阻碍。根据这一路径，这些关系分裂并遮蔽了由劳动建构的社会整体的整体性与关联性。劳动仅仅被霍克海姆等同于对自然的控制。他质疑了劳动的组织和应用方式，而非劳动的形式。对马克思而言，资本主义社会生活结构的建构，是劳动的结果，这种劳动既中介着人们之间的关系，也中介着人与自然的关系；而对霍克海姆而言，上述建构仅仅是"劳动"的后一种中介作用的结果。他以理性与公正的名义对现存秩序的批判所具有的出发点，是由"劳动"提供的。霍克海姆认为，解放与理性之实现的基础，在于"劳动"的自我实现及其公开呈显为社会整体性的建构者。③ 由此，阻碍这一公开呈显的关系结构便成了批判的对象。相对于马克思的批判，这一立场更接近于前文所述的那种李嘉图—黑格尔综合体。

之后，当霍克海姆开始认为生产关系已经逐渐适用于生产力时，这种

---

① Horkheimer, "Traditional and Critical Theory," pp. 208, 219.
② 同上书，p. 217。
③ 在《黄昏》(*Dämmerung*，一般被认为写于1926年到1931年间，出版于1934年，化名 Heinrich Regius)中，霍克海姆批判了"不劳动者不得食"这一格言，认为它是支持资本主义现状的禁欲主义的意识形态。然而，他认为这一格言在一个未来的合理社会中将是合法的。他的批判质疑了以这一格言为基础的资本主义秩序的合法性，而非劳动是社会生活的根本建构原理这一观念。见 Horkheimer, *Dawn and Decline*, trans. Michael Shaw (New York, 1978), pp. 83-84。

对"劳动"与整体性的肯定性看法便让位于对人类支配自然的后果的更为负面的评价。然而，自始至终，他都仅仅依据人类与自然的关系来理解生产过程。

霍克海姆后来的悲观论转向并不能过于直接与排他地联系上无产阶级革命的失败以及法西斯主义对工人阶级组织的挫败，因为霍克海姆写《传统理论与批判理论》一文的时间远远晚于国家社会主义掌权之时。尽管如此，他依旧认为社会形态是具有本质矛盾的，也就是说，他依旧在发展一种内在批判。尽管他对政治环境的评估无疑是悲观的，但这一悲观论尚未获得一种必然性。霍克海姆声称，由于工人阶级的受挫、意识形态上的狭隘性及其腐败，批判理论暂时由一个小团体来承担。① 不过，他依旧将批判理论的可能性奠基于当下秩序中的矛盾，这一点意味着，工人阶级的整合与挫败本身，并不标志着社会形态不再具有矛盾性。换句话说，霍克海姆的矛盾观念指向了一个比表面的阶级对抗更深入的社会结构的层面。因此他认为，作为社会变革的一个要素，批判理论是作为与被统治阶级相团结的那种动力的一部分而存在的，但它并不直接等同于这一阶级。② 如果批判理论仅仅是被动地去构造这一阶级当下的情感与想象，那么它在结构上就与科学规训毫无二致。③ 批判理论依据内在可能性来处理当下，因此，它无法仅仅以既定现实为基础。④ 霍克海姆此时的悲观论，显然与社会主义变革在可见的未来发生的*必然性*有关。但是，在他的分析中，这一变革的*可能性*依旧内在于矛盾的资本主义现状中。

霍克海姆确实指出，资本主义变化了的性质要求批判理论的要素也发生变化。他也着手勾勒为一小撮掌权者所有的自觉的社会统治的新的可能性，这一可能性来自于资本急剧增长的积聚与集中。随后他指出，这一变化与文化领域中的一种历史趋势有关，这一领域逐渐失去了它先前的相

---

① Horkheimer, "Traditional and Critical Theory," pp. 214-215, 241.
② 同上书，p. 215。
③ 同上书，p. 214。
④ 同上书，pp. 219-220。

对自主性，变得更加直接地嵌入社会统治的框架之中。①霍克海姆在这里为一种批判奠定了基础，其焦点是政治统治、意识形态操纵与文化工业。但他坚持道，这一理论的*基础*并未改变，因为社会的基本经济结构并未改变。②

直到此时，霍克海姆尚未提出，社会经历了如此根本的变化，以至于经济领域已经为政治领域所取代。恰恰相反，他指出私有财产与利润依旧扮演着决定性的角色，现在，人们的生活甚至更为直接地被社会生活的经济维度所决定，这一维度所具有的未加束缚的动力，以一种愈来愈快的速率造就着新的发展与不幸。③批判理论的考察对象的上述转变，以及对自觉的统治与操纵的日益强调，联系着如下的观念：市场——以及与之相关的间接的、被遮蔽的统治形式——不再扮演它在自由主义资本主义中所扮演的那种角色。然而，这一转变尚未导向如下看法，即生产力与生产关系的内在矛盾已经被克服了。霍克海姆的批判依旧是内在批判。不过，它的性质随着"二战"爆发而发生了改变。与这一变化相关的是，表达在波洛克的政治的首要性这一观念中的理论评估的变化。

在写于1940年的《威权主义国家》④一文中，霍克海姆将新的社会形势描述为"国家资本主义……当下的威权主义国家"⑤。这里他所持的立场基本上与波洛克相一致，尽管霍克海姆更为明确地将苏联描述为国家资本主义的最完整形式，并将法西斯主义视为一种混合的形式，因为剩余价值的获取和分配在国家的控制之下，以旧有的利润为名，流向了工业巨头和大土地所有者。⑥所有的国家资本主义形式都是压迫性的、剥削性的和对抗性的。⑦同时，尽管他预言，国家资本主义将不会遭遇经济危机，因为

---

① Horkheimer, "Traditional and Critical Theory," pp. 234-237.
② 同上书，pp. 234-235。
③ 同上书，p. 237。
④ Horkheimer, "The Authoritarian State," in Arato and Gebhardt, eds., *The Essential Frankfurt School Reader*, pp. 95-117.
⑤ 同上书，p. 96。
⑥ 同上书，pp. 101-102。
⑦ 同上书，p. 102。

市场已经被克服了，但是，他仍旧声称，这一形式最终是暂时性的，而非稳定的。①

在讨论国家资本主义可能的暂时性时，霍克海姆对生产力的解放潜能表达了一种新的具有深刻歧义性的态度。在这篇文章中的一些段落里，霍克海姆依旧认为生产力（依传统的阐释）具有潜在的解放性；但他指出，生产力将得到有意识的控制，以符合统治的要求。②生产、分配与管理的日益合理化与简单化导致了现存政治统治形式不合于时代，最终使其变得不合理。由于国家日益落伍于时代，它必须更具威权性，也就是说，它必须更加依赖武力与持久的战争威胁来维系它自身。③霍克海姆确实预见了这一体系的可能的崩溃，他将其基础置于官僚体系对生产力的限制中。他断言，出于统治的利益，而非出于满足人类需求的目的去利用生产，将会导致危机。然而，这一危机将不会是经济危机（就像市场资本主义的例子），而会是一种与持续的战争威胁相关联的国际政治危机。④

以此，霍克海姆确实提及了加诸生产力之上的束缚。然而，他所描述的实然与或然之间的鸿沟，假若不是由这些束缚造成的，那便不过是凸显了这一体系本身的对抗性与压迫性：它不再具有一种内在矛盾的形式。霍克海姆并未将他所述的国际政治危机作为这一体系的可能的否定形式的浮现之日；相反，他将这一危机呈现为一个危险的后果，它要求着这种否定。霍克海姆谈到了崩溃，但没有详述其前提条件。相反，他试图阐明那些在国家资本主义中未能实现的或者被破坏了的那些民主的、解放的可能性，他希望人们会因为他们的苦难及生存的威胁而反对这一体系。

此外，先前那篇文章的主要倾向是，它坚持在发达的生产力（依传统理解）和威权主义政治统治之间不存在矛盾，甚至不存在必要的分离。与之相反，霍克海姆如今以怀疑的笔触写道，尽管生产力的发展有可能增加

---

① Horkheimer, "The Authoritarian State," pp. 97, 109-110.
② 同上书，pp. 102-103。
③ 同上书，pp. 109-111。
④ 同上。

解放的可能性，在事实上，它却*已*然导向了更大的压迫。① 生产力在摆脱了市场与私有财产的束缚后，并未成为自由和一个合理的社会秩序的源泉："随着计划的一点点实现，我们原本以为，压迫也会一点点成为多余。但相反，随着计划的施行，更多的压迫出现了。"②

一种充分适用于发达生产力的新的分配方式造成了负面的结果。霍克海姆声称："国家资本主义有时显得像是对无阶级社会的一种戏仿。"③ 这一说法意味着，压迫性的国家资本主义与解放性的社会主义具有同样的"物质"基础。这表明，传统马克思主义理论的困境正在触及它的边界。然而，面对这一困境，霍克海姆（和波洛克一样）没有重审这一理论的基本设定。相反，他继续将生产力等同于工业生产方式。④ 结果是，他不得不重估生产，以及重审历史与解放的关系。现在，基于生产力的发展，霍克海姆激进地质疑一切社会起义："资产阶级的变革确实有赖于时机的成熟。他们的成功，从宗教改革到法西斯主义法律革命，都联系着那些标定了资本主义进程的技术与经济成就。"⑤

在这里，他从负面的角度评估生产的发展，将其作为资本主义文明中统治的发展。霍克海姆此时开始转向一种悲观论史学。因为，由生产力与生产关系的矛盾所驱动的历史发展规律仅仅导向了国家资本主义，所以，一种基于这一历史发展的革命理论——它要求"加强迈向计划的第一步，更为合理地进行分配"——所能做的，只是加快转向国家资本主义形式的速度而已。⑥ 结果，霍克海姆将以下两个方面赋予社会革命，以此重新界定了解放与历史的关系：

革命带来了脱离自发性也会发生的东西：生产资料的社会化、生

---

① Horkheimer, "The Authoritarian State," pp. 106-107, 109, 112.
② 同上书，p. 112。
③ 同上书，p. 114。
④ 同上。
⑤ 同上书，p. 106。
⑥ 同上书，p. 107。

产的计划管理和对自然的无限控制。它也带来了离开积极的反抗、离开持续进行的实现自由的努力而无法发生的东西：剥削的终结。①

然而，霍克海姆将这两个方面赋予革命，意味着他退回到了那种以需求与自由的二律背反为特征的立场。他的历史观彻底走向了决定论：如今他表述了一种完全自动化的发展，其中，劳动将实现自身——但不会成为解放的源泉。解放建立在纯唯意志论的基础上，被作为一种意志对抗历史的行为。②如上所述，霍克海姆现在假定，所有人的自由都能完全实现的生活与所有人的自由都被否定的生活，两者的物质条件是相等的。因此，这些条件在本质上与自由的问题无关。它们是自动地出现的。要质疑这些假定，我们无须反对他的主张，即自由从来不是自动实现的。限于传统马克思主义对资本主义和社会主义的物质条件的看法，霍克海姆并未质疑如下的前提条件，即一种在私有财产消失后的、公共计划下的工业生产方式，构成了社会主义的充分物质条件。他也没有考虑过，工业生产本身，由于被资本的社会形式所塑造，是否最好从社会的角度来加以思考。如果后者属实，那么，实现另一种生产形式和实现自由一样都不是自动的。然而，霍克海姆从未进行过这样的重新思考，他不再将自由作为一种历史特定的可能性，而认为其在历史上，因而也是在社会上，都是不确定的：

> **批判理论**……让历史面对那种始终显现其中的可能性。……生产资料的改进不仅可能促进压迫，也可能消除压迫。但是，紧随今天的历史唯物主义之后而来的结果——就像当初紧随卢梭或《圣经》而来的结果一样——始终是那句适时的洞见："现在抑或百年"，恐惧终会结束。③

---

① Horkheimer, "The Authoritarian State," p. 107.
② 同上书，pp. 107-108, 117。
③ 同上书，p. 106。

这一立场强调,更高的自由度永远是可能的,但其历史不确定性使得人们无法去考察各种社会历史语境、不同的自由概念和特定的语境中所能实现的解放类型(而非程度)之间的关系。用一个霍克海姆的例子来说,这一立场并未追问,托马斯·闵采尔(Thomas Münzer)或马丁·路德所实现的那种自由,与今天所设想的自由之间,是否具有可比性。[1]霍克海姆的历史概念是不确定的:我们不清楚,他所说的是上文所述的资本主义历史,还是历史本身。这种特定性的缺乏,联系着那种作为自然之主宰的、具有历史不确定性的劳动概念,后者支撑着霍克海姆更早的对生产发展的正面态度,以及稍后的负面补充。

霍克海姆把国家资本主义理解为这样一种形式,其中,资本主义的矛盾得到了克服,由此,他逐渐意识到传统马克思主义作为一种历史解放理论的不充分性。但他依旧受限于其前提条件,以至于无法重新思考马克思的资本主义批判——它将带来一种更为充分的历史理论。这种二元理论姿态,既表现在解放与历史的悖论性对立中,也表现在霍克海姆与他早先的辩证性自我反思性的认识论之间的背离中。如果解放不再基于一种历史特定的矛盾之上,那么,一种具有解放意图的批判理论,也将走到历史之外。

我们先前看到,霍克海姆的知识论建立在这样的假设上:社会建构是"劳动"的结果,而在资本主义中,劳动是碎片化的,并且因为生产关系的阻碍而无法充分地展开。现在他则开始认为,资本主义的矛盾不过是一种压迫性发展的马达,他将其范畴性地表述为:"商品概念的自我运动导致了国家资本主义的概念,正如在黑格尔那里,感觉材料的确定性导致了绝对知识。"[2]由此,霍克海姆得到了他的结论,一种黑格尔式的辩证法——其中,范畴间的矛盾导致了主体自我展开式地实现为整体性(而非导致整体性的废除)——只能导致对现存秩序的肯定。然而,他没有以一

---

[1] Horkheimer, "The Authoritarian State," p. 106.
[2] 同上书, p. 108。

种可以超越这一秩序的局限性的方式来构造自己的立场,正如马克思对黑格尔和李嘉图的批判所做的那样。相反,霍克海姆翻转了他早先的立场:"劳动"与整体性,之前还是批判的出发点,现在则成为了压迫与不自由的基础。

这造成了一系列的断裂。霍克海姆不仅将解放置于历史之外,而且,为了挽回解放的可能性,他感到不得不引入一种概念与对象间的分离:"理想与现实的同一性是普遍的剥削……概念与现实之间的差别——而非概念本身——是革命实践之可能性的基础。"[①] 这一步之所以是必要的,是因为霍克海姆想要连接他对普遍的人类解放的激情与他对国家资本主义的分析:它是这样一种秩序,其中,资本主义的内在矛盾已经被克服了。(尽管,如我们所见,这一分析在1940年并不十分明确。)如前所述,一种内在的社会批判假定,它的批判对象——也即作为其背景的社会整体——和把握对象的范畴都不是单向度的。然而,资本主义的矛盾已经被克服这一信念意味着,社会对象*已然*是单向度的了。在这一框架中,"应然"不再是矛盾性的"实然"的内在方面,因此,一种把握实然的分析,其结果必然是肯定性的。由于霍克海姆不再认为整体具有内在矛盾性,因此,他确立起概念与现实之间的差异,来为另一种可能的现实留下空间。这一立场在某些方面与阿多诺的整体性观念——它必然是肯定性的——相一致。这样一来,霍克海姆削弱了他自己的论述在认识论上的一贯性。

霍克海姆关于商品概念的自我运动以及理想与现实的同一性的论述表明,他并非忽然采纳了概念是一回事,现实是另一回事这种立场。相反,他的论述说明,概念事实上是充分适用于它们的对象的,但却是在一种肯定性的而非批判性的意义上。考虑到这种立场的基本前提,如果这一理论依旧要保持其自我反思性,那么,一个概念一旦不再全然符合其对象,它就不再是这一概念的彻底规定。霍克海姆的立场——批判的基础外在于历

---

① Horkheimer, "The Authoritarian State," pp. 108-109.

史——必然将不确定性确立为批判的基础。本质上,这一立场所说的是,因为整体性并未包括所有的生活,所以,解放的可能性,不论多么晦暗,都没有灭绝。然而,它无法指向现存社会秩序的一种特定的否定可能性,也无法认为自身具有一种特定的可能性,因此,无法将自身作为一种对其社会整体的充分的批判理论。

霍克海姆的批判理论若要保持其自我反思性,只有将其所假定的概念与对象间的肯定性关系,嵌入另一套更具包容性的概念之中,这套概念依旧有能力在理论上为批判与历史变革提供内在可能性。然而,霍克海姆并未进行这种思考,而这种思考可以在另一层面上,以一套更为本质性的、"抽象的"、复杂的范畴,对传统马克思主义理论范畴给出批判。相反,霍克海姆为了将自由的可能性保留在一种假定的单向度的社会整体中,而确立了概念与事实的不同一性,由此,他削弱了对其自身的批判进行自我反思式解释的可能性。他所谓的概念与现实的脱节,使得他自己的立场与传统理论的立场相接近,而后者正是他在1937年所批判的。当时他指出,理论没有被理解为它所存在的社会整体的一部分,而是被赋予了一种虚假的独立位置。霍克海姆对概念与现实之脱节的理解神秘地盘旋在其对象之上。它无法解释自己。

由这一悲观论转向所带来的认识论困境反过来凸显了霍克海姆早期认识论中的缺陷,虽然它看上去是连贯的。在《传统理论与批判理论》中,一种包罗万象的社会批判的可能性,以及克服资本主义形态的可能性,都建立在这一社会的矛盾性质的基础上。而这一矛盾被阐释为社会"劳动"与某些社会关系间的矛盾,这些关系使社会"劳动"的整体性实现碎片化,并抑制了它的充分发展。在这种阐释中,马克思的范畴,如价值与资本,表达了那种抑制性的社会关系,并且终究是外在于"劳动"概念本身的。然而,这意味着,在这种阐释里,商品与资本的范畴并未在把握社会整体性的同时表达其矛盾性质。相反,它们仅仅说明了资本主义社会的一个维度即分配关系,最终会与另一个维度即社会"劳动"彼此对立。换句话说,一旦马克思的范畴仅仅依据市场与私有财产来加以理解，那么它们从一开始在本质上就是单向度的：它们没有把握住矛盾，而仅仅把握住了其中的一个方面。这意味着，即使在霍克海姆的早期文章中，批判也是外在于这些范畴的，而非以它们为基础。这是一种从由这些范畴所表达的社会形式的"劳动"出发而展开的批判。

在一种精致版本的传统马克思主义批判——它将马克思的范畴作为社会存在与社会意识的特定形式——中所内含的对那些范畴的片面理解，反映在卢卡奇所用的"物化"一词上。尽管这已经超出了本书的阐释范围，我还是应当指出，这一术语代表了传统马克思主义阐释与韦伯的理性化概念之间的融合——这两种路向都是单向度的。韦伯在西方马克思主义阵营中留下的暧昧遗产，经由卢卡奇的中介，既包含了"横向"扩展马克思的范畴的范围，以囊括被更为狭隘的正统阐释所忽视的社会生活维度，同时也包含其"纵向"的平展。在《资本论》中，这些范畴是一种矛盾的社会整体性的表达，它们具有双重维度。然而，西方马克思主义中的物化概念，则意味着一种单向性；因此，对现存秩序的可能的特定否定，就无法根源于把握了它的那些范畴之中。

撇开这一明显的辩证性质，霍克海姆早期的批判理论也未能成功地将自身批判的基础建立在概念之中。这一工作要求恢复马克思的范畴的矛盾性质，要求重新将这些范畴概念化，以此将劳动的历史特定形式纳入其中，作为规定之一。这种努力将建构起更为充分的商品与资本的范畴，在根本上不同于任何以超历史的方式将"劳动"作为一个准自然的社会过程的看法；那些看法认为"劳动"仅仅关乎依赖于人类协同劳作的对自然的技术统治。如果没有这种重审，那么对资本主义的自我反思性的分析要具有批判性，就只有将其自身的基础建立在范畴性形式与"劳动"之间的矛盾中，而非建立在商品与资本的诸范畴性形式本身中。前者建构了一种肯定性批判，后者则是一种否定性批判的范畴性条件。

霍克海姆的传统马克思主义出发点从一开始就意味着，概念对现实而言的充分性内在地就是肯定性的——但仅仅具有整体性的一个维度。批判的基础外在于这些范畴,建立在"劳动"的概念中。当"劳动"不再作为解放的原则时,考虑到废除市场与私有财产所造成的压迫性后果,先前提到的这一理论的缺点,便公开呈显为一种困境。

然而,这一困境说明了出发点本身的不充分性。在讨论波洛克时我指出,在他将后自由主义社会描述为国家资本主义的企图中所具有的缺陷表明,通过市场与私有财产来规定资本主义生产关系的本质始终是不充分的。与此同时,霍克海姆的自我反思性社会理论所具有的缺陷表明,一种批判理论的不充分性是建立在一种"劳动"的观念上的。两者的缺陷都说明,我在之前的章节中所批判的李嘉图式与黑格尔式的马克思主义形式在概念上是互相关联的。生产关系与分配关系之间的对应,建立在李嘉图式的劳动价值论的基础上。然而,单纯克服这些资产阶级分配关系并不意味着克服资本,而是意味着一种更为具体的资本整体存在方式的出现,它由庞大的官僚组织,而非自由主义形式来中介。同样,一种以"劳动"的观念为基础的唯物辩证法终究是对展开了的整体性的肯定。马克思试图揭示由资本主义劳动所中介的社会关系,并继而塑造劳动的具体形式,然而,居于李嘉图—黑格尔式马克思主义核心位置的"劳动"概念却意味着,中介活动被以肯定性的方式加以把握,被作为资本主义社会关系的对立面。其结果是一种仅仅对于自由主义资本主义而言充分有效的批判,它的出发点也仅仅是一种无法克服资本的历史否定形式——国家资本主义。

不过,霍克海姆意识到了这一理论的不充分性,但没有重审其前提。结果是,他翻转了更早的传统马克思主义立场。1937年,霍克海姆依旧正面肯定"劳动",认为它在与资本主义社会关系的矛盾中,为批判思想的可能性,同时也为解放建立了基础;1940年,他开始(模糊地)将生产的发展视为统治的过程。在《启蒙辩证法》(1944)与《理性的销蚀》(1946)中,霍克海姆对生产与解放之关系的评估显然变得更具否定性:"因启蒙而来的技术手段的进展伴随着一个去人性化的过程。"① 他声称，社会统治的本质发生了改变，日益成为技术官僚或工具理性——他认为其基础在于"劳动"——的产物。② 生产成为了不自由的源泉。霍克海姆确实断言道，当代个人的衰落和工具理性的统治，不应归咎于技术或生产本身，而应归咎于它们所身处的社会关系的形式。③ 然而，他关于这些形式的观念依旧是空洞的。他以一种不具有历史与社会特定性的方式来处理技术发展，将其视为对自然的统治。追随波洛克之后，霍克海姆将后自由主义资本主义视为一种对抗性的社会，其中，对权力结构的效用，而非对所有人的需求的效用，才是经济重要性的尺度。④ 他以还原论的方式，依据权力关系，以及依据经济领袖的特殊主义的政治实践，在后自由主义资本主义中处理社会形式。⑤ 这种关于社会形式的观念，只能与技术发生外在的关系，只涉及技术的使用；然而，它无法与生产形式发生内在关联。而一个对世界的工具化过程的社会解释，而非技术解释，只有在这种内在关系的基础上才能够给出。因此，虽然霍克海姆声称工具理性的统治与个体性的消亡可以得到社会性的解释，并且不应被归咎于生产本身，我依旧要指出，他事实上将工具理性与"劳动"联系了起来。⑥

霍克海姆所描述的后自由主义资本主义世界中的解放可能性变得非常贫瘠。在阐述马尔库塞在1941年所发展的一个理念⑦时，霍克海姆指出，或许正是那些摧毁了个体性的经济与文化发展，可以为一种新的、更少意识形态、更富人道的时代奠定基础。但他很快补充道，这样一种可能性的

---

① Horkheimer, *Eclipse of Reason* (New York, 1974), p. vi.
② 同上书, p. 21。
③ 同上书, p. 153。
④ 同上书, p. 154。
⑤ 同上书, p. 156。
⑥ 同上书, pp. 21, 50, 102。
⑦ 见 "Some Social Implications of Modern Technology," *Studies in Philosophy and Social* 9(1941)。其中，马尔库塞描绘了现代技术的负面的、去人性化的效果。他坚持这一技术是社会性的而不是技术性的，并不断讨论其可能的解放效果（pp. 414, 436-439）。不过，他也没有更为详细地规定这一所谓社会性质。他没有将现代技术的可能的解放性因素的基础放在一种内在矛盾中，而是放在了现代技术可能的正面效应中；这种正面效应，正是随着其负面内容的标准化、去质化等的发展所带来的。彻底的异化将会引发其对立面的这一看法，在马尔库塞的《爱欲与文明》中得到了进一步发展。

征兆确实微乎其微。① 在丧失了成为一种内在历史批判的可能性之后，批判哲学的任务便缩减为揭示那些沉淀在语言中的反工具主义的价值，也即去唤起人们注意文明的现实与理想间的鸿沟，并期望带来更大范围的民众自觉。② 批判理论不再能够勾勒那种使得更为人道的生存成为可能的秩序的社会基础。赋予语言以决定性地位，认为它能够带来解放性后果，这种努力相当孱弱③，它无法遮蔽这一事实，即理论已经沦为鼓动。

不过，这种鼓动性不是一种不幸，而是 20 世纪工业资本主义变革的"必然"结果——它是用于阐释这一变革的那些前提的产物。波洛克和霍克海姆意识到了新的整体性形式——官僚制与国家资本主义——的出现所造成的负面的社会、政治与文化后果。社会形态的新阶段为作为一种解放理论的传统马克思主义提供了"实际的反驳"。波洛克和霍克海姆都保留了传统理论的一些基本前提，然而，他们都没能将这种"反驳"纳入一种更为根本也更为充分的资本主义批判中。结果，他们的最终立场便具有一系列的理论缺陷。举例而言，霍克海姆和阿多诺于 20 世纪 40 年代中期所发展的对理性的批判，反过来使得**批判理论**遭遇了困境。格哈德·勃兰特（Gerhard Brandt）注意到，在《启蒙辩证法》中，"资产阶级思想的物化性质，不再像从马克思到卢卡奇对意识形态的唯物主义批判中所做的那样，建立在商品生产的基础上。相反，现在它建立在人类与自然的互动上，建立在人类作为一个物种的历史上"④。这一立场动摇了批判理论的事业；其结果削弱了如下的可能性，即这一理论能够为其自己的存在奠定社会基础，也能够为一个可能的历史变革奠定社会基础。

本书的分析，为这一困境背后的前提条件提供了一套合理的阐释。如

---

① Horkheimer, *Eclipse of Reason*, pp. 160-161.
② 同上书，pp. 177-182, 186-187。
③ 同上书，pp. 179-180。
④ Gerhard Brandt, "Max Horkheimer und das Projekt einer materialistischen Gesellschafts-theorie," in A. Schmidt and N. Altwicker, eds., *Max Horkheimer heute: Werke und Wirkung* (Frankfurt a. M., 1986), p. 282. 勃兰特进一步指出，霍克海姆在 1950 年至 1969 年间的笔记表明，他后来开始强调社会考察的对象的历史特殊性所具有的批判性潜力。

我们所见，1937 年，霍克海姆所假定的前提是："劳动"超历史地建构了社会，商品是一个分配方式的范畴。基于这一点，他认为物化的资产阶级思想与解放理性之间的差异，是以资产阶级分配方式与"劳动"之间的对立为基础的。霍克海姆后来采纳了波洛克的国家资本主义论，认为这种对立不再存在。劳动实现了自身——但压迫以及物化理性的统治都更为强大。如我所述，因为这一发展如今只能被归咎于"劳动"本身，所以，以"劳动"为基础的物化理性的起源，必然被置于商品形式的传播与统治之先。它必须被置于人类与自然的互动过程之中。由于缺乏一种关于资本主义中劳动的特殊性质的概念，**批判理论**便将其后果归咎于劳动本身。由此，通常所谓**批判理论**从政治经济学分析向工具理性批判的转向，并不标志着法兰克福学派的理论家仅仅以后者取代了前者。① 相反，这一转向起源于并奠基于一种对政治经济学的特定分析，更具体地说，就是一种对马克思的政治经济学批判的传统理解。

在波洛克和霍克海姆的分析中，社会整体性既是非矛盾性，即单向度的，又是对抗性、压迫性的；这种分析意味着，历史已经陷入停滞。我试图指出，这反过来正好标明了任何依赖于"劳动"的观念而展开的批判理论的局限性。批判的悲观论，正如《启蒙辩证法》和《理性的销蚀》所强烈表达的，不能仅仅依据其历史背景而加以理解。它也必须被视为表达了一种对传统马克思主义的局限性的自觉——我们依旧缺乏一种对辩证批判的根本重构，使它可以用来批判在经过了重大变革之后依旧存续着的辩证的社会整体性。

这一看法为当下资本主义的历史变革所强化，这一轮历史变革使得西方福利国家（以及一些东方国家）的局限以戏剧化的方式彰显无遗，同时，这些变革也可以被视为对政治首要论的一种"实际的反驳"。这反过来表明，对资本主义更早之前的重大变革而言，**批判理论**的准韦伯式分析显得

---

① 见 S. Seidman, Introduction, in Seidman, ed., *Jürgen Habermas on Society and Politics*, p. 5。

过于线性；同时这也强烈地显示出，整体性事实上保留了其辩证性。

在接下来的部分中，我将试图为后自由主义的辩证整体性观念勾勒一个理论基础，以作为我对传统马克思主义的批判的基点。在我的阐述中，我将试图在理论上超越**批判理论**的必然的悲观论，并将我的努力与哈贝马斯在同一问题上的工作区分开来。在本章中所分析的理论转向——即霍克海姆的悲观论、他对工具理性的批判，及其所开启的"语言论转向"——是一个重要的理论语境，正是在这一维度上，哈贝马斯于20世纪60年代开始质疑人们赋予劳动的社会整合与建构的角色。我们可以认为，他的策略性目标在于，通过质疑劳动的中心性来克服**批判理论**的悲观论——只要劳动被证明无法作为自由的充分基础。换句话说，他意图在理论上重建解放的可能性。在下文中，我将处理哈贝马斯早期对马克思的批判的一些方面。而现在我要指出，哈贝马斯在试图克服**批判理论**的悲观论的同时，保留了为波洛克和霍克海姆所共享的对劳动的传统理解，并尝试对其社会意义的范围做出限制。作为其工作起点的"劳动"观念，正是马克思批判李嘉图的原因。然而，我们可以以马克思对资本主义劳动的二重性的分析为基础，来批判晚期资本主义。在我看来，它要比从对资本主义劳动的传统阐释入手的分析，充分有效得多——不论人们是肯定地将"劳动"作为解放，还是否定地将其作为一种工具性活动。

第二部分 朝向对马克思的批判性重构：商品

第四章

抽象劳动

第一节　一种范畴性再阐释的要求

迄今为止的讨论为重新阐释马克思的批判理论奠定了基础。如我们所见，第一章中所引《大纲》的段落指向了一种对资本主义的批判，其前提与传统的批判截然不同。这些段落所展示的，并非日后为马克思在《资本论》中更"朴素"的分析所驱除的乌托邦想象，相反，它们是理解这些分析的关键所在。它们提供了一个重新阐释马克思成熟期批判的基本范畴的起点，这一重新阐释能够克服传统马克思主义范式的局限。我对传统范式的前提条件的考察，已经揭示出了这一再阐释所必须满足的某些要求。

我已经考察了如下这类批判方式：它们以一种超历史的"劳动"观念为起点，仅仅依据分配方式来理解资本主义特有的社会关系，将体系的根本矛盾定位在分配方式与生产之间。这一考察的核心在于指出，马克思的价值范畴不应仅仅被理解为对市场调节的财富分配形式的表达。因此，一种范畴性的再阐释必须将重点放在马克思对价值与物质财富所做的区分；它必须表明，在他的分析中，价值在本质上不是一个市场范畴，同时，"价值规律"也不仅是一种一般经济均衡规律。马克思指出，在资本主义中,"直接劳动时间是财富生产的决定因素"①。这意味着,他的价值范畴应被作为一种财富形式来考察,其特殊性是与它的时间规定相关的。要充分地重新阐释价值,必须证明价值的时间维度对马克思的批判和资本主义历史动力所具有的重要性。

与价值相关的,是劳动问题。我已经表明,如果我们认为价值范畴——因而也包括资本主义生产关系——可以依据市场与私有财产而得到充分的理解,劳动的意义就似乎是明白如话的。依据这一理解,这些关系正是劳动及其产品的社会组织与分配方式;换句话说,它们外在于劳动本身。因而,资本主义劳动便被理解为一般意义上的劳动:它是一种有目的的社会活动,其中,物质以一种特定的方式发生转变,而这是人类社会再生产的必要条件。由此,对劳动的理解是以一种超历史的方式进行的;具有历史差异性的,仅仅是其社会分配与管理方式。据此,劳动与生产过程便是"生产力",它内嵌于各种不同的生产关系之中,而后者依旧外在于劳动与生产。

一种与之不同的路径将会把价值重新构造为一种历史特殊的财富形式,它并不等于物质财富。这意味着,构造价值的劳动无法被理解为一种超历史的、存在于所有社会形态中的劳动。相反,这种劳动必须被视为具有一种为资本主义社会形态所特有的社会规定性。我将通过对马克思的资本主义劳动的"二重性"这一概念的阐发,来分析这一特殊性质。这将使我得以将这种劳动与超历史的"劳动"概念区分开来。在此基础上,我将能够充分地将价值规定为一种历史特殊的财富与社会关系形式,并揭示生产过程不仅代表了生产力,同时涵括了生产"力"与生产"关系"两者。为了做到这一点,我将证明,根据马克思的分析,资本主义生产方式不仅是一个技术过程,相反,它被客体化的社会关系形式(价值、资本)所模铸。由此,我们可以清楚地看到,马克思的批判是一种对资本主义劳动的

---

① Marx, *Grundrisse: Foundations of the Critique of Political Economy*, trans. Martin Nicolaus (London, 1973), p. 704.

批判，而非仅仅是对劳动剥削与社会分配方式的批判；同时，资本主义整体性的根本矛盾应被认为内在于生产领域本身，而非一种生产领域与分配领域之间的矛盾。简单地说，我将重新规定马克思的诸范畴，其中，它们得以将社会整体性真正把握为一种矛盾——而不仅仅是涉及它与"劳动"相对立，或是被"劳动"所吸收的一个维度。借由上述对马克思的矛盾的再阐释，这一以对"劳动"概念的批判为基础的路径将得以避免**批判理论**的困境，并且表明，后自由主义资本主义并非"单向度的"。概念相对其对象而言的充分性由此得以保持其批判性，它不再必然是肯定性的。因此，社会批判将不必如霍克海姆所想的那样，以概念与其对象之间的分离为基础，它将以概念本身、以范畴性的形式为基础。反过来，这也重新确立了批判的自反性认识论一贯性。

我已经指出，这种充分的批判的诸范畴必须不仅要把握整体性的矛盾性质，也要把握其特有的不自由的基础。对由这些范畴所表达的社会形式的历史废除，必须被表现为一种特定的可能性，这种可能性内含着自由的社会基础。在马克思看来，资本主义特有的社会统治形式是与社会劳动形式相关的。在《大纲》中，他描述了三种基本历史社会形态。第一种形态，包括其各种变体，都以"人的依赖关系"①为基础。它被社会的"第二大形态"——资本主义——历史地取代了，资本主义社会形态以商品形式为基础②，其特点是以*物的依赖体系为基础的人的独立性*。③建构了这一"物的"依赖性的是社会；它"无非是与外表上独立的个人相对立的独立的社会关系，也就是与这些个人本身相对立而独立化的、他们互相间的生产关系"④。

资本主义的特征之一是，它的本质社会关系是一种独特的社会关系。

---

① *Grundrisse*, p. 158.
② 同上。
③ 同上。马克思将第三大社会形态，即资本主义的可能的替代物的特点描述为"建立在个人全面发展和他们共同的社会生产能力成为他们的社会财富这一基础上的自由个性"（同上）。
④ 同上书，p. 164。

它们并不作为直接的人际关系而存在，相反，它们是对立于个人的一套准独立的结构，一个非个人的"物的"必要性与"物的依赖性"的领域。因而，资本主义特有的社会统治形式并不直接是社会的或个人的："这些*物的依赖关系*也表现出这样的情形……个人现在受抽象统治，而他们以前是互相依赖的。"① 资本主义是一个抽象的、非个人的统治体系。与早先的社会形态相比，人们显得更独立了；但事实上，他们臣属于一种社会统治体系，这一体系看起来并非社会的，而是"物的"。

资本主义特有的统治形式也被马克思描述为生产对人的统治："个人从属于像命运一样存在于他们之外的社会生产；但社会生产并不从属于把这种生产当作共同财富来对待的个人。"② 这一段落具有核心意义。说个人从属于生产也就等于说他们是为社会劳动所统治的。这意味着，将资本主义社会统治理解为少数人对多数人及其劳动的统治与控制是不充分的。在资本主义中，社会劳动不仅是统治与剥削的*对象*，其本身正是统治的*本质基础*。资本主义特有的非个人的、抽象的、"物的"统治形式显然内在地联系着社会劳动对个人的统治。

抽象统治这一资本主义特有的统治形式不应被简单地等同于市场的运作，它不仅仅意味着资本主义中在市场中介影响下的阶级统治。这种市场中心论假定阶级统治是社会统治的永恒基础，发生变化的仅仅是其作用形式（直接作用抑或通过市场作用）。这一阐释密切联系着下述立场：它们假定"劳动"是财富的源泉并超历史地建构了社会，并且它们仅仅对影响"劳动"的分配方式进行批判性的检验。

在我所给出的阐释中，抽象统治的概念与上述理解截然不同。它所指的是抽象的、准独立的社会关系结构对人的统治，由商品性劳动所中介；马克思试图通过价值与资本这些范畴来对其加以把握。在他的成熟期作品中，这些社会关系形式代表了异化这一自发统治的充分发展了的社会历史

---

① *Grundrisse*, p. 164.
② 同上。

具体化形式。在分析马克思的资本范畴时，我将试图表明，这些社会形式支持着一种历史发展的动力逻辑，而这种逻辑正束缚、压迫着个人。这类关系形式无法依据市场来充分把握；同时，由于它们是准独立的形式，存在于个人与阶级之上，并与后者相对立，所以，它们也不能被充分地理解为公开直接的社会关系（如阶级关系）。我们可以看到，尽管资本主义当然是一个阶级社会，但是，阶级统治并不是这个社会中社会统治的根本基础，相反，在马克思看来，阶级统治本身变成了更高阶的、"抽象的"统治形式的一种功能。①

在讨论**批判理论**的演变轨迹时，我已经涉及抽象统治的问题。在提出政治的首要性时，波洛克坚持道，由马克思的范畴所把握的抽象统治体系，事实上已经被一种新的直接统治形式所取代。这样一种立场假定，马克思所分析的任何一种客观的依赖形式，任何一种抽象社会必要性的无意识结构，都根植于市场。要质疑这一立场，就需要质疑下述假设：随着国家取代市场，自觉的控制不仅在一些特定的领域取代了无意识结构，相反，它已经克服了所有这一类的抽象强制结构，因此，它已经克服了历史辩证法。

换句话说，对抽象统治的理解紧紧联系着对价值范畴的阐释。我将试图展现，作为一种财富形式，价值处于抽象统治结构的核心，这些结构的重要性远超市场与流通领域（并进入了生产领域）。这一分析意味着，只要价值依旧是财富形式，计划本身便从属于抽象统治的需要。也就是说，公共计划本身并不足以推翻抽象统治体系这一资本主义特有的

---

① 在《合法性危机》（*Legitimation Crisis*, trans. Thomas McCarthy [Boston, 1975]）中，哈贝马斯处理了抽象统治。但是他并未将抽象统治视为一种区别于直接社会统治的统治形式，这种形式使得抽象的、准独立的社会形式得以统治人们；在这种形式中，个人与阶级之间的关系是被结构的关系。与之相反，他将其作为直接社会统治的一种不同的*外在形式*，正如阶级统治被非政治的交换形式所遮蔽（p. 52）。在哈贝马斯看来，这一统治形式的存在提供了基础，使得马克思得以借由一种对资本运动规律的经济分析，来把握社会系统的危机丛生的发展。随着后自由主义资本主义中社会系统的重新政治化，统治再一次变得公开直接。因此，马克思的分析的有效性仅仅限于自由资本主义中（同上）。由此可见，哈贝马斯的抽象统治的观念与传统马克思主义相一致——都是由自我调节的市场所中介的阶级统治。

非个人的、无意识的、无意志的、必要性的中介形式。于是，公共计划不应被作为社会主义原则，而与市场这一资本主义原则抽象地对立起来。

这表明，我们应当重新理解最充分地实现普遍人类自由所需要的基本社会条件。它不仅包括对公开的社会、个人统治形式的克服，同时也要克服抽象统治结构。为了重新建立社会主义与自由之间的关系——这一关系在传统马克思主义那里遇到了问题——第一步就应去分析抽象统治结构这一资本主义不自由的根本基础，同时，还应重新将马克思的诸范畴规定为批判性的范畴，以把握这些结构。

第二节 马克思的批判的历史规定性

马克思以对商品的分析开启了《资本论》，它是一种物品、一种使用价值，同时也是一种价值。① 随后，他将商品的这两个层面与商品中所包含的劳动的二重性联系了起来。作为一种特定的使用价值，商品是一种特定的具体劳动的产物；作为一种价值，它是对象化的抽象人类劳动。② 在着手考察这些范畴之前，尤其是考察商品生产劳动的二重性这一"理解政治经济学的枢纽"③之前，有必要先强调一下它们的历史特殊性。

马克思对商品的分析，不是无视社会背景而对偶然被交换的产品的考察。这一考察并未将商品抽出其社会环境，或是认为它可以偶然地存在于任何社会中。相反，马克思所分析的是"作为产品的一般必要的社会形式的商品形式"④，以及作为"财富的一般元素形式"⑤的商品形式。而在马克思那里，*只有在资本主义中，商品才是产品的一般形式*。⑥

---

① Marx, *Capital*, vol. 1, trans. Ben Fowkes (London, 1976), pp. 125-129.
② 同上书，pp. 128-137。
③ 同上书，p. 132。
④ Marx, *Results of the Immediate Process of Production*, trans. Rodney Livingstone, in *Capital*, vol. 1, p. 949.
⑤ 同上书，p. 951。
⑥ 同上。

因此，马克思对商品的分析，是对资本主义社会中的一般产品形式以及财富元素形式进行分析。① 如果说在资本主义中，"成为商品是它的产品的占统治地位的、决定的性质"②，这必然意味着，"工人自己也只是表现为商品的出售者，因而表现为自由的雇佣工人，这样，劳动就表现为雇佣劳动"③。换句话说，马克思在《资本论》中所考察的商品以雇佣劳动为前提，因而也以资本为前提。因此，"普遍绝对形式的商品生产即资本主义商品生产"。④

罗曼·罗斯多尔斯基（Roman Rosdolsky）曾指出，在马克思的政治经济学批判中，资本主义的存在，在其范畴展开之初就已经被给定了；每个范畴都以其之后的发展为前提。⑤ 在下文中我将讨论这一论述方式的重要性，但在这里需要提到的是，如果马克思对商品的分析以资本的范畴为前提，那么他对前者的规定就并不属于商品本身，而是属于作为一般社会形式的商品，也就是说，属于存在于资本主义中的商品。因此，单单交换的存在本身并不意味着商品作为结构性的社会范畴而存在，也不意味着社会劳动具有二重性。只有在资本主义中，社会劳动才具有二重性⑥，价值才作为一种人类活动的特定社会形式而存在。⑦

马克思在《资本论》前几章中的论述方式常常被视为一种历史论述，因为它以商品范畴开始，继而进入对货币以及资本的考量。然而，这一过程不应被视为对一种具有内在逻辑的历史发展——从商品的最初出现走向资本主义体系的充分发展——的分析。马克思明确表示，他的范畴所表达的社会形式，并非是它们最初出现在历史上的样子，而是它们在资本主义中得到充分发展之后的样子：

---

① *Results of the Immediate Process of Production*, p. 949.
② Marx, *Capital*, vol. 3, trans. David Fernbach (Harmondsworth, England, 1981), p. 1019.
③ 同上。
④ Marx, *Capital*, vol. 2, trans. David Fernbach (London, 1978), p. 217.
⑤ Roman Rosdolsky, *The Making of Marx's Capital*, trans. Pete Burgess (London, 1977), p. 46.
⑥ Marx, *Capital*, vol. 1, p. 166.
⑦ Marx, *Theories of Surplus Value*, part 1, trans. Emile Burns (Moscow, 1963), p. 46.

> 在理论上，价值概念先于资本概念，而另一方面，价值概念的纯粹的发展又要以建立在资本上的生产方式为前提，同样，在实践上也是这种情况。①

> 把经济范畴按它们在历史上起决定作用的先后次序来排列是不行的，错误的。它们的次序倒是由它们在现代资产阶级社会中的相互关系决定的，这种关系同表现出来的它们的自然次序或者符合历史发展的次序恰好相反。②

《资本论》的最初几章对价值形式的分析所采用的逻辑，展现了一种以资本主义为目标的逻辑的历史的发展。③ 就这一逻辑而言，它必须被理解成一种*回溯性的显现*，而非一种*内在的必然*。对马克思而言，后一种历史逻辑形式虽然也存在，但它仅仅是资本主义社会形态的一种属性。

因此，被马克思的政治经济学批判诸范畴所把握的社会形式是历史*特定的*，不能简单地应用于其他社会。同时，它们也具有历史*决定性*。在其范畴性分析之初，马克思就明确指出，它必须被理解为对资本主义特殊性的考察："劳动产品的价值形式是资产阶级生产方式的最抽象的但也是最一般的形式，这就使资产阶级生产方式成为一种特殊的社会生产类型，因而同时具有历史的特征。"④

换句话说，马克思在其批判开始阶段对商品的分析是对一种历史特殊社会形式所做的分析。他进一步将商品处理为一种结构化的以及结构性的实践形式，它是资本主义社会形态中社会关系的首要的、最普遍的规定。如果说商品作为一种普遍的、整体性的形式，是资本主义形态的

---

① *Grundrisse*, p. 251.
② 同上书，p. 107。
③ *Capital*, vol. 1, pp. 138-163. 价值形式的不对称性（相对价值形式和等价形式）对马克思所发展的商品拜物教而言极其重要。它以货币为前提，并表明马克思对商品交换的分析与直接的物物交换无关。
④ 同上书，p. 174n34。

"元素形式"①，那么对商品的考察就将揭示马克思的资本主义分析的本质规定，尤其是劳动的特殊性——它是商品形式的基础，并为商品形式所规定。

历史特殊性：价值与价格

我们已经看到，马克思将商品分析为一种位于资本主义社会核心的一般化的社会形式。根据他的自我理解，我们不应假定价值规律以及一般化的商品形式可以从属于前资本主义状况。然而，罗纳德·米克（Ronald Meek）却假定马克思对价值理论的最初构造要求以这样一种前资本主义社会为条件：其中，"尽管商品生产与自由竞争被认为或多或少依旧占据主导地位，劳动者却依旧拥有他们劳动的所有产物"②。与兰格（他的立场在第二章中已有介绍）不同，米克并非简单地将价值规律的效力移入这类社会中。他也并不像鲁道夫·施莱辛格（Rudolf Schlesinger）那样坚持，如果马克思试图以更为简单与古早的社会里所通行的规律为基础，来发展出一种对资本主义而言有效的规律，那么上述这一出发点就会造成根本性的错误。③相反，米克认为，马克思所假定的前资本主义社会并不意在准确再现即使是最宽泛意义上的历史真实。相反，这一模式——在米克看来，它在本质上类似于亚当·斯密的那个住满了猎鹿捕海狸的人的"原始而野蛮"的社会——"显然是一个相当复杂的分析策略的一部分"④。通过分析

---

① *Capital*, vol. 1, p. 125.
② Ronald Meek, *Studies in the Labour Theory of Value* (2d ed., New York and London, 1956), p. 303.
③ 关于这一论述，见 Rudolf Schlesinger, *Marx: His Time and Ours* (London, 1950), pp. 96-97。乔治·里希特海姆给出过一个类似的论述："值得讨论的是，在将来源于原始社会状况的劳动成本价值论应用于更高级阶段的经济模式时，经典作家们犯了混淆不同抽象层面的错误。"（George Lichtheim, *Marxism* [2d ed., New York and Washington, 1963], pp. 174-175）在这部分中，里希特海姆并未区分马克思与"经典作家"。他自己的论述混淆了彼此不同、互相对立的对《资本论》第一卷与第三卷之关系的各种阐释，而未将它们加以综合或是克服它们的差异。在这个段落中，他暗示第一卷中的价值规律是以资本主义模式为基础的；而在几页之后，他就跟随多布的说法，将这一分析层面描述为"一个理论近似值的明智标准"（p. 15）。
④ Meek, *Studies in the Labour Theory*, p. 303.

资本主义如何冲击了这样的社会,"马克思相信,人们可以由此揭示资本主义生产方式的本质"①。根据米克的说法,马克思在《资本论》第一卷中从他所假定的前资本主义模式②,一个"简单商品生产"③体系入手;而在第三卷中,他"处理了被充分地'资本主义改造'过了的商品与价值关系。在这里,他的'历史'起点是一个相当发达的资本主义体系"④。

然而,马克思对价值的分析比米克讨论的要更具有历史特殊性。马克思试图以商品与价值的范畴来把握资本主义的核心。在马克思的政治经济学批判框架中,前资本主义的简单商品流通阶段这个观念是虚假的。如汉斯·格奥尔格·巴克豪斯(Hans Georg Backhaus)所指出的,这个观念来自恩格斯而非马克思。⑤ 马克思明确地、断然地否认价值规律源自前资本主义社会的商品所有者,或是对他们有效。米克将亚当·斯密的价值规律等同于马克思的价值规律,但是,马克思对斯密的批判正在于后者将价值规律移用在了前资本主义社会中:

> 诚然,斯密用商品中所包含的劳动时间来决定商品价值,但是,他又把这种价值规定的现实性推到亚当以前的时代。换句话说,从简单商品的观点看来他以为是真实的东西,一到资本、雇佣劳动、地租等比较高级和比较复杂的形式代替了这种商品时,他就看不清了。例如,他说:在市民阶级的失乐园中,人们还没有以资本家、雇佣工人、土地所有者、佃户、高利贷者等身份互相对立,而是以简单的商品生产者和商品交换者的身份互相对立,在那里,商品价值是用商品中所包含的劳动时间来衡量的。⑥

---

① Meek, *Studies in the Labour Theory*, p. 303.
② 同上书, p. 305。
③ 同上书, p. xv。
④ 同上书, p. 308。
⑤ Hans Georg Backhaus, "Materialien zur Rekonstruktion der Marxschen Werttheorie," *Gesellschaft: Beiträge zur Marxschen Theorie* (Frankfurt), no. 1 (1974), p. 53.
⑥ Marx, *A Contribution to the Critique of Political Economy*, trans. S. W. Ryazanskaya (Moscow, 1970), p. 59.

然而，在马克思那里，一个由独立的商品生产者所构成的社会从未存在过：

> 最初的生产是建筑在原始共同体的基础上，在共同体内部，私人交换仅仅表现为完全表面的次要的例外。随着这些共同体在历史上解体，立即产生统治和隶属关系、强制关系，这些关系同温和的商品流通以及与之相适应的关系处于尖锐的矛盾之中。①

马克思既未将这种社会作为假设性的建构，以此推导出价值规律，亦未试图考察资本主义如何对这种社会——其中，价值规律被认为以纯粹的形式发生作用——产生"冲击"，并以此分析资本主义。相反，正如马克思对罗伯特·托伦斯（Robert Torrens）和斯密的批判所表明的，他认为价值规律仅仅对资本主义有效：

> 托伦斯回到了亚当·斯密那里……按照斯密的看法，诚然，"在社会发展的初期"，当人们彼此还只是作为交换商品的商品所有者相对立时，商品的价值决定于商品中包含的劳动时间，但是资本和土地所有权一形成，就不是这样了。这就是说……适用于作为商品的商品的规律，只要商品一被当作资本或当作资本的产品，只要一般说来一发生商品向资本的转变，就不适用于商品了。另一方面……只是随着资本主义生产的发展并在资本主义生产的基础上，产品才全面地成为商品。因此，商品的规律应该在不生产（或只是部分地生产）商品的生产中存在，而不应该在产品作为商品存在的那种生产中存在。②

---

① Marx, "Fragment des Urtextes von *Zur Kritik der politischen Ökonomie*," in Marx, *Grundrisse der Kritik der politischen Ökonomie* (Berlin, 1953), p. 904.
② Marx, *Theories of Surplus Value*, part 3, trans. Jack Cohen and S. W. Ryazanskaya (Moscow, 1971), p. 74（斜体由引者所为）。

由此，在马克思看来，商品形式乃至价值规律只有在资本主义中才得到充分发展，并且成为这一社会的根本规定。当它们被认为适用于其他社会时，结果只能是"资产阶级社会的占有规律的真实性竟不得不被搬到这种社会本身还不存在的那个时代去"①。

对马克思来说，价值规律把握住了资本主义社会形态"占有规律的真实性"，它不适用于其他社会。由此，很清楚，《资本论》的最初范畴是具有历史特殊性的，它们把握住了资本主义的内在社会形式。要完整地考察这些基本范畴的历史特殊性，显然应当考察它们为何显得不能适用于"资本、雇佣劳动、地租等比较高级和比较复杂的形式"②。通过分析马克思在《资本论》第一卷中对价值的考察和第三卷中对价格，也即"比较高级和比较复杂的形式"的考察之间的关系，我将试图勾勒马克思对上述问题的回答。尽管本书无法充分地分析这一问题，但对此给出一个初步的讨论也是必要的。

关于第一卷与第三卷之关系的争论，是由庞巴维克于1896年开启的。③庞巴维克注意到，当马克思在第一卷中以价值为基础来分析资本主义时，他假定"资本的有机构成"（活劳动与对象化劳动之间的比例，也即"可变资本"和"不变资本"的比例）在生产的不同部门间是相等的。而正如马克思本人稍后认识到的，事实并非如此。这使得他在第三卷中做出让步，提出了价格与价值的差异。在庞巴维克看来，这与原先的劳动价值论直接矛盾，并表明了后者的不充分性。自庞巴维克的批判以降，已有大量的讨论涉及《资本论》的这一"转向问题"（从价值到价格）④。在我看来，其中的许多讨论所依赖的前提，正是马克思撰写政治经济学批判的原因。

---

① "Fragment des Urtextes," p. 904.
② *A Contribution to the Critique*, p. 59.
③ Eugen von Böhm-Bawerk, "Karl Marx and the Close of His System," in Paul M. Sweezy, ed., "*Karl Marx and the Close of His System,*" by Eugen Böhm-Bawerk, and "*Böhm-Bawerk's Criticism of Marx*" by Rudolf Hilferding (New York, 1949). 本文原刊时为 *Zum Abschluss des Marxschen Systems*, in Otto von Boenigk, ed., *Staatswissenschaftliche Arbeiten* (Berlin, 1896)。
④ 斯威齐对这一讨论的总结，见 *The Theory of Capitalist Development* (New York, 1969), pp. 109-133。

第四章 抽象劳动

就庞巴维克的论述而言，有两点需要先提出。第一，与庞巴维克的假设相反，马克思并不是先写了《资本论》第一卷，然后当他在写第三卷时，才意识到价格与价值的差异，由此削弱了他的原初想法。事实上，《资本论》第三卷写于 1863—1867 年，也就是说，它要早于第一卷的出版。①

第二，正如第二章所指出的，马克思绝未因价格与价值的差异而感到惊讶或窘迫。早在 1859 年，他就在《政治经济学批判》中写道，在他的分析的稍后阶段，他将处理对他的劳动价值论的反对意见，这些意见以商品的市场价格和其交换价值之间的差异为基础。②事实上，马克思不仅认识到了这一差异，而且他还坚持认为，这一差异对于理解资本主义及其神秘化形式具有核心意义。正如他在致恩格斯的信中所写："至于说到杜林先生对价值规定所提出的温和的反对意见，那么，他在第二卷中将会惊奇地看到：'直接的'价值规定在资产阶级社会中的作用是多么小。"③

许多关于转向问题的讨论都涉及一个难点，即人们普遍假定，马克思应用价值规律的目的在于解释市场的运作。然而清楚的是，马克思的意图并非如此。④他对价值与价格之关系的处理，并非如多布所言，是在"不断逼近"资本主义的现实。⑤相反，它是一个非常复杂的论证策略的一部分，这一策略一方面证明了商品与资本建构了资本主义社会的基本核心，另一方面也解释了价值的范畴缘何在经验上貌似与资本主义并不相符。（这也正是斯密为何会将它移用于前资本主义社会。）马克思在《资本论》中试图解决这一问题，他表明，价格、利润、地租等现象，虽然看似与他所提出的那些社会形态的根本规定要素（价值与资本）相矛盾，但事实上，它们正是对这些规定的表达——换句话说，他表明，前者既表达又遮蔽了

---

① 见恩格斯为《资本论》第三卷所写的导言。*Capital*, p. 93; 另参同书 p. 278n27。
② *A Contribution to the Critique*, p. 62.
③ Marx to Engels, January 8, 1868, in *Marx-Engels Werke* (hereafter *MEW*), vol. 32 (Berlin, 1956-1968), p. 12.
④ 熊彼特认识到，以价格与价值的背离来批评马克思，事实上是混淆了马克思与李嘉图。见 Joseph Schumpeter, *History of Economic Analysis* (New York, 1954), pp. 596-597。
⑤ Dobb, *Political Economy and Capitalism* (London, 1940), p. 69.

后者。在这个意义上，在马克思笔下，由价值和价格这两个范畴所把握的东西之间的关系，是本质及其表现形式之间的关系。资本主义的独特性之一在于，这一社会具有一个本质，它对象化为价值，并被其表现形式所遮蔽——这使得资本主义难以分析：

> 庸俗经济学家根本想不到，实际的日常的交换关系和价值量是不能直接等同的。……当庸俗经济学家不去揭示事物的内部联系却傲慢地断言事物从现象上看是另外的样子的时候，他们自以为这是做出了伟大的发现。实际上，他们所断言的是他们紧紧抓住了外表，并且把它当作最终的东西。①

在马克思的分析中，由价格所表达的社会现实层面代表了价值的表现形式，它遮蔽了内在的本质。价值的范畴既非一个资本主义社会的粗糙的近似值，亦非应用于前资本主义社会的范畴。相反，它表达了资本主义社会形态的"内部联系"。

因此，马克思的论述从《资本论》第一卷向第三卷的运动不应被理解为一种逼近资本主义"现实"的运动，而应被理解为其外在表面的多种形式的展开。马克思既未在第三卷的开头声称现在他将开始考察充分发展的资本主义体系，亦未断言他现在要引入一系列的近似值，以更为充分地把握资本主义现实。相反，他表明："我们在本卷中将要阐明的资本的各种形式，*同资本在社会表面上*，在各种资本的互相作用中，在竞争中，以及在生产当事人自己的通常意识中所表现出来的形式，是一步一步地接近了。"② 马克思在第一卷中对价值的分析是对资本主义本质的分析，而他在第三卷中对价格的分析则是对这一本质如何展现在"社会表面"的分析。

由此，价格与价值的差异应被理解为马克思的分析的必要部分，而非

---

① Marx to L. Kugelmann, July 11, 1868, in *MEW*, vol. 32, p. 553（第二处斜体由引者所为）。
② *Capital*, vol. 3, p. 25（斜体由引者所为）。

其逻辑矛盾之处：他的意图并非建构一种价格理论，而是去展现价值如何引入了一种将自身遮蔽起来的外在表现。在《资本论》第三卷中，马克思从价值与剩余价值的范畴推导出成本价格与利润这些经验范畴，并展现了后者如何表现出与前者的矛盾。在第一卷中，他坚持剩余价值仅仅由劳动所创造；而在第三卷中他则展现出作为一种财富形式的价值的特殊性，以及建构了价值的劳动的特殊性，是如何被遮蔽起来的。马克思在一开始指出，个别的单位资本所获得的利润，事实上并不等同于由它掌握的劳动所产出的剩余价值。为了解释这一点，他论述道，剩余价值是一个社会整体的范畴，它在个别资本之间分配，依据的是个别资本所分有的整体社会资本的多少。而这意味着，在直接经验的层面上，个别资本单位的利润事实上并非仅仅是劳动（"可变资本"）的结果，它同时也受事先存在的整体资本的影响。[1]因此，在直接经验层面，价值这一由劳动所建构的财富形式与社会中介形式的独特性质就被隐藏起来了。

马克思的论述有许多层面。我已经提到了第一个层面，也即《资本论》第一卷中所发展的范畴，如商品、价值、资本与剩余价值，这些范畴属于资本主义社会的深层结构。在这些范畴的基础上，他试图阐明资本主义社会的根本性质及其"运动规律"，也即资本主义中的生产以及所有社会生活方面的不断变动的过程。马克思指出，社会现实的这一层面无法借由价格和利润这些"表面的"经济范畴得以阐明。同时，他展开他的资本主义深层结构范畴的方式也表明，那些看似与这些结构性范畴相矛盾的现象事实上正是它们的表现形式。由此，马克思试图证明他对深层结构的分析，同时，他也表明社会形态的"运动规律"在直接经验现实的层面上被遮蔽了起来。

此外，价值层面的分析与价格层面的分析这两者的关系也可以被理解为一种理论建构（它从未彻底完成）[2]，一种关于深层社会结构和日常生活

---

[1] *Capital*, vol. 3, pp. 157-159.
[2] 《资本论》第二卷和第三卷的手稿经恩格斯的编辑后出版。

的行为与思想间的互相建构的理论。这一过程为这些深层结构的表现形式所中介，它构成了上述行为与思想的语境：日常行为与思想既以深层结构的外在形式为基础，又反过来重构了这些深层结构。这样一种理论试图解释资本主义的"运动规律"如何为个人所建构，如何被个人所接受——尽管这些个人并未意识到它们的存在。①

在阐述过程中，马克思同样试图表明，政治经济学理论以及关于日常"一般意识"的理论依旧属于外在表现的层面，也就是说，政治经济学的考察对象是价值与资本这两者的神秘化的表现形式。换句话说，正是在第三卷中，马克思才完成了他对斯密和李嘉图的批判，以及他对狭义的政治经济学的批判。举例而言，李嘉图以如下方式开启他的政治经济学：

> 土地产品——即将劳动、机器和资本联合运用在地面上所取得的一切产品——要在土地所有者、耕种所需的资本的所有者以及以进行耕种工作的劳动者这三个社会阶级之间进行分配。但在不同的社会阶段，全部土地产品在地租、利润和工资的名义下分配给各个阶级的比例极不相同。……确立支配这种分配的法则，乃是政治经济学的主要问题。②

李嘉图对分配的片面强调，以及将财富等同于价值，这些都意味着他将一种超历史的劳动与财富的本质作为前提。在《资本论》第三卷，马克思对这一前提进行了解释，他展现了资本主义社会关系具有社会与历史特殊性的结构形式，如何在表面上呈现为一种自然的、超历史的形式。由此，

---

① 在这个意义上，马克思的理论类似于布尔迪厄所勾勒的那种实践理论（*Outline of a Theory of Practice*, trans. Richard Nice [Cambridge, 1977]），后者处理了"客观结构和认知与激励结构之间的辩证关系，前者生产出后者，而后者又再生产出了前者"（p. 83），并试图"解释一种由实践者未知的规律所客观地控制的实践，同时，它也试图解释这样一种机制：它无意使两者相一致，却生产出了两者的一致性"（p. 29）。我则试图借由一种社会历史知识论，以及对"客观结构"的表现形式的分析，来中介上述关系。这种尝试与布尔迪厄的路径很类似，但并不等同。

② Ricardo, *Principles of Political Economy and Taxation*, ed. P. Sraffa and M. Dobb (Cambridge, England, 1951), p. 5.

马克思指出，资本主义劳动所具有的历史特定的社会作用被如下事实所掩盖：个体资本单位所获得的利润不仅源自于劳动，同时受事先存在的整体资本（即各种"生产要素"）的影响。在马克思看来，工资形式进一步遮蔽了价值只能由劳动创造这一事实：工资似乎补偿了劳动的价值，而非劳动力的价值。结果，利润看上去似乎并非最终来源于劳动。马克思继而展现了资本如何以利息的形式将自己表现为一种自我生产的、独立于劳动的东西。最后，他展现了地租这一将剩余价值分配给土地所有者的收入形式，是如何表现得好像与土地具有内在联系的。换句话说，政治经济学理论所基于的那些经验范畴——利润、工资、利息、地租等——都是价值和商品性劳动的表现形式，它们遮蔽了它们所代表的东西的历史与社会特殊性。《资本论》第一卷考察了资本主义的物化"本质"，随后转向了日益神秘化的外在层面；在经过漫长而复杂的分析后，在第三卷末尾处，马克思总结了这一分析，他考察了他所谓的"三位一体"的公式：

  在资本—利润（或者，更好的形式是资本—利息），土地—地租，劳动—工资中，在这个表示价值和一般财富的各个组成部分同财富的各种源泉的联系的经济三位一体中，资本主义生产方式的神秘化，社会关系的物化，物质生产关系和它的历史社会规定性直接融合在一起的现象已经完成。①

马克思的批判的终点由此变成对李嘉图的起点的溯源。与他的内在批判相一致，马克思对理论（如李嘉图的理论）的批判方式不再采取一种反驳的形式，相反，他将这些理论嵌入他自己的理论之中，用他自己的分析范畴赋予这些理论以合理性。换句话说，他在自己的范畴中，为斯密和李嘉图对劳动、社会与自然所做的根本假定找到了基础：他解释了这些假定

---

① *Capital*, vol. 3, pp. 968-969.

的超历史特性。同时他也进一步表明,这些理论的具体论证所依据的"材料",是一个更深刻的、历史特定的结构的具有误导性的外在表现。马克思从资本主义社会的"本质"逐渐进入其"表面",以此证明,他的范畴性分析不仅可以解释问题,也可以解释李嘉图对问题的回答。由此,他表明了后者不足以用来把握社会整体性的本质。通过阐明作为李嘉图理论之基础的外在表现形式,马克思试图为李嘉图的政治经济学给出一个充分的批判。

在马克思看来,斯密与托伦斯这样的政治经济学家倾向于将价值规律的效力加诸前资本主义社会模式,这并不应被简单地看作是一种糟糕的想法。相反,这一想法是以资本主义社会形态的一种特殊性为基础的:它的本质与"资本、雇佣劳动、地租等比较高级和比较复杂的形式"似乎*并不*相合。如果我们无法在理论上穿透表层,将其关系规定为资本主义社会形态的历史特有的社会本质,那么就会导致我们一方面把价值超历史地应用于其他社会,另一方面仅仅根据资本主义的"虚假的外表"来对它进行分析。

马克思转向具有历史特殊性的反思性路径,其结果之一是,对那些将历史特定之物确立为超历史之物的理论的批判,开始占据他的考察的核心位置。当他声称自己发现了资本主义体系历史特有的核心时,马克思就不得不去解释,为什么这一历史规定性并不显而易见。我们可以看到,位于他的批判的这一认识论维度之中心的,正是其关于资本主义特有的社会结构以"拜物"形式出现这一论述——也就是说,这些结构以"客观的"和超历史的方式出现。马克思指出,他所分析的历史特定结构以超历史的外在形式展现自身,这些表现形式成为许多理论——尤其是黑格尔与李嘉图的理论——的考察对象;在此基础上,他得以在社会与历史层面上解释并批判这些理论,这样一些思想形式表达了但未充分理解那些位于其历史语境(资本主义社会)核心处的特定社会形式。马克思的内在批判的历史特定性意味着,真正的"错误"在于,这些具有暂时效力的思想形式缺乏自我反思，无法认识它们自身的历史特定基础，因此将自身视为"真理"，也即认为自身具有超历史的效力。

在某个层面上，马克思的论述在三卷《资本论》中的推进方式，正展现了批判唯物主义理论的唯一充分有效的方法："事实上，通过分析来寻找宗教幻象的世俗核心，比反过来从当时的现实生活关系中引出它的天国形式要容易得多。后面这种方法是唯一的唯物主义的方法，因而也是唯一科学的方法。"① 马克思的论述方法的一个重要方面在于，他从价值与资本——也即从"现实生活关系"的范畴——中引出了被政治经济学家与社会行动者所"天国化"了的外在表现形式（成本价格、利润、工资、利息、地租等）。因此，他试图在证明其深层结构性范畴的效力的同时，解释其外在形式。

从他用以分析资本主义本质的诸范畴的展开过程中，马克思逻辑地推导出了那些貌似与这些范畴相矛盾的现象，同时，他证明了其他的理论（以及其中涉及的大多数社会行动者的意识）都被这一本质的神秘化的表现形式所束缚。由此，马克思令人惊叹地展现了其批判性的严谨与有力。

历史特殊性与内在批判

对马克思的成熟期理论而言，范畴的历史特殊性具有核心意义，这标定了他与其早期作品之间的重要区别。② 对于马克思的批判理论的性质而言，这一朝向历史特定性的转变具有深远意义——这些意义内在于其成熟期批判的出发点中。在《大纲》的翻译序言中，马丁·尼古劳斯（Martin

---

① *Capital*, vol. 1, p. 494n4.
② 在本书中我不会详细讨论马克思的早期作品和他的晚期作品之间的差异。不过，我对他的成熟期政治经济学批判的处理将表明，他的早期作品中的许多明确的主题与概念（如对异化的批判，对工作、游戏、休闲等狭隘定义之外的人类活动形式的可能性的关注，以及男女关系的主题）依旧在他的后期作品中居于核心位置。不过，正如我在对异化概念的讨论中所指出的，只有当马克思清晰地发展出来一种以对资本主义劳动特殊性的分析为基础的历史特殊社会批判时，这些概念才能得到充分的处理以及修正。

Nicolaus）注意到了这一转变，他指出，马克思的导论部分后来被证明是一个错误的开头，因为其中所使用的范畴不过是用唯物主义术语转译的黑格尔式范畴。举例而言，黑格尔在《逻辑学》开头提到了纯粹的、无定性的*存有*，它直接引出了其对立面：*无*。而马克思在其导论开头则提到了（一般的）*物质生产*，它也引出了它的对立面：*消费*。在导论中，马克思表明了他对这一起点的不满，而在完成草稿之后，他便在以"价值"为题的部分（他将其放在末尾）中开始重写。这次他以一种不同的方式开启论述——商品，这一起点被他保留在了《政治经济学批判》中。[1] 在写作《大纲》的过程中，马克思发现了一种原理，随后他便以此来结构他的论述方式。在《资本论》中，它被作为马克思展开其资本主义形态诸范畴的起点。马克思从一个超历史的起点走向了一个历史特定的起点。在马克思的分析中，"商品"范畴不单指向一个对象，更指向一种历史特殊的、"客观的"社会关系形式——一种结构性的同时也是被结构了的社会实践形式，它建构了一种全新的社会关联形式。这种形式的特点在于，它具有一种历史特定的、内在于社会体系之核心的二重性：使用价值与价值、具体劳动与抽象劳动。商品范畴是一种双重形式，一种非同一的整体。由它出发，马克思试图展开资本主义社会作为一个整体所具有的包罗万象的结构，展开其历史发展的内在逻辑，展开遮蔽了这一社会的深层结构的那些直接社会经验的要素。这就是说，在马克思的政治经济学批判的框架内，商品是位于资本之核心的本质范畴；他展开这一范畴，意在阐明资本及其内在动力的本质。

在转向历史特殊性之后，马克思开始将他早先关于社会矛盾以及内在历史逻辑的那些超历史的概念加以历史化。现在，他将它们视为资本主义特有的概念，它们来源于"不稳定的"物质与社会要素的二重性——而这正是资本主义基本社会形式（如商品与资本）所具有的特点。在对《资

---

[1] Martin Nicolaus, Introduction, in *Grundrisse*, pp. 35-37.

本论》的分析中我将指出，这种二重性如何在马克思那里被外在化，并造就了一种独特的历史辩证法。马克思依据一种历史特殊的矛盾来描述他的考察对象，并指出辩证法的基础源于支撑着资本主义社会形态的那些独特社会形式的二重性质（劳动、商品、生产过程等），由此，他明确拒绝了一种关于人类历史的内在逻辑的理念，拒绝了任何超历史的辩证法形式，不论它是否包含了自然或是为历史所限。在马克思的成熟期作品中，历史辩证法并不来源于主体、劳动与自然的互动，也不来源于**主体**的"劳动"的物质对象化对其自身所进行的反思性工作；相反，它根源于资本主义社会形式的矛盾本质之中。

超历史的辩证法必然具有某种本体论的基础，它要么是**存有**本身（恩格斯），要么是社会**存有**（卢卡奇）。然而，根据马克思的历史特殊分析，现实或一般社会关系在本质上是矛盾的与辩证的这一观念，现在被证明无法得到解释，不存在基础；它只是一种形而上学的假定。① 换句话说，在依据资本主义基本社会结构的独特性来分析历史辩证法时，马克思已将其从历史哲学领域中移出，并置入了一种历史特殊社会理论的框架之中。

从超历史的起点转向历史特殊的起点意味着，不论是其各种范畴还是理论的形式本身都是历史特殊的。马克思转而开始对资本主义社会——这也是他自己的社会语境——诸范畴进行历史特殊性分析。鉴于马克思假定，思想是内嵌于社会之中的，由此，这一转向便包含了一种关于他自身的理论的历史特殊性的观念。考察对象的历史相对化同样反映在理论本身之中。

这就要求有一种新的、自我反思式的社会批判。其自身的立场无法被超历史地或是超验地给定。在这样一种概念框架中，没有任何一种理论——包括马克思的理论——具有绝对的、超历史的效力。同时，这种外在的、特权性的理论立场的不可能性，不应被理论形式本身所暗中取

---

① 见 M. Postone and H. Reinicke, "On Nicolaus," *Telos* 22 (Winter 1974-1975) pp. 135-136。

消。出于这一原因,马克思不得不以一种严格的内在性方式来建构其对资本主义社会的批判论述,使用这一社会自身所提供的概念来对其现状进行分析。批判的立场内在于其社会对象;它的基础在于资本主义社会的矛盾性质,这一性质指向了其历史否定的可能性。

马克思在《资本论》中的论述方式应被理解为这样一种尝试:它试图发展一种批判分析的形式,这一形式既符合其考察对象的历史特殊性(也即其自身的语境),也反过来符合其诸概念的历史特殊性。我们可以看到,马克思试图重构资本主义文明的历史整体性:他从一种单一的结构性原理——商品——出发,辩证地推演出货币与资本的范畴。就他的新的自我认识而言,这种论证方式本身表达了它所考察的社会形式的特殊性。举例而言,这种方式本身表明,资本主义的特质之一是,它作为一个均质的整体而存在,因此,它可以从一个单一的结构性原理出发而被推演出来。同时,论述的辩证性质也表明,各种社会形式以一种独特的方式被建构起来,而这一方式本身就为辩证法奠定了基础。换句话说,《资本论》试图建构的论述并不具有一种独立于其考察对象的逻辑形式——其考察对象正是论述本身的语境。马克思这样描述这种论述方式:

> 当然,在形式上,叙述方法必须与研究方法不同。研究必须充分地占有材料,分析它的各种发展形式,探寻这些形式的内在联系。只有这项工作完成以后,现实的运动才能适当地叙述出来。这点一旦做到,材料的生命一旦观念地反映出来,呈现在我们面前的就好像是一个先验的结构了。[①]

一种论证方式如果充分适于其自身的历史特殊性,就会呈现为一个"先验的结构"。马克思的论述的性质不应被认为是一种逻辑推演:它并

[①] Marx, "Postface to the Second Edition," *Capital*, vol. 1, p. 102.

非从某种不容置疑的第一原理出发推导出万物；这样一种论述形式暗含着一种超历史的立场。相反，马克思的论述有一种非常独特的、反思性的形式：其论述的出发点是商品，它被确立为社会形态的根本结构核心，商品的有效性不断地在论述的展开过程中被回溯性地证明：它能够用来解释资本主义的发展趋势，能够用来解释那些貌似与最初的范畴的有效性相矛盾的现象。也就是说，商品的范畴是以资本的范畴为前提的，资本主义分析的严谨与有力证明了它的有效性，而它正是这一分析的起点。马克思对这一过程的简要描述如下：

> 即使我的书中根本没有论"价值"的一章，我对现实关系所做的分析仍然会包含对实在的价值关系的论证和说明。胡扯什么价值概念必须加以证明，只不过是由于既对所谈的东西一无所知，又对科学方法一窍不通。……科学的任务正是在于阐明价值规律是如何实现的。所以，如果想一开头就"说明"一切表面上和规律矛盾的现象，那就必须在科学之前把科学提供出来。①

就此而言，马克思关于价值、自然以及资本主义社会的历史性的实际论述，应当依据《资本论》中各种范畴的充分展开来理解。也就是说，他在该书第一章中推衍出价值的存在的那些清晰论述并非意在——也不应被视为——"证明"价值的概念。② 相反，*这些论述被马克思呈现为这一社会特有的思想形式，而这一社会的深层社会形式正得到批判性的分析*。在之后的部分中我将表明，这些论述——譬如对"抽象劳动"的最初规定——是超历史的；这就是说，它们已经被呈现为神秘化的形式。论述的*形式*也是如此：它代表了一种以笛卡尔为典型的思想模式，它以一种去语

---

① Marx to L. Kugelmann, July 11, 1868, in *MEW*, vol. 32, pp. 552-553.
② 马克思在《资本论》第一卷中指出，各种商品形式必然有一种共同的非物质元素，由此，他"推衍"出了价值。他的推衍方式是去语境化的、本质化的：价值被演绎为所有商品所共通的*实体*的表达（此处指传统哲学意义上的"实体"）。见 *Capital*, vol. 1, pp. 126-128。

境化的、逻辑演绎的方式运作，揭示着变动的世界表象背后的"真实本质"。①换句话说，在我看来，马克思关于价值的推论应当被视为对资本主义社会特有的思想形式（譬如现代哲学传统以及政治经济学）的一项持续的元评论的一部分。这一评论内在于其论述诸范畴的展开之中，因此必然把这些思想形式与其社会语境中的社会形式联系了起来。由于马克思的叙述方式试图内在于其对象，各种范畴便"以它们自己的方式"被呈现出来——在这里，便是去语境化的。因此这一分析并未自居于其语境之外。只有在论述本身的过程中，这一批判才充分地显现出来，随着其考察对象的基本结构性社会形式的展开，这一论述展现出了其对象的历史性。

此种论述的缺陷在于，马克思的反思性的内在路径很容易遭到误解。如果不将《资本论》理解为一种内在批判，那么人们就会认为，马克思是在肯定那些他试图批判的东西（譬如社会建构性劳动的历史特定作用）。

这一辩证论述模式意在成为一种充分适用于并能够表达其对象的论述模式。作为一种内在批判，马克思的分析之所以是辩证的，是因为它证明了它的对象是辩证的。概念在面对其对象时的这种充分性，意味着它既拒绝一种超历史的历史辩证法，又拒绝任何将辩证法作为一种可以应用于各种具体问题的普适方法的观念。事实上，如我们所见，《资本论》试图批判这种去语境化的、非反思的方法——不论它是辩证的（黑格尔）还是非辩证的（古典政治经济学）。

马克思转向历史特殊性，也改变了辩证批判所表达的批判意识的性质。辩证批判的出发点被预设在它的结果之中。如前所述，对于黑格尔来说，辩证过程开始时的**存有**即是**绝对精神**，随着它的展开，它成为了其自身发展的结果。因而，当理论意识到它自身的立场之后，它所获得的批判

---

① 约翰·帕特里克·默里指出，马克思推导价值的论证结构，和笛卡尔在《第二沉思》中对于抽象的、第一性的物质的推导很相似——物质是变化的蜂蜡表面之下的实体。同时，默里认为这一相似性表达了马克思的一个隐含的论点：见 John Patrick Murray, "Enlightenment Roots of Habermas' Critique of Marx," *The Modern Schoolman*, 57, no. 1 (November 1979), p. 13ff.

意识就必然是绝对知识。[1] 作为马克思的批判的出发点，商品同样预先假定了整体的充分展开；而其历史规定性则内含着整体性展开的界限。资本主义的本质社会形式标明了对象的历史性，它内含着把握了它的批判意识的历史性；对资本主义的历史克服将同时带来对它的辩证批判的否定。因此，马克思转向资本主义基本结构性社会关系的历史特殊性，标志着他的批判理论的自反性历史特殊性——因而，两者使得内在批判脱离了绝对知识的桎梏，并开启了它批判性自我反思的可能。

马克思指明了他自身的社会世界的矛盾性质，由此，他得以发展出一种具有认识论一贯性的批判，并最终超越早期唯物主义形式的困境。他在关于费尔巴哈的第三则提纲中描述了这种困境[2]：批判社会的理论假定人及其意识形式是在社会中形成的，因此，这一理论必须能够解释它自身的存在可能性。马克思的批判将这一可能性置于其范畴的矛盾性质中，这些范畴意在表达其社会世界的本质关系结构。同时，它们也试图把握社会存在与社会意识的形式。因此，这一批判在另一个意义上也是内在的：它展现了其自身语境的非统一性，因此，这一批判得以将其自身解释为内在于它的分析对象的一种可能性。

马克思的政治经济学批判一个最有力量的方面，是它能够将自身作为其考察对象的一个历史特定方面，而非作为一种具有超历史效力的实证科学：后者构成了一个在历史上独一无二的（因此是虚假的）例外，超越于其分析的各种社会形式与意识形式的互动影响之上。马克思的批判并未采用一个外在于其对象的立场，因此它是自我反思的，并具有认识论的一贯性。

---

[1] 在《知识与人类旨趣》(trans. Jeremy Shapiro [Boston, 1971])中，哈贝马斯批评黑格尔将批判意识与绝对知识等同起来，认为这削弱了批判的自我反思。哈贝马斯认为，这一等同源自于黑格尔的下述假定：主体与客体（包括自然）之间是绝对统一的。然而，他并未进一步思考超历史的辩证法——即使已将自然被排除在外——对认识论的自我反思所具有的负面意义。见 p. 19ff。

[2] Marx, "Theses on Feuerbach," in Karl Marx and Frederick Engels, *Collected Works*, vol. 5: *Marx and Engels: 1845-1847* (New York, 1976), p. 4.

第三节 抽象劳动

马克思对资本主义劳动的历史特殊性的分析位于其批判理论的核心,这一论点对于本书所给出的阐释具有关键意义。我已经指出,马克思的批判始于对商品作为一种具有二重性的社会形式的考察。他将资本主义社会根本结构性社会形式的二重性的基础,建立在商品性劳动的二重性质上。在这里,我们必须对这种二重性质,尤其是被马克思称为"抽象劳动"的那一维度进行分析。

马克思区分了具体的、有用的劳动与抽象人类劳动,前者生产使用价值,后者构成价值。这一区分并非意指两种劳动,而是指商品社会中同一种劳动的两个方面:"由此可见,商品并不包含两种不同的劳动;但是,*同一种劳动被规定为不同的并与自身相对立*,取决于它是与作为劳动产品的商品的*使用价值*相关,还是与作为其纯粹的客观表现的*商品价值*相关。"① 不过,在讨论商品性劳动的这种二重性质时,马克思的内在论述模式使人们很难理解这一区分对他的资本主义批判分析而言所具有的重要性。此外,他在《资本论》第一章中对抽象人类劳动的定义也很成问题。它们似乎表明,抽象人类劳动是一种生物学的残余物,它被解释为人类生理机能的耗费。举例而言:

> 一切劳动,从一方面看,是人类劳动力在生理学意义上的耗费;作为相同的或抽象的人类劳动,它形成商品价值。一切劳动,从另一方面看,是人类劳动力在特殊的有一定目的的形式上的耗费;作为具体的有用劳动,它生产使用价值。②

---

① Marx, *Das Kapital*, vol. 1 (1st ed., 1867), in Iring Fetscher, ed., *Marx-Engels Studienausgabe*, vol. 2 (Frankfurt, 1966), p. 224.
② *Capital*, vol. 1, p. 137.

如果把生产活动的特定性质撇开，从而把劳动的有用性质撇开，生产活动就只剩下一点：它是人类劳动力的耗费。尽管缝和织是不同质的生产活动，但二者都是人的脑、肌肉、神经、手等的生产耗费，从这个意义上说，二者都是人类劳动。这只是耗费人类劳动力的两种不同的形式。①

然而与此同时，马克思明确表示，我们所处理的是一个社会范畴。他将抽象人类劳动——它建构了商品的价值维度——称为"它们共有的这个*社会实体*"②。因而，尽管作为使用价值，商品是物质的，但作为价值时，它们则是纯粹的社会对象：

> 同商品体的可感觉的粗糙的对象性正好相反，在商品体的价值对象性中连一个自然物质原子也没有。……但是如果我们记住，商品只有作为同一的社会单位即人类劳动的表现才具有价值对象性，因而它们的价值对象性纯粹是社会的。③

更进一步，马克思明确强调这一社会范畴应被理解为历史特殊的——正如前文引过的这一段落所说："劳动产品的价值形式是资产阶级生产方式的最抽象的但也是最一般的形式，这就使资产阶级生产方式成为一种特殊的社会生产类型，因而同时具有历史的特征。"④

然而，如果抽象人类劳动的范畴是一种社会规定，那它就不是一个生理学范畴。此外，我在第一章中对《大纲》的阐述和上述段落同样表明，将价值理解为社会财富的历史特殊形式，对马克思的分析而言相当关键。如果是这样，那么它的"社会实体"就不可能是一个超历史的自然残余物，

---

① *Capital*, vol. 1, pp. 134-135.
② 同上书，p. 128（斜体由引者所为）。
③ 同上书，pp. 138-139。
④ 同上书，p. 174n34。

普适于所有社会形态中的人类劳动。正如伊萨克·I. 鲁宾（Isaak I. Rubin）指出：

> 下述两者中只能有一者是正确的：第一，如果抽象劳动是人类机能在生理学意义上的耗费，那么价值就同时具有一种物化的物质性。第二，如果价值是一个社会现象，那么抽象劳动也必须被理解为一个与特定的社会生产形式相关联的社会现象。生理学概念上的抽象劳动，和它创造的价值的历史特性之间是不可调和的。①

于是，问题就成了如何超越马克思给出的对抽象人类劳动的生理学定义，并分析其内在的社会与历史意义。此外，一种充分的分析不仅需要表明抽象人类劳动具有社会性质，还必须考察价值背后的历史特定社会关系，以此解释为什么那些关系呈现为——因而被马克思表述为——生理学的，也即超历史的、自然的，因此是历史空洞的。换句话说，这一路径将把抽象人类劳动的范畴当作马克思的分析中的"商品拜物教"——资本主义社会关系呈现为物的关系，因而似乎显得是超历史的——背后最初与首要的规定来加以考察。这一分析将表明，对于马克思而言，即便是"价值"与"抽象人类劳动"这样资本主义社会形态的"本质"范畴，也都是物化的——不仅它们的范畴性表现形式（如交换价值）是如此，在更为外在的层面上，价格与利润也是如此。这一点极其关键，因为它证明了，马克思在分析各种范畴性表现形式背后的本质形式时所使用的诸范畴，并不意在成为本体论的、具有超历史效力的范畴，相反，它们意在把握具有历史特殊性的社会形式。然而，由于它们的独特性质，这些社会形式呈现为本体论的范畴。我们所面临的任务，则是去揭示作为一种本质形式的抽象人类劳动"背后"的那种历史特殊的社会现实形式。我们必须解释，为什么

---

① Isaak Illich Rubin, *Essays on Marx's Theory of Value*, trans. Milos Samardzija and Fredy Perlman (Detroit, 1972), p. 135.

这一特殊现实以这样一种独特形式存在：这一形式的基础是本体论的，因此不具有历史特殊性。

抽象劳动这一范畴对理解马克思的批判而言具有核心意义，卢乔·科莱蒂（Lucio Colletti）在他的《伯恩斯坦与第二国际的马克思主义》一文中已经证明了这一点。[1] 科莱蒂认为，当代状况已经证明了，由第二国际的马克思主义者首先提出的对劳动价值论的那种阐释是不充分的；它将马克思的价值理论简化成了李嘉图的价值理论，由此导致了一种对经济领域的狭隘理解。[2] 科莱蒂和鲁宾一样坚持道，马克思的价值理论与他的拜物教理论是一致的，而这一点很少为人所理解。我们必须要解释为什么劳动产品采取了商品的形式，以及为什么人类劳动表现为物品的价值。[3] 对这一解释来说，抽象劳动的概念至关重要。然而，在科莱蒂看来，大多数马克思主义者——包括考茨基、卢森堡、希法亭和斯威齐——都从未真正阐明这一范畴。抽象劳动或多或少地被处理为对各种形式的具体劳动的一种思想上的概括，而非对某种真实事物的表达。[4] 然而，如果事实果真如此，那么价值也将同样变成一种纯粹的思想建构物。与此同时，庞巴维克就会是对的：他认为，价值就是一般化的使用价值，而非如马克思所认为的那样，是一种与此具有质性区别的范畴。[5]

为了证明抽象劳动确实表达了某种真实的事物，科莱蒂考察了劳动的抽象化过程的起源与意义。其中，他尤其重视交换过程：他认为，为了交换他们的产品，人们必须使得产品彼此等价，这反过来导致了对各种具有物理差别的产品的抽象化，因此导致了对各种不同的劳动的抽象化。抽象劳动的这一形成过程是一个异化过程：这种劳动被从个体中分离出来，将

---

[1] Lucio Colletti, "Bernstein and the Marxism of the Second International," in *From Rousseau to Lenin*, trans. John Merrington and Judith White (London, 1972), pp. 45-110.
[2] 同上书，p. 77。
[3] 同上书，pp. 77-78。
[4] 同上书，pp. 78-80。举例而言，斯威齐如此定义这个范畴："正如马克思自己的用法所清楚地表明的，抽象劳动，简单地说，等同于'劳动一般'。它是所有生产性人类活动所共有的。"（*The Theory of Capitalist Development*, p. 30.）
[5] Colletti, "Bernstein and the Marxism of the Second International," p. 81.

自身独立为一种力量。据科莱蒂所看来，价值不仅独立于人们，同时也支配着人们。①

科莱蒂的论述与本书的主张在某些方面是类似的。和卢卡奇、鲁宾、伯特尔·奥尔曼（Bertell Ollman）、德里克·塞耶一样，科莱蒂认为价值和抽象劳动都是历史特殊范畴，而马克思的分析所针对的，是资本主义特有的社会关系形式和统治形式。然而，他并未真正为他对异化劳动的描述奠定基础，亦未进一步推进他的阐释所具有的内涵。科莱蒂并未从对抽象劳动的考察入手，开启对传统马克思主义阐释更为根本的批判，因此，也未给出一种对资本主义生产形式以及资本主义劳动的核心意义的批判。这一工作要求我们重新思考传统马克思主义的劳动概念，并认识到马克思对资本主义劳动的分析，事实上是在分析一种历史特殊的社会中介形式。只有发展出一种以资本主义劳动的历史特殊性为核心的批判，科莱蒂——以及其他认同价值和抽象劳动的历史特殊性的理论家——才有可能在根本上与传统马克思主义理论决裂。但是，科莱蒂依旧局限在从劳动的立场出发的社会批判之中：他写道，社会批判的作用，是对这个商品的世界进行"去拜物教化"，并由此促使雇佣劳动认识到，价值与资本的本质是其自身的对象化形式。②值得注意的是，尽管科莱蒂在他文章的这一部分开头就批判了斯威齐的抽象劳动观，在这一部分的结论处，他却肯定性地引述了斯威齐在作为资本主义原则的价值和作为社会主义原则的计划之间所做的绝对的、历史抽象的对立。③也就是说，科莱蒂对抽象劳动问题的重新审视并未真正修正他所得出的结论：抽象劳动的问题事实上被简化为某种阐释细节。尽管他断言绝大多数对劳动价值论的马克思主义阐释都是李嘉图式的，尽管他坚持作为异化劳动的抽象劳动在马克思的分析中的核心意义，但到最后，科莱蒂却还是以一种更精致的方式再生产出了他所批判的

---

① Colletti, "Bernstein and the Marxism of the Second International," pp. 82-87.
② 同上书，pp. 89-91。
③ 同上书，p. 92。

那种立场。他的批判依旧是对分配方式的批判。

我们所面对的理论问题是去重新思考抽象劳动的范畴,以此为一种对生产方式的批判提供基础——换句话说,这种批判与第二国际的马克思主义之间*确实存在*根本区别,不论是以历史特殊形式,还是超历史形式。

第四节 抽象劳动与社会中介

我们应当开始将马克思笔下的商品、价值、抽象劳动这些彼此关联的范畴当作一种特定的社会依赖形式来理解。(而非以某些宽泛的问题为起点——譬如,市场交换的规则是依赖于对象化劳动的相对价值量,还是关于有用性的考量,抑或其他要素。由此,我们的路径避免了将马克思的范畴过于狭隘地处理为政治经济学范畴,后者把他所试图解释的东西当成了自身的前提。)① 一个以商品作为产品的一般形式,因而以价值作为财富的一般形式的社会,具有一种独特的社会关联形式——人们并不消费他们自己的产品,他们生产并交换商品,以获得其他商品:

> 要成为商品,产品就不应作为生产者自己直接的生存资料来生产。如果我们进一步研究,在什么样的状态下,全部产品或至少大部分产品采取商品的形式,我们就会发现,这种情况只有在一种十分特殊的生产方式即资本主义生产方式的基础上才会发生。②

---

① 在某种层面上,马克思的理论试图分析的是一个以产品的普遍可交换性为特征的社会底层的结构基础——在这个社会中,所有的货物以及人与货物的关系,都已经是"世俗的";也就是说,不同于许多"传统的"社会,所有的货物都被视作"对象",人们在理论上可以在所有的货物中进行选择。这样一种理论与市场交换论有根本的不同,后者,不论是劳动价值论还是效用均衡理论,都以一种背景条件为前提,而这一前提正是马克思对商品的分析试图解释的。此外,我们看到,马克思对商品的分析意在为阐明资本的性质提供基础——也就是说,他的理论试图解释资本主义社会的历史动力。我将说明,在马克思看来,这一动力根植于抽象劳动与具体劳动的辩证法,它无法被仅仅关注市场交换的理论所把握。

② *Capital*, vol. 1, p. 273.

我们所面对的是一种新的社会关联形式,它缓慢、自发、偶然地出现在历史上。然而,一旦以这一新的关联形式为基础的社会形态得到充分发展(它发生在劳动力本身成为商品时)①,它就获得了一种必然的、系统性的性质;它逐渐瓦解、吸收、取代其他的社会形式,并扩张至全球。我所要分析的,正是这种关联形式的性质及其建构原理。在考察这一独特的关联形式以及劳动在它的建构中所扮演的独特角色时,我将阐明马克思对资本主义社会最抽象的规定。一旦认识到马克思对资本主义特有的财富形式、劳动形式、社会关系形式的最初规定,我就能够澄清他关于抽象社会统治的观念:我将分析这些形式如何以一种准客观的方式与个人相遇,如何导致了一种独特的生产方式以及一种内在的社会动力。②

在商品性社会中,个人的对象化劳动是人们获取他人所生产的产品的方式,人们为了获取其他产品而劳动。一个人的产品对他人而言就是一件货物,一个使用价值;对生产者来说,它是获取他人劳动产品的方式。正是在这个意义上,产品才成为商品:它同时是他人的使用价值和生产者的交换方式。这标志着一个人的劳动具有双重功能:一方面,它是一种为他人生产特殊货品的独特的劳动;而在另一方面,劳动独立于其特定内容,成为生产者获取他人产品的手段。换句话说,劳动成为商品性社会特有的获取物品的方式;生产者的劳动的独特性,相对于他们通过自己的劳动所获得产品而言,是*抽象的*。一个人所花费的劳动的独特性质,与通过这一劳动所获得的产品的独特性质之间,不存在内在的关系。

这截然不同于下面这种社会形态:其中,商品生产与交换并未主宰一切,对劳动及其产品的社会分配,还受到一系列因素的影响,如风俗

---

① *Capital*, vol. 1, p. 274.
② 黛安娜·埃尔森同样认为,马克思的价值理论的对象是劳动,同时,借由他的抽象劳动的范畴,马克思试图分析社会形态的基础,而在这一社会形态中,生产过程主宰了人,而非相反。然而在这一理论的基础上,她并未质疑对资本主义基本社会关系的传统理解。见 Diane Elson, "The Value Theory of Labour," in Elson, ed., *Value: The Representation of Labour in Capitalism* (London, 1979), pp. 115-180。

习惯、传统纽带、公开的权力关系，或是有意识的决定。① 在非资本主义社会中，劳动由公开的社会关系所分配。而在一个以商品形式的普遍性为特征的社会中，个人并不借由公开的社会关系的中介来获取他人生产的货品。相反，劳动本身——不论是直接地还是以产品形式出现——取代了这些关系，变成了获取他人产品的"客观的"手段。*劳动本身构成了一种社会中介，取代了公开的社会关系。*也就是说，一种新的关系形式登上了舞台：没有人消费自己所生产的东西，相反，每个人自己的劳动或劳动产品成为获取他人产品的必要形式。为了成为这样一种形式，劳动及其产品事实上取代了公开社会关系的这部分作用。因此，商品性劳动不再为公开的或"可见的"社会关系所中介，相反，我们可以看到，它为其自身所建构的一系列结构所中介。在资本主义中，劳动及其产品中介了自身，它们社会地自我中介着。这一社会中介形式是独一无二的：在马克思理论的框架中，它有效地将资本主义社会与其他所有现存的社会生活形式区分开来，因此，相对于前者，后者可以被视为拥有了一种共通的性质——它们可以被认为是"非资本主义的"，不论它们彼此之间有什么差异。

在生产使用价值时，资本主义劳动可以被视为一种以特定方式对物质进行转化的有目的的活动——它被马克思称为"具体劳动"。劳动作为一种社会中介活动所具有的*功能*被他称为"抽象劳动"。所有社会中都有那种被我们视为劳动的东西（尽管它们并非都以具体劳动这一范畴所指代的那种一般的"世俗"形式所出现），但抽象劳动是资本主义所特有的，因

---

① 卡尔·波兰尼同样强调了现代资本主义社会的历史独特性：在其他社会中，经济内嵌于社会关系，而在现代资本主义中，社会关系内嵌于经济体系。见 Karl Polanyi, *The Great Transformation* (New York and Toronto, 1944), p. 57. 然而，波兰尼的注意力几乎完全集中于市场。他认为，完全发展的资本主义的标志是，它是建立在一个幻觉上的：人类劳动、土地和货币被当作商品对待，但它们并不是商品（p. 72）。由此，他提出，作为商品的劳动产品的存在，多少是一种社会"自然"现象。这种常见的理解与马克思的不同，对马克思来说，没有什么东西"自然地"是商品；同时，商品的范畴指的是一种社会关系的历史特殊形式，而非物品、人或是货币。事实上，这一社会关系形式首要地指代一种历史特定的社会劳动形式。波兰尼隐含的社会本体论，及其对市场的排他性关注，使焦点偏离了对"客观的"社会关系形式，以及对资本主义特有的内在历史动力的思考。

此，它需要更为详尽的考察。我已经清楚地指出，抽象劳动的范畴既不指向一种独特的劳动类型，也不指向一般的具体劳动；相反，它除了作为一种生产活动所具有的"普通的"社会功能外，还表达了资本主义劳动特有的一种社会功能。

当然，一切社会形态中的劳动都具有社会性，但正如我在第二章中指出的，仅仅考虑它是"直接的"还是"间接的"，是无法充分把握它的社会性质的。在非资本主义社会中，劳动行为之所以是社会的，是因为它们内嵌于公开的社会关系网络中。这一网络是这些社会的结构性原理，各种劳动都借由这些社会关系而获得其社会性。① 站在资本主义社会的立场上，前资本主义社会形态中的关系可以被描述为个人的、社会公开的、具有特定性质的关系（这些性质根据社会群体、社会地位等的不同而不同）。由此，劳动行为被规定为社会公开的、具有特定性质的行为；社会关系，也即劳动所处的语境，赋予了各种劳动以意义。

在资本主义中，劳动自身构成了一种社会中介，取代了上述关系网络。这意味着，劳动的社会性质*并非由公开的社会网络所赋予*；相反，由于劳动中介自身，它便既建构了一种社会结构以取代公开的社会关系系统，又为自身赋予了社会性。这一自反性的能力既规定了劳动自我中介的社会性所具有的独特性质，又规定了这一社会中介所结构的社会关系所具有的独特性质。我将表明，资本主义劳动的自我奠基的能力赋予了劳动、劳动产品以及它所建构的社会关系以一种"客观的"性质。社会关系的性质以及资本主义劳动的社会性，都被劳动的社会功能所规定，这一功能取代了公开社会关系的作用。换句话说，作为一种社会中介活动的劳动所具有的历史特殊性，使得在资本主义中的劳动得以为其自身的社会属性奠定基础。在这个意义上，*资本主义劳动变成了其自身的社会基础*。

---

① *Capital*, vol. 1, pp. 170-171.

劳动在构成一种自我奠基性的社会中介的同时，也构成了一种独特类型的社会整体——一种整体性。要阐明整体性这一范畴以及与之相关联的普遍性形式，就需要思考与商品形式相关那种一般性。每一个生产者所生产的商品既是独特的使用价值，又具有社会中介的功能。商品的社会中介功能独立于其特定的物质形式，这对所有商品而言都是如此。在这意义上，一双鞋与一袋土豆是一样的。因此，每一件商品既是特殊的（作为使用价值），又是普遍的（作为社会中介）。劳动及其产品是非中介的，它们的社会属性与社会意义由直接社会关系所赋予，因此，它们具有了两个维度：它们既具有质的特殊性，同时又有一种内在的普遍维度。这一二重性与如下状况相呼应：劳动（或它的产品）由于其质的特殊性而被购买，却作为一种普遍手段而被出售。因而，商品性劳动既是特殊的（作为具体劳动，一种创造特殊使用价值的特定活动），又是社会普遍的（作为抽象劳动，一种获取他人货品的手段）。

对资本主义劳动的二重性的这一初步规定不应脱离其语境来理解，好像所有具体劳动形式都是普遍的劳动形式。这种说法不具有分析性，因为它可以用来指代一切社会中的劳动行为，甚至是那些商品生产仅仅具有边缘意义的社会。总之，所有的劳动形式都是一样的：因为它们都是劳动。但是，这种含糊的阐释未能也不可能有助于我们理解资本主义，因为对马克思来说，抽象劳动与价值正是为这一社会形态所特有的。赋予资本主义劳动以普遍性的不仅仅是以下这样的老生常谈，即它是各种特定工作形式的共同名称；而且，*正是劳动的社会功能赋予了它以普遍性*。作为一种社会中介活动，劳动从其产品的特殊性中抽象出来，由此，也从其自身的具体形式的特殊性中抽象出来。在马克思的分析中，抽象劳动的范畴表达了这一真实的社会抽象过程，它并非简单地基于一种概念的抽象过程。作为一种构成了社会中介的实践，劳动即是劳动一般。此外，在我们所处理的社会中，商品形式已经被普遍化了，因此，它具有社会规定性；*所有生产者的劳动都成为获取他人产品的手段*。因此，"劳动一般"以一种社会普遍的方式成为了一种中介行为。然而,劳动,作为抽象劳动,不仅因为它在所有生产者间建构了一种中介而是社会普遍的,同时这一中介的*性质*也是社会普遍的。

对此需要做进一步的阐述。所有商品生产者的劳动归总在一起,是各种具体劳动的集合;其中每一种都是整体的一个特殊部分。同样,它们的产品也以使用价值的形式,显现为"庞大的商品堆积"①。与此同时,它们所有的劳动都构成了社会中介;但是,因为每一个单独的劳动都和其他劳动一样,具有*同一种*社会中介功能,它们的抽象劳动归总在一起,没有构成庞大的各种抽象劳动的堆积,而是一种*普遍的*社会中介——换句话说,即社会整体抽象劳动。它们的产品因此构成了一种*社会整体中介——价值*。这一中介之所以是普遍的,不仅因为它联结起了所有生产者,更因为它的性质是普遍的——抽象于所有的物质特殊性以及所有的公开社会特性。因此,这一中介在个人层面和社会整体层面上都具有同样的普遍性。从社会整体的视野来看,个人的具体劳动是特殊的,是一个异质性整体的一部分;然而,作为抽象劳动,它是一个均质的、普遍的社会中介的个体化环节,这一中介建构了一种*社会整体性*。②这一具体与抽象的二重性是资本主义社会形态所特有的。

在证明了具体劳动与抽象劳动的区别之后,现在我可以修正我在前文中关于劳动一般的论述了,我将指出,社会关系的商品形式建构了具体与抽象这一二重性,它构成了两种不同的普遍性。我已经勾勒了抽象普遍维度的性质,它根源于劳动作为一种社会中介活动的功能:一切形式的劳动与劳动产品都被等价起来了。然而,劳动的这一社会功能同时在特殊

---

① *Capital*, vol. 1, p. 125.
② 应当指出,与萨特的阐释相对立,这一阐释并不本体论地确立"环节"和"整体性"的概念。一般而言,它并不主张整体应被把握为存在于其诸部分之中。见 Jean-Paul Sartre, *Critique of Dialectical Reason* (London, 1976), p. 45。然而,与阿尔都塞不同,这一阐释也不本体论地拒绝这些概念。见 Louis Althusser, *For Marx* (New York, 1970), pp. 202-204。相反,它认为环节与整体性的关系是历史地建构的,是社会形式的独特属性的结果:马克思以价值、抽象劳动、商品与资本的范畴对这些形式进行了分析。

的劳动与劳动产品间建立了另一种普遍性形式——它将它们都归类为劳动与劳动产品。因为任何一种特殊劳动都能起到抽象劳动的作用，任何劳动产品都可以作为商品，因此，那些在其他社会中未必会被归入同一类别的活动与产品，在资本主义中*被归为*同一类别，成为（具体）劳动的各种变体或是特定的使用价值。换句话说，由抽象劳动所历史地建构的抽象普遍性同样将"具体劳动"和"使用价值"打造成了普遍范畴；但是，构成这一普遍性的，是一个异质的整体，由特殊性构成，而非一种均质的整体性。在思考资本主义社会中历史地建构起来的普遍性形式与特殊性形式的辩证法时，我们必须牢记这两种形式的普遍性，即整体性与整体之间的差别。

社会并不简单地是个人的集合，它是由社会关系构成的。在马克思的分析中具有核心重要性的是这样一种看法，即资本主义社会所特有的关系，与非资本主义社会所特有的公开的社会关系形式——如亲缘关系、个人关系或直接统治关系——截然不同。后一类关系不仅是社会公开的，它们还具有质的特殊性；在社会生活的所有方面底下，不存在一种单一的、抽象的、均质的关系。

而在马克思看来，资本主义的状况与此不同。公开的与直接的社会关系确实依旧存在，但资本主义社会在根本上是由一种新的、深层的社会关联形式所结构的，这种形式无法被充分地把握为公开的人与群体（包括阶级）之间的社会关系。① 马克思的理论当然包括了对阶级剥削与统治的分析，但它也超越了对资本主义中不平等的财富与权力分配的考察，并试图去把握其社会机理，其独特的财富形式，及其内在的统治形式的本质。

对马克思而言，这一社会结构之所以如此独特，正是因为它是由劳

---

① 尽管阶级分析对马克思的批判计划来说依旧是基础的，然而，对作为社会形式的价值、剩余价值和资本的分析，却无法通过阶级范畴得到充分把握。局限于阶级考量的马克思主义分析，将会导致对马克思的批判的社会学还原。

动、由资本主义劳动的历史特殊性所建构的。因此，资本主义社会特有的社会关系仅仅以劳动为中介而存在。由于劳动是一种必然将自身对象化为产品的活动，商品性劳动作为一种社会中介活动的功能便不可避免地与这一对象化行为交织在一起：商品性劳动一面将自己作为具体劳动对象化为特定使用价值，一面将自身作为抽象劳动对象化为社会关系。

在马克思那里，现代社会或曰资本主义社会的标志之一是：由于作为这一社会的本质特征的社会关系是由劳动所建构的，这些社会关系便只能以对象化的形式存在。它们具有一种独特的客观性与形式性，它们不是公开的社会关系，它们的特点在于具体与抽象、特殊与均质普遍的一个整体化的二律背反式二重性。商品性劳动所建构的社会关系并不以一种社会公开的方式将人们彼此联结；相反，劳动建构了一个客观化的社会关系领域，它具有一种表面的非社会的、客观的性质；同时，如我们所见，它不同于并对立于个人及其直接关系的社会总和。[①] 因为资本主义形态特有的社会领域是客观化的，它便无法依据具体的社会关系而得到充分的把握。与对象化在商品中的两种劳动形式相呼应的，是两种社会财富形式：价值与物质财富。物质财富是产品及其量与质的一种功能。作为一种财富形式，它是各种类型的劳动的对象化表达，也是活跃的人与自然之关系的表达。然而，究其本身而言，它既未建构人们之间的关系，亦未规定其自身的分配。因此，物质财富作为一种支配性的社会财富形式而存在，便意味着中介了它的那些公开的社会关系形式的存在。

另一方面，价值是客观化的抽象劳动。在马克思的分析中，它是一种自我分配的财富形式：商品的分配又似乎受到内在于它本身的东西——价值——的影响。由是，价值是一个中介范畴：它既是一种历史特定的、自我分配的财富形式，又是一种客观化的、自我中介的社会关系形式。如我们所见，价值的量与物质财富的量截然不同。此外，如上所述，价值是一

---

① *Grundrisse*, pp. 157-162.

个社会整体性的范畴：商品的价值是客观化的普遍社会中介的一个个体化环节。由于它以客观化的形式存在，这一社会中介便具有一种客观性，它不是社会公开的，抽象于所有特殊性，同时，它也独立于直接的人际关系。作为社会中介的劳动带来了一种社会纽带，由于它们的性质，它们并不依赖于直接社会关系，相反，它们可以隔着空间与时间的距离而发挥作用。作为抽象劳动的客观化形式，价值是资本主义生产关系的一个本质范畴。

在马克思的分析中，商品既是使用价值又是价值，因此，它是资本主义劳动的二重性的物质客观化——它既是具体劳动，又是一种社会中介活动。它是资本主义的根本结构性原理，是人与自然的关系、人与人的关系这二者的客观化形式。商品既是产品，又是一种社会中介。它不是一种具有价值的使用价值，相反，作为具体劳动与抽象劳动的物质客观化，它是一种*作为*价值的使用价值，因此，它具有交换价值。劳动形式及其产品中的实体维度与抽象维度的这种同步性，是资本主义的各种二律背反性对立的基础，同时，我将表明，它也是其辩证性及其根本的矛盾性的基础。商品既是具体的又是抽象的，既有质的特殊性又有量的普遍均质性。由于这种两面性，商品成为资本主义根本性质的最基本表达。作为一个对象，商品*拥有*一种物质形式；作为一种社会中介，它*是*一种社会形式。

在考量了马克思的批判范畴的最初规定后应当指出，他在《资本论》第一卷中对商品、价值、资本和剩余价值的分析，并未在"微观"层面的考察和"宏观"层面的考察间做出截然的区分，相反，它在社会整体的层面上分析结构化的实践形式。对资本主义特有的根本社会中介形式的这一社会分析层面，引出了一种关于主体性形式的社会历史理论。这一理论是一种非功能主义理论，它并不试图仅仅将思想建立在社会地位或社会利益之上。相反，它对思想，或更广义地说，对主体性的分析所依据的，是社会中介的历史特定形式，也即它依据的是构成了社会世界的日常生活实践的特定结构形式。① 在这一框架内，即使是像哲学这样看似远离直接社会生活的思想形式，也能被分析为一种社会地、历史地建构起来的形式——因为这一思想模式本身可以依据历史特定的社会形式来理解。

我已经指出，马克思展开其批判理论诸范畴的方式，可以被视为一种元评论，其对象则是普遍的哲学思想的社会建构，尤其是黑格尔的哲学。对黑格尔来说，**绝对精神**，即主—客范畴的整体性，为自身奠定基础。作为"**主体**"这一自我运动的"实体"，它既是一种*自因*（causa sui），又是自身发展的终点。在《资本论》中马克思证明，商品性社会的内在形式为下述这些观念建构了社会语境：它们包括本质与表现的差异、实体这一哲学概念、主客二元论、整体性的概念，以及在资本范畴的逻辑层面，包括了主—客同一体的辩证展开。② 他对资本主义劳动的二重性——它既是生产活动又是社会中介——的分析，使他得以将这一劳动理解为一种非形

---

① 依据马克思的理论，社会实践的特定结构化形式建构了现代社会生活。在本书中，我将开始勾勒这一理论的主体性维度的各个方面，但是，我将不会讨论语言在主体性的社会建构中所扮演的可能角色——不论是以（萨丕尔—沃尔夫的）语言相对性假说的形式，还是话语理论。关于将具有文化特殊性的思想形式与语言形式联系起来的尝试，见 Edward Sapir, *Language* (New York, 1921) 和 Benjamin L. Whorf, *Language, Thought and Reality* (Cambridge, Mass., 1956)。语言并不简单地传达事先存在的思想，而是共同规定了主体性，这一理念只有在如下基础上才能和社会与历史分析联系起来：语言与社会的理论引入这一中介的方式，正是它们理解它们的对象的方式。我在这里的首要目的，是阐明一种社会理论路径，它关注社会中介形式，而非социаль群体、物质利益及其他。这样一种路径被作为一个起点，用以思考现代世界的社会与文化的关系，这一思考将超越唯物论与唯心论的传统对立——这一对立被描述为经济学或社会学的社会理论与观念论的话语论和语言理论之间的对立。由此产生的社会理论，与更为传统的"唯物论"路径相比，将具有更为内在的能力，来处理语言学导向的理论所提出的问题。同时，它也内在地要求关于语言与主体性之关系的理论能意识到，并且能够内在地处理历史特殊性的问题和大规模持久性的社会转型的问题。

② 哲学在希腊的兴起，在阿尔弗雷德·索恩-雷特尔等人看来，关联着公元前 6 至前 5 世纪铸币制度的发展和商品形式的扩张。见 Alfred Sohn-Rethel, *Geistige und körperliche Arbeit* (Frankfurt, 1972); George Thomson, *The First Philosophers* (London, 1955); 以及 R. W. Müller, *Geld und Geist* (Frankfurt, 1977)。索恩-雷特尔著作的英文修订本，见 *Intellectual and Manual Labour: A Critique of Epistemology*, trans. Martin Sohn-Rethel (Atlantic Highlands, N.J., 1978)。但是，索恩-雷特尔并未区分如下两种情况：第一是在公元前 5 世纪的阿提卡，商品生产已经广为流传，但绝非支配性的生产形式；第二是资本主义，其中商品形式统治一切。因此，他未能如卢卡奇所强调的那样，在希腊哲学与现代理性主义间做出社会区分。在卢卡奇看来，前者"对物化（这一普遍存在形式）的某些方面并不陌生 [但从未经历过这些]；它一脚跨入了物化世界，而另一只脚依旧留在'自然的'社会中"。后者的特征是"它日益坚定地认为，它已经发现了联结起一切人类所遇到的自然与社会现象的原理"(*History and Class Consciousness*, trans. Rodney Livingstone [London, 1971], pp. 111, 113)。然而，由于他关于"劳动"的假定，以及他对总体性的肯定，卢卡奇自己对资本主义时代的认识并不足够具有历史性：他的分析未能指出，黑格尔的*世界精神*的辩证展开这一理念是对资本主义时代的表达；相反，他将其阐释为一种超越了资本主义的思想形式的观念论版本。

而上学的、历史特殊的"*自因*"。因为这种劳动中介自身,为自身(社会地)奠定基础,因此,它在哲学意义上便具有"实体"性。我们已经看到,马克思明确地将抽象人类劳动的范畴与"实体"这一哲学术语相连,它表达了由劳动所建构的一种社会整体性。社会形式之所以是整体性的,是因为它不是各种特殊性的集合,相反,它是由一种以其自身为基础的普遍的、均质的"实体"所建构的。由于整体性为自己奠定基础,自我中介,并且是客观化的,它便以一种准独立的方式存在。我将表明,在资本范畴的逻辑层面上,这一整体性是具体的、自我运动的。如马克思所分析的,资本主义的社会生活形式具有形而上学的性质——也即绝对主体的那些性质。

这并不意味着马克思以一种哲学的方式来处理社会范畴;相反,他依据他所分析的社会形式的独特性质来处理哲学范畴。依此路径,社会范畴的性质以一种实体化的形式被表达为哲学范畴。譬如说,他对资本主义劳动二重性的分析,隐含地将自因性当成了一种历史特殊的社会形式,而非**绝对精神**的特性。这提示了一种对传统哲学思想——它要求将自因性原理作为其出发点——的历史阐释。马克思的范畴,和黑格尔的范畴一样,依据一种主—客同一体的展开来把握主体与客体的建构。不过,在马克思的路径中,这一同一体是被资本主义社会关系的范畴性形式所规定的,这些形式根源于商品性劳动的二重性。在马克思看来,黑格尔试图用他的整体性这一概念来把握的东西,并不是绝对的与永恒的,而是历史规定的。*自因*并不真实存在,它是社会的;同时,它也并非其自身发展的真正终点。这就是说,并不存在一个终点:克服资本主义意味着废除——而非实现——"实体",废除劳动在建构社会中介时的作用,以及废除整体性。

总结一下:在马克思的成熟期著作中,劳动位于社会生活的核心这一观念,并不简单地意指物质生产总是社会生活的前提这一事实。它同时意味着,如果将生产仅仅理解为物品的生产,那么生产并不是资本主义文明的历史特殊规定性领域。一般地说,资本主义生产领域不应仅仅依据人与自然间的物质变换来理解。在劳动作用下的人与自然的"新陈代谢"当然是任何社会中的生存前提,但是,一个社会同时也被其社会关系的性质所规定。在马克思看来,资本主义的特质正在于这一事实:它的根本社会关系是由劳动所建构的。资本主义劳动不仅将自身对象化为物质产品——一切社会形态都是如此,同时,它也将自身对象化为客观化的社会关系。借由这一二重性,它将客观的、准自然的社会领域建构为一种整体,这一整体无法被简化为直接社会关系的总和;同时,我们也看到,它对立于作为一个抽象**他者**的个人与群体的集合。换句话说,商品性劳动的二重性是这样的:资本主义劳动领域中介着社会关系,这些社会关系在其他社会形态中以公开社会互动领域的方式而存在。由此,它建构了一个准客观的社会领域。它的二重性表明,资本主义劳动具有一种为其他形态中的劳动所没有的社会综合性质。① 劳动本身并不建构社会;然而,资本主义劳动才真正建构了这一社会。

第五节 抽象劳动与异化

我们已经看到,在马克思看来,资本主义本质社会关系的客观性与普遍性在于它们构成了一个整体。它可以由一个单一的结构性形式——商品——出发而推演出来。这一论点是马克思《资本论》中的一个重要维度,本书试图从这一基本形式出发,对资本主义社会的核心特征进行理论重构。从劳动的范畴和劳动作为一种社会中介这一首要规定出发,马克思展开了货币与资本的范畴,以此进一步给出资本主义整体的其他规定。他

---

① 我将进一步阐明,对生产商品的劳动所具有的二重性的分析表明,在由哈贝马斯的《知识与人类旨趣》(trans. Jeremy Shapiro [Boston, 1971])一书引发的辩论中的**两种立场**——劳动这一社会范畴是否具有足够的综合程度,来满足马克思对它的所有要求,或者说,概念上,劳动的领域是否需要辅之以一个互动的领域——都以一种不加区分的超历史方式,将劳动处理为"劳动",而非如政治经济学批判中所分析的那样,依据资本主义劳动的特殊的、历史独特的综合性结构来处理劳动。

在这一过程中表明，资本主义特有的以劳动为中介的社会关系形式，并非仅仅建构了一个社会网络来定位、联结个人；相反，这一中介——我们先前将它分析为一种获得他人产品的手段——自身获得了生命，它独立于它所中介的个人。它发展成一种超越并对立于个人的客观体系，并日益规定着人类活动的目的与方式。[①]

值得注意的是，马克思的分析并未在概念上以一种物化的方式，将这一社会"体系"的存在作为本体论前提。相反，我已经表明，它将现代生活根本结构的这一体系状的性质，建立在社会实践的特定形式的基础上。在根本上定义了资本主义的那些社会关系具有"客观"性，并构成了一个"体系"，这是因为它们是由劳动这一历史特殊社会中介活动所建构的，也就是说，它们是由一种抽象的、同质的、客观化的实践形式所建构的。反过来说，社会互动所依据的条件，正是这些根本结构的表现形式，是这些社会关系展现、塑造直接经验的方式。换句话说，马克思的批判理论以一种复杂的方式，分析了资本主义社会中体系与行动之间的互相建构，这一分析并未将体系与行动间的对立确立为超历史的存在，而是将这一对立及其双方的基础定立在现代社会生活的特定形式之中。

由抽象劳动所建构的这一体系象征着一种新的社会统治形式。它带来了一种社会强制形式，其非个人的、抽象的、客观的性质在历史上都是新的。这一抽象社会强制的首要规定在于，个人为了生存而被迫去生产与交换商品。与奴隶或农奴的劳动不同，这一强制并不受直接社会统治的影响；相反，它是"抽象的""客观的"社会结构的产物，并代表着一种抽象的、非个人的统治形式。在根本上，这一统治形式并不以任何个人、阶级或机构为基础；它的最终来源，是特定社会实践形式所建构的、资本主义社会

[①] 在本书中，我不会讨论如下两者的关系问题：一是资本主义社会的建构，它是具有一种内在历史动力的社会整体性；二是这一社会特有的各种社会生活领域日益增长的区分。关于这一问题的一个处理，见 Georg Lukács, "The Changing Function of Historical Materialism," in *History and Class Consciousness,* esp. p. 229ff.

普遍的结构性社会形式。① 社会作为一个准独立的、抽象的、普遍的他者而对立于个人,并对他们施以非个人的强制。资本主义劳动的二重性将这一社会建构为一个异化结构。作为资本主义生产关系的基本范畴,价值的范畴也是异化的社会结构的首要规定。资本主义社会关系和异化结构是同一的。②

众所周知,在他的早期作品中,马克思主张劳动将自身对象化为产品这一过程未必是异化过程,并批评黑格尔没有在异化与对象化之间做出区分。③ 不过,我们如何理解异化与对象化的关系取决于我们如何理解劳动。如果我们从一种超历史的"劳动"观念入手,那么对象化与异化的关系就必然被建立在外在于对象化活动的因素上——譬如财产关系,也即直接生产者是否能够处置他们自己的劳动及其产品,或者资产阶级是否占有了它们。这样一种关于异化劳动的观念并未充分地把握住我所分析的那种社会建构的抽象必然性。然而,在马克思的后期著作中,异化根源于商品性劳动的二重性,由此,它*内在于这一劳动本身的特性中*。它作为一种社会中介活动的作用被外在化为一个独立的、抽象的社会领域,对建构了它的人们施以非个人的强制形式。资本主义劳动导致了一种支配这一劳动的社会结构。这一自我产生的自反性统治形式就是异化。

对于异化的上述分析内含着另一种理解对象化与异化之差异的方式。在马克思的成熟期著作中,这一差异并非源于对具体劳动及其产品的处置方式;相反,他的分析表明,*对象化事实上就是异化——只要劳动对象化为社会关系*。不过,这种同一性是历史特定的:它是资本主义劳动的特殊

---

① 马克思的理论依据商品与资本的社会形式对统治形式进行了分析,这一分析提供了一种不同的路径,来处理被福柯视为现代西方社会之特征的非个人的、内在的、普遍的权力形式。见 *Discipline and Punish: The Birth of the Prison*, trans. Alan Sheridan (New York, 1977)。
② 在伯特尔·奥尔曼对异化观念这一马克思的批判的核心结构原则所做的精细而详尽的研究中,他也将价值范畴阐释为一种将资本主义社会关系把握为异化关系的范畴。见 *Alienation* (2d ed., Cambridge, 1976), pp. 157, 176。
③ Marx, *Economic and Philosophic Manuscripts of 1844*, in Karl Marx and Frederick Engels, *Collected Works*, vol. 3: *Marx and Engels: 1843-1844* (New York, 1975), pp. 329-335, 338-346.

性质的产物。因此，它具有被克服的可能性。

由此，很清楚，通过对资本主义劳动特殊性的分析，马克思的成熟期批判再一次成功把握住了黑格尔的立场的"理性内核"——在这里，也即对象化*正是*异化。我在之前曾指出，以一种不具有历史差别的"劳动"观念为基础，黑格尔思想的"唯物主义转向"只能依据一个社会群体，而非一种超人的社会关系结构，来社会地理解黑格尔的历史**主体**概念。现在我们看到，它同样无法把握异化与对象化之间内在的（尽管是历史特定的）关系。在这两个例子中，马克思对资本主义劳动二重性的分析引出了对黑格尔思想更为充分的社会性挪用。①

由此，异化劳动建构了抽象统治的社会结构，但是，这种劳动并不必然等同于榨取、压迫或剥削。农奴的劳动中"属于"封建领主的部分本身并不是异化的：对这一劳动的统治与剥削并不内在于劳动本身。正是出于这一原因，在这一状况下的压榨是*并且必然是*以直接强制为基础的。在剩余物存在并被非劳动阶级所征收的社会中，非异化劳动必然与直接社会统治相连。与此相对，剥削与统治是商品性劳动的必然部分。② 即便作为一个独立商品生产者，其劳动依旧是异化的，虽然不如一个产业工人的异化程度之深，因为社会强制是抽象地形成的，是作为社会中介活动的劳动所对象化的社会关系的结果。资本主义特有的对劳动的抽象强制与剥削在根本上并非源于非劳动阶级对剩余物的占有，而是源于资本主义劳动形式。

作为社会中介活动的劳动所建构的抽象统治结构看上去并非是社会地建构起来的；相反，它呈现为一种自然化了的形式。它的社会与历史特

---

① 马克思在《1844年经济学哲学手稿》中对异化劳动的讨论表明，他尚未充分完成他自己的分析的基础。一方面，他明确表示，异化劳动位于资本主义的核心，它并不以私有财产为基础，恰恰相反，私有财产是异化劳动的产物（pp. 279-280）。另一方面，他尚未清晰地给出关于资本主义劳动的特殊性的概念，因此，他无法真正奠定这一论述：他关于异化的论述只有在之后以资本主义劳动二重性这一概念为基础，才得以充分完成，这一概念反过来修正了他关于异化本身的看法。

② 吉登斯指出，在前资本主义的"阶级分化的"社会中，被统治阶级不需要统治阶级来进行生产过程；但在资本主义中，工人确实需要雇主才能生存。见 *A Contemporary Critique of Historical Materialism* (London and Basingstoke, 1981), p. 130。这描述了资本主义劳动统治的特殊性的一个非常重要的维度。然而，我在本书中的意图，是去勾勒这一特殊性的另一个维度，即劳动*对*劳动的统治。如果我们仅仅关注生产资料所有制，这一形式就会被忽视。

殊性为许多因素所遮蔽。社会必要性的形式——我仅仅讨论了其首要规定——在缺乏直接的、个人的、社会的统治的情况下存在并发挥作用。因为强制的运作是非个人的、"客观的",它看上去似乎完全不是社会的,而是"自然的",并且影响了自然现实的社会概念,我在之后将对此加以解释。这一结构是这样的:一个人的自身需求,而非武力威胁或其他社会制裁,成了这一必要性的来源。

与社会劳动相关的两种彼此不同但互相重叠的必要性形式强化了对抽象统治的自然化。第一,某种形式的劳动是人类社会存在本身的必要前提——一种超历史的抑或"自然的"社会必要性。这一必要性将会遮蔽商品性劳动的特殊性——也即尽管人们并不消费自己所生产的东西,但人们的劳动依旧是获取消费产品的必要的社会方式。第二种必要性是一种历史特定的社会必要性。(在理解马克思的后资本主义社会中的自由概念时,这两种必要性之间的区别非常重要。)因为商品性劳动所扮演的特殊的社会中介角色被遮蔽了起来,这种劳动便呈现为劳动本身,因此,这两种必然性便被合并入一种显然是超历史的必要性形式:一个人必须劳动才能生存。由此,一种为资本主义所特有的社会必要性形式便呈现为"事物的自然秩序"。这种显然是超历史的必要性——也即个人的劳动是他们的(或他们的家庭的)消费的必要方式——在各个阶段上都为资本主义社会形态作为一个整体的根本合法性意识形态提供了基础。这种合法性意识形态肯定了资本主义最基本的结构,因此,它比那些与资本主义某些特定阶段紧密相关的意识形态——譬如那些与由市场中介的等价交换相关的意识形态——都更为根本。

马克思对资本主义劳动特殊性的分析为他的异化概念提供了进一步说明。异化的意义分殊极大,这取决于我们看待它的理论语境是以"劳动"为基础,还是以对资本主义劳动二重性的分析为基础。在前一种情况下,异化成为一个哲学人类学的概念;它指的是原先就存在的人类本质的外在化过程。而在另一个层面，它所指的状况是资本家具有了处置工人的劳动及其产品的权力。在这样一种批判的框架中，异化无疑是一个负面的过程——尽管其基础条件是有可能被克服的。

在本书里所论述的阐释中，异化是抽象劳动的对象化过程。它并不导致原先就存在的人类本质的外在化；相反，它导致的是人的能力以异化的形式呈现出来。换句话说，异化指的是人的能力的历史建构过程，这一过程受到劳动将自身客观化为一种社会中介活动的影响。在这一过程中，一个抽象的、客观的社会领域出现了，它获得了自身的生命，并作为一种超越并对立于个人的抽象统治结构而存在。马克思依据这一过程为资本主义社会的核心方面找到了解释与基础，其中，他评估了这一过程的两方面的结果，而非将其单纯地作为负面的东西。譬如在《资本论》中，他分析了异化劳动建构的普遍的社会形式，它既是人类能力在其中被历史地创造出来的结构，*同时*又是一个抽象统治结构。这一异化形式引发了社会财富与人类生产能力的迅速积累，同时，它也日益导致了劳动的碎片化、时间的制式化，以及自然的毁灭。由特定社会实践形式建构的抽象统治结构引发了一种超越人类控制的社会过程；而同时，在马克思的分析中，它也带来了人类控制自身以异化形式所社会地建构出来的东西的历史可能性。

在马克思对普遍性与平等问题的处理中，我们同样能够发现异化过程作为一个社会建构过程所具有的这种两面性。如前所述，人们普遍假定，马克思对资本主义社会的批判将17世纪与18世纪资产阶级革命所宣称的价值，与资本主义现状背后的特殊主义和不平等对照了起来；或者说，他批评资产阶级文明社会的普遍主义形式伪装了资产阶级的特殊主义利益。[①]然而，马克思的理论并未简单地——以及肯定地——将普遍与特殊对立起来，也没有将前者仅仅斥为一种单纯的伪装。相反，作为一种社会建构理论，它批判性地考察了现代的普遍性与平等的性质，并为其找到了社会

---

① 如 Jean Cohen, *Class and Civil Society: The Limits of Marxian Critical Theory* (Amherst, Mass., 1982), pp. 145-146。

基础。根据马克思的分析，普遍并非是一种超验理念，而是随着商品性社会关系形式的发展与巩固而历史地建构起来的。然而，在历史上出现的并非普遍本身，而是普遍的一种特定形式，这种形式关联着它自己作为其中一部分的社会形式。因此在《资本论》中，马克思将资本主义关系的传播与普遍化描述为这样一个过程：它抽象于各种劳动的具体特殊性，与此同时，它将它们简化为它们的公分母，即人类劳动。[①] 在马克思看来，这种普遍化过程为一种流行的人类平等理念的出现建构了社会历史前提，而现代政治经济学理论正反过来以这一理念为基础。[②] 换句话说，现代平等理念植根于一种社会平等形式，它伴随着商品形式的发展——也即伴随着异化过程——而历史地兴起了。

这一历史地建构起来的平等形式具有二重性质。一方面，它是普遍的：它在人们中间建立了共通性。但是它做到这一点的方式，却是抽象于特定个人或群体的质的特殊性的。普遍与特殊的对立源于异化历史过程根基中的对立。由此建构的普遍性与平等产生了正面的政治与社会后果，但是因为它们导致了对特殊性的否定，它们同样具有负面的结果。由这一对立产生的两歧的后果可以举出很多例子。譬如说，法国大革命之后犹太人在欧洲的历史，在某个层面上，可以视为一群被夹在下述两者中间的人：一面是一种抽象的普遍主义形式，它只能解放作为抽象个人而存在的人们；另一面是其具体的反普遍主义对立面，其中，人与群体的身份以特殊主义的方式被判定——譬如说，以一种等级制的、排他的或二元对立论的形式。

启蒙的抽象普遍性与特殊主义独特性之间的对立，不应以一种去语境化的方式加以理解；它是一种历史建构的对立，根植于资本主义特定的社会形式中。在抽象普遍性与具体特殊性的对立中，如果我们将前者视为一种只能在后资本主义社会中实现的理想，那么我们就依旧被束缚在一种为

[①] *Capital*, vol. 1, pp. 159-160.
[②] 同上书，p. 152。

资本主义社会所特有的对立框架中。

与这一抽象普遍形式相关的统治形式，不仅仅是一种被普遍主义假象掩盖起来的阶级关系。相反，马克思所分析的统治，是普遍主义自身的一种特殊的、历史建构的形式，他试图以价值和资本的范畴对其加以把握。因此，他所分析的社会框架的特点，同样在于抽象社会领域与个人之间为历史所建构的对立。在商品性社会中，现代个人是历史地建构起来的——这一个人独立于人与人之间的统治、义务与依赖关系，他不再公开内嵌在一个准自然的固定社会位置上，因此，在某种程度上，他是自我规定的。不过，这个"自由的"个体面临着一个抽象客观强制的社会世界，这些强制以一种类似法律的方式运作。用马克思的话说，从一个以人际依赖关系为特点的前资本主义语境中，一个以"客观依赖"的社会框架内的个人自由为特点的新社会浮现出来了。① 自由的、自我规定的个人与一个客观必要性的外在领域之间的现代对立，在马克思的分析中，是一个"真实的"对立，它随着商品性的社会关系形式的兴起与传播而历史地建构起来，并关联着主体世界与客体世界之间建构起来的更为一般的对立。然而，这一对立不仅是个人和他们的异化的社会语境之间的对立：它同时可以被视为内在于人们之中的对立，或者用更好的说法，视为现代社会个人的不同规定之间的对立。这些个人不仅是自我规定的"主体"，以意志为基础而行动；他们同时属于一个客观的强制与约束体系，它独立于他们的意志而运作——在这个意义上，他们同时也是"客体"。与商品一样，资本主义社会中所建构的个人也具有二重性。②

马克思的批判并不简单地"揭露"现代文明社会的价值与机构是掩盖了阶级关系的假象，他更在被范畴性地把握住的社会形式中为它们奠定了基础。这一批判所要求的，既不是贯彻落实资产阶级社会的理想，也不是

---

① *Grundrisse*, p. 158.
② 马克思的框架对现代社会个体的主体/客体性质的处理与福柯不同，后者在关于现代"人"的详尽讨论中，将其处理为一种经验—超验双重体。见 *The Order of Things* (New York, 1973), pp. 318ff。

将其废除①；同时，它既未指向现存形态的抽象、均质的普遍性的实现，亦未指向对普遍性的废除。相反，它根据特定的社会关系形式阐明了抽象普遍主义与特殊主义具体性之间对立的社会基础——我们会看到，正是上述形式的发展，指向了另一种普遍主义形式的可能性，这种普遍主义形式并不以一切具体特殊性为基础，也不是对它的抽象。随着资本主义的克服，已然以异化形式建构起来的社会统一体将会以不同的方式受到政治实践形式的影响，这一方式不需要否定质性特殊性。

（根据这一路径，我们有可能阐明最近的社会运动的一些特点——尤其是妇女与各种少数族裔的社会运动。它们试图超越抽象均质的普遍主义与排除普遍主义的特殊主义形式的二律背反，这一二律背反与商品的社会形式相关联。自然，对这种运动的充分分析应当是历史的：它应当能够将它们与深层社会形式的发展相关联，并以此解释这些超越资本主义特有的二律背反的尝试在历史上的出现。）

马克思对历史建构的抽象普遍性的隐含批判，与他对本质上是资本主义的工业生产的分析之间，存在概念上的呼应。我在讨论《大纲》时指出，对马克思而言，克服资本主义既不会带来以同一种工业生产方式为基础的新的分配方式，也不会废除在过去几个世纪中发展出来的生产潜力。相反，社会主义生产的形式与目的都是不同的。马克思的批判在对普遍性以及对生产过程的分析中，都避免将现存形式实体化，避免将其确立为未来自由社会的必要条件，同时，他也避免了那种社会主义将彻底废除资本主义所建构之物的观念。换句话说，异化形式的两面性表明，对它的克服意味着人们将能占有——而非简单地废除——那些曾经以异化形式社会地建构起来的东西。在这个意义上，马克思对资本主义的批判既不同于抽象的理想主义，又不同于浪漫主义。

在马克思后期著作中的异化过程，是结构化了的实践形式历史地建构

---

① *Grundrisse*, pp. 248-249.

起资本主义社会的基本社会形式、思想形式以及文化价值这一过程的必然部分。当然,价值是历史建构的这一观念不应被理解为这样一种看法:因为它们不是外在的,所以,它们就是一种伪装,抑或仅仅是惯习,不具有效力。一种关于社会生活形式的建构方式的理论,必须超越抽象绝对主义与抽象相对主义这两种路径之间的对立;后两者都认为,人类可以以某种方式外在于他们的社会宇宙而活动与思考。

依据马克思的资本主义社会理论,劳动以异化形式建构了社会关系,这些关系削弱、改变了早先的社会形式,这表明,那些早先的形式同样是被建构的。不过,我们应当在不同的社会建构之间做出区分。资本主义中的人们以劳动的方式建构了他们的社会关系与历史。尽管他们同时被他们所建构的东西所控制,然而,与"创造"了前资本主义关系(马克思认为它们既是被建构的,又是准自然的)的人相比,他们"创造"这些关系与这一历史的方式并不相同,且更为明显。如果有人要把马克思的批判理论与维柯的名言——人创造了历史,而没有创造自然,因此,人对历史的理解要好于对自然的理解①——联系起来,那么他应当在"创造"资本主义社会和"创造"前资本主义社会之间做一区分。异化的、由劳动中介的社会建构方式不仅削弱了传统社会形式,同时,它引入了一种新的社会语境,其特点在于一种人与社会间的距离形式,它允许了——甚或引发了——对作为一个整体的社会的社会反思与分析。②此外,由于资本主义的内在动力逻辑,一旦资本形式得到充分发展,这种反思就不必是回溯性的。资本主义以一种异化的、具有动力结构的"人造"关系取代了传统的"准自然"的社会形式,因此允许了建立一种更新的"人造"关系形式的客观的与主观的可能性,这一形式不再是由劳动"自动地"建构的。

---

① 如 Martin Jay, *Marxism and Totality* (Berkeley and Los Angeles, 1984), pp. 32-37。
② 在这个意义上,人们可以认为,商品形式的出现与传播是与布尔迪厄所谓的"共意场域"的转型与部分废弃有关的。这一场域的特征在于,"(如在古代社会中,)客观秩序和主观组织原则的准完美的符合,因而自然世界与社会世界表现为自明"(*Outline of a Theory of Practice*, p. 164)。

第六节　抽象劳动与拜物教

现在我可以开始讨论，为什么马克思在他的内在分析中将抽象劳动说成是生理学的劳动。我们已经看到，劳动作为一种社会中介活动，在其历史规定层面上是"价值的实体"，即社会形态的规定性本质。然而，一种社会形态的本质绝非不言自明的。本质的范畴是以表面形式的概念为前提的。如果本质和它的表现方式之间没有区别，那么讨论本质就是没有意义的。本质的特质在于，它并非并且不能直接显现，而必须在一种独特的表现形式中找到其表达。这内含了本质与表现之间的*必然*关系；本质必须具有这样的特质，即它必然以它目前的外在形式出现。举例而言，马克思对价值与价格之关系的分析，正是在分析价格如何既表现又遮蔽了价值。我在这里所考虑的则是更之前的逻辑层面——劳动与价值。

我们已经看到，资本主义中，劳动建构了社会关系。然而，劳动是一种中介了人与自然的对象化的社会活动。它必然是这样一种对象化活动，即劳动作为一种社会中介活动造就了它在资本主义中的角色。因此，劳动在资本主义中的特定社会角色，必然地以这样的外在形式表达出来：它们是作为一种生产活动的劳动的对象化。然而，劳动的显然是超历史的"物质"维度，既表达又遮蔽了劳动的历史特定社会维度。这种外在形式，是资本主义劳动的独特角色的必然表现形式。在其他社会中，劳动行为内嵌于一个公开的社会网络中，因此，它们既非"本质"亦非"表现形式"。劳动在资本主义中的独特角色将劳动建构为既是一种本质又是一种表现形式。换句话说，因为资本主义特有的社会关系是由劳动所中介的，所以这一社会形态的特点正在于它具有一个本质。

"本质"是一个本体论的规定。然而，我在这里所思考的本质则是历史的——是一种劳动的历史特定社会功能。然而，这一历史特殊性并不明显。我们已经看到，由劳动所中介的社会关系是自因性的，具有一个本质，并呈现为非社会的、客观的、超历史的。换句话说，它们呈现为本体论的。

马克思的内在分析不是一种从社会本体论立场出发进行的批判；相反，它批判了上述立场：它指出，那些貌似本体论的东西，事实上是资本主义历史特有的。

在本书前文，我曾批判地考察了这样一些立场，它们将资本主义劳动的特殊性阐释为其非直接性质，并从"劳动"的立场出发，构造了一种社会批判。如今我们已经很清楚，这种立场采用了资本主义基本社会形式"表面价值"的本体论表现，因为劳动只有在资本主义中才是一种社会本质。如果不废除本质，不废除劳动的历史特殊功能与形式，就无法历史地克服这一社会秩序。一个非资本主义社会不是仅仅由劳动建构起来的。

上述立场没有把握住资本主义劳动的独特功能，它们为这样的劳动赋予了一种社会综合性质：它们将其处理为社会生活的超历史的本质。然而，它们无法解释作为"劳动"的劳动为什么能够建构社会关系。此外，我们刚刚讨论过的表象与本质之间的关系，也无法被这种从"劳动"的立场出发的批判所阐明。我们已经看到，这种阐释假定历史上不断变动的表现形式（作为市场范畴的价值）和历史上恒定的本质（"劳动"）之间是分离的。根据这种立场，尽管所有社会都是由"劳动"建构的，它对前资本主义社会的建构似乎尤其直接与公开。我在第二章中指出，社会关系从不是直接的、无中介的。在这里我可以补充的是，由劳动所建构的社会关系从不是社会公开的，它必然以一种客观化的形式存在。传统的立场将资本主义的本质实体化为人类社会的本质，因此无法解释本质与它的表现形式之间的内在关系，因此也无法表明，资本主义的特征之一，或许正在于它具有一个本质。

这里所描述的这一错误阐释当然是可以理解的，因为它是我们所考察的形式的一种内在可能性。我们刚刚已经看到，价值不是劳动本身的对象化，而是劳动的一种历史特定功能的对象化。在其他社会形态中，劳动并不扮演这样的角色，或仅仅是很少扮演这一角色。那么，建构社会中介这一功能就不是劳动本身的内在属性，它并不根植于所有这样的人类劳动。

不过问题在于，当从考察商品入手的分析试图去揭示是什么建构了商品的价值时，它可能又遇上了劳动——但不是它的中介功能。这一特殊功能没有且不可能呈现为劳动的一种属性；它也无法通过考察作为一种生产活动的劳动而得到揭示，因为我们所谓的劳动，是一切社会形态都有的生产活动。劳动在资本主义中的独特社会功能无法直接呈现为劳动的一种属性，因为劳动就其自身而言不是一种社会中介活动；只有一种公开的社会关系才能呈现为社会中介活动。劳动的历史特殊功能只能对象化地出现，作为各种形式的价值（商品、货币、资本）。① 因此，要揭开作为一种社会中介活动的劳动的外在形式，我们不应去查看形式——价值——*背后*的东西，它必然是*对象化*的，形式自身只能以物质化的方式出现：作为商品、货币等。劳动当然会出现——但它的出现形式不是一种社会中介，而仅仅是"劳动"自身。

通过考察劳动自身，我们无法揭示劳动建构社会关系中介的功能；我们必须考察它的对象化。这正是为什么马克思以商品这一资本主义社会关系的最基本的对象化形式，而非劳动来开启他的论述。② 然而，即使在对作为一种社会中介的商品的考察中，外表依旧具有欺骗性。我们已经看到，商品是一件货物，一种对象化的社会中介。作为一个使用价值或货物，商品是独特的，是独特的具体劳动的对象化；作为一个价值，商品是普遍的，是抽象劳动的对象化。然而商品无法同时作为独特的货物与普遍的中介。

这意味着，作为一种社会中介，单个商品的普遍性质必然具有一个表达形式，它是区别于单个商品的特殊性质的。这是马克思分析价值形式的起点，并将他的分析导向了货币。③ 作为一种普遍的社会中介，单个商品的存在获得了一个独立的物质化形式：它成了商品的等价物。所有商品的价值维度都被外在化为同一种商品形式——货币，它作为所有其他商品的

---

① 根据马克思对价格和利润的分析，即便是对象化表象的价值层面，也被覆以更为表面的外在层面。
② Marx, "Marginal Notes on Adolf Wagner's *Lehrbuch der politischen Ökonomie*," in Karl Marx and Frederick Engels, *Collected Works*, vol. 24: *Marx and Engels: 1874-1883* (New York, 1975), pp. 544-545.
③ *Capital*, vol. 1, pp. 137-163.

一个一般等价物而活动：它作为普遍中介而出现。由此，商品作为使用价值和价值的二重性被外在化了，它一方面以商品形式出现，另一方面以货币形式出现。然而，作为这一外在化的结果，商品并未表现为社会中介本身。相反，它表现为一个纯粹的"物的"对象，一件货品，它由货币所社会地中介。出于同样原因，货币也并未表现为对商品的（和劳动的）抽象的、普遍的维度的物质外在化形式——也即作为一种特定的社会中介形式的表现——而是表现为一种普遍的中介，一种外在于社会关系的中介。资本主义社会关系的客观中介性质被它的外在形式，即对象中的一种外在化中介（货币）所同时表达与遮蔽了。这一中介的存在可以由此被视为一种惯习的结果。①

商品表现为简单的货品或产品，这一点反过来影响了价值与创造价值的劳动的概念。这也就是说，商品似乎不是价值，不是一种社会中介，而是一种具有交换价值的使用价值。价值不再明确表现为一种物质化为商品的特定的财富形式，一种客观化的社会中介。正如商品表现为由货币中介的货品，价值也表现为（超历史的）财富，在资本主义中由市场所分配。由此，问题就不再是去分析资本主义社会中介的性质，而是去分析交换率的规定。这样，人们便开始争论交换率在根本上是由外在于商品的因素决定的，还是由内在于商品的因素决定的，譬如进入产品中的相对劳动量。然而不论结果如何，社会形式的特殊性——即价值是一种客观化的社会中介——已经被模糊了。

如果说价值被视为由市场中介的财富，同时，这一财富由劳动所建构，那么，在产品交换之中，建构价值的劳动就仅仅是一种创造财富的劳动。换句话说，如果，由于它们的外在形式，资本主义基本社会形式的规定性质没有被把握住，那么，即使价值被视为商品的属性，这种商品也不是一种社会中介，而是一种产品。因而，价值似乎是由作为生产

---

① *Capital*, vol. 1, pp. 188-243.

性活动的劳动所创造的（这种劳动生产出货物和物质财富），而非由作为一种社会中介活动的劳动所创造的。撇开其具体特殊性，劳动显然创造价值，因此，它就显得好像仅仅依赖其作为一般生产性活动所具有的能力，就能做到这一点似的。于是，价值就似乎是由劳动本身的耗费所建构的。就劳动的历史特殊性而言，它是一种对由"劳动"的耗费所建构出来的东西的分配形式。

劳动的独特社会功能决定了对劳动的无差别耗费能够建构价值，然而，这一功能无法被直接地呈显出来。我已经指出，我们无法在它的必然的对象化形式"背后"找到它，相反，人们所能看到的仅仅是，价值似乎是由劳动的单纯耗费所建构的，却不会涉及使劳动得以建构价值的那种功能。物质财富和价值之间的区别变得模糊，这一区别根植于非资本主义社会中由社会关系所中介的劳动和资本主义中由劳动自身所中介的劳动这两者间的区别。换句话说，当商品呈现为具有交换价值的货物，并由此价值呈现为由市场中介的财富时，创造价值的劳动便不再呈现为一种社会中介活动，而是呈现为一般的创造财富的劳动。因此，劳动似乎仅仅以其自身的耗费便创造了价值。抽象劳动因而在马克思的内在分析中仿佛呈现为一种所有社会中的所有人类劳动形式的"基础"：肌肉、神经等的耗费。

我已经证明，资本主义社会的"本质"事实上是作为社会关系之中介的劳动所具有的历史特殊功能。然而，在马克思的论述框架中——它已然内在于诸范畴形式中，并从商品出发，考察其价值的源头——抽象劳动的范畴呈现为对劳动本身的表达，对一般的具体劳动的表达。在这一内在分析中，资本主义的历史特定"本质"呈现为一种生理学的、本体论的本质，一种遍及所有社会的形式："劳动"。在马克思那里，抽象劳动的范畴由此成为拜物教这一概念的首要规定：因为资本主义的深层关系由劳动所中介，因此它们是客观化的，并不呈现为历史特殊的与社会的，而是呈现为具有超历史效力、具有本体论根基的形式。资本主义劳动的中介性质以生理劳动的外表出现，而这正是资本主义拜物教的根本内核。

劳动的中介功能的外在表现被拜物教化为劳动一般，从表面价值来看，它是各种被我称为"传统马克思主义"从"劳动"的立场出发的社会批判的起点。马克思的批判对象有可能被转化为传统马克思主义借由其"生产范式"所肯定的东西；这一可能性根植于这样一种情况：在马克思看来，资本主义的内核所具有的必然表现形式，可以被实体化为社会生活的本质。由此，马克思的理论指向了一种对生产范式的批判，借由资本主义特有的社会形式，它可以把握住这一范式的历史"理性内核"。

这一对抽象人类劳动范畴的分析详细地阐明了马克思的批判的内在性质。他对这一范畴的生理学定义，是从资本主义*自身出发*对资本主义进行分析。也就是说，形式表现了它们自身。这一批判并不站在其对象之外，相反，它依赖于各种范畴及其矛盾自身的充分展开。就马克思的批判的自我理解而言，把握了社会关系形式的那些范畴，同时也是社会客体性与主体性的范畴，它们本身就是这一社会现实的表现。它们不是描述性的，也即不是外在于它们的对象的，因此，它们与其对象之间的关系不是偶然的。正是由于这一内在性质，马克思的批判才会如此容易被误解，脱离了自身语境的引文与概念很容易被用来建构一种肯定性的"科学"。① 对马克思的传统阐释与对资本主义的拜物教化的理解是彼此呼应、互相关联的。

马克思的"唯物主义"批判中的*物*是社会的——是社会关系形式。在劳动的中介下，资本主义特有的社会维度*只能*以对象化的形式出现。马克思的分析揭示了物化形式的历史与社会内容，由此，它也可以用来批判各种将劳动及其对象的诸形式加以实体化的唯物主义。他的分析同时为唯心论与唯物论给出了一种批判：它将这两者的基础放在了历史特殊的、物化的、异化的社会形式中。

---

① 譬如，科尔内留斯·卡斯托里亚迪就忽视了马克思的批判的内在性质。他认为，这一性质是形而上学的，包含了对劳动的本体论化。见 Cornelius Castoriadis, "From Marx to Aristotle," *Social Research* 45, no. 4, (Winter 1978), esp. pp. 669-684。卡斯托里亚迪似乎将马克思的否定批判理解成了一种肯定的科学，并在此基础上加以批判。卡斯托里亚迪并未考虑到马克思的范畴性分析与其商品拜物教观念之间的关系，并错误地赋予了马克思一种难以置信的前后矛盾。他认为，在《资本论》的同一章节中，马克思持有一种在讨论拜物教时所批判性地分析了的准自然的、非历史的立场。

第七节　社会关系、劳动与自然

资本主义特有的社会关系形式并不公开地显现出其社会性，并因而表现出完全不具有社会性的、"自然的"样子——此处所涉及的是一种非常特殊的自然之观念。资本主义社会关系的表现形式不仅为理解社会世界提供了条件，同时，本书的分析认为，它也为理解自然世界提供了条件。在前文中我讨论了马克思关于主体的社会历史理论，为了推进这一讨论，它同时给出了一种方法，来处理自然的概念及其社会语境之间的关系问题（我只能在这里稍稍涉及一下），现在我将进一步考察资本主义关系的准客观性质，为此，我将简单地讨论一下劳动及其对象被赋予的意义问题。

作为讨论的前提，我将先以高度简单化的方式，对比一下传统社会关系与资本主义社会关系。如前所述，在传统社会中，劳动行为及其产品由公开的社会关系所中介，并内嵌于上述关系。而在资本主义里，劳动及其产品中介自身。在一个劳动及其产品内嵌于社会关系网络的社会中，它们的社会性质由这些关系所赋予——而各种劳动被赋予的社会性质似乎是内在于它们的。在这种状况下，生产性活动并不作为单纯的手段而存在，工具和产品也不表现为纯粹的对象。相反，在社会关系的作用下，它们充满了似乎是内在于它们的意义与内涵——不论是社会公开的还是准宗教的。[①]

这导致了一次重大的颠倒。被社会关系所无意识地*规定*的行为、工具或对象，由于它所具有的象征性，似乎具有了一种社会*规定性*。譬如说，在一个严格的传统社会框架里，对象或行动似乎表现出并规定了社会位置与性别定义。[②] 传统社会中的劳动行为并不简单地表现为劳动，相反，每一种劳动形式都富于社会性，表现为社会存在的一种独特规定。这类劳动

[①] 见马尔库斯对直接公开的规范、社会结构，以及前资本主义社会的对象与工具之间关系的精彩讨论。见 György Márkus, "Die Welt menschlicher Objekte: Zum Problem der Konstitution im Marxismus," in Axel Honneth and Urs Jaeggi, eds., *Arbeit, Handlung, Normativität* (Frankfurt, 1980), esp. pp. 24-38.

[②] 举例而言，马尔库斯提到了这样的社会，其中属于一个群体的对象甚至不会被其他群体所触碰——譬如男人的武器不会被女人与儿童所触碰（同上书，p. 31）。

形式与资本主义劳动截然不同：它们无法被充分地理解为工具性活动。此外，这种劳动的社会性质也不应混同于我所描述的资本主义劳动的特定社会性质。非资本主义社会的劳动并不建构社会，因为它不具有商品性劳动所特有的独特综合性质。尽管这种劳动是社会的，但它并不建构社会关系，而是被社会关系所建构。传统社会的劳动的社会性质当然被视为是"自然的"。但是，这一自然概念与商品形式主导的社会中的自然概念截然不同。传统社会中的自然被赋予了与传统社会特有的社会关系同样的性质：它在"本质上"是错杂的、个人化的、非理性的。①

如我们所见，资本主义的劳动并非以社会关系为中介，相反，它本身构成一种社会中介。*如果说，在传统社会中，社会关系赋予劳动以意义与内涵，那么在资本主义中，劳动赋予了它自身以及社会关系以一种"客观的"性质。*在其他社会中，公开的社会关系赋予劳动以各种独特意义；而当劳动开始中介自身，并由此否定那些意义时，上述客观性质就被历史地建构起来了。在这个意义上我们可以认为，当客观化社会活动自反性地对自身进行社会规定时，一种非社会公开的"意义"就历史地出现了，而这种意义就是客观性。在这一分析框架中，传统社会的社会关系所规定的劳动、工具与对象，反过来具有了一种社会规定性。在资本主义中，劳动及其产品创造了一个客观社会关系的领域：它们事实上是有社会规定性的，虽然看上去并非如此——它们看上去是纯粹"物质的"。

后一种颠倒值得进一步考察。我已经表明，资本主义劳动的独特中介作用必然表现为客观化的形式，并且不直接表现为劳动的一项特质。相反，因为资本主义的劳动为自身赋予了社会性，它便仅表现为劳动一般，褪去了传统社会中的各类劳动所具有的社会意义的光环。悖论的是，恰恰因为资本主义劳动的社会维度是自反性地建构的，并且，它不是由公开社会关系所赋予的特质，所以，这种劳动并不表现为它在这一社会形态中实际所

---

① 卢卡奇给出了这种对自然概念的分析：见 "Reification and the Consciousness of Proletariat," in *History and Class Consciousness*, p. 128。

是的那种中介活动。相反，它仅仅表现出它的一个维度，即具体劳动：一种以工具性的方式进行社会运用、社会管理的技术活动。

劳动在资本主义社会中的这一"客观化"过程，同时也是商品这一社会客体的悖论性的"世俗化"过程。商品作为一个客体并非从社会关系中获得其社会性质，它内在地就是一个社会客体（意思是，它是一种物质化的社会中介），然而，它却表现为一个单纯的物。如上所述，尽管商品同时是使用价值与价值，后一个社会维度却以一般等价物的形式（货币）外在化了。商品"分身"为商品和货币，其结果是，货币表现为抽象维度的客观化，而商品则表现为一个单纯的物。换句话说，商品本身是一种物质化的社会中介这一事实意味着，已经不存在公开的社会关系可以为客体赋予一种"超物的"（社会的或是宗教的）意义了。作为一种中介，商品本身就是一种"超物之物"。因而，中介维度的外在化，导致商品表现为一种*单纯的*物质客体。①

劳动及其产品的这种"世俗化"，是下述历史进程中的一个环节：一种具有双重性质——具体物质性与抽象社会性——的社会中介瓦解并改造了传统社会关系。具体物质维度的增长与抽象物质维度的建构步调一致。因此，我们清楚地看到，随着与公开社会关系和统治形式相关联的各种规定与局限被克服，人类现在能够自由地处置他们的劳动。资本主义劳动并未真正从无意识的社会规定中解放出来，它自身成为了这一规定的中介。因此，人们面临着一种新的强制，其基础正是那克服了传统社会形式的压迫性关系的东西：由劳动所中介的异化的、抽象的社会关系。这些关系所构成的约束框架是"客观的"，貌似非社会的，在其中，自我规定的个人

---

① 在这一抽象分析层面，我不会涉及资本主义中使用价值所具有的意义问题。在我看来，对这一问题的任何考察都应考虑到，对象（和劳动）与社会关系之间的关系，在资本主义社会与非资本主义社会中是不同的。资本主义中的对象被赋予的含义，似乎不同于传统社会。它们的意义并不被认为是内在于它们的"本质的"属性；相反，它们是具有意义的"物的"事物——它们就像符号，其能指与所指之间不具有必然的联系。人们可以尝试将对象的"内在的"属性与"偶然的""超物的"属性之间的区别，以及趣味判断的社会重要性的历史发展，与作为资本主义社会整体性社会形式的商品的发展联系起来。不过，本书将不会处理这一主题。

追逐着他们的利益——同时,这里的"个人"与"意义"似乎是被本体论地给定的,而非社会地建构的。也就是说,一种新的社会语境被建构起来,它看上去既不是社会的,也不具有语境。简单地说,资本主义特有的社会语境化形式是一种明显的去语境化形式。

(在解放了的社会中,克服无意识的社会强制要求把世俗化的劳动从其社会中介的角色中"脱离"出来。由此,人们对劳动及其产品的处置便既免于传统社会的限制,又免于异化的客观社会强制。另一方面,劳动尽管是世俗的,却能再次被赋予内涵——它不再源于无意识的传统,而是源于其被认识到的社会重要性,以及它为个人提供的实质的满足与意义。)

根据马克思对资本主义的分析,商品性劳动的二重性建构了一个以具体维度和抽象维度为特征的社会世界。具体维度表现为直接感官经验的错杂表面,抽象维度则是普遍的、均质的,抽象于一切特殊性。但是,这两个维度均被资本主义劳动的自我中介性赋予了一种客观性质。具体维度的客观性,意谓它是客体般的、"物质的"、"实物的"。抽象维度同样具有客观性:它是抽象必要性的一个均质普遍领域,这一必要性以一种法律般的、独立于意志的方式运作。资本主义特有的社会关系结构具有一种准自然的对立形式,一方是"实物的"自然,另一方是抽象的、普遍的、"客观的"自然规律。在这一对立中,社会与历史都消失了。这两个客观性世界之间的关系,可以被理解为本质与表象之间的关系,也可以被理解为一种对立。(譬如说,它在历史上曾表现为浪漫主义思想方式与实证理性主义思想方式间的对立。)①

目前的分析表明,这些社会形式所具有的特征,与17世纪自然科学

---

① 见 M. Postone, "Anti-Semitism and National Socialism," in A. Rabinbach and J. Zipes, eds., *Germans and Jews since the Holocaust* (New York and London, 1986), pp. 302-314. 其中,我依据资本主义社会中具体的、"自然的"社会生活领域与抽象的、普遍的社会生活领域之间的准自然对立,分析了现代反犹主义。抽象维度与具体维度之间的对立使得资本主义可以仅仅依据其抽象维度而被感知、理解,其具体维度由此被理解为是非资本主义的。现代反犹主义可以被理解为一种拜物教化的、片面的反资本主义形式,后者仅仅依据抽象维度来把握资本主义,并以生物学的方式将这一维度等同于犹太人,将资本主义的具体维度等同于"雅利安人"。

概念中的自然所具有的特征之间具有很多相似性。它们意味着，当商品这种社会实践的结构化形式得到普及之后，它便会塑造人们理解世界——自然世界和社会世界——的方式。

在商品世界中，对象与行动都不再具有神圣意义。它是一个由"实物的"对象组成的世俗世界，被货币这个闪闪发光的抽象物连接在一起，并围绕着货币旋转。用韦伯的话说，它是一个祛魅的世界。人们可以合理地假设，建构了并且为这一社会世界所建构的各种实践，同样可以造就一种无生命的、世俗化的、"实物的"自然概念，而且，这种概念的进一步特征，是与商品作为一种具体对象和一种抽象中介所具有的独特性质相关的。商品在日常生活层面的运转在作为"实物的"货品中建立起了一种社会共通性，同时，它也包含了一个持续的抽象活动。每一件商品都不仅具有其特殊的具体性（以具体的物质的量为尺度），而且，所有的商品都分有共同的价值，有一种非公开的抽象性和（我们会看到）一个临时规定的量。它们的价值量是由抽象尺度，而非具体物质的量决定的。作为一种社会形式，商品完全独立于它的物质内容。换句话说，这一形式不是具有质的特殊性的对象的形式，而是抽象的形式，可以以数学方式来把握。它具有"形式的"特征。商品既是特殊的、感官的对象（这是它对于购买者的价值），又是一个抽象均质实体的价值与内容，这一实体可以被数学地分割与度量（譬如依据时间与货币）。

类似地，在经典现代自然科学中，在由各种性质的表象组成的具体世界的背后，也有一个由一种运动中的普遍实体构成的世界，它具有"形式的"特性，并可以被数学地把握。这两个层面都是"世俗化的"。现实的深层本质是一个"客观的"领域，因为它独立于主体性，同时，其所依据的运行规律，可以被理性所把握。正如商品的价值抽象于它作为使用价值的性质，在笛卡尔看来，真正的自然由其"第一性"，即运动中的物质所构成，要把握它，只有将它抽象于特殊性质（"第二性"）的表象层面。后一个层面是感官（"观者之眼"）运作的层面。客体性与主体性、精神与物质、形式与内容,其构成都具有实质上的区别与对立。在它们之间建立联系的可能性现在成了一个问题——现在它们必须被中介。①

我们可以进一步描述并分析作为一种社会关系的商品和现代欧洲概念中的自然之间具有的相似性。(譬如它的非个人的、法律般的运作方式。)在此基础上我们可以假设,商品形式的异化结构,不仅与经典物理学的范式相关,也与 17、18 世纪出现的一种特定的**理性**的形式与**概念**相关。我们甚至可以将 19 世纪思想形式的变化,与充分发展的资本形式的动力性质联系起来。不过,我在这里无意进行这种考察。这一简要的描述仅仅是想指出,自然的概念和自然科学的范式具有社会和历史基础。尽管在讨论抽象时间的问题时,我将继续考察这些范畴的某些认识论内涵,但在本书中,我不会对自然的概念与其社会语境间的关系进行更为详尽的考察。不过需要说明的是,我在这里所勾勒的东西,绝非是在考察社会对科学的影响——在这种考察中,对社会的理解是直接的:它被理解成群体或阶级的利益、"偏好"等。尽管在考察科学的运用时,这种思考是很重要的,但它无法解释自然的概念或科学的范式本身。

马克思的批判给出了非功能主义的社会历史知识论。它主张,资本主义社会中人们感知、理解世界的方式是被他们的社会关系所塑造的,这些关系即日常社会实践的体制化形式。它与那种"反映论"的知识论毫无关系。它强调作为一个认识论范畴的社会关系的*形式*,由此,它也区别于弗朗茨·博克瑙(Franz Borkenau)和格罗斯曼对自然科学的唯物主义解释。在博克瑙看来,现代科学这一"数学—机械论思想"的兴起显然与工场手工业系统的出现——小手工业系统的毁灭,劳动聚集在同一个地方——有关。②博克瑙并不试图根据效用来解释他所提出的现代科学与制造业的关系;相反他指出,在工场手工业时期,科学在生产过程中扮演了一个微不

---

① 如前所述,在这里值得提出的是,马克思最初在与使用价值的对立中"推衍"出价值的方式,与笛卡尔在与第二性的对立中推衍出第一性的方式非常相似。
② 之后的总结,见 Franz Borkenau, "Zur Soziologie des mechanistischen Weltbildes," *Zeitschrift für Sozialforschung* 1 (1932), pp. 311-335。

足道的角色，直至大规模工业生产的出现。博克瑙在生产与科学之间所假定的关系是间接的：他认为17世纪初工场手工业中所形成的劳动过程为自然哲学家提供了现实模板。这一劳动过程的特征，是一种极其具体的劳动分工，劳动被分化为相对不需要什么技能的活动。这种劳动为均质的劳动一般提供了深层基础。这又反过来造成了一种社会劳动的概念的发展，以及劳动时间单位的量化比较。在博克瑙看来，机械论思想源于机械的生产组织的经验。

博克瑙试图从具体劳动的组织中直接抽绎出抽象劳动范畴。撇开这一点不谈，他还是没有讲清楚，为什么人们会开始依据工场手工业的生产组织方式来理解世界。在描述17世纪的社会冲突时，博克瑙确实指出了这一新的世界观有助于那些与新出现的社会、经济与政治秩序相关并为之斗争的社会群体。然而，它的意识形态*功能*无法用来解释这一思想形式的*基础*。对具体劳动结构的思考，辅以对社会冲突的思考，并不足以作为一种社会历史认识论的基础。

格罗斯曼批评了博克瑙的阐释，但他的批评局限于经验层面。① 格罗斯曼认为，被博克瑙归诸工场手工业时期的那种生产组织，事实上是随着工业生产而出现的；一般地说，工场手工业并不导致劳动的分工与均质化，相反，它将熟练的手工业者聚集到同一工厂中，而不对他们的劳动方式做出明显的改变。此外他主张，机械论思想的出现不是在17世纪，早在达·芬奇那里就已经有了。格罗斯曼由此为这一思想的起源给出了另一种解释：它源于熟练的手工业者在发明与生产新的机械装置时的实践活动。

格罗斯曼的假说与博克瑙的假说类似，都试图从一种作为生产活动的劳动中直接抽绎出一种思想形式。然而，正如索恩-雷特尔在《精神与身体劳动》中指出的，格罗斯曼的阐释是不充分的。因为，在他的文章中，被认为引发了机械论思想的那些装置，正是依据这一思想的逻辑来理解与解释

---

① 见 Henryk Grossmann, "Die gesellschaftlichen Grundlagen der mechanistischen Philosophie und die Manufaktur," *Zeitschrift für Sozialforschung*, 4 (1935), pp. 161-229.

的。[1] 而在索恩-雷特尔看来，特定思想形式的起源应当在一个更深入的层面进行发掘。和本书所勾勒的阐释一样，他也试图依据社会综合体形式的建构来分析思想的基础结构——譬如康德非历史地给出的那些超验的先验范畴。然而，索恩-雷特尔对社会建构的理解与本书所述的不同：他的分析并未将资本主义劳动的特殊性视为社会的建构，相反，他假定了两种社会综合体形式——一种源于交换手段，一种源于劳动手段。他认为，价值形式所导致的那种抽象化和社会综合体形式不是一种劳动抽象，而是一种交换抽象。[2] 在索恩-雷特尔看来，资本主义中确实具有一种劳动抽象，但它发生在生产过程中，而非交换过程中。[3] 但是，索恩-雷特尔并未将劳动抽象的概念与异化社会结构的创造联系起来。相反，他对社会综合方式——工业生产中的劳动决定了它是非资本主义的——给出了正面的评价，并将它对立于由交换所决定的社会化方式，而他对后者的评价是负面的。[4] 索恩-雷特尔认为，后一种社会综合方式独自建构了资本主义的本质。这是一种对资本主义矛盾的传统阐释，它使得索恩-雷特尔认为，当一个社会直接从生产过程中，而非从由交换所中介的占有中获得其综合形式时，它就有可能是无阶级的社会。[5] 这也削弱了他对马克思的范畴的精妙的认识论解读。

在本书的框架中，社会化过程的综合体绝非"劳动"的功能，而是社会关系形式（生产发生于其中）的功能。只有在资本主义中，劳动才对这一功能有影响——这是我们在考察商品形式时所揭示出来的历史特殊性所导致的。然而，索恩-雷特尔却认为商品形式是外在于商品性劳动的，并将这种生产在社会化过程中所不具有的角色赋予了它。这阻止了他充分地把握这些由劳动中介的社会化过程所创造出来的异化社会结构的性质，以及资本主义生产过程的特殊性。

---

[1] Sohn-Rethel, *Geistige und körperliche Arbeit*, p. 85n20.
[2] 同上书，pp. 77-78。
[3] 同上。
[4] 同上书，pp. 123, 186。
[5] 同上书，p. 123。

在第五章中，我将考察抽象劳动所施加的社会强制，抽象劳动是为资本范畴所把握的异化社会结构的进一步基本规定。然而，正是这些结构被索恩-雷特尔正面地评价为是非资本主义的："一个统一时间组织的功能必然性是现代连续劳动过程的特征，它包括了一个新的社会化综合体的要素。"① 这种评价正符合那种将抽象化理解为完全外在于资本主义劳动的市场现象的路径，因此，它必然将资本主义劳动视为"劳动"。异化社会综合体的形式虽然确实为资本主义的劳动所影响，但它却被正面地评价为一种非资本主义的社会化形式，为劳动本身所影响。

这一立场同时妨碍了索恩-雷特尔对 19 与 20 世纪思想形式的处理，在那里，资本性生产的形式本身采取了一个拜物教的形式。他强调交换，由此放弃了考察商品形式对劳动所具有的任何意义，同时，他将他的社会认识论局限于对静止的、抽象的机械论思想形式的考察。这必然将许多现代思想形式排除出了他的批判社会认识论的视野。索恩-雷特尔未能考虑到资本主义劳动的中介作用，这表明，他对综合体形式的理解与我在这里阐述的对社会关系形式的理解不同。尽管在某些方面，我的阐释与索恩-雷特尔相呼应：他也试图将抽象思想、哲学、自然科学的历史起源与抽象社会形式相联系。然而，我的阐释是基于对那些形式的性质与结构的不同理解而展开的。

尽管如此，一种关于社会形式的理论对于批判理论而言具有核心重要性。在我看来，一种基于对社会关系的商品形式的分析的理论，将能在一个更高的逻辑抽象层面解释科学思想的变化条件：随着资本主义文明的兴起，科学思想从关注质（使用价值），关注与实质相关的"是什么"与"为什么"的问题，转向了关注量（价值），关注与更为工具化的"怎么做"相关的问题。

---

① Sohn-Rethel, *Geistige und körperliche Arbeit*, p. 186.

第八节　劳动与工具性活动

我已经指出，资本主义社会关系的形式具有"文化的"内涵：它们为理解自然与社会世界提供了条件。现代自然科学的一个基本特征是其工具性质——它执着于自然如何运作的问题，而排斥意义的问题，以及它面向实质目的时的"价值中立"性质。尽管我在这里不拟继续讨论这种自然科学的社会基础，但通过考察劳动是否是一种工具性活动，以及考察这一活动与资本主义特有社会建构形式的关系，这一问题可以得到间接的阐明。

在《理性的销蚀》中，霍克海姆将劳动与工具理性联系了起来。在他看来，后者是在工业化过程中占支配地位的简化的理性形式具有的特征。根据霍克海姆的理论，工具理性只关注达成既定目标的正确的或是最有效率的手段。这与韦伯的形式理性与实质理性的对立这一概念相关。目的本身并非由理性手段所确定。① 理性只有在与工具相关联时才具有合法意义，或者，它自身就是一种工具，这一理念与自然科学是唯一的知识模式这一实证主义神话相关。② 这一理念为实质目的和道德、政治、经济系统带来了彻底的相对主义。③ 霍克海姆将这种理性的工具化与日益复杂化的生产方法联系了起来：

> 生产方法的历史发展，导致了这个世界彻底转向一个手段的世界而非目的的世界。随着物质生产和社会组织日益复杂化、物化，对手段的认知也日益困难，因为它们具有了自治实体的外表。④

霍克海姆确实指出，这一日益工具化的过程并非生产本身的结果，而

---

① Horkheimer, *Eclipse of Reason* (New York, 1974), pp. 3-6.
② 同上书，pp. 59ff., 105。
③ 同上书，p. 31。
④ 同上书，p. 102。

是其社会语境的产物。① 然而，如我之前所述，尽管稍显含糊，但霍克海姆还是将劳动本身等同于工具性活动。尽管我同意，工具性活动与工具理性之间确有关联，我却对他将前者等同于劳动这一点有所异议。霍克海姆根据生产的日益复杂化来解释世界不断增长的工具性质，这并不令人信服。撇开它被赋予的各种意义不管，劳动永远是实现特定目的的一种使用技术手段，但是，这不能用来解释这个世界不断增长的工具性质——"价值中立"的手段对实质价值与目的的支配日益增长，这个世界转变为一个手段的世界。只有从表面上看，劳动才是工具性活动的典型代表。马尔库斯和卡斯托里亚迪都已令人信服地指出，社会劳动从不是简单的工具性活动。② 在我看来，这一主张可以如此修正：社会劳动本身不是工具性活动，但资本主义的劳动是工具性活动。

世界变成了手段的世界而非目的的世界，这一过程已经扩展到了人的身上③，它与作为手段的商品性劳动所具有的特定性质有关。尽管社会劳动总是达到某种目的的手段，但仅仅如此并不意味着它就是工具性的。如前所述，在前资本主义社会中，劳动的内涵由公开社会关系所赋予，并被传统所塑造。因为生产商品的劳动并不是由这种关系所中介的，所以，在某种意义上，它是去意义化的、"世俗化的"。这一发展或许为这个世界的日益工具化提供了必要条件，但它并不是劳动的工具性质——劳动作为一个纯粹的手段而存在——的充分条件。只有在资本主义中，劳动才是这样一种手段，才具有这样的性质。

我们已经看到，商品性劳动作为具体劳动，是生产特定产品的手段；此外更本质地，作为抽象劳动，它是自我中介的——它是获取他人产品的一种*社会手段*。因此，对生产者来说，劳动便抽象于它的具体产品；对他们来说，劳动是一种纯粹的手段，一种获取产品的工具，劳动与用来获取

---

① Horkheimer, *Eclipse of Reason*, pp. 153-154.
② Cornelius Castoriadis, *Crossroads in the Labyrinth*, trans. Kate Soper and Martin H. Ryle (Cambridge, Mass., 1984), pp. 244-249; György Márkus, "Die Welt menschlicher Objekte," p. 24ff.
③ Horkheimer, *Eclipse of Reason*, p. 151.

产品的生产性活动的实质性质之间没有内在关系。①

资本主义生产的目的既非其生产的物质货品，亦非劳动行为对生产者的反作用，而是价值，更准确地说，是剩余价值。然而，价值是一个纯粹的数量目标，小麦的价值与武器的价值之间没有质的区别。价值是一个纯粹的量，因为作为一种财富形式，它是一种客观化的手段：它是抽象劳动的客观化——这种劳动是一种用来获取它所不生产的货物的客观手段。在为（剩余）价值而进行的生产中，目的本身就由此成了一种手段。② 因而，资本主义劳动必然是以量为导向的，指向不断增长的剩余价值量。这是马克思分析为生产而生产的资本主义生产的基础。③ 在这一框架内，世界的工具化源自于社会中介的历史特殊形式对生产与社会关系的规定，而非物质生产的日益复杂化。为生产而生产意味着，生产不再是达到一个实质目的的手段，作为一种手段，它所要达到的目的本身也是一种手段，它是一个永无止境的扩张链条的一环。*资本主义的生产成了手段的手段*。

霍克海姆注意到，社会生产的目的事实上是一种手段，它的出现引起了手段对目的的不断增长的支配。其根源并不在于具体劳动的性质，而在于资本主义劳动的性质；前者是一种创造特殊产品的特定物质手段，后者则是一种准客观的社会手段，它取代了公开的社会关系。事实上，霍克海姆将资本主义劳动的特殊性质的后果，归于了劳动一般。

尽管工具化过程在逻辑上内含于资本主义劳动的二重性，人类变成手段的这一转变还是极大地加剧了这一过程。我将阐明，这一转变的第一步，是劳动本身被商品化为劳动力（马克思称为"资本对劳动的形式上的吸

---

① 安德烈·高兹和丹尼尔·贝尔等人指出，对抽象劳动的这一分析为工人的自我概念（他们是工人/消费者，而非工人/生产者）在20世纪的发展提供了一个抽象的、初步的逻辑规定。见 André Gorz, *Critique of Economic Reason*, trans. Gillian Handyside and Chris Turner (London and New York, 1989), p. 44ff.; 及 Daniel Bell, "The Cultural Contradictions of Capitalism," in *The Cultural Contradictions of Capitalism* (New York, 1978), pp. 65-72.
② 社会与政治的形式主义，以及理论的形式主义的兴起，可以依据形式与内容的这一分离过程来加以考察，前者支配着后者。在另一个层面上，吉登斯指出，由于商品化的过程既摧毁了传统的价值与生活方式，又导致了形式与内容的这一分离，因此，它带来了广泛的无意义感。见 *A Contemporary Critique of Historical Materialism*, pp. 152-153.
③ *Capital*, vol. 1, p. 742; *Results of the Immediate Process of Production*, pp. 1037-1038.

收"),它并不必然改变物质生产形式。第二步是生产剩余价值的过程按它自己的形象开始改造劳动过程("资本对劳动的实际的吸收")。① 在实际吸收中,资本主义生产的目的——事实上它是一种手段——塑造了实现它的物质手段。物质生产的形式和它的目的(价值)之间的关系不再是偶然的了。相反,抽象劳动开始按它自己的形象量化、塑造具体劳动,抽象的价值统治开始物质化为劳动过程本身。在马克思看来,抛开表面不谈,实际吸收的特征在于,生产过程的真正原材料不是被转化为物质产品的实物材料,而是工人:他们的对象化劳动时间构成了整体性的生命。② 在实际吸收中,这一增值过程的规定被物质化了:人真的变成了一种手段。

资本主义劳动的目的对生产者施加了一种必要性形式。劳动的目的——不论将其定义为产品还是劳动对生产者的作用——既非由社会传统所给定,又不是有意识地决定的。相反,*它的目的脱离了人类的控制*:人们无法为作为目的的价值(或剩余价值)做出决定,因为这一目的是作为一种外在的必要性出现在他们面前的。他们只能决定,哪种产品最有可能带来最大的(剩余)价值;作为目的,对物质产品的选择既不取决于它们的实质性质,也不取决于它们所满足的需求。然而,各种实质目的之间确实存在着的"诸神之战"(用韦伯的话说),只有*在表面上*是纯粹相对主义的;这种相对主义妨碍了人们从实质的基础出发,去判断不同的生产目的之间的优劣。这种相对主义源自于这样一个事实:在资本性社会中,*所有的产品都表征着同一种深层生产目的*——价值。不过,这一事实目的本身并不是实质的,由此导致了纯粹相对主义的外表。资本主义生产的目的是一个绝对之物,而悖论的是,它仅仅是一种手段——而这一手段除了自身,没有其他的目的。

资本主义劳动具有二重性,它既是具体劳动,又是由劳动中介的互动,由此,它具有一种社会建构性质。这使我们得出了下述看上去自相矛

---

① *Results of the Immediate Process of Production*, p. 1034ff.
② *Capital*, vol. 1, pp. 296-297, 303, 425, 548-549.

盾的结论：正是因为其社会中介性质，资本主义劳动才是工具性活动。因为资本主义劳动的中介性质无法直接表现出来，工具性便表现为此种劳动的一个客观属性。

与此同时，自我中介的劳动所具有的工具性质，也正是被劳动中介的社会关系的工具性质。资本主义劳动建构了这一社会特有的社会中介；因此，它是一种"实践的"活动。这里，我们遇到了一个更深的悖论：资本主义劳动是一种工具性互动，恰恰是因为其历史特定的"实践"性质。反之，"实践"的领域，即社会互动的领域，与劳动的领域相融合，并具有了一种工具性质。于是，在资本主义中，劳动与社会关系所具有的工具性质，便根植于这一社会形态中劳动的特定社会角色。工具性根植于资本主义中（由劳动中介的）社会建构形式。

然而，这一分析并不意味着我们在第三章中所讨论的**批判理论**的必然的悲观论。因为，我们所考察的工具性质，是资本主义劳动的二重性的产物，而非劳动本身的产物，因此，它可以被分析为一种内在矛盾形式的属性。世界日益增长的工具性，不应被理解为一个与生产发展相连的线性的、无止境的过程。社会形式不仅为自身赋予了一种工具性质，同时，由于同一种二重性，它也带来了一种可能性，去对自身进行根本的批判，并为其自身的废除提供可能性。换句话说，劳动的二重性这一概念，为重新思考资本主义社会的根本矛盾的意义提供了出发点。

第九节 抽象的与实质的整体性

我对价值的分析表明，这一范畴表达了劳动的自我支配，也即生产者的劳动所具有的历史特殊中介维度对劳动者自身的支配。除了之前对资本吸收劳动的简单讨论，到目前为止，我的分析都将由资本主义劳动所建构的异化的社会整体性处理为形式的整体性，而非实质的整体性——它是个人之间的外在化的社会纽带，源于劳动作为一种生产性活动以及一种社会中介活动的共时规定。如果就此结束这一考察,那么,我所分析的资本主义中的异化的社会关系——考虑到它的形式性质——与市场之间就好像没有根本的区别。我们迄今为止对异化的分析,就可以被这样一种理论所挪用或重新阐释:这一理论以作为交换媒介的货币为焦点,而非以作为中介活动的劳动为焦点。

然而,在继续这一考察,并分析马克思的剩余价值的范畴以及资本的范畴时我们会看到,在他的分析中,资本主义的异化的社会关系并不总是形式的与静止的。相反,它具有一种方向性的动力性质。资本主义具有一种内在的历史动力,在马克思的分析中,这一特征源于内在于财富的价值形式和社会中介的价值形式的抽象统治形式。如前所述,这一动力的本质特征之一,是为生产而生产这一过程的不断加速。资本主义的特征在于,在一个深层系统性层面,生产的目的并不是消费。相反,在根本上,它是被一种抽象强制系统所驱动的,这一系统为资本主义劳动的二重性所建构,它将生产确立为自身的目的。换句话说,资本主义中,在根本上中介着生产的那种"文化",与其他社会截然不同,因为它自身就是由劳动所建构的。① 以作为一种社会中介活动的劳动概念为基础的批判理论,和以市场或货币为焦点的批判理论之间的区别,在于前者对资本的分析——它能够把握住现代社会生产的方向性动力与轨迹。

我对马克思的资本范畴的考察将会清楚地表明,随着社会整体性吸收了劳动的一个实质的社会维度,它便获得了其动力性质。迄今,我已经分

---

① 有人批评马克思拒绝在他的理论中纳入对资本主义使用价值的历史与文化特殊性的分析——或更一般地说,对中介生产的文化的分析。在这个意义上,这种批评所关注的资本主义社会生活的逻辑层面,与马克思试图阐明其成熟期批判的层面并不相同。此外,这种批评忽视了如下事实,即马克思认为,资本主义社会形态的本质特征与驱动力量是一种历史特殊的社会中介形式,这一形式导致了为生产而生产,而非为了消费而生产。我们可以看到,这一分析事实上涉及使用价值的范畴,尽管它没有仅仅被等同于消费。尽管如此,它确实指出,消费驱动生产的理论无法解释资本主义生产的必然的动力机制。(我在本书中给出的阐释质疑了最近社会理论中将消费认定为文化与主体领域的趋势——这一趋势意味着,生产将被认为本质上是技术的、"客观的"。更为根本的是,我的阐释还质疑了任何将"文化"作为超历史普遍范畴的观念。在这一观念中,不论何时何地,文化的建构方式都是相同的。)然而,这种批评确实表明,要在一个更为具体的层面上对资本主义社会进行考察,对使用价值的更多思考——譬如根据消费来思考——是很重要的。不过关键在于对各种分析层面进行区分,并找出它们的中介。上述对马克思的批评,见 Marshall Sahlins, *Culture and Practical Reason* (Chicago, 1976), pp. 135, 148ff.; 及 William Leiss, *The Limits to Satisfaction* (Toronto and Buffalo, 1976), pp. xvi-xx。

析了资本主义劳动作为一种社会中介活动的特殊的、抽象的社会维度。这一维度不应被混同于劳动作为一种生产性活动所具有的社会性质。在马克思看来，后者包括了生产过程的社会组织、劳动人口的平均技能、发展水平，以及科学的应用等。[①] 这一维度——作为生产性活动的具体劳动的社会性质——至今在我的思考范围之外；我所分析的作为一种社会中介活动的劳动，其作用是独立于其所进行的特定具体劳动的。但是，资本主义劳动的这两个社会维度不是没有关系的。为了分析它们如何彼此规定，我将首先考察价值的量化的、时间的维度；这将使我得以——在对劳动与时间的辩证法的阐述中——表明，以资本的形式，具体劳动的社会维度被吸收进了由抽象劳动所建构的异化的社会维度。借由占有生产性活动的社会性质，整体性（目前我只将它处理为抽象的整体性）由此获得了一种实质性。我将在本书第三部分给出这一分析，以此为理解马克思的资本范畴提供基础。在目前的考察中我将展现，由资本的范畴所表达的社会整体性同样具有一种"二重性"——抽象的与实质的，它根源于商品形式的两个维度中。区别在于，在资本中，劳动的两个社会维度*都*是异化的，并一起作为一种压迫性的力量出现在个人面前。正是由于这种二重性，整体性才不是静止的，而是具有了一种内在的矛盾性质，并导致了一种具有历史方向性的内在的动力。

  这一分析认为，异化的社会形式既是形式的又是实质的，同时它也是矛盾的。这种分析不同于索恩-雷特尔的那类理论，后者试图将资本主义的矛盾定位在它的抽象形式维度和实质维度——以无产阶级为基础的工业生产过程——之间，并假定后者不是由资本规定的。与此同时，我的路径指出，任何将整体性视为一个"单向度的"（不具有内在矛盾的）统治结构的根本性的悲观论整体性概念，都无法充分把握马克思的分析。异化社会整体性根植于商品性劳动的二重性，与阿多诺的看法相反，这种同一体

---

① *Capital*, vol. 1, p. 130.

并未将不具有社会同一性的东西吸收到自身之中，以此将整体打造为一个无矛盾体，并走向统治的普遍化。[①] 将整体性确立为一种具有内在矛盾性的东西是为了表明，这个同一体依旧保留了同一性与非同一性之间的本质矛盾，它并没有变成一个单一的同一体，将非同一者完全同化。

[①] Theodor W. Adorno, *Negative Dialectics*, trans. E. B. Ashton (New York, 1973).

第五章

抽象时间

第一节 价值量

在考察马克思对资本主义社会本质结构性社会形式的分析时,我迄今所关注的是他的抽象劳动的范畴,以及他所谓资本主义特有的社会关系是由劳动所建构的这一论点的一些基本内涵。此外,在马克思看来,社会形式的时间维度及可量化性构成了它们的另一个特征。在他的著作的前半部分涉及价值量问题的讨论中,马克思就将商品形式的这些方面引入了讨论。[1] 在讨论他对这一问题的处理时,我将展现它在马克思对资本主义社会本质的分析中所具有的核心意义。在这一基础上,我将更深入地思考价值与物质财富的区别,并着手考察资本主义与时间性的问题——它将为我奠定思想基础,以在本书最后一部分考察马克思关于资本主义发展轨迹的概念。在这一过程中,我也将进一步完善前文中所勾勒的社会历史知识论和主体性理论的诸方面。这些讨论将构建起一个平台,来批判性地考察哈贝马斯对马克思的批判。我将以这一考察来总结我对**批判理论**——它试图构建一种充分适用于20世纪的社会批判——之轨迹的讨论。到时候,我将可以开始重新建构马克思的资本的范畴。

---

[1] Marx, *Capital*, vol. 1, trans. Ben Fowkes (London, 1976), pp. 129ff.

乍看起来，价值量的问题似乎比价值和抽象人类劳动的范畴要远远来得简单与直接。举例而言，弗朗茨·彼得里（Franz Petry）、鲁宾和斯威齐将其处理为"量化的价值论"，以区别于"质性的价值论"。① 他们所给出的这一区分，是为了强调马克思的价值理论不仅是一种狭隘意义上的经济学理论，它更试图阐明资本主义社会关系的基本结构。然而，即使不去批判性地考察他们对这些社会关系的具体分析，上述理论也远不能令人满意。他们对价值的社会内容进行了质性分析，却将价值量仅仅作为一个量的概念。然而，将价值作为一个历史特殊社会形式来分析，将会改变思考价值量的框架。② 马克思不单写过那句广为引述的话，即政治经济学"甚至从来也没有提出过这样的问题：为什么劳动表现为价值"；他同时还问道，为什么"用劳动时间计算的劳动量表现为劳动产品的价值量呢"③。后一个问题表明，仅仅对价值形式进行质性分析是不够的，这样会排除价值量的问题——而后者同样需要一种质性社会分析。

当然，上述对马克思的阐释与政治经济学不同，后者在一种狭隘的质性意义上——也即仅仅依据相对交换价值的问题——处理价值量的问题。但是，上述阐释确实将其仅仅处理成了价值的质性维度的量化，而非社会形态的一个更深入的质性规定。举例而言，斯威齐写道："在纯粹交换率的规定之上……量化价值的问题……不过是对下述规律的考察：这一规律控制着生产力在由商品生产者组成的社会各生产领域间的分配。"④ 如果对斯威齐而言，质性价值理论的任务是要根据社会关系的性质和意识的形式

---

① Franz Petry, *Der soziale Gehalt der Marxschen Werttheorie* (Jena, 1916), pp. 3-5, 16; Isaak Illich Rubin, *Essays on Marx's Theory of Value,* trans. Milos Samardzija and Fredy Perlman (Detroit, 1972), pp. 67, 119, 173; Paul Sweezy, *The Theory of Capitalist Development* (New York, 1969), p. 25.
② 这些立场强调对价值范畴进行质性分析，一般而言，它们的出发点是马克思对古典政治经济的如下批判：在马克思看来，古典政治经济学忽视了这一分析，"古典政治经济学的根本缺点之一，就是它始终不能从商品的分析，而特别是商品价值的分析中，发现那种正是使价值成为交换价值的价值形式。恰恰是古典政治经济学的最优秀的代表人物，像亚当·斯密和李嘉图，把价值形式看成一种完全无关紧要的东西或在商品本性之外存在的东西。这不仅因为价值量的分析把他们的注意力完全吸引住了"（*Capital*, vol. 1, p. 174n34）。不过，这并不意味着我们可以在保留政治经济学对价值量的分析的同时，补充以对价值形式的质性分析。
③ *Capital*, vol. 1, p. 174.
④ Sweezy, *The Theory of Capitalist Development*, pp. 33-34.

来分析这些规律,那么量化价值理论则是在纯粹的量化框架内思考它们的性质。① 类似地,鲁宾写道:

> 大多数马克思的批评者的基本错误包括:1)他们完全没能把握马克思的价值理论的质性社会学面向;2)他们将量化的面向仅限于对交换率的考察……他们忽略了分配在各生产部门与事业部门间的社会劳动量的量化联系。价值量是社会劳动的量化分配的调节器。②

另一方面,彼得里将"量化价值的问题"视为由无产阶级生产的总价值以收益的形式在社会各阶级间的分配。③

这些对量化价值问题的阐释仅仅强调了对商品和劳动(或是收益)的社会分配的无意识管理。这些路径仅仅依据资本主义缺乏对分配的自觉的社会管理这一点,来阐释价值和价值量的范畴,由此仅仅将对资本主义的历史否定理解为消除私有财产后的公共计划。它们并没有提供一个充分的基础,来对资本性生产形式进行范畴性批判。然而,马克思对价值量的分析正是这一批判的必要元素:它为资本主义社会形态中劳动、时间与社会必要性的关系赋予了一种质性规定。在考察马克思的范畴的时间维度时,我将得以证明我早先的论断:价值规律绝非一种关于市场均衡机制的理论,它既包含着一种历史动力,又包含着一种独特的物质生产形式。

在马克思那里,价值的尺度始终与物质财富的尺度极其不同。后一种财富形式源自于各种具体劳动对原材料的行动,它可以依据这些对象化的劳动来度量,也即依据产出的特定物品的量与质来度量。这一度量方式是产品的质性特殊性、生产产品的活动、产品所满足的需求以及习俗惯例等的共同作用的结果——换句话说,物质财富的度量方式是特定的而非普遍

---

① Sweezy, *The Theory of Capitalist Development*, p. 41.
② Rubin, *Essays on Marx's Theory of Value*, pp. 73-74.
③ Petry, *Der soziale Gehalt*, pp. 29, 50. 不过,马克思对总价值在各阶级中以收益形式进行分配这一问题的处理,是在价格和利润的逻辑层面,而非在价值的逻辑层面进行。

的。由于它成为支配性的财富制度,它就必然由各种社会关系所中介。物质财富并不社会地中介自身;当它是支配性的社会财富形式时,它便为公开社会关系所"评估"与分配。这些关系包括传统社会纽带、权力关系、自觉的决策、对需求的考量等。物质财富作为社会财富形式的支配地位,与一种公开的社会中介方式相关联。

如我们所见,价值是一种独特的财富形式,因为它不由公开社会关系所中介,相反,它*自身就是一种中介*:它是商品的自我中介的维度。这一点表现在它的尺度中:它并不是所生产的物品量的直接结果。如前所述,这种物质的尺度包含着一种公开的社会中介方式。尽管价值和物质财富一样是对象化的劳动,但它是对象化的抽象劳动。抽象劳动建构了一种普遍的、"客观的"社会中介,它并不表达为对象化的价值——也即一种区别于对象化具体劳动形式(即特殊的产品)的形式。类似地,价值量,对对象化抽象劳动的量化尺度,同样区别于被生产和交换的各种产品的物理量(50码衣服、450吨钢铁、900桶石油等)。不过,这种尺度可以被转译为物理量。由之,商品的质与量的可公度性是一种对客观的社会关系中介的表达:它既建构了这一中介,又为这一中介所建构。于是,价值并不依据各种特殊的对象化劳动来度量,而是依据它们所共通的东西,排除了它们的特殊性的东西——也即劳动的耗费——来度量。在马克思的分析中,人类劳动的耗费并不依据其产品的数量与性质来度量,而是以时间为尺度:"那么,它的价值量是怎样计量的呢?是用它所包含的'形成价值的实体'即劳动的量来计量。劳动本身的量是用劳动的持续时间来计量,而劳动时间又是用一定的时间单位如小时、日等作尺度。"①

由此,当劳动本身成为中介产品的普遍的准客观的手段,它就构成了一种普遍的准客观的财富的尺度,这一尺度独立于产品的特殊性,因此也独立于公开的社会关系与社会语境。在马克思那里,这一尺度就是社会必

---

① *Capital*, vol. 1, p. 129.

要人类劳动时间的耗费。我们可以到，这一时间是一种特定的、"抽象的"时间形式。由于资本主义劳动的中介性质，它的尺度同样具有一种社会中介性质。在资本主义中，财富形式（价值）和它的尺度（抽象时间）*都被劳动建构为"客观的"社会中介*。

抽象人类劳动的范畴指的是一种社会过程，它是对各种具体劳动的特殊性质的抽象化，同时也是在将它们简化为其公分母：人类劳动。[①] 类似地，价值量的范畴指的是对被交换的产品的物理数量的抽象，也指将它简化为一种非外显的公分母——产品生产中所包含的劳动时间。在第四章中，我提及了马克思对商品形式的分析所具有的一些社会认识论意涵，这一分析应被理解为是对日常实践的结构化形式的分析，这些实践中包含了一个持续的抽象化过程：将各种对象、活动与个人的具体特殊性抽象化，并将它们简化为一种普遍的、"本质的"公分母。我曾指出，抽象普遍主义与具体特殊主义之间的现代对立，可以依据上述分析而得以理解。商品形式所内含的这一社会抽象化过程同时导致了一种特定的量化过程。在考察作为尺度的时间的过程中，我将触及社会关系的商品形式的这一维度。

在这里，有必要注意的是，马克思在《资本论》第一章中断言，社会必要劳动时间的耗费是价值的尺度，这一断言并非对其立场的完整论证。正如我在第四章中指出的，马克思在《资本论》中的论点内在于他的论证方式，内在于其诸范畴的充分展开方式，展开后的范畴意在回溯性地证成先前的内容，证成其逻辑的起点。我们可以看到，马克思在他对价值及其尺度的最初规定的基础上，分析了资本主义生产过程及其发展轨迹；这一分析意在回溯性地支撑他在先前的论断，即价值量是由社会必要劳动时间规定的。因此，他的论述试图证明，价值量的时间规定，既是生产的范畴性规定，又是整体性动力的范畴性规定，而并非如乍看之下那样，仅仅是对交换的一种管理。

---

① *Capital*, vol. 1, pp. 159-160.

第二节　抽象时间与社会必要性

因为抽象人类劳动构成了一种普遍的社会中介，所以在马克思的分析中，劳动时间成为价值的尺度并非个体的或偶然的，而是*社会的与必要的*：

> 体现在商品世界全部价值中的社会的全部劳动力，在这里是当作一个同一的人类劳动力……每一个这种单个劳动力，同别一个劳动力一样，都是同一的人类劳动力，具有社会平均劳动力的性质……从而在商品的生产上只使用平均必要劳动时间或社会必要劳动时间。①

马克思如此定义社会必要劳动时间："社会必要劳动时间是在现有的社会正常的生产条件下，在社会平均的劳动熟练程度和劳动强度下制造某种使用价值所需要的劳动时间。"② 单个商品的价值并不取决于花费在这一单个对象上的劳动时间，而是取决于生产它所需的社会必要的劳动时间量："可见，只是社会必要劳动量，或生产使用价值的社会必要劳动时间，决定该使用价值的价值量。"③

将商品的价值量规定为社会必要的或平均的劳动时间，表明其参考基准是作为一个整体的社会。在这里我不拟讨论这一平均值的建构方式——即它"是在生产者背后由社会过程决定的"，它的"不同比例，在他们看来，似乎是由习惯确定的"④。我仅仅提出一点，这一"社会过程"包含了一种对个体行为的社会普遍中介。这导致了由个体行为所建构的一种普遍的外在规范反过来施加于每一个个体身上。

由"社会必要劳动时间"所表达的这种必要性是这一自反性的普遍中

---

① *Capital*, vol. 1, p. 129.
② 同上。
③ 同上。
④ 同上书，p. 135。

介的一个结果。乍看起来，它似乎仅仅是对生产一件特定商品所需的平均时间的描述性陈述。但是，更为深入的思考将会揭示，这个范畴是对由商品性劳动所建构的社会统治形式的更深入的规定——它正是我所说的"历史规定的"社会必要性，它超越并对立于超历史的、"自然的"社会必要性。

生产一件特殊商品所花费的时间，以一种社会普遍的方式被中介，并被转化为一种规定了产品价值量的平均值。由此，社会必要劳动时间的范畴表达了一种普遍的时间规范，它源于生产者的行为，同时也是他们所必须遵守的。人们不仅被迫生产与交换商品以求生存，同时，如果他想要获取他的劳动时间的"全部价值"，那么这一时间就必须等同于由社会必要劳动时间所表达的时间规范。作为一个整体性范畴，社会必要劳动时间表达了生产者所面对的一种准客观的社会必要性。资本主义异化的社会关系结构所具有的特征，正是这一抽象统治的时间维度。由作为一种客观普遍中介的劳动所建构的社会整体性具有一种时间性质，其中，*时间变成了必要*。

我曾指出，马克思在《资本论》第一卷中的诸范畴处于非常高的逻辑抽象层面；此卷处理的是作为一个整体的资本主义的"本质"。他在这一卷中的范畴性分析所具有的一个策略意图，是依据资本主义社会关系的形式，来为个人（自由的、自我规定的）与社会（一个外在的客观必要性领域）之间的现代对立找到历史基础。这一对立内在于财富与社会关系的价值形式。尽管价值是由特殊商品的生产所建构的，一件特殊商品的价值量却反过来是一种结构化的普遍社会规范的产物。换句话说，单个商品的价值是普遍的社会中介中的一个个体化环节；它的量并不源于生产这一特殊商品实际所需的劳动时间，而是源于以社会必要劳动时间的范畴所表达的普遍社会中介。与物质财富的尺度——它源于特定物品的量和质——不同，价值的尺度表达了一种特定的关系——也即特殊之物与抽象—普遍之物的关系，其形式是一种环节与整体之间的关系。这一关系的双方都是由劳动所建构的——这里的劳动既是一种生产性活动，又是一种社会中介活动。劳动的这种二重性是资本主义社会财富的准客观的、抽象的时间尺度的基础；同时，它也造就了这样一种对立：一面是广泛的特殊产品或劳动，一面是一种抽象的普遍维度，后者建构了特殊的劳动，并为这些特殊的劳动所建构。

在另一个层面上，作为一种支配性的社会形式的商品，必然内含着个人与社会之间的紧张与对立。这种紧张与对立指向了一种趋势，即个人被统摄于社会之内。当劳动中介并建构社会关系时，它便成了统治着个体的整体性中的一个核心要素——尽管这些个体已经脱离了个人的统治："用时间来衡量的劳动实际上并不表现为不同主体的劳动，相反地，不同的劳动者个人倒表现为这种劳动的简单器官。"①

资本主义社会被建构为一个整体，它不仅与个体相对立，同时还趋向于统摄个体：个体成了整体的"简单器官"。在马克思对商品形式的分析中，整体对个人的统摄这一初步规定预示了他后来对资本主义生产过程的批判性考察：这一过程是上述统摄的物质化形式。不同于传统阐释从整体性的立场出发来批判资本主义中个体生存的原子化性质，马克思的分析认为，在抽象客观结构下对个体的统摄，是由资本的范畴所把握的社会形式所具有的特性。他将这一统摄视作对原子化个体的二律背反的补充，他指出，这两个环节及其对立都是资本主义形态所特有的。这种分析揭示了任何片面的社会主义概念的危险性：它们将资本主义等同于资产阶级分配方式，而将社会主义社会假设为一个由劳动所公开建构的整体性，个体被统摄其中。

对于价值的时间维度的这一讨论是非常初步的；在我对马克思的资本范畴的思考中，我将使它更为完整。尽管如此，在这里，我已经能够更为充分地考虑价值与物质财富的区分在马克思的分析中的重要性。之后我

---

① Marx, *A Contribution to the Critique of the Political Economy*, trans. S. W. Ryazanskaya (Moscow, 1970), p. 30.

将回到对资本主义和时间性的分析，我将考察由社会必要劳动时间所表达的那一类时间，以及这一范畴对一种社会建构理论而言所具有的更普遍的意义。

第三节 价值与物质财富

在区分价值与物质财富时，我将前者分析为这样一种财富形式：它同时也是一种客观化的社会关系，也即它社会地中介自身。另一方面，物质财富作为支配性的财富形式而存在，意味着公开社会关系的存在，它中介着物质财富。我们已经看到，这两种社会财富形式具有不同的尺度：价值量源于抽象劳动时间的耗费，而物质财富的尺度则依据被创造出的产品的量与质来度量。对价值和劳动生产力的关系，以及最为根本地，对于资本主义根本矛盾的性质而言，这一区分都具有重大意义。

如前所述，个别商品的价值量取决于生产这一商品所需的社会必要劳动时间。平均生产力的提高将会提高每单位时间内生产的商品的平均数量，降低生产单个商品所需的社会必要劳动时间量，由此降低每个商品的价值。一般来说，"商品的价值量与体现在商品中的劳动的量成正比，与这一劳动的生产力成反比"①。

生产力的提高导致单个商品价值的降低，因为它花费了更少的社会必要劳动时间。这表明，一段特定时间（譬如一个小时）中产出的总价值是恒定的。平均生产力和单个商品的价值量之间的反比关系源自于这样一个事实，即产出的总价值量仅仅取决于抽象人类劳动时间量的花费。平均生产力的变化并不改变相同时间段中所创造的总价值。因此，如果平均生产力翻番，特定时间段中生产出了两倍的商品，那么每一件商品都具有先前一半的价值，因为这一时间段的总价值是不变的。总价值的唯一规定，是

---

① *Capital*, vol. 1, p. 131.

抽象劳动时间的花费，后者由定量时间单位所度量。因此，总价值独立于生产力的变化："不管生产力发生了什么变化，同一劳动在同样的时间内提供的价值量总是相同的。但它在同样的时间内提供的使用价值量会是不同的：生产力提高时就多些，生产力降低时就少些。"①

我们将看到，生产力与抽象时间的关系比这一初步规定所表明的要复杂得多。不过，清楚的是，马克思的价值范畴不仅仅是在资本主义中为市场所中介的物质财富。不论在质上还是在量上，价值和物质财富都是两种非常不同的财富形式，它们甚至是对立的："更多的使用价值本身就是更多的物质财富，两件上衣比一件上衣多。两件上衣可以两个人穿，一件上衣只能一个人穿，依此类推。然而随着物质财富的量的增长，它的价值量可能同时下降。"②

对价值范畴的这一考察表明，资本主义中的支配性社会财富形式是非物质的，尽管它必须表现在商品这一物质化的"承担者"③中。它并不取决于使用价值的维度——也即物品的物质量与质——而直接源自于劳动时间的耗费。由此马克思表明，《资本论》开头的那句话——"资本主义生产方式占统治地位的社会的财富，表现为'庞大的商品堆积'。"④——仅仅具有表面效力。在资本主义中，社会财富的尺度是抽象时间尺度而非具体物质的量。这一区别是下述这种可能性的首要规定：在资本主义中，不仅对于穷人，而且对于社会整体而言，贫困（就价值而言）可以与充裕（就物质财富而言）同时存在。在资本主义中，物质财富在根本上仅仅是表面的财富。

物质财富和价值的区别对马克思的资本主义批判而言十分关键。在马克思看来，它根植于这一社会形态中的劳动的二重性质。⑤ 物质财富由具

---

① *Capital*, vol. 1, p. 137.
② 同上书，pp. 136-137。
③ 同上书，p. 126。
④ 同上书，p. 125。
⑤ 同上书，p. 137。

体劳动创造，但劳动并非物质财富的唯一源泉；①相反，这种财富形式源自于人们在自然力的帮助下对物质进行的转换。②由此，物质财富源于人与自然的互动，由有用劳动所中介。③我们看到，它的尺度取决于对象化的具体劳动的量和质，而非直接人类劳动时间的耗费。因此，物质财富的创造并不必然与这种劳动时间的耗费相关。生产力的提高带来了物质财富的增加，不论劳动时间量的花费是否增加。

有必要指出，资本主义劳动的具体的或是说有用的维度所具有的社会性质，不同于劳动作为一种社会建构活动的历史特殊维度——也即抽象劳动——所具有的社会性质。在马克思的分析中，生产力，即"劳动的生产能力"，是指有用的、具体的劳动的生产力。④它由生产的社会组织、发展水平、科学的应用、劳动人口拥有的技能以及其他因素所决定。⑤换句话说，在马克思的理解中，劳动的具体维度所具有的社会性质由社会组织与社会知识所赋予，并将它们包含在内；用我的话说，即是"作为生产性活动的劳动所具有的社会性质"，它并不限于直接劳动的耗费。在马克思的分析里，生产力表达了这一社会性质，表达了人类获得的生产能力。它源于劳动的具体维度，而非其建构了历史特殊社会中介的维度。

对价值这一资本主义中支配性的财富形式的规定，截然不同于对物质财富的规定。价值的独特之处在于，尽管它是一种财富形式，它却没有直接表达人与自然的关系，而是表达了由劳动所中介的人与人之间的关系。因此，在马克思看来，自然并未直接进入价值的建构。⑥作为一种社会中介，价值是由（抽象）劳动独自建构的：它是资本主义劳动作为一种社会中介活动所具有的历史特殊社会维度的对象化形式，是异化关系的"实

---

① *Capital*, vol. 1, pp. 134, 136-137.
② 同上。
③ Marx, "Critique of the Gotha Program," in Karl Marx and Frederick Engels, *Collected Works*, vol. 24: *Marx and Engels: 1874-1883* (New York, 1975), p. 81.
④ *Capital*, vol. 1, p. 137.
⑤ 同上书，p. 130。
⑥ 同上书，p. 138。

质"。由此，价值量并不直接表达被创造出来的产品的量，也不直接表达被利用的自然力的能量。相反，它仅仅是抽象劳动时间的产物。换句话说，尽管生产力的提高确实带来了更多的物质财富，它却并没有提高每单位时间的价值。作为一种财富形式，同时也作为一种社会关系形式，价值并不直接表达人类获得的生产能力。（在之后讨论马克思对资本范畴的理解时，我将考察这些生产能力，这些劳动的使用价值维度的规定，如何成为了资本的属性。）如果价值仅仅是由劳动所建构的，如果价值的尺度只有直接劳动时间，那么，*不同于物质财富的生产，价值的生产就必然与直接人类劳动的耗费相连*。

如我们所见，价值与物质财富的这一区别在马克思的资本主义分析中非常关键。而在继续讨论之前我要指出，马克思同时也认为，这一区分并不显现在直接经验的层面。我们已经看到，马克思在《资本论》第三卷手稿（它在马克思死后经过编辑而出版）中的意图之一就是要表明，在他的价值理论本身的基础上，这一理论看上去似乎是错的——尤其，价值似乎不仅由劳动所建构。举例而言，马克思在第三卷中讨论地租的目标之一，就是去展现自然如何变得好像是价值的创造中的一个因素；其结果是，资本主义劳动的特殊性质和劳动一般之间的区别变得模糊，正如价值和物质财富的区别变得模糊一样。①

（因此，要完整展现马克思对自然和对资本主义矛盾性质的发展的阐述，就需要阐明，一种范畴性的区别——如价值和物质财富的区别——事实上是社会地运作的，尽管行动者未必意识得到它。人们在表象形式的基础上行动，这一形式掩盖了资本主义的深层本质结构。我们必须揭示人们如何重构这些深层结构。这样一种阐述将同时表明，在它们的表象形式的中介下，这些结构不仅结构了具有社会建构性的实践，还为社会整体赋予了一种特定动力和特殊限制。然而，因为我的目标仅仅是依据其基本范畴，

---

① Marx, *Capital*, vol. 3, trans. David Fernbach (Harmondsworth, England, 1981), pp. 751-970.

澄清马克思对资本主义社会的批判性分析,所以,我无法在本书中充分展开这些问题。)

价值与物质财富之间的区别表达在价值的两个维度中,同时,它也影响着价值与技术之间的关系问题,以及资本主义基本矛盾的问题。马克思对机器的处理,应该被放在他对价值作为一种不同于物质财富的历史特殊财富形式的分析中加以理解。在马克思看来,尽管机器确实带来了物质财富的增加,它们并没有创造新的价值。相反,它们仅仅转移了生产它们时的价值量(直接劳动时间),或者它们间接地降低了劳动力价值(因为它们降低了工人的消费资料的价值),并因此提高了资本家可能占有的剩余价值的价值量。[①]机器没有创造新的价值,这既不是一个悖论,也不意味着一种还原论的立场:这种立场坚持认为马克思将直接人类劳动的首要性确立为财富的本质的社会构成,无视技术的发展。相反,它是建立在物质财富与价值的区分上的,这一区分为马克思奠定了基础,使他得以分析表达在商品形式中的两种社会维度之间日益增长的矛盾。事实上,我们可以看到,机器生产的潜能在马克思对这一矛盾的理解中扮演了一个重要角色。

在第一章我考察了《大纲》的某些篇章,这些篇章表明,在马克思看来,资本主义的基本矛盾并非工业生产与资产阶级分配关系间的矛盾,而是存在于生产领域自身内部的矛盾。在此基础上我指出,他的分析是对资本主义中的劳动和生产的批判,而非从"劳动"的立场出发给出的批判。马克思在《资本论》最初所给出的价值与物质财富的区分完全符合并加强了这一阐释。事实上,人们可以从他对两种财富形式的区分出发,或者从价值、生产力和物质财富的复杂关系出发,推论出《大纲》中所给出的基本矛盾。

一方面,正如我在之后将会更为详尽地阐明的,马克思的分析表明,

---

① Marx, *Grundrisse: Foundations of the Critique of Political Economy*, trans. Martin Nicolaus (London, 1973), p. 701.

基于劳动组织的变化、技术的发展和科学在生产中不断增长的运用,以价值为基础的生产体系带来了生产力水平的不断提高。伴随着先进的技术生产,物质财富日益成为发达的生产力水平的产物,这一生产力源自于科学与技术创造财富的潜力。直接人类劳动时间的耗费不再与这种财富的生产之间保有任何有意义的关系。然而,在马克思看来,物质财富生产得越来越多本身并不意味着创造出了更多的作为资本主义社会财富的规定形式的价值。事实上,在马克思关于资本主义根本矛盾的讨论中,两者间的这一区分至关重要。如前所述,生产力的提高并不提高单位时间内的价值量。由于这一原因,所有提高生产力的手段,如科学与技术的应用,都没有*提高*单位时间内产出的价值量,但是,它们极大地*提高*了产出的物质财富量。① 在马克思看来,资本主义核心矛盾的基础在于,不论生产力如何发展,价值依旧是资本主义中财富和社会关系的规定形式;然而,由价值所引发的生产力所具有的物质财富生产潜力,越来越使价值变得不合时宜。

这一矛盾中的一个关键点,是直接人类劳动在生产过程中扮演的角色。一方面,随着生产力的巨大提高,价值与资本的社会形式带来了一种新的社会形态的可能性,其中,直接人类劳动将不再是财富的首要社会源泉。另一方面,在这些社会形式中,直接人类劳动依旧是生产方式所必需的,并且变得日益碎片化与原子化。(在本书第三部分,我将讨论这一持续的必要性的结构基础,以及它对分析生产过程的物质形式而言具有什么意义。)根据我的阐释,马克思并未无视技术的发展,而在直接人类劳动和社会财富间确立必然的关联。相反,他的内在批判认为,这一关联是资本主义自身所确立的。

因此,马克思在《大纲》中勾勒的资本主义矛盾可以被理解为价值与物质财富间日益增长的矛盾——尽管它看起来不是如此,因为这两种财富形式的区别在社会的"表面"、直接经验的层面上被模糊了。最终,现在

---

① 为了简洁与清晰,在这里我没有考虑剩余价值或劳动的强化问题。

已经很清楚的是，人们只有把价值理解为一种以人类劳动时间的耗费为尺度的历史特殊财富形式，才能把握马克思对这一矛盾的分析。马克思在价值和社会财富间所做的区分证明了我的论断，即他的价值范畴并不意在表明社会财富无论何时何地都是直接人类劳动的产物；也不是说，在资本主义中，这一超历史的"真实"被各种神秘化的形式所掩盖了；更不是说，在社会主义中，这一人类存在的"真实"将公开地呈现出来。马克思*确实*试图证明的是，在表面之下，资本主义中支配性的社会财富形式事实上是由（抽象）劳动所独立建构的，但是，他的批判对象是这一"本质"形式本身，而仅仅是将其掩盖起来的表面形式。借由讨论价值与物质财富的区分，我已然表明，马克思的"劳动价值论"的批判功能并不简单地是去"证明"资本主义中对工人阶级的剥削手段创造了社会剩余。相反，它提供了对资本主义劳动所起到的社会综合作用的历史批判，由此指向了废除这种劳动的可能性。

现在已经很清楚，许多理论未能区分价值与物质财富，这限制了它们用马克思的范畴来分析当代发展的可能性。在关于技术与价值之关系的问题上尤其如此。价值的范畴常常被等同于一般社会财富的范畴，因此，主流趋势倾向于认为，要么劳动永远是财富的唯一社会源泉，因此将物质财富纳入价值之下；要么价值不单单是劳动的产物，而是可以被科学与技术知识的应用所直接创造出来的，因此将价值纳入物质财富之下。譬如说，保罗·沃顿（Paul Walton）和安德鲁·甘布尔（Andrew Gamble）在为马克思的路径辩护时，就强调了劳动独特的价值创造能力。然而，他们未能考虑到这一财富形式的特殊性。他们认为劳动，由于其特殊的属性，是社会财富的超历史的唯一源泉。[1] 然而，他们无法令人信服地解释为何机器不能生产价值——在这里它被简单地理解为财富。与之相反，在试图解释当今科学与技术创造财富的明显可能性时，琼·罗宾逊批评马克思坚持认为

---

[1] P. Walton and A. Gamble, *From Alienation to Surplus Value* (London, 1972), pp. 203-204.

只有人类劳动才能生产剩余价值。① 不过，罗宾逊同样将马克思的价值与资本的范畴阐释为财富一般，而非财富与社会关系的特殊形式。因此，她并未区分是什么生产了物质财富，以及是什么生产了价值。相反，她将资本物化为财富本身："我们更有理由说，资本以及科学在工业中的应用，都内在地具有生产性，同时，私有财产制度发展为垄断，其有害性正在于，它们阻止我们充分获得我们所需的那种资本。"② 罗宾逊的路径将价值和资本等同于物质财富，它必然以一种传统的方式将资本主义社会关系等同于私有制。

将马克思的价值范畴确立为一种具有超历史效力的财富范畴，或者反过来，将其日渐增长的悖时性解释为这一范畴的理论不充分性的标志，这两种做法都混淆了价值与物质财富。以上路径抽空了马克思的价值范畴所具有的历史特殊性，无法把握他关于资本主义社会深层基本社会形式的矛盾性质的概念。它们倾向于将生产方式视为一种本质上是技术的过程，受到各种社会力量与机制的影响；同时，它们倾向于将生产的历史发展视为一种线性技术发展，它有可能受到外在社会因素（如私有制）的限制；而非一种内在的技术—社会过程，其发展是矛盾的。简而言之，这一类阐释在根本上误解了马克思的批判性分析的本质。

马克思对价值与物质财富的区别的分析，对他关于资本主义社会的矛盾性质的概念非常重要。他指出，对于科学与技术的财富生产潜力而言，价值事实上并不充分适用，然而，它却依旧是资本主义社会中财富与社会关系的基本规定。这一矛盾根植于资本主义劳动的二重性。它结构了一种不断增长的内在张力，这一张力为资本主义社会广泛的历史发展与社会现象赋予了形式。在本书第三部分，我将讨论资本主义社会的内在动力，并依据其内在张力，讨论资本主义生产过程的具体构形。我将指出，资本主义生产方式不应依据脱离社会"生产关系"的技术"生

---

① Joan Robinson, *An Essay on Marxian Economics* (2d ed., London, Melbourne, Toronto, 1967), p. 18.
② 同上书，p. 19。

产力"来理解,而应依据价值与物质财富之间的矛盾来理解;这就是说,它是资本主义劳动的两个维度的物质化表现,也即生产力与生产关系两者的物质化表现。①(我还将提出,这一矛盾提供了一个分析的起点,以在一个非常抽象的层面上,分析不同的社会运动所表达的需求与意识的历史转型问题。)

我将依据一种劳动与时间的辩证法来阐释资本主义的动力,这一辩证法根植于这一社会的结构性社会形式的二重性。然而,为了做到这一点,我必须首先考察与社会必要劳动时间相关联的抽象时间形式,并思考我对马克思的时间范畴的讨论所具有的社会认识论意涵。

第四节　抽象时间

在讨论价值量时,我考察了社会必要劳动时间"社会的"方面以及"必要的"方面。但我们面对的是哪一种时间呢?众所周知,时间的概念具有文化与历史的分殊——最典型的例子就是循环时间概念和线性时间概念间的区别。举例而言,G. J. 惠特罗(G. J. Whitrow)指出,在欧洲,

---

① 克劳斯·奥费在试图解释资本主义社会晚近的变化时,将资本主义劳动的两个维度处理为两种劳动。他对它们的区分,是基于它们的产品是否是为市场生产的。(见 Claus Offe, "Tauschverhältnis und politische Steuerung: Zur Aktualität des Legitimationsproblems," in *Strukturprobleme des kapitalistischen Staates* [Frankfurt, 1972], pp. 29-31。)他将抽象劳动定义为"生产性的",也即生产剩余价值的劳动,将具体劳动定义为"非生产性"劳动。奥费指出,晚期资本主义国家和服务业的发展包含了一种"具体劳动"的增长,它既不生产商品,本身也不是商品。这导致了一种资本主义元素和非资本主义元素的二元论(p. 32)。在奥费看来,尽管这种"具体劳动"形式可能对价值的创作来说终究是有用的,但它们并不限于商品形式,因此,这侵蚀了以等价交换为基础的社会合法性。
在一些重要的方面,奥费的路径与马克思的路径有所不同。马克思的抽象劳动和具体劳动的范畴,并不意指两种不同的劳动;此外,生产性劳动的范畴也并不等同于作为商品的劳动力的范畴。马克思的资本主义劳动中的两个维度的辩证法,指向一个以非常不同的劳动形式为基础的社会的历史可能性;然而,奥费对非资本主义劳动的呼唤,却并不代表这种具有质性差异的形式。奥费的意图,似乎是要通过进一步辨明服务行业特有的工作内容及其重要性,来解释公众对现存劳动形式的不满(p. 47)。对于服务业的一些特殊部分来说,这或许是对的,但作为一个普遍的解释,这一论述站不住脚,因为,服务业中增长最快的领域,显然是看护、清洁、厨卫、家务等领域。(见 Harry Braverman, *Labor and Monopoly Capitalism* [New York and London, 1974], p. 372。)奥费论述的核心在于,资本主义的本质规定及其社会合法性的基础是市场,而随着国家与服务行业的发展,市场被日渐削弱。他的基本假定是,马克思对资本主义的批判,可以被充分地把握为一种对其合法性形式的批判——这一合法性的基础可以被认为是市场。

一种以钟表日历为尺度的线性前行的时间概念，只是在最近几个世纪才普遍地取代了循环的时间概念。① 我将涉及各种形式的时间（以及各种时间概念），并以另一种方式对它们进行区分——也即时间是一个应变量还是自变量——以考察社会必要劳动时间的范畴与现代资本主义社会中自然时间的范畴之间的关系，以及它与这一社会的历史动力性质之间的关系。

我用"具体的"一词来称述各类作为事件之功能的时间：它们指代着并被理解为自然的交迭与人生的周期，以及各类特定的任务或过程，譬如煮饭所需的时间或一次祷祝所需的时间。② 在西欧的现代资本主义社会兴起之前，主导性的时间概念是各种具体时间形式：时间不是一个自治的、独立于事件的范畴，因此，它具有质性的规定，可以被认为是好的或坏的，神圣的或世俗的。③ 具体时间是一个比循环时间更宽泛的范畴，因为一些线性时间概念在本质上也是具体的。譬如犹太教的历史观念，它被定义为弥赛亚的出埃及、流亡以及降临，或是基督教概念中耶稣的降世、受难与再临。具体时间的特征并不在于它的方向，而在于它是一个应变量。譬如说，在传统犹太教与基督教的历史观念中，上述这些事件并不发生在时间之中，而是结构、规定了时间。

与具体时间相关的计量方式并不依赖于连续不断的定量时间单位，相反，它们要么基于事件——譬如重复性的自然事件，像是太阳、月亮周期或是季节，要么基于变化的时间单位。后一种时间计量方式——它很可能最初起于古埃及，广泛地传播至古代世界、远东、伊斯兰世界，并主宰欧洲直至14世纪——用长度不一的单位来将日和夜区分为一定数量的片段。④

---

① G. J. Whitrow, *The Nature of Time* (Harmondsworth, England, 1975), p. 11.

② E. P. Thompson, "Time, Work-Discipline and Industrial Capitalism," *Past and Present* 38 (1967), p. 58. 汤普森的文章具有丰富的民族志与历史材料。他提供了一个绝佳的例子，表明随着工业资本主义的发展，对时间的看法、时间的尺度、劳动与时间的关系都发生了变化。

③ Aaron J. Gurevich, "Time as a Problem of Cultural History," in L. Gardet et al., *Cultures and Time* (Paris, 1976), p. 241.

④ Whitrow, *The Nature of Time*, p. 23; Gustav Bilfinger, *Die mittelalterlichen Horen und die modernen Stunden* (Stuttgart, 1892), p. 1.

也就是说，白天的时间与黑夜的时间各自被等分为十二个"小时"，其长度随季节而变化。① 只有当昼夜等分时，白天的一"小时"才等同于夜间的一"小时"。这些可变的时间单位常常被称为"可变"时间或"临时"时间。② 这种时间计量形式似乎关联着那些被农业的、"自然的"生活工作节奏所支配的社会生活，它们依赖着季节与日夜的交迭。对时间的度量与涉及其中的时间类型之间存在关系。时间单位并非是定量的，而是可变的，这一事实表明这种时间形式是一个应变量，是事件、现象或行动的一种功能。

另一方面，"抽象时间"，也即我所谓均一的、连续的、同质的、"空洞的"时间，是独立于各种事件的。抽象时间的概念在 14 世纪与 17 世纪之间日益开始支配西欧，其最鲜明的表达，是牛顿所构造的"绝对的、真实的、数学的时间，它均匀地流动，与任何外在因素无关"③。抽象时间是一个自变量；它建构了一个独立的框架，运动、事件、行动发生其中。这种时间可以被分割为等同的、定量的、无性质的单位。

根据李约瑟的研究，独立于现象的时间概念仅仅出现在现代的西欧。④ 这种理解与一种关于运动的理念相关：运动是空间的变动，在机能上依赖于时间。这种理解在古希腊、伊斯兰世界、中世纪前期的欧洲、印度或中国都不存在。（尽管在中国有定量时间单位。）将时间分割成可公度的、可交替的片段，这种做法对古代与中世纪早期的世界来说很陌生。⑤ 因此，

---

① 巴比伦人和中国人显然都有一种将一天细分为定量时间单位的系统，见 Joseph Needham, Wang Ling, and Derek de Solla Price, *Heavenly Clockwork: The Great Astronomical Clocks of Medieval China* (2d ed., Cambridge, England, 1986), p. 199ff; Gustav Bilfinger, *Die babylonische Doppelstunde: Eine chronologische Untersuchung* (Stuttgart, 1888), pp. 5, 27-30。不过我在后文中将会简要地解释，这些定量时间单位不能等同于现代的定量钟点，也不意味着时间是一个自变量的概念。

② Whitrow, *The Nature of Time*, p. 23; Bilfinger, *Die mittelalterlichen Horen*, p. 1.

③ Isaac Newton, *Principia*, as quoted in L. R. Heath, *The Concept of Time* (Chicago, 1936), p. 88. 牛顿当然区分了绝对时间和相对时间。他将相对时间称为"某种感性的、外在的东西……通过运动来度量时间长度……它常常被用来代替真实时间，如一小时、一天、一个月、一年"（同上）。然而，他并未对这两种单位进行区分。这意味着，牛顿将相对时间视为绝对时间的感性近似值，而非另一种时间形式。

④ Joseph Needham, *Science in Traditional China* (Cambridge, Mass., and Hong Kong, 1981), p. 108.

⑤ Gurevich, "Time as a Problem of Cultural History," p. 241.

抽象时间是历史特殊的——问题是,它在什么样的条件中出现?

抽象时间的起源应该在资本主义的史前史、在中世纪晚期里寻找。它与一种特定的、结构化的社会实践形式有关。在14世纪欧洲社会的某些领域,这一形式引发了时间的社会意义的一次转型。而到17世纪末,它已然开始占据社会支配地位。更具体地说,抽象时间概念的历史起源,应当依据这种时间随着商品性社会关系形式的传播而建构的社会现实来理解。

如上所述,和古代一样,在自中世纪至14世纪的欧洲,时间并不被理解为是连续的。一年根据季节和黄道带(其中每一宫都被认为会对人施加特定的影响[①])来划分;一天则依据可变的古钟点来划分,这成为教会的*时序法典*,即教会钟点的基础。[②] 在中世纪的欧洲所保有的时间是教会时间。[③] 这种时间计量方式在14世纪发生了激烈的转型:根据比尔芬格的研究,在欧洲文学中,现代的或者说是定量的钟点出现在14世纪上半叶,到15世纪初,它已经开始普遍地取代古代的可变钟点和教会钟点了。[④] 时间计量方式从以可变钟点为基础转向以定量钟点为基础,这一变化内在地标明了抽象时间即作为自变量的时间的出现。

时间计量方式转向了一种可公度、可替换的不变钟点体系,这一变化与13世纪末或14世纪初机械时钟在西欧的发展密切相关。[⑤] 用刘易斯·芒福德(Lewis Mumford)的话说,时钟"将时间从人类事件中分离了出来"[⑥]。不过,抽象时间的出现不应仅仅依据技术的发展,譬如机械钟表的发明来解释。相反,机械钟表的出现必须被理解为一个社会文化过程,它

---

① Whitrow, *The Nature of Time*, p. 19.
② David S. Landes, *Revolution in Time* (Cambridge, Mass., and London, 1983), p. 403n15; Bilfinger, *Die mittelalterlichen Horen*, pp. 10-13. 据古斯塔夫·比尔芬格的研究,教会时间的起源,是罗马人将一天分为四个钟点,这些钟点以"时间性"钟点为基础,到了中世纪早期,又加入了两个新的时间点。
③ Landes, *Revolution in Time*, p. 75; Jacques Le Goff, "Merchant's Time and Church's Time in the Middle Ages," in *Time, Work, and Culture in the Middle Ages*, trans. Arthur Goldhammer (Chicago and London, 1980), pp. 29, 30, 36.
④ Bilfinger, *Die mittelalterlichen Horen*, p. 157.
⑤ Landes, *Revolution in Time*, pp. 8, 75; Bilfinger, *Die mittelalterlichen Horen*, p. 157; Le Goff, "Labor Time in the 'Crisis' of the Fourteenth Century," in *Time, Work, and Culture in the Middle Ages*, p. 43.
⑥ Lewis Mumford, *Technics and Civilization* (New York, 1934), p. 15.

反过来强化了自身。

历史上有许多例子都表明，以这种可替换的不变钟点单位为基础的时间计量方式的发展，必须被社会地理解，而非仅仅理解为技术本身的效应。在机械时钟发明以前（以及在惠更斯于17世纪发明钟摆改良机械时钟以前），最为复杂、普遍的计时器是漏刻或曰水钟。各种水钟遍及希腊与罗马社会，并在欧洲和亚洲广为流传。① 对我们的讨论而言有意义的是这样一个事实，即尽管水钟的运作基础是一种相对均一的过程——水的流淌——但它们是用来表明可变钟点的。② 一般而言，这一结果源于钟上用作指示时间的部分的构造方式：尽管水的流速是恒定的，指示刻度却随季节而变动。在有些罕见的情况中，一种更精致的机械装置可以让水流本身随着季节而变化。在此基础上，人们构造出了以响铃来标记（可变）钟点的复杂水钟。（807年，拉希德哈里发送给查理大帝的礼物正是这种钟。）③ 这两种钟相较而言，在水钟上标记定量、均质的钟点是一件在技术上更为简单的事情。因此，标记可变钟点就显然不是出于技术限制。相反，其原因似乎是社会的与文化的：可变钟点显然是有意义的，而等量的钟点则不然。

中国的例子清晰地表明，抽象时间和机械时钟的出现是一个社会与文化问题，而非仅仅是技术能力的问题，抑或源于任何定量时间单位的存在。在很多方面，14世纪中国的技术发展水平都要高于中世纪的欧洲。事实上，如纸张和火药之类都是中国的发明，它们被西方所利用，并产生了重要的影响。④ 然而，中国人并没有制造出任何*既*标记等分的钟点，又在组织社会生活时以此为主要方式的机械时钟或其他计时装置。这一点似乎非常令人困惑，因为在中国，自公元前1270年开始使用的旧有可变钟点

---

① Landes, *Revolution in Time*, p. 9.
② Bilfinger, *Die mittelalterlichen Horen*, p. 146; Landes, *Revolution in Time*, pp. 8, 9.
③ Bilfinger, *Die mittelalterlichen Horen*, pp. 146, 158-159; Landes, *Revolution in Time*, fig. 2 (following p. 236).
④ Needham, *Science in Traditional China*, p. 122.

体系,已经被一个定量钟点体系所取代:公元前 2 世纪之后,中国的计时体系是一种巴比伦式的体系,它将一天等分为十二个定量的"双小时"。①此外,中国具有度量这种定量钟点的技术能力。1088—1094 年间,苏颂(一位外交官与行政官员)为皇帝协调并设计搭建了一座巨大的水运"仪象台"。②这座钟楼或许是 2 世纪至 15 世纪间中国最为精致复杂的计时装置。③这一装置主要用来展示、研究天体的运动,但也呈示了定量的时间和"刻"。④不过,这一装置及其等分钟点标记似乎都没有产生什么社会效果。这一类装置——包括更小的、经过修正的版本——没有被大范围生产或是被运用于管理日常生活。缺乏技术能力或是不知道定量时间,这两者都不能用来解释为什么中国没有发明机械时钟。更重要的似乎是,定量的"双小时"似乎在社会生活的组织上没有起到很大的作用。

根据戴维·兰德斯(David Landes)的研究,中国对以定量单位如小时或分钟所表达的时间没有什么社会需求。乡村与城市的生活由自然事件与事务的昼夜轮转所调节,人们并没有生产力——即单位时间的产出——的概念。⑤此外,城市计时机制由政府所主导,并基于五个"夜钟"来进行运作,它们是可变的时间长度。⑥

如果是这样,那么中国所用的定量的"双小时"具有什么意义呢?尽管对这一问题的完整讨论超过了本书的范围,但需要指出的是,这些时间单位并非数字序列,它们具有名称。⑦这不仅意味着对每个小时的宣示都是清晰明确的(譬如通过鼓或锣),而且意味着这些时间单位虽然是均等的,但却不是抽象的——也即不是可公度的、可互换的。这一印象为下述

---

① 见 Needham et al., *Heavenly Clockwork*, pp. 199-203; Bilfinger, *Die babylonische Doppelstunde*, pp. 45-52.[我要感谢里克·别尔纳茨基(Rick Biernacki)让我注意到中国的定量钟点的问题。]
② Landes, *Revolution in Time*, pp. 17-18; Needham et al., *Heavenly Clockwork*, pp. 1-59. 苏颂(1020—1101),官至刑部尚书、吏部尚书,并进位为尚书右仆射兼中书侍郎(宰相)。曾四次出使辽国。——译者注
③ Needham et al., *Heavenly Clockwork*, pp. 60-169.
④ Landes, *Revolution in Time*, pp. 18, 29-30.
⑤ 同上书,p. 25。
⑥ 同上书,p. 26, p. 396n24; Needham et. al., *Heavenly Clockwork*, pp. 199, 203-205。
⑦ Landes, *Revolution in Time*, p. 27.

事实所强化：十二个"双小时"与天文黄道十二宫之间具有一一对应的关系，而后者显然是无法互换的。① 太阳的每日运动与每年运动之间被有意识地对应起来，各"月"与各"时"之间有着同样的名称。② 综合在一起，这一符号体系标明了一个和谐的、均衡的宇宙论体系。

然而，这一"宇宙论体系"似乎并没有被用来组织我们所谓的日常生活的"实践的"领域。我们已经看到，中国的水运钟楼的主要用途并非作为时钟，而是作为天文装置。因此，正如兰德斯指出的，它们的精确性并不源于"时间与天象间的比照，而是作为对天象的模拟与天象间的比照"。③ 铭写于这一中国计时装置中的宇宙论体系，与"实践的"领域明显分裂，这一分裂在下述事实中也可以看到：尽管中国人以阳历为度量尺度，他们同时也使用阴历来协调社会生活。④ 同时，他们并不用其"巴比伦式"的十二星"宫"来定位天体，而是用一种二十八"月宿"体系来定位天体。⑤ 总之，如前所述，中国显然并不将定量的"双小时"用于组织日常社会生活，苏颂的技术装置也没有带来什么变化。这意味着，中国所使用的定量的"巴比伦式"时间单位与机械时钟的那种定量时间单位并不相同。它们不是真正的抽象时间单位，不是作为自变量的时间，不独立于现象；相反，它们或许最好被理解为"上天的"具体时间单位。

由此，抽象时间的起源似乎与社会时间的组织有关。显然，抽象时间不能仅仅被理解为定量时间单位，就像其起源不能被仅仅归咎于技术装置。正如中国的水运钟楼没有为社会生活的时间组织带来变化，由16世纪晚期耶稣会传教士利玛窦引入中国的机械时钟也同样没有带来变化。大量欧洲的时钟被进口到中国，为皇室成员和其他高级官员所用，其劣质复制品甚至已经在中国被生产出来。然而，它们显然首先被当作玩具来看待

---

① Needham et al., *Heavenly Clockwork*, p. 200.
② Bilfinger, *Die babylonische Doppelstunde*, pp. 38-43.
③ Landes, *Revolution in Time*, p. 30.
④ Bilfinger, *Die babylonische Doppelstunde*, pp. 33, 38.
⑤ 同上书，p. 46。

和使用,似乎没有获得实际的社会意义。① 中国的生活与工作都不是以定量时间单位为基础来组织的,机械时钟的引入也没有改变这一点。② 由此,机械时钟本身并不必然带来抽象时间。

日本的例子进一步强化了这一结论。在那里,机械时钟于16世纪从欧洲引入之后,旧有的可变的终点依旧被保留了下来。日本人甚至对机械时钟做了修正,他们在表盘上构造了可移动的数字,以此来显示传统的可变钟点。③ 19世纪最后三十多年间,日本采用了定量的时间,但这并非由于机械时钟的引入,而是日本在经济、社会、科学上适应资本主义世界之过程的一部分,这一过程是明治维新的标志。④

最后一个例子源于欧洲,它应该足以证明,我们应当根据其社会意义来理解抽象时间的定量钟点在历史上的出现。1276年,《天文学知识全书》上呈卡斯蒂利亚国王阿方索十世⑤。书中描述了一种钟,它由附着于转轮的重物驱动,转轮被分为许多间隔,部分注入了水银,由此可以成为一种惯性制动闸。⑥ 尽管这一装置允许这个钟显示不变钟点,它的表盘的构造却是用来标识可变钟点的。⑦ 同时,基于装置的性质,固定在钟上的铃可以按规律的时间撞钟,但该书的作者并不将这些视为有意义的时间单位。⑧

由此,要回答作为一种自变量的时间的起源和机械时钟的发展这两重问题,我们应考察一下如下的环境:其中,定量的不变钟点成为组织社会生活的有意义的形式。

在中世纪欧洲,有两种制度化的社会生活环境以其对时间及其尺度的

---

① Landes, *Revolution in Time*, pp. 37-52; Carlo M. Cipolla, *Clocks and Culture, 1300-1700* (London, 1967), p. 89.
② Landes, *Revolution in Time*, p. 44.
③ 同上书,p. 77。
④ 同上书,p. 409n13; Wilhelm Brandes, *Alte japanische Uhren* (Munich, 1984), pp. 4-5。
⑤ 卡斯蒂利亚王国,在今西班牙西北部和中部,1837年改名为西班牙王国。——译者注
⑥ Landes, *Revolution in Time*, p. 10.
⑦ Bilfinger, *Die mittlelalterlichen Horen*, p. 159.
⑧ 同上书,p. 160。

高度关注为特征：修道院与都市中心。在西方的各修会中，祷告仪式是有时间规定的，在 6 世纪的本笃会规章中，它与可变钟点密切相关。① 在 11、12、13 世纪，这一修道日的秩序愈发严谨，对时间纪律的强调也愈发严格。在建立于 12 世纪初的西多会中尤其如此。西多会从事相对大规模的农业、制造业和矿业工程，它在组织工作中对时间纪律的强调，正如它在组织祈祷、进餐和睡眠时对时间纪律的强调。② 僧侣通过手动敲钟来标记不同的时间段。对时间的日益强调，似乎关联着 12 世纪与 13 世纪对水钟的增长的需求及其不断的改良。对水钟的需求，应当是用来更为准确地确定敲钟的正确的（可变）时间点。此外，原始形式的"计时器"装备了可能是受机械驱动的响铃，它被用于叫醒那些守夜的敲钟僧。③

尽管修道院强调时间纪律并改良了与之相关的计时装置，但是，可变钟点系统向定量钟点系统的转变，以及机械时钟的发展，显然并不源于修道院，而是源于中世纪晚期的都市中心。④ 为什么是这样呢？在 14 世纪初，西欧的都市社区已经由于之前数世纪的经济扩张而成长、获益极多，它们开始使用一系列的敲钟装置来调节它们的活动。城市生活日益充斥着各种各样的钟声，它们指示着各类市场的开关、工作日的起止，预告着各类集会，标明宵禁与禁止出售酒精的时段，警示火灾或危险，诸如此类。⑤ 和修道院一样，城镇也开始需要更大范围的时间管理。

然而，定量钟点体系兴起于城镇而非修道院，这一点表明了一个重要的区别。在比尔芬格看来，这一区别源于对保留旧有时间计量体系所具有的不同兴趣。这里所涉及的，是对时间的规定和社会控制与社会统治之间的关系。比尔芬格指出，教会或许对度量时间有兴趣，但对改变旧有的可变钟点体系（即*时序法典*）没有兴趣，旧有体系与教会在欧洲社会中的

---

① Landes, *Revolution in Time*, p. 61.
② 同上书，pp. 62, 69。
③ 同上书，pp. 63, 67-69。
④ 同上书，pp. 71-76; Bilfinger, *Die mittelalterlichen Horen*, pp. 160-165; Le Goff, "Labor Time in the 'Crisis,'" pp. 44-52。
⑤ Bilfinger, *Die mittelalterlichen Horen*, pp. 163-165。

统治地位密切相关。① 另一方面，城镇却无意保留这一体系，因此，它得以充分开发由机械时钟的发明所引入的新的钟点系统。② 由此，根据比尔芬格的研究，定量钟点的发展源于教会的时间划分向世俗的时间划分的转变，并与都市资产阶级的兴盛相关。③ 在我看来，这一论述尚不够具体。比尔芬格所关注的，是阻碍了教会采用定量钟点体系的那些因素，同时他认为，都市资产阶级没有这种限制。这意味着，定量小时体系源于一次社会限制缺位时的技术革新。然而，正如我所指出的，度量定量钟点的技术手段早在14世纪以前就存在。此外，仅仅是没有理由不采纳定量钟点，并不足以充分解释它们为什么被采纳。

兰德斯曾指出，定量钟点体系根植于城镇居民的"人造"日的时间组织，它不同于农民的"自然"日的时间组织。④ 然而，都市环境与乡村环境、都市工作与乡村工作之间的区别，并不足以成为一个充分的解释：说到底，在定量钟点体系于西欧城市兴起之前，世界很多地方早就已经有了大城市。兰德斯自己提到，在中国，城市和乡村的生活与工作模式是由同一自然时间的昼夜循环所调节的。⑤ 此外，在14世纪以前，中世纪欧洲城镇的都市工作日——它基本为*时序法典*所规划——同样被定义为从日出至日落之间的可变的"自然"时间。⑥

在14世纪欧洲都市中心所发生的从可变时间单位向定量时间单位的转变，无法依据城镇生活本身的性质来充分地理解。相反，我们需要一个更为具体的理由，一个能解释这一转变的社会基础的理由。两种体系与时间之间的不同关系，并非源于时间纪律是否在结构日常生活与工作时起到关键作用；我们已经看到，这种纪律在很大程度上是修道院生活的特征。相反，可变钟点体系与定量钟点体系之间的区别同时表达为两种不同的时

---

① 同上书, pp. 158-160。
② 同上书, p. 163。
③ 同上书, p. 158。
④ Landes, *Revolution in Time*, p. 72.
⑤ 同上书, p. 25。
⑥ Le Goff, "Labor Time in the 'Crisis,'" p. 44.

间纪律。尽管中世纪修道院的生活形式严格地依照时间来管理，然而，这种管理是依照一系列时间点而展开的，这些时间点标定了进行不同活动的时间。这种时间纪律的形式并不要求、内含或依赖于定量时间单位；它与另一种时间纪律形式非常不同，在后者中，时间单位成为活动的*尺度*。我将表明，向定量时间单位的转型应当依据一种新的社会关系形式来加以更进一步的具体化，这一新的社会关系形式无法依据"农民生活"和"都市生活"这样的社会学范畴来充分把握，同时，它与抽象时间密切相关。

雅克·勒高夫（Jacques Le Goff）将这一转型描述为教会时间向商业时间的转型[1]，或是中世纪时间向现代时间的转型[2]。在考察这一转型时，他关注到了各种类型的响铃在中世纪欧洲城镇的激增，尤其是工作铃，它在14世纪的制衣城镇迅速出现并传播。[3] 基于勒高夫的讨论，我将简要地指出工作铃如何在定量时间单位体系，以及与此相关的机械时钟的出现过程中扮演了重要的角色。工作铃本身是对一种新的社会形式的表达，这一形式尤其出现在中世纪的制衣业中。不同于大多数的中世纪"产业"，制衣业的产品并不首先供给本地市场，相反，它和金属业一样，是第一批涉入大规模出口生产的行业。[4] 大多数其他行业的工匠都在出售他们自己生产的东西，但在纺织业中，贩衣商人和工人之间具有严格的区别。前者将羊毛分配给工人，并从工人手中收集成衣以出售；后者则大多是"纯粹"的雇佣劳动者，仅仅拥有自己的生产力。这一工作一般在织工、制毡工、染工、剪毛工师傅们的小作坊中进行，他们自有或租借如织布机之类的设备，从贩衣商人那里获得原材料以及工资，并监督雇用的工人。[5] 换句话说，中世纪制衣业的组织原则是资本—雇佣劳动关系的一种早期形式。它是一种以雇佣劳动为基础的、相对大规模的、私人控制的、为了交换（也即为了

---

[1] Le Goff, "Merchant's Time," pp. 29-42.
[2] Le Goff, "Labor Time in the 'Crisis,'" pp. 43-52.
[3] 同上书，pp. 47-58。戴维·兰德斯同样关注工作铃的重要意义，见 David Landes, *Revolution in Time*, pp. 72-76。
[4] Henri Pirenne, *Belgian Democracy*, trans. J. V. Saunders (Manchester, 1915), p. 92.
[5] 同上书，pp. 92, 96, 97。

利润)而进行的生产形式,它以中世纪部分社会领域的货币化为前提,并促进了这一货币化过程。生产力的重要性内含于这一生产形式。商人的目标,即利润,部分地依赖于生产出来的衣服的价值和他们所支付的工资之间的差异——也就是说,依赖于他们所雇用的劳动的生产力。因此,生产力——兰德斯认为它在中国是一个未知范畴(与"繁忙度"不同)[1]——在中世纪的西欧纺织业中业已(至少是隐含地)构成了一个重要的社会范畴。

当然,劳动生产力取决于它在何种程度上以一种秩序化的方式被规训与协调。根据勒高夫的研究,这一点日益成为纺织工人与雇主间的争议焦点,其原因是13世纪晚期的经济危机,这一危机严重影响了制衣业。[2] 由于工人的工资是日付的,冲突的焦点就变成了工作日的长度与界定。[3] 在14世纪初,似乎是工人最先开始要求延长工作日以提高他们的工资——由于危机的原因,他们工资的实际价值已经降低了。然而,商人们很快抓住了工作日长度这一问题,并试图通过对其加以更严格的管理而从中渔利。[4] 在勒高夫看来,正是在这一阶段,工作铃这一公开标定工作日和就餐时间起止的事物,在欧洲的纺织制造城镇中广为传播。[5] 它们的主要功能之一,是协调大规模工人的工作时间。在当时的佛兰德,制衣城镇就像是大型工厂。这些城镇的街道在早晨挤满了成千上万赶去作坊上班的工人,在那里,市政工作铃的敲击界定了他们工作的起止。[6]

同样重要的是,工作铃标定了工作日的时间段——先前它是由日出与日落所"自然地"规定的。工人对延长工作日的要求(也即要超出白昼时间)已然意味着与"自然"时间之关系的弱化以及一种不同的时间尺度。当然,这并不意味着一种标准的、等分的时间已经直接出现了;中间还存

---

[1] Landes, *Revolution in Time*, p. 25.
[2] Le Goff, "Labor Time in the 'Crisis,'" pp. 45-46.
[3] Landes, *Revolution in Time*, pp. 73-74.
[4] Le Goff, "Labor Time in the 'Crisis,'" p. 45.
[5] 同上。
[6] Eleanora Carus-Wilson, "The Woolen Industry," in M. Postan and E. E. Rich, eds., *The Cambridge Economic History of Europe* (Cambridge, 1952), vol. 2, p. 386.

在一段过渡期,其中,人们很难分辨工作日的钟点依旧是随季节而变化的旧的可变钟点,还是已经被标准化为夏季时长与冬季时长了。① 不过应当指出的是,一旦一种秩序化的、标准化的工作日被历史地建构起来,当它不再直接与昼夜交替直接关联时,朝向等量时间单位的运动便出现了。界定工作日的时间不再随着昼夜长度的季节变化而变化,14世纪工人斗争以工作日的长度为关键问题这一事实的意义正在于此。② 工作日长度,在它被日出与日落所"自然地"规定时,尚不成为问题;但现在它变成了问题,它开始由斗争的结果而非传统习惯所规定,这意味着时间的社会性质发生了转型。围绕工作日长度的斗争不仅如吉登斯所说,是"资本主义经济中阶级斗争的最直接的表现"③,它同时也表达并促使了作为人类活动的抽象尺度的时间的社会建构。

作为人类活动的尺度的时间,不同于被事件所度量的时间。它内在地是一种均一的时间。如我们所见,工作铃系统源于为了交换而进行的大规模生产的语境中,并以雇佣劳动为基础。它所表达的是,工资水平和由时间所度量的劳动产出之间的实际社会关系历史地出现了;同时,反过来说,它也隐含了生产力的概念:单位时间内的劳动产出。换句话说,在西欧都市的制衣社群中,出现了早期的资本主义社会关系形式,随之出现了一种时间形式,它是人类活动的尺度,并最终成为人类活动的强迫性规范。这样一种时间可以被分割为定量单位;在由浮现中的商品形式所建构的社会结构中,这种单位同时具有社会的意义。

我所指出的是,这种新的实践形式的出现与社会关系的商品形式的发展有关。它不仅根植于商品生产领域,更根植于商品流通领域。随着地中海地区和汉萨同盟统治区内的商业网络的形成,人们越来越重视时间的度

---

① Sylvia Thrupp, "Medieval Industry 1000-1500," in Carlo M. Cipolla. ed., *The Fontana Economic History of Europe* (Glasgow, 1972). vol. 1, p. 255.
② Le Goff, "Labor Time in the 'Crisis,'" p. 47.
③ Anthony Giddens, *A Contemporary Critique of Historical Materialism* (London and Basingstoke, 1981). p. 120.

量作用。这之所以会发生，既是因为资本主义劳动长度这一关键问题，也是因为商业流程的长度、商业交易期间发生的价格波动等因素，日益成为需要测度的关键对象。①

正是在这一社会语境中，机械时钟在西欧得以发展。工作铃系统引入后不久，就出现了悬挂在钟楼上为市政府所有的自鸣钟，它很快于 14 世纪第二个二十五年间在欧洲的主要都市化区域广为传播。② 机械时钟当然助长了定量钟点体系的传播；在 14 世纪末，六十分钟小时制已经在西欧主要都市化地区牢牢地确立了起来，它取代了自然日，而成为根本性的劳动时间单位。③ 然而，上述分析也指出，这一时间系统的起源，以及抽象数学时间概念的最终出现，必须依据这一时间的"实践的"构造来理解，也即依据一种新出现的社会关系形式来理解，这一形式使得定量时间单位以及抽象时间在社会层面上变得"真实"并有意义。④ 正如 A. C. 克龙比（A. C. Crombie）指出的："1370 年，当亨利·德·维克（Henri de Vick）在巴黎皇宫中架起等分为 24 小时的机械钟时，实际生活的时间就开始走向了抽象数学时间单位。在某种程度上，它属于科学的世界。"⑤

尽管中世纪晚期抽象时间已经在社会上出现，它的普遍化却经过了很长时间。不仅乡村生活依旧为季节轮转的节奏所主宰，甚至在城镇里，抽象时间也仅仅直接影响商人和相对少数的雇佣劳动者的生活。此外，抽象时间在几个世纪中还是地方时间，大片区域共享同一时间是非常晚近的事情。⑥ 在机械时钟的传播之后，即使对零点，也即一日之始，也还是存在很大分歧，直至它最终被标准化为午夜时；也就是说，它变成了一个"抽

---

① Le Goff, "Merchant's Time," p. 35; Kazimierz Piesowicz, "Lebensrhythmus und Zeitrechnung in der vorindustriellen und in der industriellen Gesellschaft," *Geschichte in Wissenschaft und Unterricht* 31. no. 8 (1980), p. 477.
② Le Goff, "Labor Time in the 'Crisis.'" p. 49.
③ 同上。
④ 譬如兰德斯就似乎将时间单位的变化归因于机械钟表本身，见 *Revolution in Time*, pp. 75-78。
⑤ A. C. Crombie, "Quantification in Medieval Physics," in Sylvia Thrupp, ed., *Change in Medieval Society* (New York, 1964), p. 201. 汤普森也注意到，对工作时间的计量要早于钟表的普及，见 "Time, Work-Discipline, and Industrial Capitalism," p. 61。
⑥ Le Goff, "Labor Time in the 'Crisis,'" p. 49.

象的"时间点,独立于日出与日落的可感知的变化。正是这一抽象的零点的标准化,完成了比尔芬格所谓"资产阶级日"的创造。①

作为一种支配性的时间形式,抽象时间的"发展"与作为一种生活形式的资本主义的"发展"息息相关。随着商品形式逐渐在之后几个世纪中成为支配性的社会生活结构形式,抽象时间也日渐盛行。只有到了17世纪,当惠更斯发明了钟摆之后,机械时钟才成为一种可靠的度量工具,抽象数学时间的概念才被公开地构造出来。尽管如此,我所勾勒的14世纪早期发生的变化依旧具有重要的结果。定量时间单位的均等性与可分性抽象于白昼、黑夜与四季的感官现实,成为都市日常生活的特质,正如价值的均等性与可分性表达在货币形式中,并抽象于各种产品的感官现实:这两者是相关的。在日常生活的对象——事实上,是日常生活本身的各个方面——变得越来越抽象化与量化的过程中,时间与价值是其中的两个方面,它们在改变社会意识方面,可能扮演了一个关键角色。譬如有人指出,随着时间被赋予了新的意义,在14世纪的欧洲,算术的重要性越来越高②;同时,巴黎学派对冲力说的发展,亦开启了现代力学科学。③

抽象时间形式与新的社会关系结构相关,它同时表达了一种新的统治形式。由钟楼[clocktower,它常常树立在教堂的钟楼(belltower)对面]所公告的新的时间是与一种新的社会秩序相连的时间,这一秩序由资产阶

---

① G. Billinger, *Der bürgerliche Tag* (Stuttgart, 1888), pp. 226-231, cited in Kazimierz Piesowicz, "Lebensrbythmus und Zeitrechnung in der vorind ustriellen und in der industriellen Gesellschaft," p. 479.

② 兰德斯提到了这一点,但他仅仅关注时间的等量性,这被他归因于机械时钟本身。(见 *Revolution in Time*, pp. 77-78。)因此,他忽视了新出现的商品形式的其他维度。我已指出,马克思的范畴性分析对一种社会历史知识理论具有其他意义。思考社会关系形式和主体性形式之间的关系,不应局限于思想形式,它可以扩展至主体性的其他维度以及主体性形式的历史变化。随着商品形式日渐占据支配地位,日常生活过程变成一个抽象化和抽象量化的过程,与之相关的合理性形式也日益普及。要对其后果进行考察,也可以去看一看现代早期出现的学校的形式,以及对童年的规定的变化。(见 Philippe Ariès, *Centuries of Childhood* [New York], 1962。)对主体性的历史变化的其他维度的考察,可以依据对资本主义文明的范畴分析来进行,譬如同一时期内的心理和社会习惯的改变,包括诺贝特·埃利亚斯(Norbert Elias)在《文明的进程》(New York, 1982)中所描述的羞耻的界限的降低,或是马尔库塞的论题中所指出的,表演原则是资本主义社会中的现实原则的特殊历史形式(*Eros and Civilization* [New York, 1962])。一般而言,在我看来,社会形式理论可以用来在心理结构或生存方式的层面上,分析主体性的社会与历史建构,以及思想形式的建构。

③ Le Goff, "Labor Time in the 'Crisis,'" p. 50.

级所主宰，他们不仅在政治上与社会上控制了城市，同时还试图从教会手中夺走文化霸权。① 与教会的具体时间不同，抽象时间这一由社会机制所公开控制的时间形式，和资本主义社会统治的其他方面一样，都是"客观的"。然而，我们不应认为这种"客观性"不过是一种伪装，掩盖了资产阶级具体的特殊主义的利益。正如本书所考察的其他范畴性社会形式，抽象时间也是随着资产阶级统治的发展而历史地出现的形式，它为这一阶级的利益服务；但是，它同时也历史地促成了这些利益的构成（也即构成了"利益"这一范畴），同时，它表达了一种超越了阶级统治的统治形式。我将表明，时间的社会形式具有它自己的生命，它对于资本主义社会的所有成员来说，都是强制性的——尽管这种强制在物质上对资产阶级有利。资本主义的时间尽管是社会地建构起来的，却施加了一种抽象的压迫形式。正如阿龙·古列维奇（Aaron Gurevich）所说：

> 城镇主宰了它自己的时间……就是说，时间脱离了教会的控制。但同样真实的是，恰恰是在城镇里，人们不再是时间的主宰，因为现在，时间自由而独立地流过每一个人与每一件事，建立它自己的暴政，人们对它俯首称臣。②

资本主义社会中的时间的暴政是马克思的范畴性分析的一个核心维度。在我迄今对社会必要劳动时间范畴的思考中，我已经说明，它不仅仅描述了制造一件特定商品所花费的时间，同时，经由普遍社会中介的过程，这一范畴规定了生产者所必须花费的时间量——如果他们想要获得他们的劳动时间的全部价值的话。换句话说，作为普遍社会中介的结果，劳动时间的耗费被转化为一种时间规范，它不仅抽象于而且超越并

---

① Le Goff, "Labor Time in the 'Crisis,'" p. 46; Bilfinger, *Die mittelalterlichen Horen*, pp. 142. 160-163; Gurevich, "Time as a Problem of Cultural History," p. 241.

② Gurevich, "Time as a Problem of Cultural History," p. 242. 又 见 Guy Debord, *Society of the Spectacle* (Detroit. 1983)。

规定了个体的行动。正如劳动从个体的行动被转化为整体性的异化普遍结构（它统摄了个人），时间的耗费也从*行动*的结果被转化为一种对*行动*的规范性尺度。尽管，我们可以看到，对社会整体而言，社会必要劳动时间量是一个应变量；但就个体活动而言，它是一个自变量。这里，人类活动的一个具体的应变量，变成了一个抽象的自变量，而控制着这一活动。这一过程是真实的而非虚假的。它内在于由劳动引发的异化的社会建构过程中。

我已经指出，这一时间异化形式包含了时间的性质本身的转变。不仅社会必要劳动时间被构造为一个"客观的"时间规范，而对生产者施以外在强制，时间本身也被构造为绝对的与抽象的。规定了单个商品的价值量的时间量是一个应变量。然而，时间本身却独立于各种活动——不论是个体的活动、社会的活动，还是自然的活动。它成了一个自变量，由定量的、连续的、可公度的、可替换的惯用单位（小时、分、秒）所度量，这些单位成为绝对的尺度，度量着运动和劳动耗费。普遍意义上的事件与行动，以及特殊意义上的劳动和生产，现在都发生在时间之内，为时间所规定——这一时间已经成了抽象的、绝对的、均质的时间。①

由商品和资本的形式所建构的时间统治并不限于生产过程，它延伸入所有生活领域。吉登斯写道：

> 时间的商品化……是理解随资本主义的出现而产生的日常社会生活的最深刻变化的钥匙。这些变化既与生产组织过程的关键现象有关，

---

① 卢卡奇也将抽象时间视为资本主义社会的产物。在他看来，这种时间在本质上是空间的："由此，时间蜕去了其质性的、可变的、流动的本质；它凝固为一种具有明确界定的、可量化的连续体，充满了量化的'物'……简单地说，它变成了空间。"（*History and Class Consciousness*, trans. Rodney Livingstone [London, 1971]. p. 90.）卢卡奇的分析的问题在于，他将抽象时间的静止性和历史过程对立了起来，好像后者本身代表了一种非资本主义的社会现实。然而，我将在第三部分指出，资本主义的特征不仅在于不变的抽象时间，也在于一种超越人类控制的历史动力。这种历史过程不应被对立于资本主义。卢卡奇的立场表明他对资本范畴的理解是不充分的，这与他把黑格尔的主—客同一体等同于无产阶级有关。

又与"工作场所"以及日常社会生活经验的内在机理有关。①

在本书中,我不会讨论这一时间的统治对日常生活经验的机理的影响。② 相反,我将讨论我们目前对时间的考察所具有的社会认识论意涵。随后,在第三部分,我将回到资本主义社会中时间的社会建构问题,我将考察资本主义深层社会形式的时间的二重性,并以此基础,勾勒马克思的范畴性理论所内含的历史的概念。

抽象时间与具体时间相对立,资本主义社会的时间与前资本主义社会的时间相对立,这两组对立有重合的部分,但并不等同。当然,资本主义的兴起导致了抽象时间取代了先前的具体时间形式。譬如说,根据 E. P. 汤普森(E. P. Thompson)的描述,任务导向的时间标记法支配着前工业化社会,随着工业资本主义的发展,它被劳动计时法所取代。③ 在前者中,劳动是时间的尺度;而在后者中,时间是劳动的尺度。我选择具体时间和抽象时间的说法,是为了强调这里所涉及的是两种时间,而非仅仅是两种度量时间的方式。此外,我将在第八章中阐明,抽象时间不是资本主义社会唯一构建的时间形式,它还构建了一种特殊的具体时间。我们将看到,资本主义的辩证法,在某个层面上,是资本主义社会中所构建的两种时间的辩证法;因此,仅仅将它理解成抽象时间对所有具体时间形式的取代,便是不充分的。

---

① Giddens, *A Contemporary Critique*, p. 131.
② 戴维·格罗斯在很多方面和卢卡奇一样,他也根据"思想与经验的空间化"来思考抽象时间对日常生活的影响,其含义是"一种将时间关系压缩为……空间关系的趋势"(David Gross, "Space, Time, and Modern Culture," *Telos* 50[Winter 1981-1982], p. 59)。格罗斯认为,这一空间化具有极其负面的社会后果,它导致了历史记忆的失落,以及对当代社会中社会批判之可能性的渐进式破坏(pp. 65-71)。格罗斯的批判性描述具有启发性,但他并未根据资本主义特有的社会关系形式,来分析"空间化"的历史建构的原因。相反,因为他将这些关系仅仅理解为阶级关系,他试图将空间化归因于都市化和技术本身的发展(p. 65),以及统治精英们的利益(p. 72)。然而,我试图表明的是,抛开社会关系形式而仅仅考虑前者,这是不充分的;譬如说,它无法充分解释抽象时间的起源。此外,仅仅考虑统治阶层的利益,也无法解释那些建构并服务于这些利益的形式的起源、本质和社会效应。
③ Thompson, "Time, Work-Discipline, and Industrial Capitalism," pp. 58-61.

第五节　社会中介形式与意识形式

在我的阐释中，马克思对价值量的规定表明，时间是社会地建构起来的，它是一个自变量，是均质的、绝对的数学时间，它开始在我们的社会中广泛地组织社会生活。我试图将抽象数学时间及其概念与社会关系的商品性形式联系起来，这一尝试是本书所呈示的社会历史知识理论与主体性理论的一个例子。在这一理论的分析中，社会主体性与社会客体性都是由历史特殊结构化实践形式所社会地建构出来的。这一理论转化了主—客体关系这一经典认识论问题，给出了对问题本身的表达方式的批判，并将其重新概念化。

主体建构了知识对象这一观念，对康德的"哥白尼式转向"具有核心意义。其中，他从对客体的考察转向了对知识的主体条件的思考，而根据传统的看法，这一转向发生在他阐明了由主—客体问题所产生的二律背反之后。康德依据主体的建构作用来理解建构。他主张，现实本身，作为物自体，是无法成为人类知识的。他坚持，我们关于事物的知识，源于我们组织知觉时的超验的*先验范畴*的作用。也就是说，由于我们的知识和知觉是由这些主体范畴所组织的，我们便共同建构了我们所感知到的现象。然而，这一建构过程不是行动的结果，并不指向客体；相反，它是主体的认知结构的结果。在康德看来，时间与空间正是这种超验的*先验范畴*。

在对康德的批判中，黑格尔认为，康德的认识论导致了一种两难境地：它要求关于认知官能的知识作为知识的先决条件。[1] 黑格尔采用了另一种关于主体建构知识对象的理论，以此，他试图通过证明其内在关联来克服主—客二元论。我已经讨论过，他如何将一切现实，包括自然，处理为实践的建构——处理为世界历史**主体**的外在化、产物和表达：*绝对精神*在其自我展开过程中，将客观现实建构为自身的特定对象化形式，它反过来影响了自我意识的特定发展。换句话说，*绝对精神*在建构客观现实的过

---

[1] 见 Jürgen Habermas, *Knowledge and Human Interests*, trans. Jeremy Shapiro (Boston, 1971), p. 7。

程中建构了自身:它是主—客同一体。在黑格尔看来,如果范畴是充分的,它们就不会像在康德那里那样,表现为有限认知的主体形式和事物的表象;相反,它们会将主体与客体的同一把握为绝对知识的结构。绝对精神是主—客体范畴的统一体;它表达自身,并占据了个体的意识。黑格尔试图解决由主体与客体、意识与现实之间的可能关系所带来的认识论问题;在这一尝试中,主—客同一体的观念具有核心意义。他关于客体性与主体性之建构的理论,避免了这样的两难:人们必须在开始获得知识之前,就具有关于认知官能的知识。

马克思同样试图建立客体性与主体性之间的内在关联,在他的理论中,两者都是由实践所建构的。然而,由此所建构出来的世界是社会的。不同于黑格尔,马克思拒绝了绝对知识的理念,否认自然本身是被建构的。马克思的实践建构论是社会的,但它不认为一种人类的历史**主体**建构了社会客体性的世界。相反,这一理论讲的是,人类建构的社会中介形式反过来建构了社会实践的形式。因此,如我们所见,尽管马克思认为,被黑格尔认定为是历史**主体**——也即一种主—客同一体——的东西存在于资本主义中,他却将它指认为由资本的范畴所表达的异化社会关系形式,而非一种人类主体,不论其是个人的还是集体的。由此,他将知识的问题从"客观现实"和个人或超个人主体的知觉与思想之间的可能关系,转向了对社会形式之建构的思考。在他的分析中,社会客体性和主体性不是两个具有本体论差异但必然联系着的领域,而是社会生活形式的内在相关的维度,这些形式由他的诸范畴所把握。这一焦点转换改变了理解建构和理解建构性实践的方式,由此将知识问题转化为一种社会理论问题。

举例而言,我已经表明,马克思对价值量的规定内含着一种关于绝对的数学时间的出现的社会历史理论,这一时间既是一种社会现实又是一个概念。换句话说,被康德阐释为一种超验的先验知识条件的结构化前知识层面,在马克思那里被处理为一种社会建构。① 马克思的社会建构论试

---

① 勒高夫也给出了一个类似的关于三维空间的社会建构的论述:见 "Merchant's Time," p. 36。

图克服黑格尔在康德的超验认识论中发现的循环困境——（关于认知官能的）知识是获得知识的前提——并同时避免诉诸黑格尔的绝对知识的观念。马克思的理论隐含地认为自我认知的条件（也即为了能够获得知识，人们必须已经具有知识）是社会的，并对其加以分析。它将这种前知识把握为一种关于意识的前意识结构，它是社会地形成的；同时，他既不将其假定为一种普遍的、超验的先验，也不将它建立在一种假定的绝对知识的基础上。这一社会历史知识论并不限于考察知觉和知识的主体条件的社会与历史规定。尽管马克思的批判理论否定了绝对知识的可能性，然而，它并不指向一种在社会与历史上被相对化了的康德式的认识论，它试图将社会客体性形式的建构和与之相关的主体性形式一起加以把握。

马克思的批判并不包含一种本来意义上的知识论，相反，在其中，历史特殊社会形式的建构，同时建构了社会客体性形式和社会主体性形式。在这一理论框架内，理解世界和行为规范的范畴被认为是互相关联的，因为它们最终都根源于社会关系的结构。这一阐释表明，在马克思的理论中，认识论被激进化为社会认识论。①

---

① 对马克思理论的认识论内涵的这种阐释，与哈贝马斯的阐释不同，我将在第六章对后者加以勾勒。在一个更一般的层面上，我对马克思的范畴的阐释——它们表达了社会存在与意识的历史形式的内在关联——隐含地将客观效力的概念从任何绝对的观念中区分了出来，并对其加以历史相对化。然而，由于这一立场将客体维度和主体维度同时加以相对化，它便否认了历史相对性和客观效力的对立这一观念。后者的标准是社会的效力，而非绝对的效力。因此，马克思可以说："这种种形式恰好形成资产阶级经济学的各种范畴。对于这个历史上一定的社会生产方式即商品生产的生产关系来说，这些范畴是有社会效力的因而是客观的思维形式。"(*Capital*, vol. 1, p. 169.)

在这里，我们无法充分处理批判现存物的标准问题。然而应当清楚的是，在马克思的路径中，批判的源泉与标准同样必须源于现存社会现实的形式。可以说，将历史相对性理解为"什么都可以"，这一观念本身就是下述假设的产物，即客观效力需要一个绝对的基础。在这个意义上，两者的对立可以认为类似于抽象理想主义和怀疑主义之间的对立。在这两个例子中，借由一种社会理论，我们都可以阐明对立双方的内在关系，同时指出它们并未穷尽世界的可能性，并转化问题的框架。维特根斯坦对这种抽象对立的根本假定的有力批判不同于本书的批判，但两者是一致的。见 Ludwig Wittgenstein, *Philosophical Investigations*, trans. G. E. M. Anscombe (New York, 1958).

当然，关于批判标准的社会理论的问题是很难处理的。然而，马克思的路径确实给出了一种以具有认识论一贯性的方式反省理论自身的可能性，由此，它避免了其他批判性社会思想形式的缺陷，它们似乎是以一系列外在于它们的社会世界的标准，来看待社会的——因此，它们无法解释自身。事实上，马克思的路径意味着，面对那些将批判的基础置于社会外的、不变的领域（自然法理论的经典传统正是如此）的尝试，我们可以依据将它们呈现为非社会、超历史之物的那些社会形式来对它们自身进行分析。

在马克思的《资本论》中被范畴性地把握住的社会形式的展开过程,是对他早先在《关于费尔巴哈的提纲》中提出的社会实践理论的完整阐述:

> 从前的一切唯物主义(包括费尔巴哈的唯物主义)的主要缺点是:对对象、现实、感性,只是从客体的或者直观的形式去理解,而不是把它们当作感性的人的活动,当作实践去理解,不是从主体方面去理解。
>
> 人的思维是否具有客观的真理性,这不是一个理论的问题,而是一个实践的问题。
>
> 全部社会生活在本质上是实践的。①

马克思的成熟期批判根据社会中介的形式、特定的建构性及建构化了的社会实践来分析客体性和主体性的关系。应当说明,马克思所说的"实践"不仅是革命实践,而且是作为社会建构活动的实践。劳动建构了为马克思的批判范畴所把握的那些社会生活形式。然而,这一社会建构性实践无法依据劳动本身——也即一般的具体劳动——而得到充分理解。创造了马克思所分析的世界的,并非具体劳动本身,而是劳动的中介性质。它建构了异化的社会关系(这一关系的特点在于其为一个抽象的、普遍的、客观的维度和一个具体的、特殊的维度两者的二律背反),尽管它已经将自身对象化为了产品。这种二重性带来了资本主义中一种统一的社会存在领域。一种主—客同一体(资本)作为一种整体性的历史**主体**而存在,在马克思看来,它可以由一种单一的范畴展开而来,因为社会

---

① "Theses on Feuerbach," in Karl Marx and Frederick Engels, *Collected Works*, vol. 5: *Marx and Engels: 1845-1847* (New York, 1976), pp. 3-5.

生活的两个维度——人与人的关系和人与自然的关系——在资本主义中合并在了一起，因为两者都是由劳动所中介的。这一合并在资本主义中既形塑了生产形式，又形塑了社会关系形式，同时将两者内在地关联了起来。由于这一现实的合并，马克思的政治经济学批判诸范畴便以一种单一的、统一的形式（尽管依旧具有内在矛盾性）表达了社会生活的两个维度。

马克思对资本主义社会时间的成熟期批判理论，是关于劳动对社会形式的建构的理论；这些社会形式中介了人们与他人以及与自然的关系，同时，它们也是存在与意识的形式。这是一种关于特定的、结构化形式的社会与历史建构理论，它既包括社会实践形式，又包括塑造了行动的社会知识、规范与需求的形式。尽管马克思所分析的形式是由社会实践所建构的，它们却不能仅仅在直接互动层面被把握。马克思的实践理论是一种关于社会中介形式的建构与可能的转型的理论。

对马克思理论的阐释转化了关于劳动与思想之关系的传统问题，它被结构为由劳动中介的社会关系形式和思想形式之间的关系，而非具体劳动与思想之间的关系。我已经指出，正如社会建构并不单单源于具体劳动，在马克思的分析中，社会实践对意识的建构，也不应仅仅根据个人主体或社会群体和他们的自然环境之间由劳动所中介的互动关系来理解。这甚至可以应用于对自然现实的理解上：它们并非仅仅在与自然的斗争与转化中以实用主义的方式获得，相反，正如我试图表明的，它们同样根植于结构了与自然间的这种互动的特定社会形式的性质。换句话说，作为生产活动的劳动本身并不赋予自身意义；相反，如我所指出的，即使是劳动，也是从它所身处的社会关系中获得意义的。这些社会关系由劳动本身所建构，同时，劳动以一种"世俗的"形式存在，并且可以被分析为工具性活动。

要理解劳动具有社会建构性这一观念，就不应将马克思的社会实践简化为作为物质生产的劳动（其中人与自然的互动成为互动的典范）。①
如果马克思将实践理解为"劳动"，那么上述说法就是对的。但是，在他的成熟期作品中，马克思将劳动理解为一种社会建构实践；与这一概念相关，他分析了劳动对社会生活各维度的中介。而在其他社会中，这些维度并不是如此中介的。在马克思看来，这一分析是对资本主义社会形态中特定的社会关系形式、生产形式、意识形式进行充分的批判性理解的必要条件。上述资本主义社会生活两个维度的合并，使马克思得以根据一种实践形式（劳动）来分析社会建构，并依据一套结构化实践的范畴来考察社会客体性和主体性的内在关系。可以想见，在另一个社会中，如果生产与社会关系没有被一种单一的结构性原则建构为一个整体性的社会客体性领域，那么，单一的结构性实践形式这一观念就必须被修正，同时，意识形式和社会存在形式的关系，也必须以不同的方式来把握。

哈贝马斯和阿尔弗雷德·施密特也曾指出，马克思的分析引出了一种关于社会主体性和社会客体性之建构的理论。尽管他们对马克思的实践建构理论的评估非常不同，但他们两者都仅仅根据"劳动"——也即作为具体劳动结果的外部物理世界的转化，以及人类自身的相应转化——来思考这一建构过程。②

劳动的社会建构性仅仅源于它作为一种生产活动的功能，这一传统观念被错误地归咎于马克思。然而，马克思的批判可以依据资本主义社会形

---

① 阿尔布雷希特·韦尔默在他的文章中给出了这一批判，见 Albrecht Wellmer, "Communication and Emancipation: Reflections on the Linguistic Turn in Critical Theory," in John O'Neill, ed., *On Critical Theory* (New York, 1976), pp. 232-233。

② 见 Habermas, *Knowledge and Human Interests*, pp. 25-63; Alfred Schmidt, *Der Begriff der Natur in der Lehre von Marx* (Frankfurt, 1971), pp. 107-128。施密特的立场和霍克海姆在《传统理论与批判理论》（收于 *Critical Theory*, trans. Matthew J. O'Connell et al. [New York, 1972]）中的立场很接近。他强调了具体劳动在建构人类主体的知识能力以及经验世界两者时发挥的作用。当然，他赞同地引述了阿诺尔德·豪泽（Arnold Hauser）、布洛赫和马克思的说法，以证明自然的概念也是社会结果的产物（p. 126）。然而，这一立场并不是他的论点的有机组成部分。在讨论自然科学时，施密特关注了实验与应用自然科学，排除了对自然现实的范式的思考（pp. 118-119）。我已经指出，后者无法仅仅从具体社会劳动中推衍出来，它必须依据其出现语境中的社会关系形式来加以阐明。

式的特殊性来对这一观念本身做出解释。我们已经看到，尽管商品性劳动具有一个独特的、历史特殊的维度，但对理论家和社会行动者来说，它似乎都可以被视作"劳动"。劳动作为社会实践所具有的认识论维度同样如此。譬如我曾坚持认为，必须区分人与自然的关系中的两个层面：一是自然、物质和环境的转化，它是社会劳动的结果；二是人们对自然现实性质的理解。我指出，后者不应被解释为前者本身的直接结果，也即由劳动中介的人与自然的互动的直接结果。我们必须同时考虑到这些互动所发生其中的社会关系形式。然而，在资本主义中，人与自然之关系的这两个层面都是劳动的结果：由此，具体社会劳动对自然的转化，貌似可以决定人们对现实的观念，尽管意义的来源是由劳动中介的与自然的互动本身。结果，未加区分的"劳动"观念有可能被当作建构的原理，而关于自然现实的知识，也有可能被认为直接随着人类支配自然的程度加深而发展。这一立场正是霍克海姆1937年所持的立场，而它却被归诸马克思。这一误解部分是源于传统社会主义工人阶级政党对"劳动"的肯定，部分是由于马克思的内在论述方式。

在某个层面上，我所谓的传统马克思主义的"劳动"社会建构理论可以被理解为一种解决客体性与主体性之间对立的尝试。也就是说，它最终依旧停留在由经典现代哲学所构建的问题框架中。然而，如我所述，马克思的路径并非意在解决这一对立。相反，它转化了提问的方式，他对客体性与主体性的关系进行了社会分析，以此将经典问题本身的前提条件——一种外在的、法律般的客体性领域和个人的、自我规定的主体之间的对立——确立在了现代资本主义社会的社会形式中。①

这两种关于社会建构问题的理论之间进一步的区别，表现在它们对异

---

① 在这个意义上，马克思的路径不同于下述对主—客体二元论的批判：它们坚持认为，一种具有认知能力的、去语境化的、去肉身化的主体观念是无意义的，人们总是内嵌于一个前意识的背景之中。马克思的理论尽管同样对主—客体二元论有批判，但它并不简单地拒斥那些确立了一种去语境化的主体的立场；相反，它试图通过将表面的去语境化分析为资本主义特定语境的性质，来解释这种立场。

化过程及其与主体性的关系的不同理解上。一般认为与"劳动"的社会建构论相关的那种理解，可以在希法亭对庞巴维克的回应中找到，我在之前已经引述过。希法亭将"劳动"确立为人类社会的调控原理，它在资本主义中被遮蔽了，并将在社会主义中作为人类社会的构成性原则而公开出现。因为"劳动"依旧是社会的恒久的基础，所以，它在资本主义中表现出来的形式，便与它的内容、与"劳动"本身相分离。

对由"劳动"引发的社会建构的这一理解，隐含了一种具体的历史**主体**的存在，与之相关，它将异化理解为与这一**主体**现存属性的疏离。也就是说，异化被处理为一个主体与客体之间发生了颠倒的简单过程。对知觉和意识而言同样如此。在描述商品形式的神秘化时，希法亭写道："人的社会属性表现为物的客观属性，正如人类知觉（时间与空间）的主观形式表现为物的客观属性。"①

希法亭在"人的社会属性"和康德式的超验先验范畴（"人类知觉的主观形式"）之间所做的类比表明，在这两个例子中，他都以某种事先存在的而非社会建构的主体性结构为前提。于是，资本主义的特殊性似乎在于这一事实，即主体维度的属性表现为客体维度的属性。由此，希法亭将马克思的异化理论理解为"主体与客体之间的相互交换"。② 这一立场将马克思的商品拜物教观念内在地理解为一种假象，其中，主体的属性表现为他们所创造的客体的属性。这直接关联着希法亭的以下这一观念：商品形式仅仅是"劳动"的一个神秘化形式。当资本主义劳动被超历史地分析为"劳动"时，对它的特殊性的理解就只能是外在的，只能依据分配方式来理解；同时，异化则被理解为一种颠倒，一种对现存之物的神秘化。在这一框架中，克服异化被理解为一个去神秘化和重新占有的过程，是在社会

---

① Hilferding, "Böhm-Bawerk's Criticism of Marx," in Paul M. Sweezy, ed., *"Karl Marx and the Close of His System" by Eugen Böhm-Bawerk and "Böhm–Bawerk's Criticism of Marx" by Rudolf Hilferding* (New York, 1949), p. 195.

② Colletti, "Bernstein and the Marxism of the Second International," in *From Rousseau to Lenin*, trans. John Merrington and Judith White (London, 1972), p. 78.

本体论意义上被遮蔽在其神秘化表面形式背后的东西的重新出现。换句话说，克服异化必然带来历史**主体**的自我实现。

在我所给出的阐释中，马克思的批判的范畴并不表达主体与客体间的"交换"，而是表达了这两个维度的建构。我在讨论抽象时间时指出，特定的主体性形式，连同它们所把握的客体性，是由特定的异化社会关系结构所建构的；它们并非事先存在的、普遍的形式，也并非因为它们是异化的，从而表现为物的客观属性。这进一步强化了我的论点，即随着马克思对资本主义劳动的二重性质的分析，他将异化理论发展为一种关于历史特殊的社会建构方式的理论。其中，特定的社会形式——其特征是一个抽象普遍的、法律般的维度和一个"物的"、特定的维度之间的对立——是由结构化的实践形式所建构的，同时，这些形式反过来按照自己的形象塑造了实践与思想。这些社会形式是矛盾的。正是这一特质为整体性赋予了动力，并带来了批判它、转变它的可能性。

社会客体性与主体性在一个异化过程中以社会的与历史的特定方式建构起来，这一理论中必然包含了对资本主义社会生活各维度之特殊性的批判性分析。这一理论并不简单地谴责主体的既存属性与**主体**的疏离。相反，它分析了在异化形式中历史建构起来的人类力量。在这一视野中，克服异化包括了废除自我规定的、自我运动的主体（资本），废除由异化结构所建构并建构了异化结构的劳动形式；这将使得人类得以占有以异化形式建构出来的东西。克服历史**主体**将使人们第一次能够成为他们自身社会实践的主体。

马克思的拜物教概念与他的作为社会建构的异化理论具有核心关系。这个概念并不仅仅意指社会建构的假象，而是试图为主体性的各种形式赋予社会解释。它是马克思的社会建构理论的必然部分，这一理论将思想形式、世界观、信仰与社会关系形式以及它们展现在直接经验中的方式联系了起来。在《资本论》中，马克思试图把握社会实践形式对历史特殊深层社会结构的建构，这一建构反过来由各种信仰与动机所引导，它们建立在由这些结构所产生的表面形式的基础上。然而，整体并不是一个静止的循环或是共识，而是动态的与矛盾的；在此基础上，我们可以发展出一种关于主体性的历史转型的理论，这一理论将阐明需求与知觉的社会建构和历史发展——既包括那些试图永远维持这一系统的东西，又包括那些质疑这一系统的东西。

这种关于意识与社会存在之建构的理论与下述理论毫无关系：在那些理论阐释中，"劳动"或经济构成了社会的"基础"，而思想是"上层建筑"的元素。本书的理论是一种非功能主义的社会主体性理论，在根本上，它基于对社会关系形式的分析，而非对包括阶级地位和阶级利益在内的社会地位和社会利益的考量。前一种分析提供了普遍的、随历史而变化的意识形式框架，在这一框架中，我们可以考察后一种分析。这一路径假定，如果社会意义和社会结构是相关的，那么把握两者的范畴必然具有内在关系——换句话说，既然社会生活的物质维度和文化维度的理论二元论广泛存在，那么以已然包含了这一对立在内的概念为基础，是无法外在地克服这种二元论的。① 这一立场将这里所呈示的社会历史主体性理论，与那些试图将思想与"社会条件"相连的理论区分了开来。后者可以解释某种特定思想形式的社会功能和社会后果，但无法社会地解释这一思想的特殊性，也无法将其与自身的语境内在地联系起来。马克思的理论试图做到这一点。一般而言，它既不以一种简化的唯物论方式将意义处理为对一种对物质基础的附属性的反映，也不以一种唯心论的方式将其处理为一种自因

---

① 这一路径与马克斯·韦伯借由他那个众所周知的隐喻所表达的路径截然不同。韦伯说，思想创造了世界的图像，就像搬道工一样，它规定了行动在利益动力的推动下所前行的轨道（见 "The Social Psychology of the World Religions," in H. H. Gerth and C. W. Mills, eds., *From Max Weber* [New York, 1958], p. 280）。这个隐喻仅仅以一种外在的、偶然的方式，将社会的或是物质的维度与文化的维度联系了起来。它所表达的立场尽管确实认识到了物质生活的主体方面，但它的认识方式却和很多经济学理论一样——它将这一维度仅仅等同于利益的考量。结果，在他的分析中，一个本应是特定的、在社会与历史中建构起来的主体性形式（"利益"），被假定为一种给定之物，而其他的主体性形式则以一种理念论的方式来加以处理。它无力把握主体性形式与社会关系形式之间的内在关系，与这种无力相关的是，它的分析根据中介了社会生活的特定形式来把握物质生活。

的、全然自主的领域。相反，它试图用这样一些范畴来把握社会生活：这些范畴将使它能够将意义的结构处理为社会关系结构的内在环节，这一结构既是被建构的，也具有建构性。①

---

① 在《宗教生活的基本形式》（trans. Joseph Ward Swain [New York, 1965]）中，涂尔干同样提出了一种知识理论，它试图奠定思想范畴的社会基础。在他的分析的基础上，涂尔干得以表明，一种社会知识理论有能力处理、改变以传统方式所表达的认识论问题的框架。然而，（抛开其功能主义的方面不谈，）涂尔干的理论所关注的是社会中的社会组织，而非社会中介的形式——因此，他缺乏对社会生活诸范畴的理解，这些范畴同时也是主体性和客体性的范畴。在社会语境与思想之关系的问题上，涂尔干的分析是有歧义的。它既批判了对社会生活的自然科学式理解（这种理解忽视了社会意义），同时，它自身又是超历史的、客观论的。尽管涂尔干确实指出，科学本身建立在社会之内，但他并没有将科学以客观方式看待一切现实的这一倾向，视为一种特定的意义体系。相反，他将其作为社会的进化发展的表现。

依据这里所提出的马克思的路径，我们有可能把握涂尔干对社会生活的二元论阐释。在他那里，社会与个人、灵魂与身体、抽象一般和具体特殊之间的对立（在每一组对立中，只有前者那个抽象的东西被认为是社会的），可以被视为商品形式的实体化与投射。见 *The Elementray Forms of the Riligous Life*, pp. 21-33, 169-173, 259-260, 306-308, 467-494。

第六章

哈贝马斯对马克思的批评

至此我已经讨论了马克思对资本主义劳动的分析，价值和物质财富的区别，及其范畴性分析所内含的那种关于意识和主体性的社会历史理论，现在，我将以对**批判理论**发展轨迹的讨论作为总结：我将考察哈贝马斯对马克思的批判的某些方面。哈贝马斯试图重构一种批判的社会理论，它将充分适用于后自由主义资本主义变化了的本质，由此，也将超越第三章所论及的**批判理论**的悲观论。① 他对马克思的批判是这一尝试的内在组成部分。然而，正如我曾提到的，哈贝马斯对马克思的批判紧密联系着他在之前的著作中对劳动与互动所做的区分②，这一批判所预设的一些基本前提，正是贯穿于波洛克和霍克海姆的著作中的前提。哈贝马斯试图超越波洛克和霍克海姆的工作所存在的局限，他质疑了后者以传统马克思主义的方式赋予"劳动"的核心建构作用；然而，他并未批判"劳动"的观念本身。尽管在其早期对马克思的批判之后，哈贝马斯修正过他对社会理论的分析，但他对劳动的传统理解依旧渗透在他的作品中。在我看来，这妨碍了

---

① 见 J. Habermas, *Knowledge and Human Interests*, trans. Jeremy Shapiro (Boston, 1971), pp. 60-63; *Communication and the Evolution of Society*, trans. Thomas McCarthy (Boston, 1979); *The Theory of Communicative Action*, vol. 1: *Reason and the Rationalization of Society*, trans. Thomas McCarthy (Boston, 1984), 及 vol. 2: *Lifeworld and System: A Critique of Functionalist Reason*, trans. Thomas McCarthy (Boston, 1987)。

② 见 Habermas, "Labor and Interaction: Remarks on Hegel's Jena *Phenomenology of Mind*," in *Theory and Practice*, trans. John Viertel (Boston, 1973); 及 "Technology and Science as 'Ideology,'" in *Towards a Rational Society*, trans. Jeremy J. Shapiro (Boston, 1970)。

他构造一种充分适用于现代社会的批判社会理论。下文并未对哈贝马斯的理论发展做完整讨论；相反，它试图扩展我早先的论述：任何试图回应当代资本主义变化了的本质的社会批判，如果它依旧限于传统的"劳动"概念，那么它就是有局限的——即使它和哈贝马斯一样，成功地避开了**批判理论**的根本的悲观论。

第一节　哈贝马斯早期对马克思的批判

哈贝马斯早期工作的关注焦点之一，是在下述理论框架内考察批判意识的可能性：这一理论能够批判地把握后自由主义资本主义的技术统治性，以及"现实存在的社会主义"的官僚统治性和压迫性。在《知识与人类旨趣》中，他依据一种激进的知识批判来处理这一问题。他坚持道，为了反对知识与科学——后者自身表达并促进了社会组织的技术统治强度——之间的实用主义等式，为了表明科学应当被理解为仅仅是知识形式的一种可能，这种批判是必要的。[1]哈贝马斯认为，这种激进的知识批判只有作为一种社会理论才是可能的。他指出，这一理念已经隐含在马克思关于社会的理论中了。[2]然而，在哈贝马斯看来，马克思并未为这一批判奠定充分的基础，因为他在方法论上的自我理解模糊了严格的经验科学和批判之间的区别。出于这一原因，马克思没能发展出一种能够与实用主义的胜利相竞争的理论。[3]

以黑格尔对康德的批判为背景，哈贝马斯给出了他关于马克思的理论的论述。在哈贝马斯看来，在对康德的批判中，黑格尔打开了一种以自我反思为特点的激进的知识批判的可能性。[4]黑格尔批评康德的认识论陷入了一种循环：在开始获得知识之前，必须先有关于认知官能的知识；此

---

[1] Habermas, *Knowledge and Human Interests*, pp. 3-5.
[2] 同上书，p. vii。
[3] 同上书，pp. 24, 61。
[4] 同上书，pp. 5, 19。

外,他还揭示出了这一认识论的一些隐含的、未经反思的前提条件。① 这些前提条件包括一种规范性的科学概念、一种固化的知识主体,以及理论理性与实践理性间的区分。黑格尔认为,这一认识论并非——也不可能——如康德所声称的那样免于任何前提条件;事实上,它将自身建立在一种批判意识的基础上,这种意识源于一个自我构造的过程。因此,对知识的批判必须意识到其自身的自我构造过程,并认识到它自身被纳入了一种反思的经验中,这一经验是它自己的要素之一。这一反思过程发展成为一个特定的否定过程,其中理论理性和实践理性是同一的:理解世界的范畴和行为的规范是互相联系的。② 黑格尔将认识论的前提置于自我批判之下,由此将其激进化了。尽管如此,在哈贝马斯看来,黑格尔并没在这一方向上更进一步。他并未明确地将这一知识批判激进化,而是抽象地否定了它。以哲学同一性(世界与知识主体的同一)及其相关的绝对知识的理念为前提,黑格尔试图克服此种知识批判,而非转化它。③

哈贝马斯认为,马克思并未分享同一性哲学的基本假设,因为他假定了自然的外在性。④ 因此,他便有可能发展出一种激进的知识批判——但他没有做到。哈贝马斯指出,这一失败的原因在于马克思的唯物主义的哲学基础,尤其是其中劳动这一角色的哲学基础。⑤ 哈贝马斯坚持道,在马克思的社会理论中,劳动既是一个认识论范畴,又是一个人类物质存在的范畴:它不仅是社会生活再生产的必要前提,同时,由于它将我们周围的自然建构为一种客观自然,它还创造了"经验对象的可能的客观性的超验条件"。⑥ 因此,劳动既调节着与自然的物质交换,又建构了一个世界:它是一个综合体。

在哈贝马斯看来,马克思关于劳动综合的观念,必然导致一种对费希

---

① Habermas, *Knowledge and Human Interests*, p. 7.
② 同上书,pp. 13-19。
③ 同上书,pp. 9, 20, 23, 24。
④ 同上书,pp. 24, 33, 34。
⑤ 同上书,p. 42。
⑥ 同上书,p. 28。

特的自我哲学的唯物主义转化。根据自我哲学，自我是由自我意识的行动所建构的：原初自我通过确立一种对立于自身的非自我而确立了自我。① 在马克思的理论中，劳动主体面对一个非自我，即它的环境，这个非自我通过劳动获得了身份。由此，主体通过与自然的互动获得了身份，这一自然是他和他之前几代人的劳动的对象。在这个意义上，人类在生产过程中将自身确立为一种社会主体。② 基于这一人类通过劳动而自我发展的观念，马克思同时瓦解了哲学人类学和超验哲学。③

然而，哈贝马斯指出，这种唯物主义综合体概念并未为一种激进化的知识批判提供充分基础。④ 如果综合是在劳动中发生的，那么，它的基底（各种结果在其之上表现出来）就不是一种符号网络，而是社会劳动体系。⑤ 在哈贝马斯看来，劳动是一种工具性行为。因此，社会劳动综合体的概念就可能导向一种工具主义的知识理论：自然科学知识的客观性的可能性条件根源于劳动。然而，现象学经验以及由此而来的自我反思存在于另一个维度，即符号互动的维度中。⑥ 哈贝马斯认为，尽管马克思确实将这一社会维度——生产关系的维度——纳入了他的物质考察；但是，在范畴性层面上，在马克思的哲学框架中，人类的自我生产行为被简化成了劳动。⑦ 在哈贝马斯看来，马克思根据生产模式来理解反思过程，因此将这一过程简化至工具行为的层面。由此，他取消了作为一种历史动力的反思——因为在这样一种唯物主义理论中，主体在面对非自我时，不仅面对着自我的产物，同时也面对着一部分自然偶然性。⑧ 结果，在马克思的设想中，占有的行为不等于将之前被外在化了的部分主体反思性地重新整合起来。社会劳动综合体的观念导致一种激进的知识批判的可能性被削弱了，同时，

---

① Habermas, *Knowledge and Human Interests*, p. 38.
② 同上书，p. 39。
③ 同上书，pp. 28-29。
④ 同上书，p. 42。
⑤ 同上书，p. 31。
⑥ 同上书，pp. 35-36, 42。
⑦ 同上书，pp. 42, 53。
⑧ 同上书，p. 44。

自然科学的逻辑并未与这种批判区分开来。①

哈贝马斯坚持道，这种唯物主义的综合体概念所指向的一种社会理论，是一种可以在技术上被利用的知识，因此，它可以用来支持社会工程和技术统治的控制。②哈贝马斯从《大纲》中引了一长段内容③，这段内容说的是在劳动过程转变为一个科学过程的基础上，人类从异化劳动中解放了出来。哈贝马斯认为，它所表达的立场具有两个预设：第一，人类的历史由社会劳动综合体所独自建构；第二，自然科学与技术的发展被自动地转换为自我意识和社会主体。结果是人的科学与自然科学之间互相包含，这正是青年马克思所预想的。④换句话说，哈贝马斯的论点是，马克思关于劳动的社会综合体的理论并未为关于当代世界的批判理论提供一个充分的基础，这个世界的特征在于技术统治、社会工程以及科层化——事实上，马克思的理论的本质在于，它可以并且已经被用来促进这种发展。

为了走出这一僵局，哈贝马斯重新构造了人类历史，这一建构从双重视野出发来设想它的自我建构：劳动的视野和互动的视野。⑤马克思试图通过生产力和生产关系的辩证法（也即仅仅依据劳动领域）来同时把握这两者。这一尝试的问题在于，那个拒绝新的反思过程的体制框架并不直接源于劳动过程，相反，它代表了一种社会力量关系，一种阶级统治关系。⑥对哈贝马斯而言，在马克思的社会劳动综合体理论中，互动领域陷进了劳动领域中，因此削弱了批判意识的可能性，以及由之而来的解放的可能性。因此，哈贝马斯提出，要以关于双重社会综合形式的理论为基础来进行历史重构：一是劳动综合（也即借由工具性活动），其中，现实被从技

---

① Habermas, *Knowledge and Human Interests*, p. 44.
② 同上书，p. 47。
③ Marx, *Grundrisse: Foundations of the Critique of Political Economy*, trans. Martin Nicolaus (London, 1973), pp. 704-705; quoted in the present volume in Chapter One, "Rethinking Marx's Critique of Capitalism," p. 25.
④ Habermas, *Knowledge and Human Interests*, pp. 48-50.
⑤ 同上书，pp. 53, 60, 62。
⑥ 同上书，pp. 52, 55。

术的角度加以阐释；二是斗争综合（体制化的互动形式），其中，它被从实践的角度加以阐释。① 他坚持道，仅仅通过劳动综合，将会导致社会组织的自动化，而互动综合可以走向一个解放的社会——其中，组织社会的基础，是由在不受强制的情况下的自由讨论所做出的决定。② 由此，互动的领域为批判和解放的可能性提供了基础。

哈贝马斯提出的对人类社会的重构，试图超越**批判理论**的根本性悲观论，并恢复对当代社会的解放性批判的可能性，这一尝试具有两个面向：一是批判劳动综合的观念，二是补入一种互动综合的观念。然而，根据我迄今的讨论，应当清楚的是，他对马克思的劳动综合概念的批判的基础，是将劳动理解为劳动本身，也即"劳动"。它并未涉及马克思对劳动二重性的分析。考虑到这一传统假设，毫不意外，哈贝马斯用来展现马克思的立场的段落，要么引自马克思的早期著作（我们可以认为，在这些著作中，马克思本人也持有一种超历史的"劳动"概念），要么引自马克思以超历史的方式讨论劳动过程的物质元素的部分，譬如《资本论》第一卷的某些段落。③ 然而，正如我将在第三部分中揭示的，后面的这些段落应当依据马克思的论述策略来理解。马克思从对劳动过程的无规定的、超历史的描述入手（哈贝马斯所引的正是它们），在第一卷随后的部分花了巨大的篇幅表明，所有这些描述都在资本主义中被颠倒了过来。由此他证明，资本主义社会中的劳动不可以仅仅以超历史的方式来理解，也就是说，不可以仅仅理解为人与自然的互动，因为，劳动过程的形式和目标是由抽象劳动，即由剩余价值的创造过程所塑造的。④ 换句话说，如果仅仅以这些超历史的方式，是无法充分阐释马克思对资本主义劳动和生产的分析的，他已经证明，这些方式对资本主义社会是无效的。

我曾指出，在他的成熟期作品中，马克思虽然确实给出了一种社会劳

---

① Habermas, *Knowledge and Human Interests*, pp. 55-56.
② 同上。
③ 同上书，pp. 25-29。
④ Marx, *Capital*, vol. 1, trans. Ben Fowkes (London, 1976), pp. 283-639.

动综合理论，但它是分析资本主义社会形式的*特殊性*的基础。马克思所分析的劳动，不仅和其他一切社会形式一样，调节着与自然间的物质交换，同时，它还建构了资本主义所特有的那些社会关系。正是由于这种独特的二重性，资本主义劳动——*而非"劳动"*——才成为生产力与生产关系的辩证法的基础。① 由这种劳动所建构的世界，不仅是由具体社会劳动所建构的物质环境，同时也是一个社会的世界。因此，回到上文所描述的费希特的模式，由抽象劳动所确立的非自我事实上是自我的产物：它是异化社会关系的结构。

哈贝马斯将马克思的工作的范畴性层面和他的物质考察的层面区分了开来；与这一区分相反，马克思成熟期批判的前一个层面并非"劳动"的层面，而是商品、抽象劳动、价值等的层面——也即它是由劳动中介的社会关系形式。由此，它已经包含了在哈贝马斯看来仅仅存在于马克思的"物质考察"中的那个互动维度。

我已经指出，马克思并未将社会实践简化为劳动，并将生产性活动确立为互动的范式。相反，他分析了其他社会中的两个社会生活维度如何在资本主义中被合并为一个：因为它们都由劳动所中介。在这一基础上，他详述了资本主义社会的社会关系形式和意识形式，并分析了这一社会的内在发展逻辑。我可以简要地指出，哈贝马斯将一种超历史的"劳动"观念作为基础，并忽视了马克思对资本主义中财富、生产与社会关系形式的特殊性的理解；同时，他还误解了马克思的社会历史知识论。这里的问题不仅仅在于哈贝马斯对马克思是否"公正"，而在于一种批判的社会理论对其对象而言是否充分。如果劳动建构社会的过程确实是为资本主义所特有的，那么，超历史地呈示这一建构方式（如传统马克思主义所做的），或是将它替换为一种同样超历史的模式，即两个分离但相关的领域（劳动与

---

① 在一个很长的脚注里（*Knowledge and Human Interests*, p. 327n14），哈贝马斯批评马克思试图将"生产活动"和"生产关系"作为同一过程的不同面向来分析。然而，他仅仅根据"劳动"来考量这一过程，而非根据资本主义劳动的具体的社会建构性质。

互动、工具活动与交往活动）的并存，都会模糊商品性劳动的特殊性，进而模糊资本主义的特征所在。更一般地说，马克思对资本主义的范畴性分析所具有的方法论和认识论的内涵，对所有以一套貌似普适于所有人类历史的范畴为基础的社会理论，都提出了严峻的质疑。

我将通过考察哈贝马斯对价值范畴的处理，来阐明上述两种路径之间的区别。在一篇早期的文章中，哈贝马斯讨论了技术变化所具有的一些内涵，某种程度上，在罗宾逊的影响下，他将价值等同于物质财富。① 他的论述值得加以更细致的分析，因为它们所涉及的马克思《大纲》中的段落，正是我在第一章中所讨论的部分。我们记得，在《大纲》（以及《资本论》）中，马克思并未将价值作为一个财富一般的范畴，也没有依据一个准自动的自我调节的市场来处理价值。相反，价值被作为这样一种生产方式的本质：这种生产方式的"前提现在是而且*始终是*：直接劳动时间的量，已耗费的劳动量是财富生产的决定因素"②。随着工业资本主义的发展和生产力的迅速提高，物质财富日益成为普遍的科学发展及其在生产中的应用水平的结果，而非劳动时间量即已耗费的直接人类劳动的结果。③ 在马克思看来，物质财富和价值的差异成为一个越来越尖锐的对立，因为在资本主义中，价值依旧是财富的本质规定，尽管物质财富已经越来越独立于直接人类劳动的耗费。因此，尽管就已经出现的生产力的潜能而言，直接人类劳动已经是"多余的"了，但它依旧被保留为生产的基础，并且变得愈发碎片化。④ 由此，生产力在资本主义中的极大提高并未相应导致劳动时间的减少以及劳动性质的积极转变。以此观之，资本主义的基本矛盾基于这一事实：社会关系和财富的形式，同时也包括生产方式的具体形式，依旧由价值所规定，尽管就资本主义体系的物质财富生产潜能而言，这些形式已经变得越来越不合时宜了。换句话说，由商品形式所中介的社会秩序导致

---

① Habermas, "Between Philosophy and Science: Marxism as Critique," in *Theory and Practice*, pp. 222-235.
② *Grundrisse*, p. 704（斜体由引者所为）。
③ 同上书，pp. 704-705。
④ 同上书，p. 706。

了两个结果：一方面，它带来了否定其自身的历史可能性——一种不同的社会中介形式，不同的财富形式，以及一种更新的生产方式，它不再基于碎片化的直接人类劳动，不再将后者作为生产过程的必要部分。另一方面，这一可能性并非自动实现，社会秩序依旧以价值为基础。

然而，在他的文章中，哈贝马斯错误地认为，《大纲》中的段落表明马克思主张"技术生产力的科学发展应被认为是价值的一个可能的源泉"①。他将自己的论点建立在马克思下面这句话上："但是，随着大工业的发展，现实财富的创造较少地取决于劳动时间和已耗费的劳动量，较多地取决于在劳动时间内所运用的动因的力量。"② 在这段里，马克思清楚地将资本主义中发展出来的生产力生产*现实财富*的潜力，对立于财富的*价值形式*，后者依旧是直接劳动时间的结果。然而哈贝马斯误解了这一点，他认为马克思改变了对*价值*的规定——它不再基于直接人类劳动。因而他指出，马克思后来放弃了这一"修正主义"理念，它没有进入劳动价值论的最终版本。③ 为了"拯救"价值理论，并使它充分适于现代技术条件，哈贝马斯提出，对固定资本（机器等）的价值表达应加以修正，以纳入进入其中的"先进的技术知识"。④

换句话说，哈贝马斯并未把握马克思在价值和物质财富之间，乃至在商品生产劳动的具体维度和抽象维度之间所做的区分。他假定马克思的劳动价值论和古典政治经济学的劳动价值论一样，是用来解释社会财富一般的。因此他坚持认为，劳动理论仅仅在技术生产力发展到这样的阶段时才是有效的：其中，物质财富的创造确实在本质上依赖于劳动时间和耗费的劳动量。而随着技术的高度发达，价值越来越以科学与技术为基础，而非以直接人类劳动为基础。⑤ 哈贝马斯没有将劳动确立为超历史的财富源泉，

---

① Habermas, "Between Philosophy and Science," p. 226.
② *Grundrisse*, p. 704.
③ Habermas, "Between Philosophy and Science," p. 227.
④ 同上书，p. 226。
⑤ 同上书，p. 229。

与之不同，他认识到了科学与技术在*财富创造*中的潜力，以及它们在当代社会生活中不断增长的作用。不过，他认为它们建构了一个新的*价值*基础，因此将马克思所区分的东西又合并了起来。

这一合并使得哈贝马斯没有理解到，马克思的资本主义矛盾的概念，是一个出现于资本主义生产内部的概念，它是价值和财富间日渐增大的差异的结果。① 如我所说，马克思的生产辩证法具有社会特定性和矛盾性，它根植于资本主义根本社会形式的二重性。然而，在哈贝马斯的阐释中，上文所引的《大纲》的段落却表达了价值基础的进化转变。② 根据哈贝马斯的看法，劳动价值论曾经对技术发展的某个阶段而言是有效的；而现在它不再有效，并应被一种"科学技术价值论"所取代。哈贝马斯关于"价值"的基础随技术而变这一看法，必然隐含着一种线性的资本主义发展过程，它不具有内在的矛盾和限制。在政治经济学批判中，马克思试图根据资本主义的深层社会关系，来解释资本主义发展的辩证过程；但是，哈贝马斯却回到了一个基本上是进化论式的概念，一个线性的、超历史的生产（和互动）发展的概念，并且也没有对其进行社会解释。

哈贝马斯的理论代表了批判性地理解现代资本主义社会中发生的重大变化的一次尝试。然而，根据马克思的分析，如果一种理论在其基础中将价值与财富一般等同了起来（同时包含了线性的、进化论式的发展概念），

---

① 沃尔夫冈·米勒（Wolfgang Müller）就哈贝马斯对《大纲》上述段落和价值范畴的阐释给出了一个非常类似的批判：见 "Habermas und die 'Anwendbarkeit' der 'Arbeitswerttheorie,'" *Sozialistische Politik* 1 (April 1969), pp. 39-54。然而，在阐述了价值和物质财富的区别及其矛盾的出现之后，米勒与他自己的分析逻辑发生了断裂。他并未依照这一矛盾来重新思考马克思的批判；相反，在他对民主德国的讨论中，米勒表现出了传统马克思主义的立场。他将资本主义描述为这样一个系统，其中"劳动的*社会化*……依旧被统摄于私人占有形式之下"（p. 50）。换句话说，米勒对哈贝马斯的批判并未引导他将劳动置于资本主义批判的核心；相反，他将私有财产（和市场）放在了核心位置。然而，根据这一立场中所包含的"劳动"概念，任何哈贝马斯——以及波洛克——的批判归根到底都是不充分的，因为它忽视了商品生产劳动的特殊性。关于其他对哈贝马斯对马克思的理解的批评，见 Rick Roderick, *Habermas and the Foundations of Critical Theory* (New York, 1986); Ron Eyerman and David Shipway, "Habermas on Work and Culture," *Theory and Society* 10, no. 4, (July 1981); Anthony Giddens, "Labour and Interaction," in John B. Thompson and David Held, eds., *Habermas: Critical Debates* (Cambridge, Mass., 1982); John Keane, "Habermas on Work and Interaction," *New German Critique* 6 (Fall 1975); 及 Richard Winfield, "The Dilemmas of Labor," *Telos* 24 (Summer 1975)。

② Habermas, "Between Philosophy and Science," pp. 229-230.

那么它就无法充分把握当代资本主义生产及其发展过程的特殊性质。这里所涉及的一个一般问题——在之后的章节中我会回到这一问题——是要构造这样一种理论：它既能够公正地处理现代社会在 20 世纪的巨大转型，又能处理它持续的资本主义身份。在我看来，"劳动财富论"和"科学技术价值论"都无法为一种可以同时充分分析上述两者的理论提供基础。哈贝马斯的进化论式的发展概念在根本上颠倒了马克思的分析。对马克思而言，价值是一个历史特定社会范畴，它表达了资本主义的本质社会关系，依据这一概念，我们可以理解资本主义的生产形式和主体性形式，及其动态历史发展。哈贝马斯将价值的范畴理解为一个准自然的、超历史的、技术的财富范畴，同时他认为，在马克思的分析中，剩余价值率的量是"自然地"决定的，是一个"自然史"事实[1]——它的基础仅仅表现为技术生产水平。尽管在其他著作中，哈贝马斯并不总是将价值处理为一个超历史的财富范畴，他有时将其作为一个历史特定的市场范畴[2]，但是，他没有将价值把握为一种特定的财富形式和社会关系形式，没有依据资本主义劳动的特殊性来思考价值。相反，他要么把价值处理为财富一般，要么处理为一种特殊的财富分配形式。与这一立场具有内在关系的是，他将马克思的资本主义分析中的劳动范畴理解成了具体劳动一般，成了一种中介人与自然之关系的技术活动。一方面，哈贝马斯错误地阐释了马克思对价值和商品性劳动的分析；另一方面，他没能发展出一种关于社会生产与技术形式的概念，因此，也没能发展出一种对资本主义生产过程的批判——前一方面强化了后一方面，并且与后一方面在逻辑上是一致的。相反，哈贝马斯在技术与进化层面上理解生产与技术的形式与发展，并且将所有试图讨论

---

[1] Habermas, "Between Philosophy and Science," pp. 227, 229-231，不幸的是，第 229—230 页的翻译非常具有误导性。下面这个句子中遗漏了"仅仅"一词："随着一种相应的纠正因素的引入，剩余价值率不仅仅会停止作为一种被先验给定的'自然量'。"

[2] 见 "Technology and Science as 'Ideology,'" pp. 100-102。

它们的社会特殊性的尝试都斥为空想。①

哈贝马斯对第一章中所讨论的《大纲》的段落的处理说明，他将劳动（理解为生产性活动）等同于马克思所分析的由劳动中介的社会关系。我已经表明，哈贝马斯错误地将马克思所勾勒的矛盾——一方是以价值为基础的生产，另一方是不以价值为目的的生产所可能具有的形式——解释为一种进化式发展。不仅如此，哈贝马斯还认为，这些段落表明，将科学转化入机器将自动地导向一个具有自我意识的普遍**主体**的解放。② 换句话说，他将如下这种关于解放的观念强加到了马克思头上：解放是物质生产的线性发展的准自动的技术后果。在他的早期论文《劳动与互动》中，哈贝马斯就已经质疑过这种技术统治性的社会解放观："从饥饿与穷困中解放出来，并不意味着同时从奴役和堕落中解放出来，因为劳动和互动之间并没有自动的发展关系。"③

在哈贝马斯看来，仅仅克服物质匮乏并非免于压迫的充分条件——因此，生产发展本身并不自动地导向解放，即便它被用于使人们摆脱物质贫困。相反，如我们所见，对哈贝马斯而言，劳动发展的逻辑终点是一个自动化的社会，由技术统治所管理。哈贝马斯对自然和社会劳动综合体之后果的上述阐释，导致他将马克思在《大纲》中所做的区分——一方面是集体生产者对社会生活的自觉控制，另一方面是独立于生产者的生产过程的自动调节——视为马克思的另一个观点，这个观点与劳动在马克思的分析中被赋予的核心位置并不相符。④

---

① 见 *Knowledge and Human Interests*, p. 61; "Technology and Science as 'Ideology,'" pp. 83-90。在后者中，哈贝马斯拒绝马尔库塞的立场，即科学和技术的合理性中包含一种历史的、因而是暂时的先验。相反，他主张，它们遵从不变的逻辑规律和回馈—控制行为。然而，哈贝马斯给出的论述很难令人信服。他（可疑地）指出，马尔库塞对另一种科学与技术的理解和一种与复苏的自然的交往有关。更重要的是，哈贝马斯暗示道，任何对现存的科学与技术形式的批判，都必然导致这样一种浪漫主义的观念，而这毫无道理。马克思对资本主义生产过程的社会规定的分析，以及这一分析所给出的社会历史知识理论，显然不是浪漫主义的。哈贝马斯自己忽略了生产的社会与文化规定，也忽略了自然的概念。

② Habermas, *Knowledge and Human Interests*, pp. 50-51.

③ Habermas, "Labor and Interaction," p. 169.

④ Habermas, *Knowledge and Human Interests*, pp. 50-51.

然而，与哈贝马斯的阐释相反，马克思在社会生活的自觉控制和自动调节之间所做的区分，与他对商品性劳动所导致的社会建构形式的分析完全一致，也与他所描述的矛盾，也即依旧以劳动为基础的生产和它自身结果的潜力之间的矛盾完全一致。我已经表明，马克思的批判在很大程度上是针对生产与社会的自动调节。不过，在马克思看来，这种调节并不根植于生产本身，它不是劳动本身的结果。相反，它源于特定的社会形式、财富的价值形式，以及商品性劳动。在第三部分，我将展示马克思如何依据资本主义社会抽象的、自动的调节形式，来考察它的方向性及其生产方式——他表明，这一社会的生产发展过程不是技术的与线性的，而是社会的与辩证的。在马克思看来，科学与技术内嵌于一种由价值规定的生产方式，它们既强化着这一方式，又与它相矛盾：它们无法自动地化入社会主体的自我意识。

由此，在马克思的分析中，劳动的社会建构不是超历史的，而是一种历史特定方式，它是资本主义社会生活的自动调节的基础。这种社会建构形式是他批判的对象，而非立足点。因此，解放所要求的，不是*实现*，而是*废除*这一社会建构方式的产物。于是，克服《大纲》所述的矛盾并不意味着仅仅从饥饿与苦劳中解放出来：克服由价值和资本所表达的资本主义生产关系，同时必然会克服社会的自动调节。尽管它未必是建立对社会生活的自觉管理的充分条件，但克服抽象统治显然是实现这一社会的自我规定的必要前提。因此，马克思对劳动建构社会的历史特殊过程的分析，恰恰批判了在哈贝马斯看来为马克思的理论所肯定的东西。

哈贝马斯对马克思的批判，是对传统马克思主义观念中劳动的社会建构的批判，其立场分享了部分传统的假设。① 他试图给出一种关于解放的观念：一方面，大多数人免于物质匮乏；另一方面，建立起人们对社会与

---

① 关于这些假设的一个典型例子，见 "Technology and Science as 'Ideology,'" p. 96。其中，哈贝马斯如此描述资本主义所带来的生产方式："它脱离了资本主义的制度框架，与私人形式的资本增殖机制之外的机制联系了起来。"换句话说，他认为资本主义生产过程是一个技术过程，并认为生产关系，即私有制，是外在于它的。

政治生活的自觉控制——它与一切技术统治概念截然相反。然而，由于哈贝马斯没能区分作为一种历史特殊社会形式的商品性劳动和作为超历史的生产性活动的劳动，在我看来，与马克思相比，他便未能解释现代生活的"自动性"，乃至克服它的可能条件。

如哈贝马斯所说，资本主义劳动或许是一种工具性活动形式，但这并非因为它是生产性活动。很有可能，不论它们有什么其他意义，各种劳动及其工具在所有社会中都可以被视为实现特定目的的技术手段。然而，这并未为工具理性建构其基础：各种社会中的技术复杂水平和所谓"工具理性"的存在与影响力之间，并没有必然的关联。劳动的性质并不是超历史地给定的，而是它所存在其中的社会关系的产物。我们已经看到，在马克思的分析框架中，是资本主义劳动的自我中介性质为劳动赋予了一种工具性，并为这一社会特有的社会关系赋予了一种客观性质。与霍克海姆和哈贝马斯不同，这一路径在社会与历史层面上讨论工具理性与工具行为的技术与手段导向性质，而非将它们作为技术性的生产发展的结果。

哈贝马斯早期著作中对技术与社会的有问题的规定，与他对劳动的超历史的理解有关，同时，这也凸显了传统马克思主义由来已久的悖论。一方面，哈贝马斯将劳动作为"劳动"，未能把握马克思对资本主义劳动历史特殊性的分析。他的理论导致劳动和生产被作为不具有社会规定性的、技术的东西，而对于马克思而言，资本主义劳动与生产却是被社会所规定，并具有规定性的，虽然它们看上去并不如此。另一方面，哈贝马斯确实保留了劳动的社会综合的一面。（尽管他限制了它的范围，补充以一种互动的观念。）结果是，他将资本主义劳动所具有的特质赋予了劳动本身，赋予了一种理论上的技术活动；而在马克思看来，这种特质源于资本主义劳动的历史特殊功能，它并不是任何地方任何时候的劳动行为都具有的性质。换句话说，哈贝马斯超历史地将资本主义劳动的异化性质当作了劳动本身的特质。因此，他对资本主义生产关系的理解极不具体，因为它恰恰缺少了它们最核心、最具特色的内容——它们的异化的、客观的性质：由于将其视为一种工具性活动，哈贝马斯将这一性质赋予了"劳动"。

将工具性赋予劳动本身，是将社会建构之物自然化，将历史特定之物超历史地表现出来。用马克思的话说，这就是屈服于拜物教的表象：将资本主义社会形式的抽象的价值维度所具有的性质，赋予它们具体的使用价值维度，由此模糊了它们的社会与历史特殊性。这里的问题不仅在于劳动是否在任何时间任何地方都是工具性活动，而且在于工具理性与工具行为自身，不论它们是如何被建构的，是否应被认为是超历史的，而非对一种特定的社会生活形式的表达。①

与更为正统的马克思主义版本不同，哈贝马斯的路径和马克思的理论共享着一种对劳动的社会综合的后果的批判态度。然而，因为马克思对劳动的社会综合的理解是历史特殊的，所以它所导致的结果与哈贝马斯截然不同；它能够用来分析工具理性与工具行为的增长，或是分析资本主义社会的准自动调节。这种分析比哈贝马斯在其早期批判中提出的分析要更令人满意。它对这些发展的阐述，依据的是资本主义社会形式的特殊性，而非那些不具有社会规定性的，可以用来描述任何时候的任何社会中的人际互动和人与自然互动的范畴。

同时，一种超历史的路径倾向于不区分具有社会建构性的劳动和自我建构的个人劳动。因此，传统马克思主义的正统形式对这两者的评价都是正面的：社会主义被构想为这样一个社会，其中，劳动的社会建构将公开发挥作用，并且与劳动的个人自我建构相一致。哈贝马斯对劳动的社会建构的后果的评价是负面的，但是，由于它具有类似的超历史性质，它似乎没有赋予个体劳动以创造性的、积极的自我反思的可能性。尽管劳动的社会综合可以被认为是历史特定的，但这两个环节也可以是分离的。我

---

① 近年，哈贝马斯将社会劳动作为交往行为和工具行为的结合，但这无法避免这一对他的工具理性和工具行为之概念的超历史性质的批判，不论它是否根源于"劳动"。见 Habermas, "A Reply to my Critics," in Thompson and Held, eds., *Habermas: Critical Debates*, pp. 267-268. 此外，我们必须区分下述这两种看法：一种是把工具理性和工具行为视为历史特殊形式；另一种是将它们视为超历史形式，但仅仅在现代资本主义社会中具有社会支配性。

们已经看到，对马克思而言，克服资本主义必将废除价值，并带来社会劳动的本质的激烈转变。这意味着，当劳动不再作为一种社会建构活动而作用，个体劳动便可以具有更加积极的自我建构性。此外，不同于正统立场和哈贝马斯的立场，这一阐释不认为劳动决定的社会建构方式具有单一的正面或负面作用；相反，正如我在讨论异化时指出的，这些后果具有两面性。

哈贝马斯误解了马克思的政治经济学批判中的劳动形式的历史特殊性，在思考这一理论的认识论维度时，上述误解具有深远的后果。哈贝马斯指责马克思没有充分区分自然科学与社会理论。哈贝马斯的证据之一是，马克思认为自己所解释的资本主义经济运动的规律是一种自然规律，其运作独立于人类意志。[①] 但是，在马克思那里，这种说法并不意味着他认为这里的人类社会依照准自然规律运作。相反，这反映出，在他的分析中，*资本主义形态*之所以受制于这种规律，是因为其根本社会关系是异化的：它们被客观化，具有了它们"自己的生命"，对个体施以一种准自然的强制。然而，哈贝马斯并不认为马克思的论断指向了资本主义历史特有的抽象统治——譬如，资本积累始终在全球范围内颠覆着社会生活的所有方面，这一过程确实独立于个人意志。相反，哈贝马斯认为马克思的论断表达了一种超历史的立场，根据这一立场，关于社会一般的科学和自然科学在本质上是相似的。

然而，马克思的立场中所暗含的自然科学与社会的关系，与哈贝马斯所强加给他的截然不同。它绝不认为自然科学是知识——包括关于社会的知识——的唯一模板，相反，它内含着一种关于所有知识形式——包括自然科学——的历史理论。马克思对由劳动中介的资本主义社会关系的分析，并不意味着社会和自然一样[②]，而是意味着这种社会关系形式和包括自

---

① Habermas, *Knowledge and Human Interests*, pp. 45-46.
② 同上书，p. 47。

然科学在内的现代思想形式之间具有一种相似性。[①] 马克思的拜物教理论并非如哈贝马斯所说,仅仅是揭露了资产阶级社会中权力的合法性[②];相反,它是一种关于主体性的社会理论,在一个劳动中介了自身,并由此建构了人与人之间的关系以及人与自然的关系的社会中,这种社会理论将意识的形式与社会关系的公开形式联系了起来。马克思的政治经济学批判并未将意义体系,即一个"符号网络",和社会劳动体系截然区分开来,这是因为他分析的是劳动在资本主义中的历史特殊的建构性角色——而不是任何关于劳动的本体论假设。马克思以由劳动中介的社会关系结构来解释这两个体系。

显然在这里,哈贝马斯并没有一个类似的社会知识理论。(如前所述,他并未理解生产过程的社会建构。)尽管哈贝马斯在他的早期作品中指出,劳动的范畴本身不足以充分把握社会综合体,但他似乎确实接受了这样一种观念,即关于自然的知识直接产生于由劳动中介的人与自然的互动。因此,他将自然科学作为一种以实用主义的方式获得的知识形式,因此并非是社会地、文化地构成的。我已经指出,现实的概念无法仅仅从具体劳动中推衍出来,因为劳动本身并不赋予意义,相反,其意义是由其社会世界的结构所赋予的。根据我目前的讨论,可以认为,一个将自然的概念归因于具体劳动的理论——譬如哈贝马斯在他的早期作品中所接受的那种理论——本身就是这样一种思想形式:它表达了一种劳动在其中发挥着社会中介功能的社会状况。[③]

我已经指出,哈贝马斯在他的早期作品中强调了批判社会理论的认识论维度,以此批评现代社会统治的日益加强的技术统治性,以及马克思主义传统内部的技术统治趋势。同时,它也为这样一种批判提供了理论起点:

[①] 马克思确实依据社会关系形式,而非仅仅依据具体社会劳动与自然的互动,来阐释自然科学思想。一个明显的例子见 Capital, vol. 1, p. 512n27。其中,他说笛卡尔"用一双工场手工业时期的眼睛"来观察。

[②] Habermas, Knowledge and Human Interests, p. 60.

[③] 这里的根本问题,是具有文化特殊性的思想形式的社会建构,而不仅仅是自然的概念是否以实用主义的方式从与自然的互动中获得。在这个意义上,我对那种不考虑思想形式的社会与文化规定的路径的批判,也可以用于哈贝马斯似乎最近开始持有的那种立场——也即根据与自然的实用主义互动的话语来理解自然科学的发展,而不将这些话语作为社会与文化规定物来分析。

它将可能超越1940年以后**批判理论**所特有的那种根本的悲观论。然而在我看来，哈贝马斯对劳动综合观的批判的本质，并未为其所批判的对象提供一种令人满意的其他可能。在《知识与人类旨趣》中给出的那种激进认识论观念并未带来一种关于知识和主体性的社会历史理论，一种关于意识的特定形式的理论。因而，在社会层面上，批判意识的本质依旧暧昧未明。

此外，哈贝马斯对劳动和互动的阐释具有一个根本性的歧义。我已经表明，哈贝马斯并未找到工具理性与工具行为之增长的社会原因，并未将其归因于一种由劳动中介的社会关系结构，而是归因于劳动本身。他认为，工具性已经越出了它的"正当"领域（譬如生产领域），正在入侵社会生活的其他领域；然而，我们依旧不清楚，工具性在互动领域中的扩张——它或许根源于现代世界中生产的重要性和复杂性的提高——为什么是不可阻挡、不可逆转的。换句话说，哈贝马斯并未澄清，社会的自我规定归根到底为何会产生于先进技术的发展中，尤其当我们考虑到，这一发展的一个结果很可能是这个社会将日渐趋向于被组织为一个自动体。简单地说，哈贝马斯早期著作中的歧义在于：实践理性是*已然*还是*应该*支配互动领域。如果是前者，那么我们就不清楚，实践理性是如何屈服于"劳动的发展"的。然而，如果世界的工具化与这种生产的发展之间的联系是必然的，那么我们就不知道，诉诸实践理性是否不过是一种劝辞。

哈贝马斯早期试图重构批判的社会理论的可能性，这一尝试可以依据第三章中所讨论的霍克海姆的悲观论转向来加以考察。在那里我写道，1937年，霍克海姆依旧认为劳动的综合体是解放性的。它所建构的整体性，带来了一种合理、公正的社会生活组织；然而，这一整体性是碎片化的，受到（资本主义）社会关系的阻碍而无法实现自身。在采纳了政治的首要性这一主张后[①]，霍克海姆变得对作为解放之源泉的"劳动"极度怀疑——然而，他却没有重新思考他对这一范畴的超历史的理解。哈贝马斯保留了

---

① 哈贝马斯也采纳了这一议题，因而也接受了它对具有社会规定性的分配方式的片面强调：见"Technology and Science as 'Ideology,'" pp. 100-102。

霍克海姆对"劳动"的传统理解，同时也接受了他后期对劳动作为一种工具性行动，作为技术统治的源泉所抱持的负面评价。为了避免霍克海姆的根本性悲观论，哈贝马斯的策略是通过增补一个互动的概念，以在理论上限制"劳动的"意义的范围。哈贝马斯指出，互动的社会领域可以作为批判的起点，以此，他在理论上将解放的可能性放置在了一个外在于劳动的社会关系领域中。他为这一领域赋予的特征是，它是一个"与工具行为的维度不相符的"社会维度，其中"活动着现象学的经验"。[1] 在某种意义上，哈贝马斯颠倒了霍克海姆 1937 年所提出的劳动、社会关系与解放之间的关系。

因为哈贝马斯用工具行为来阐释马克思的劳动的社会综合体的概念，所以，他早期对马克思的批判便强烈地令人联想到霍克海姆在《理性的销蚀》中的论辩，其对象是在他看来支配着美国的（显然是非辩证的、非批判的）科学主义形式以及对自动进步的信仰。霍克海姆批评实用主义将实验物理变成所有科学知识的模板。[2] 他同时批评实证主义将自然科学视为社会进步的自动保证，也批评技术统治论的这一假设：理论的社会批评是多余的，因为技术发展将自动解决所有人类问题。[3] 这些指控基本上和哈贝马斯早期对马克思的批判一样。[4] 考虑到更为正统的马克思主义版本，这一批判或许有其道理，但是，只有当我们忽视价值这一政治经济学批判的核心范畴所具有的意义和内涵，或将其简化地解释为一个市场范畴时，这一批判才可能被加到马克思头上。此外，尽管被哈贝马斯强加给马克思的那些关于自然科学、生产和劳动的观念，正是霍克海姆所批评的实用主义和实证主义中的观念，但是，哈贝马斯自己在处理劳动领域，以及试图借由提出一个补充性的互动领域，来限制劳动的社会

---

[1] Habermas, *Knowledge and Human Interests*, p. 42.
[2] Horkheimer, *Eclipse of Reason* (New York, 1974), p. 50.
[3] 同上书，pp. 59, 74ff., 151。
[4] 一个类似的批评可见 Albrecht Wellmer, "The Latent Positivism of Marx's Philosophy of History," in *Critical Theory of Society*, trans. John Cumming (New York, 1971)。

效力的范围时,却恰恰接受了这些观念。其结果,是一种对劳动领域的不具有历史规定性的阐释——它被作为一个工具行为的领域,一种关于社会关系形式和意识形式的缺乏特殊性的理论,以及一次向超历史的社会与历史发展理论的倒退。

第二节 《交往行为理论》与马克思

哈贝马斯的《交往行为理论》(1981)是他当时的集大成之作,代表了他所有试图为一种新的现代社会批判理论奠定基础的努力。在尝试转变现代社会理论的根本前提的过程中,它对人类历史进行了重构。与他早期的工作相比,哈贝马斯在此著中的批判方式不再以批判性自我反思的理念为根本基础,也不再以对科学主义的批判为首要关注;它不再强调作为工具性行动的劳动;它给出了一种更具根本性的互动理论(一种关于交往行为与理性的理论);同时,它以一种更为不同的方式,将一种历史特殊的分析和一种超历史的框架结合了起来。① 尽管如此,《交往行为理论》的基本主题、关注与导向依旧延续了哈贝马斯的前期工作。和这些早期作品一样,哈贝马斯对马克思的理解依旧是其理论的构成性因素,而这种理解的传统性质则削弱了他的理论。这表明,对于任何当代批判理论而言,在根本上重新思考马克思的批判都是非常重要的。②

我已经指出,哈贝马斯重构一种具有解放性意图的根本的社会批判的尝试,应当被置于**批判理论**的发展轨迹中加以理解。事实上,在他本人对此著中的这一方案的描述中,重构一种适用于当代后自由主义社会的批判理论,是"第二次尝试以西方马克思主义的精神来挪用韦伯"③。他试图在

---

① 哈贝马斯的理论在20世纪60年代和70年代有所发展,对此的相关精彩讨论,见 Thomas McCarthy, *The Critical Theory of Jürgen Habermas* (Cambridge, Mass., 1978)。

② 下文对《交往行动理论》的分析的一个版本,见 M. Postone, "History and Critical Social Theory," *Contemporary Sociology* 19, no. 2 (March 1990), pp. 170-176。

③ Habermas, *The Theory of Communicative Action*, vol. 2, p. 302.

融入马克斯·韦伯对现代性的分析——它是一个社会合理化过程——的同时,避免早先卢卡奇和法兰克福学派理论家如霍克海姆和阿多诺在批判性地挪用韦伯的分析时所具有的理论局限。哈贝马斯指出,一种有能力超越这些局限的新的理论路径,无法仅仅由修正旧有路径而来;相反,它要求在根本上重新定位社会理论。他的交往行为理论正是这一重新定位的尝试;在其基础上,他试图转变社会理论的范畴性框架:从依赖于主—客体范式(因而在其中,行为的观念在本质上是目的合理性行为),转向依赖于主体间性范式。

哈贝马斯在这本书一开头就说道,他发展交往行为理论的主要意图有三个面向。① 第一,他希望在理论上为一种社会批判重新建立可能性。在哈贝马斯看来,批判理论的起点必须是普遍主义的,必须以理性为基础——对他而言,这意味着它必须是非相对主义的。不过,他试图为这一起点找到社会的基础,而非超验的基础。出于这一目的,哈贝马斯构造了一种关于合理性的社会理论。借由交往合理性这一概念,他区分了不同的理性形式,这一概念不同于乃至对立于认知—工具合理性。他将两种理性形式的根源定立在社会行为的特定方式中。在此基础上,他依据两种分化的合理化过程(而非仅仅依据目的合理化的发展),构造了一种历史发展理论。哈贝马斯试图将批判的社会理论的可能性基础建立在交往理性的发展中。事实上,他试图既在后现代主义和后结构主义立场——他认为它们是非理性的——面前捍卫(交往)理性,同时又能够批判后自由主义资本主义中认知—工具合理性形式的日益强化的统治。

哈贝马斯的第二个主要目的在于通过一种双层理论来把握现代社会,这一理论的基础是行为和理性的分化的形式。这一理论试图结合下述两种路径,第一种路径将社会生活视为"生活世界",这一理念来源于现象学和阐释学的传统;第二种路径将社会视为一个"系统"。他认为,现

---

① Habermas, *The Theory of Communicative Action*, vol. 1, p. xl.

代社会应当同时依据这两个维度来理解，它们是不同的社会整体形式；同时，他将每个维度都联系上了一种特定的合理性形式（"交往的"和"认知—工具的"）。他既试图回应将人作为社会行动者的观念，又试图回应现代社会的以下特点：新出现的社会整合形式（如资本主义经济、现代国家）的运作准独立于行动者的意图，同时，也常常准独立于他们的意识与理解。

哈贝马斯的第三个目的，是在此基础上建构一种关于后自由主义现代社会的理论。这一理论肯定了现代性作为一个合理化与分化过程的历史发展，但同时也批判性地看待既存现代社会形式的负面的、"病理的"方面。他根据资本主义的选择性的合理化过程来阐释这一"病理学"，这一过程导致了在交往中建构起来的生活世界日益被准自主的、具有形式化组织的行动系统所支配与渗透。

这三个互相关联的关注主题指向了历史特殊性的三个不同层面，勾勒了一个以交往行为的概念为基础的理论轮廓。以此，哈贝马斯批判了当代社会科学研究和西方马克思主义传统中的主要理论倾向。他试图通过质疑后一传统的根本理论前提来兑现其意图。由此出发，可以说，他调用了20世纪哲学与社会理论的各主要趋势——言语行为理论与分析哲学、古典社会理论、阐释学、现象学、发展心理学、系统论——以转变社会理论的基本范式，并构造一种充分适用于当代世界的批判理论。然而在这一调用过程中，他对马克思的理解使得他接受了一些在根本上和他的理论的批判意旨相冲突的前提。这反过来提出来这样一个问题：一种具有社会基础的批判现代性理论，在克服了早先**批判理论**的局限的同时，是否需要哈贝马斯所给出的那种社会本体论和进化论框架？

为了阐述这一看法，我必须简要地勾勒哈贝马斯在《交往行为理论》中复杂的论述策略。他的批判现代性理论的概念起点，是一种对韦伯的合理化理论及其在卢卡奇、霍克海姆和阿多诺那里受到的内在批判。哈贝马斯指出，韦伯将现代性分析为一个社会合理化过程，其中涉及16至18世纪间欧洲的目的合理性行为的制度化过程。① 在韦伯看来，这一发展以一种文化合理化为前提，这一合理化涉及个体价值领域的分化——科学、艺术、法律和道德被表现为不同的领域，并开始遵循它们自身独立、自主的逻辑。② 在韦伯的分析中，这些合理化过程的一个悖论性结果是，现代生活日益变成一个"铁笼"，其特征在于意义的失落——世界失去了任何理论与伦理的一致性——以及自由的失落，其原因在于认知—工具合理性在经济和国家中的制度化。③

韦伯将现代性分析为合理化的过程，哈贝马斯采纳了这一点，但坚持认为"铁笼"并非所有现代社会形式的必然特点。相反，被韦伯归咎于合理化本身的东西，应当被把握为资本主义中合理化的一种选择性样式，这种样式导致了目的合理性的统治。④ 哈贝马斯认为，韦伯自己的理论为这一路径提供了基础，因为在其立足点中，它隐含地预设了一种更为复杂的理性的观念，由此出发，它批评了目的合理性的日益加强的统治；然而，它从未公开澄清这一立足点。⑤

韦伯在对世界宗教的处理中提出了文化合理化理论，通过对这一理论的重构，哈贝马斯揭示了上述隐含的批判立足点。⑥ 他的重构有两个阶段，它预设了世界观的合理化的一个普遍历史过程，这一过程为一个历史特殊的转换提供了基础：西方的文化合理化转换为社会合理化。⑦ 哈贝马斯接受并修正了进化式的世界观发展理论。首先，他将世界观结构的历史发展的普遍*内在逻辑*，与世界观发展的*经验动力*区分了开来，后者依赖于外在因素。⑧（在哈贝马斯对批判社会理论的理解中，这一区分是具有根本性的。）其次，哈贝马斯提出，韦伯将现代化分析为理性化的做法太过狭隘：

---

① Habermas, *The Theory of Communicative Action*, p. 216.
② 同上书，pp. 166, 175。
③ 同上书，p. 241。
④ 同上书，pp. 181-183。
⑤ 同上书，pp. 220-222。
⑥ 同上书，pp. 166, 195。
⑦ 同上书，pp. 174-177。
⑧ 同上书，pp. 179-197。

他并未充分考虑价值领域的分化所具有的内涵，每一个领域都具有自身的独特普遍有效性主张（真理、规范公正性、美）和合理性形式（认知—工具合理性、道德—实践合理性、审美合理性）。①

对韦伯理论的这一批判性挪用指向了一个更为宽泛的合理性概念，它根源于合理化与分化的所谓内在逻辑。它使哈贝马斯得以区分资本主义在经验上已经实现了的东西，以及现代意识结构中所包含的可能性，这一可能性源于祛魅的过程。②由此，哈贝马斯得以证明，认知—工具合理性以道德—实践合理性和审美—实践合理性为代价而凸显出来，这一过程表现的是资本主义合理化的部分性质，而非合理化本身的部分性质。③

有必要指出的是，在哈贝马斯的重构框架中，祛魅过程所带来的可能性被认为出现在资本主义的*开端*。这意味着，资本主义代表了这样一个过程：由历史发展的普遍内在逻辑所带来的可能性发生了*畸变*。换句话说，哈贝马斯的批判的立足点——他早先将其称为"互动领域"，现在则将其阐释为一种普遍的社会潜力——*外在于*资本主义。与此类似，他似乎仅仅依据认知—工具理性（在哈贝马斯的早期工作中，它被视为劳动领域）来理解资本主义——也就是说，资本主义被理解为单向度的。

在哈贝马斯看来，韦伯没有能够意识到他自身的理论所具有的解释潜力。通过揭示这一失败的两个基本原因，哈贝马斯开始阐述其重构的前提条件。他指出，韦伯的行为理论太过狭隘：韦伯将其建立在一种目的行为和认知—工具合理性模式的基础上。然而，只有以另一种行为理论即交往行为理论为基础，对韦伯的分析所提出的世界观的合理化过程的理解，才能得到充分的发展。此外，哈贝马斯断言，一种现代社会理论无法仅仅以行为理论为基础。现代社会的特征在于，社会生活的重要维度（如经济与国家）以一种准客观的方式结合了起来；它们无法被行为理论所把握，而

---

① Habermas, *The Theory of Communicative Action*, vol. 1, pp.179-197.
② 同上书，p. 198。
③ 同上书，p. 223。

必须对其加以系统性的理解。因此，当代的批判理论既要求一种交往行为理论，又要求这一社会理论能够结合行为理论的分析和系统理论的分析。①

卢卡奇和法兰克福学派的成员确曾试图将韦伯对合理化的分析纳入一种系统整合理论。然而，在哈贝马斯看来，他们的努力并不成功。位于这些尝试的核心的是卢卡奇的物化概念，它以马克思对商品的分析为基础。他试图以这一概念来将韦伯对社会合理化的分析，与其行动理论的框架区分开来，并且将前者与资本的匿名实现过程联系起来。②通过这一概念，卢卡奇指出，经济合理化并非一个更一般进程中的一个例子，恰恰相反，商品生产与交换是社会合理化现象的基础。③因此，后者不应被视为一个线性的、不可逆的进程。

哈贝马斯并未直接质疑卢卡奇对合理化的马克思式的分析；相反，他批评了后者对问题的黑格尔式的"解决"：它教条式地将无产阶级神化为历史的主—客同一体。④在他们各自以物化概念为基础进一步推进批判理论的尝试中，霍克海姆和阿多诺同样拒绝了这一黑格尔式的逻辑。⑤然而，正如哈贝马斯所说，他们在20世纪40年代对工具理性的批判，对批判理论的规范性基础提出了质疑。他们假定，世界的合理化已经形成了整体，并且否认卢卡奇对客观理性的诉求；结果是，他们不再认为物化根源于一个历史特殊的、可转变的形式（商品），而是将其超历史地根植于由劳动中介的人与自然的对立中。哈贝马斯指出，随着这一转变，**批判理论**不再能够阐明其批判的标准。⑥

哈贝马斯认为，所有这些努力的问题在于，它们依旧局限于主—客体范式（他将其称为"意识哲学的范式"）。他们的理论困境反映出任何以这一范式为基础的社会理论所具有的局限，并且表明了对一种根本的理论

---

① Habermas, *The Theory of Communicative Action*, vol. 1, p. 270.
② 同上书，p. 354。
③ 同上书，p. 359。
④ 同上书，p. 364。
⑤ 同上书，p. 369。
⑥ 同上书，pp. 377-383。

转变的要求：转向主体间交往的范式。①

在某些方面，哈贝马斯对西方马克思主义的批判与我在本书中的阐释相一致。他所谓的"意识哲学"与我对"劳动"概念的分析相关；我们都批判以主—客体范式为基础的理论，并都将对社会关系的考察置于分析的核心。不过，哈贝马斯的批判导向了对交往本身的分析，而我则导向了对建构了现代社会的特定社会中介形式的思考。在后文中我将考察这一区别所具有的一些内涵。

哈贝马斯发展出交往理性与交往行为的概念，试图以此为朝向主体间性范式的理论转变提供基础。他认为，对世界的现代理解——与神秘化的思想形式不同，它反思性地意识到了自身，并导致分化了的客观的、社会的和主体的世界——既具有社会的基础，又具有普遍的意义。②哈贝马斯策略性地使用了让·皮亚杰（Jean Piaget）关于意识结构的个体发生学的理论。哈贝马斯认为，现代世界观来源于世界观的合理化的普遍历史过程，它以一个历史学习过程的形式发生。③这一合理化过程不仅导致了认知—工具合理性的强化，同时，它也在根本上联系着交往合理性的发展。哈贝马斯以一种程序性的方式（而非根据内容）来把握后者，它将一种对世界的去中心化的理解与以非强制共识为基础的交往的可能性联系了起来。④

运用言语行为理论，哈贝马斯指出，达成理解是语言的最本质方面，尽管并非所有由语言中介的互动都以此为目标。此外他强调，只要它们所提出的有效性主张是可批评的，那么言语行为与互动就能够*合理地*协调起来——也即独立于外在力量，如奖惩和传统规范。最后，哈贝马斯还认为，为了达成理解，行动者必然要主张他们的言语行为的有效性。⑤

---

① Habermas, *The Theory of Communicative Action*, vol. 1, p. 390。
② 同上书，pp. 48, 64, 70。
③ 同上书，pp. 67-69。
④ 同上书，pp. 70-74。
⑤ 同上书，pp. 287-288; 297-308。

换句话说，哈贝马斯将交往合理性根植于由语言中介的交往的本质中，因此，隐含地表明了它具有普遍的意义。它代表了更为复杂的理性形式，这一形式可以用来批判被哈贝马斯视为资本主义社会特有的单向度的合理化形式。事实上，批判的潜力被建立在交往行为的结构本身中，它不容许将意义的问题与有效性的问题区分开来。①

哈贝马斯抽象地确立了交往合理性的可能性，随后，他试图根据生活世界的合理化，来理解合理化的普遍历史过程，以此来描述其发展进化。②为了以有别于主—客体范式的概念来处理这一问题，哈贝马斯挪用并修正了乔治·赫尔伯特·米德（George Herbert Mead）的交往理论方法③，再结合以涂尔干关于道德的宗教起源的概念，以及他对社会整合形式从机械连带变成有机连带的解释。由此，哈贝马斯发展出一种关于社会文化发展的内在逻辑的理论，它是一个"神圣事物的语言化"过程。④他认为，这一过程的特征在于，交往行为中潜在的合理性被释放了出来；于是，这种行为取代了影响文化再生产、社会整合与社会化过程的旧有的神圣规范核心。一种基于交往中所达成的共识的模式，取代了基于被规范性地赋予的共识的模式，这一取代过程导致了一个合理化的生活世界——也即导致了世界观的合理化，道德与法律规范的普遍化，个体化的加强，以及符号再生产的反思性的提高。⑤

换句话说，哈贝马斯对现代世界观发展的理解基于以下这样一个过程：其中，由语言中介的交往日益"实现自身"（就像黑格尔的*绝对精神*），并将自己展现为生活世界的结构。这一社会进化逻辑是判断现代的发展现状的标准。⑥由此，哈贝马斯的批判立足点是普遍的；尽管具有社会性质，但在本质上，它并不是文化地、社会地、历史地形成的，而是根

---

① Habermas, *The Theory of Communicative Action*, vol. 1, pp. 104-106; 295-305.
② 同上书，pp. 70, 336。
③ 同上书，vol. 2, pp. 10-13, 61-74。
④ 同上书，pp. 46, 110。
⑤ 同上书，pp. 46, 77, 107, 146。
⑥ 同上书，p. 110。

源于在时间中展开的交往行为的本体论性质。语言在哈贝马斯的理论中所占据的位置,直接类似于"劳动"在传统马克思主义的肯定性形式中所占据的位置。

在哈贝马斯那里,尽管这一路径导致了行为理论中的范式转换,但它仅仅把握住了现代社会的一个维度:它可以解释生活世界的符号再生产,但却无法解释社会作为一个整体的再生产。哈贝马斯指出,行为不仅由沟通过程所协调,同时,它还被无意图的、常常未被感知到的功能性关系所协调。① 因此,他提出了一种社会进化理论,根据这一理论,社会被分化为一个系统和一个生活世界。② 哈贝马斯将生活世界的合理化与系统的进化区分了开来,后者由社会的操控能力的提高来衡量。他认为,系统复杂性的提高最终依赖于生活世界的结构分化。他将后者归因于一种道德意识的进化发展,它是释放交往行为中潜在的合理性的必要条件。③

在哈贝马斯看来,这一发展最终瓦解了对社会互动的规范性操控。结果,互动开始以两种截然不同的方式协调:第一是公开的交往;第二是塔尔科特·帕森斯(Talcott Parsons)所谓金钱与权力的操控媒介——一种准客观的社会中介,它掩盖了目的合理性的态度,并将交互过程从生活世界的规范性语境中抽离出来。这就导致了系统的整体(受金钱与权力的操控媒介影响)从社会的整体(受交往行为影响)中脱离出来。系统与生活世界的这一脱离涉及国家与经济的分化,它是现代世界的特征。④

在呈示了这一双面路径后,哈贝马斯提到,大多数社会理论方法都是单面的,因为它们用来把握现代社会的概念,只能用于这两个维度中的一个。他隐隐地将自己的方法视为自马克思和帕森斯之后去同时把握现代社会生活这两个方面的第三次重大尝试。在哈贝马斯看来,尽管马克思的价值理论将匿名的相互依赖关系的系统性维度与行动者的生活世界语境连接

---

① Habermas, *The Theory of Communicative Action*, vol. 2, pp. 113,150.
② 同上书,p. 153ff。
③ 同上书,p. 173ff。
④ 同上书,pp. 154, 180ff。

了起来，但是，由于它认为资本主义的系统性维度不过是阶级关系的拜物教形式，因而，它终究将前者简化为了后者。因此，马克思既没有看到系统性分化的积极面，又没有充分处理科层化问题。① 出于这个原因，哈贝马斯转向了帕森斯，试图将系统理论范式和行为理论范式结合起来。他试图将帕森斯的尝试置于一个更具批判性的框架中，这一方法既能够重新理解行为理论，同时，不同于帕森斯的路径，它又能处理资本主义现代化的"病理学"方面。②

以这一双面路径为基础，哈贝马斯勾勒了一种后自由主义资本主义的批判理论。他首先重新构造了韦伯对现代性的诊断及其关于合理化的悖论的论题，否定了那些将现代性的病理归咎于世俗化或是社会结构分化的保守立场。③ 相反，哈贝马斯区分了两种现代化形式：一种是"常规的"形式，它是系统的规则"中介"生活世界的过程；其中，一个日渐合理化的生活世界脱离并依赖于日益复杂化、形式化的行为领域（如经济与国家）。另一种是"病理的"形式，他将其称为"生活世界的殖民"。后者的特点在于，认知—工具合理性借由货币化与科层化的手段，超越了经济与国家领域，而扩张至其他领域，并且，它以道德实践合理性和审美实践合理性为代价而实现了统治。这导致了生活世界的符号再生产的混乱。④ 借由系统世界对生活世界的殖民这一论述，哈贝马斯重新构造了韦伯关于意义的失落和自由的失落的理念。这一论述成为他分析后自由主义资本主义的基础。⑤

哈贝马斯认为，他对韦伯提出的发展逻辑的这一再阐释，为他对所谓的病理现象的描述提供了理由。更进一步说，交往合理性的概念也在理论上为抵抗对生活世界的殖民（它是许多当代社会运动的特质）提供了社会

---

① Habermas, *The Theory of Communicative Action*, vol. 2, pp. 202, 336ff.
② 同上书，p. 199ff。
③ 同上书，p. 330。
④ 同上书，p. 303ff。
⑤ 同上书，p. 318ff。

基础。① 不过他主张，我们必须同时理解现代世界的发展动力——也即解释为什么这种病理会出现。为了做到这一点，哈贝马斯利用了马克思关于积累过程的看法——它以自身为目的，脱离了使用价值这一目标。② 哈贝马斯将资本积累的动力纳入了他的系统与生活之间的互动关系模型中，由此，他得以处理那些被更正统的马克思主义论述所回避的议题，譬如国家干预主义、大众民主、福利国家，以及日常生活的碎片化的意识。③ 可以说，他在结尾处又回到了起点：他为批判的社会理论所设定的议题，正是20世纪30年代（法兰克福）社会研究中心的研究计划中所提出的。

撇开哈贝马斯的论述的广度与深度，他在《交往行为理论》中提出的理论框架有某些方面存在问题。它试图通过将两种在本质上是单面的理论方法结合起来，以理解社会现实的双面性。哈贝马斯批评帕森斯，认为后者呈示了一种未经批判的发达资本主义社会图景④并为其赋予理论建构，这一理论模糊了系统与生活世界的差异。然而，哈贝马斯似乎没有意识到，他以系统理论的架构（"操控媒介"）来对"经济"和"国家"进行理论分析本身，恰恰限制了他的社会批判的范围。"金钱"和"权力"这些范畴，并未把握住经济与政治的特定结构，它们仅仅表明了它们以准客观的形式存在，并且不仅仅是生活世界的投射。这些范畴无法阐明生产的性质或是资本主义社会形态的发展动力，也无法带来对现存行政形式的批判。因此，尽管哈贝马斯将资本积累和国家发展作为前提，批判了现存的经济组织与公共行政组织，但是，他所采用的系统理论框架并未允许他奠定这些前提与批判态度的基础。

显然，哈贝马斯试图表明，与一切对资本主义的浪漫主义批判相反，任何复杂的社会都需要某种形式的"经济"和"国家"。然而，由于接受了操控媒介这一观念，他将这些现代社会生活领域的形式表现为必然。他

---

① Habermas, *The Theory of Communicative Action*, vol. 2, p. 333.
② 同上书，p. 328。
③ 同上书，p. 343ff。
④ 同上书，p. 299。

对国家和经济的批判被局限在以下这样一些情况中：其中，国家和经济的组织原则逾越了它们的界限。生活的某些方面可以被安全地"中介"，而另一些方面只能被"殖民"，这两者之间似乎有一个准本体论的界限；然而，这一看法非常成问题。只有那些担负经济与政治职能的行动领域才有可能被转换为操控媒介[①]——换句话说，系统可以成功地殖民物质再生产领域，却不能殖民符号再生产领域——这一理念意味着，人们可以将物质再生产视为是未经符号中介的领域。物质生活和意义之间的这种分离，延续了哈贝马斯在其早期著作中对劳动和互动所做的准本体论的区分，这反映出，哈贝马斯依旧隐含地执守着"劳动"的概念。和霍克海姆一样，他显然认为主—客体关系是根植于"劳动"本身的性质（或是物质再生产领域）中，而非经符号中介的。这与我在这里所论述的立场针锋相对：我将工具性根植于社会中介的一种特定形式的性质中，而非根植于人与自然的关系中。

哈贝马斯决定以系统理论的路径来把握现代经济与政治过程，同时，他也试图根据一个由交往行为建构的合理化的生活世界来理解现代的道德形式、法律形式、文化形式和社会化形式。他的这两种尝试是互补的。显然，他仅仅根据公开的（"传统的"和"宗教的"）社会文化形式来构想世界观的文化与社会建构以及生活的形式。因此——我们姑且不论哈贝马斯在逻辑层面上将现代世界观与由语言中介的交往所具有的形式性质联系起来，是否必然意味着前者事实上就是如此结构的——哈贝马斯的合理化的生活世界这一概念在分析现代生活时显得极其含糊。它假定，因为资本主义社会互动并非由公开的传统形式所中介，所以，它必然由语言交往本身所中介（不论它如何被资本主义所扭曲）。哈贝马斯停留在由商品中介的交往的抽象形式的表面价值上，因此，这一方法无法带来一种关于世俗意识形态的理论，也无法对过去几个世纪内发生在现代社会中的意识、规

[①] Habermas, *The Theory of Communicative Action*, vol. 2, p. 318.

范与价值的重大变化做出分析——这些变化无法仅仅依据"传统"与"现代"、"宗教"与"世俗"之间的对立来把握。此外,因为哈贝马斯以两种截然不同的本体论原则来解释现代社会的系统维度和生活世界维度,我们便很难看出,他的理论如何解释经济、政治、文化、科学以及日常社会生活结构中彼此关联的历史发展。① 换句话说,因为他的理论结合了两种单面的路径,它便很难将据说由这些路径所把握的两个维度联系起来。

归根到底,这些问题根植于哈贝马斯所使用的系统理论方法,他在系统和生活之间所做的准本体论的区分,他在发展逻辑和历史动力间坚持做出的区别,以及与之相关的他的进化理论。在这里我无法直接处理这些复杂的议题,尤其是他以一种类似于皮亚杰的个体发生学模式的方法,来理解人类的系统发展。不过,我希望关注哈贝马斯的理论深层的一个根本假定:为了建立他对后自由主义社会的社会批判,他在历史逻辑和经验动力之间做出了区分。这一区分隐含着一个假定,即这种批判并非基于现代资本主义社会本身的性质和动力。在讨论**批判理论**时,哈贝马斯指出了主—客体范式在根本上具有的局限。然而,他显然从这一传统中继承了这样一个主题:资本主义是"单向度的"、一元的、负面的整体,它无法内在地为一种社会批判提供可能性。这似乎显得有些自相矛盾,因为我们已经看到,他的理论目标之一就是超越**批判理论**的根本性悲观论。然而越来越清楚的是,为了做到这一点,他将资本主义涵括进了一个更大的现代社会的概念之中,而没有重新将马克思对资本主义的批判作为对现代性的批判而加以思考。在这样一种路径中,他通过在理论上构筑一个社会的领域(也即由交往行为所建构的领域)来克服**批判理论**的悲观论。这一领域与资本主义并存,但似乎并非它的内在部分,同时,这一领域在理论上建立了一种社会批判的可能性。这种路径中的交往行为正类似于传统马克思主义中的劳动;结果是,这一批判仅仅将资本主义作为一种病理的东西,因此,

---

① 一个类似的批判,见 Nancy Fraser, "What's Critical About Critical Theory?: The Case of Habermas and Gender," *New German Critique* 35 (Spring-Summer 1985), pp. 97-131。

它必须以一种准本体论的方式，将自身根植于这一社会生活形式的社会与历史特殊性之外。

哈贝马斯隐含地将资本主义理解为单向度的，同时，他挪用了帕森斯的操控媒介的概念，这两者都与他对马克思的理解有关。我已经表明，基于一种传统的将资本主义劳动理解为"劳动"的概念，**批判理论**将后自由主义资本主义分析为一个不具有内在结构性矛盾的社会。我现在需要说明的是，哈贝马斯在《交往行为理论》中对马克思的批判，乃至他——为了将现代社会定义为这样一个社会，其中，社会生活的重要维度被准客观地整合起来，由此超越了行动理论的范围——转向系统理论的做法，都源于他对马克思的传统理解。

哈贝马斯透过单向度性这一命题来阐释马克思的理论。他将马克思对资本、对"活劳动"（无产阶级）和"死劳动"（资本）之辩证法的分析，呈现为生活世界的合理化与系统的合理化之间的辩证法。根据他的阐释，马克思对资本主义的批判，是在批判资本主义对工人阶级的生活世界的破坏性影响。由此，"资本主义对传统生活形式的瓦解误导了生活世界的合理化，只有在这一合理化消失处，才有"社会主义。①

有必要指出，在这样的理解中，马克思的分析并未把握资本主义的二重性：它建构着超越其自身的新形式。相反，这种理解仅仅将资本主义视为一种负面的力量，摧毁、瓦解着生活世界的合理化所带来的产物。由此，社会主义的可能性来源于生活世界反叛系统对它的摧毁。然而，这意味着社会主义并不代表着对资本主义的*超越*——一种新的历史形式——而是同一种历史形式的不同的、不那么扭曲的版本。

我们可以看到，尽管哈贝马斯对他所认为的马克思的具体分析进行了批判，但是，他自己的路径却接受了被他赋予马克思的那种社会批判所具有的一般主题。因此，在讨论韦伯所分析的新教伦理时，哈贝马斯将其描

---

① Habermas, *The Theory of Communicative Action*, vol. 1, p. 343.

述为对在伦理上合理化了的世界观的*部分*表达，一种对现代经济—行政合理性的适应——因此是一种*倒退*，低于在交往中发展出来的友爱伦理所已经达到的层次。① 换句话说，哈贝马斯将资本主义处理为一种对它与生俱来的那种普遍主义潜力的特殊主义的扭曲。这一看法显然与传统马克思主义的观点不谋而合，后者将社会主义视为对资产阶级革命的普遍主义理想的实现——资本家的特殊利益阻碍了这一实现。

这一传统主题同样出现在哈贝马斯对过去几十年间的"新社会运动"的简要描述中。他要么将这些运动视为本质上的保护性运动，维护生活世界不受系统的入侵；要么将它们作为民权运动，试图将资产阶级的普遍主义原则予以社会普遍化。② 然而，他并不认为这些运动表达了新的需求和新的可能性——也即指向由资本主义生活形式本身所产生的超越资本主义的可能社会形态。

在某种层面上可以认为，哈贝马斯的路径保留了传统马克思主义的一些关键特征。但与此同时，它批评马克思对资本主义的具体分析是准浪漫主义的。我已经指出，哈贝马斯之所以借用帕森斯的系统理论方法的部分要素，是与他对马克思的价值理论的评估有关的。他认为马克思的理论不足以分析现代社会，无法处理"系统"和"生活世界"这两个分析层面。哈贝马斯提到，尽管马克思的理论显然具有二重性，但他并未给出对资本主义的系统层面的充分分析，因为他在本质上将这一层面视为一个幻觉，视为被匿名化、拜物化了的阶级关系的幻影形式。③ 出于这个原因，马克思没能认识到资本主义经济和现代国家的系统性关联的发展所具有的积极方面；相反，他所构想的未来社会，是以活劳动对死劳动的胜利、生活世界对系统的胜利为基础的——在这个社会中，资本的客观外衣已经被消去。然而，哈贝马斯认为，这一构想并未把握系统层面的完整性与重要性。

---

① Habermas, *The Theory of Communicative Action*, vol. 1, pp. 223-228.
② 同上书，vol. 2, p. 343ff。
③ 同上书，pp. 338-339。

此外，它是不切实际的：韦伯正确地指出，废除私人资本主义并不意味着现代工业劳动的消灭。①

哈贝马斯的批判前提是，马克思在本质上根据阶级关系来分析资本主义，而这种做法削弱了他对现代社会两个层面的把握。换句话说，尽管哈贝马斯对马克思的具体批评不同于他的早期作品，但是，他之所以认为马克思的资本主义分析是准浪漫主义的，是因为他的阐释基于这样一个假设，即马克思是站在"劳动"的立场上进行批判的。在哈贝马斯看来，这样一种批判指向了一个对现代社会分化了的生活领域的"去分化"过程——在他看来，这一过程是一种倒退，并不可取。出于这一原因，哈贝马斯转向了系统理论，以此理解现代社会的准客观维度，并试图将这一理论置于一种批判路径之中。

而我已经证明，马克思对资本主义劳动的分析绝非如哈贝马斯所说。在马克思看来，商品和资本这些范畴性社会形式并非简单地*遮蔽*了真正的资本主义社会关系；相反，它们*正是*资本主义的根本社会关系，是由劳动在这个社会中所建构的中介形式。这一区别的全部意义只有在第三部分我对马克思的资本概念进行分析时才会完全显现。但我们已经看到，马克思绝没有将哈贝马斯所谓的"系统维度"视为一个幻觉，一个"劳动"的投影，相反，马克思将它视为由异化劳动所建构的准客观结构。马克思所批判的是这一结构的形式及其所施加的抽象统治形式。他的批判的立足点并不外在于这一结构；他既不要求彻底废除它，也不在接受它的现存形式的同时，仅仅要求将它限制在其"正当的"领域内。相反，他的批判的立足点是一种由这一结构自身所产生的内在可能性。

我们可以看到，这一立足点被马克思奠定在资本主义劳动的二重性中。因为哈贝马斯假定马克思的批判是从"劳动"的立场出发的——也即从"消失中的生活世界"的立场出发的，因此，他错误地认为，马克思无

---

① Habermas, *The Theory of Communicative Action*, vol. 2, pp. 339-340.

法区分传统生活形式的消亡和生活世界的结构分化。① 然而，马克思的批判并非基于*实然*，而是基于*或然*。如我所表明的，他对资本主义社会形式的时间维度的分析提供了一个基础，以构建一种关于资本主义物质生产形式、增长形式和行政形式的内在社会塑造理论。这样一种路径使得我们能够区分这些形式在资本主义中的存在，以及它们所包含的另一个更具解放性的形式的潜力。

由他的分析可知，马克思的解放观正是哈贝马斯所赋予他的那种解放观的对立面。稍微往前跳进一些，我想指出，马克思绝对未将社会主义设想为活劳动对死劳动的胜利；相反，在他的理解中，死劳动——异化劳动所建构的结构——不仅是资本主义统治的场域，也是可能的解放的场域。只有当我们认识到，马克思对资本主义的批判性分析指向了对无产阶级劳动（"活劳动"）的可能的*废除*，而非对它的*确认*时，才能理解上述这一点。换句话说，与哈贝马斯的说法相反，马克思与韦伯一样，同意对私人资本主义的废除完全不足以消灭现代工业劳动。然而——这一区别非常关键——马克思的分析并不认为现存的这种劳动形式是必然的。

在第三部分我将证明，马克思的分析带来了对资本主义的根本性批判，它既非一种对"去分化"的浪漫主义构想，亦不接受"现代工业劳动的铁笼"是先进技术生产的必然形式。相反，它将提供一种对资本主义中的增长形式、先进技术生产，以及施加于政治决定的系统强制的批判——这一批判同时亦能指向对这些形式的超越。这种批判不会简单地对系统的入侵给予负面评价，它将揭示并分析其特定性质下的社会形式及其"帝国主义"扩张。从这一批判的立场出发可以认为，哈贝马斯无法将资本主义中发展出来的生产与增长形式区别于其他可能的"分化的"形式。由于其静止的"金钱"和"权力"的范畴，哈贝马斯的路径必然将资本主义中

---

① Habermas, *The Theory of Communicative Action*, vol. 2, pp. 340-341.

发展出来的形式接受为历史最终形式,作为"分化"本身的结果。①

随着我对马克思的分析不断展开,我已经表明它是如何带来一种对资本主义的非传统理解:它是矛盾的,而非单向度的。因此,它不再需要将资本主义批判和超越资本主义的可能性建立在资本主义之外,譬如建立在一个超历史的、进化的历史逻辑中——不论这一历史被阐释为"劳动"的自我实现过程,还是由语言中介的交往的自我实现过程。

这里的问题不仅是哈贝马斯对马克思的阐释是否充分,而是(我所重构的)马克思的理论,是否能够为一种理论路径提供可能性,使它不仅可以超越传统马克思主义的弱点,超越**批判理论**的悲观论,同时还能避免哈贝马斯在建立一种适用于当代社会的批判理论时所暴露出的问题。转向一种关于建构了资本主义的中介形式的历史特殊性的理论,如前所述,有能力提供这一基础,来重新阐释资本主义的矛盾性质,并且批判资本主义的生产形式、经济形式及其普遍的相互依存形式——而系统理论的路径无法做到这一点。在这种批判理论中,对资本主义的分析即是在分析现代性本身的深层结构,它使得人们可以找回下述理念:生产和经济的转变是可能的,因此,社会主义将是一种在历史上不同的生活形式。

马克思的批判理论的历史特殊性观念,以及它所把握的社会生活形式,同时指向了历史本身(它被人们认为是一种历史发展的内在逻辑)。

---

① 哈贝马斯对马克思的最终批评在于,马克思仅仅依据劳动来处理资本主义社会的现实抽象化,因而过于狭隘,它没有将"社会关系一般的系统性物化"作为主题,后者将会带来一种更为普遍的理论,而这种理论能够对科层化和经济问题进行处理。然而,在哈贝马斯对马克思的理解中存在一种张力,一方面,他将马克思的价值理论理解为一种资本主义社会特有的现实抽象化过程;另一方面,他又在本质上依据阶级关系来阐释马克思对资本主义的分析。此外,即便在这里,哈贝马斯的批判也再一次将资本主义劳动理解为"劳动"而非一种社会中介形式。按照后一种理解,资本主义劳动的现实抽象化事实上可以被理解为一般社会关系的物化的基础。最后,哈贝马斯将"权力"和"金钱"理解为操控媒介,仅仅表明了一个抽象化过程为现代社会所特有,而且一种当代批判理论必须同时将经济和国家纳入考量。然而,不同于马克思关于作为一种社会中介的劳动的理论,它们并未区分各种抽象化形式,也没有把握住资本主义特有的时间方向性过程。我将在本书第三部分阐述这些主题,并指出马克思的理论未必是一种经济领域("金钱")的首要性超过政治领域("权力")的理论,相反,它是关于一种辩证的历史发展的理论,这种发展同时嵌入、塑造、转化着经济与政治及其相互关系。

在第三部分，我将勾勒马克思如何将资本主义的历史动力归因于其基本社会形式的二重性。它对一种历史逻辑进行了历史特殊的社会解释。这种解释拒绝任何关于人类历史的内在逻辑的观念——这只是将资本主义社会状况再一次投射到历史一般之中。政治经济学批判的历史特殊性，勾勒出马克思与他早先对历史唯物主义乃至历史哲学观念的超历史的理解之间的最终决裂。讽刺的是，哈贝马斯试图根据一种进化式历史逻辑重新构造历史唯物主义——他可以设想它，但无法真正确立它——的尝试，与马克思的成熟期理论相比，更接近黑格尔的历史哲学——而哈贝马斯恰恰试图将历史唯物主义从这一"重负"下解脱出来。①

同时，马克思对资本主义社会形式的分析所内含的历史发展理论可以避免与超历史的、进化式的发展理论相关的一些问题。内在历史逻辑仅仅是资本主义的特征，而非所有人类历史的特征，这一观念对立于所有关于历史发展的统一模式的概念。但这一观念并不意味着一种抽象的相对主义形式。尽管资本主义在西欧的兴起或许是一个偶然，但商品形式的巩固却是一个全球过程，它以一个世界市场为中介，这一市场日益与资本主义发展过程融为一体。这一过程必然带来世界历史的建构。因此，根据这一路径，确实存在一个具有内在发展逻辑的普遍过程，它可以为一种普遍的批判提供基础；然而，它是历史规定的，而非超历史的。

我所勾勒的路径，作为一种历史特殊的社会中介理论，同时带来了一种关于意识与主体性的特定形式的理论。它可以提供一个更好的基础，来构造一种意识形态理论，以及处理社会生活各领域中彼此关联的历史发展。由于这一路径可以依据具体的、矛盾的社会形式，而非依据人类的认知与道德进程来处理价值与世界观的建构，因此，它可以被作为一个起点，去尝试把握资本主义的发展在文化与意识形态层面上的二重性。举例

---

① 见 Habermas, "Toward a Reconstruction of Historical Materialism," in Steven Seidman, ed., *Jürgen Habermas on Society and Politics* (Boston, 1989), pp. 114-141; *The Theory of Communicative Action*, vol. 2, p. 383。

而言，人们可以根据资本主义发展的二重性，来分析女巫审判或绝对奴役的传播这些现代早期阶段的历史发展，或者分析种族灭绝式反犹主义在19世纪晚期及20世纪的兴起，而非将它们视为所谓的历史或文化的"倒退"——这一看法无法得到历史的说明。①

对于一种自我反思性的社会认识论而言，马克思成熟期批判诸范畴的历史特殊性具有更为一般的意义。我已经指出，在资本主义中，人与自然的互动及其本质社会关系都是由劳动所中介的，因此，对这一社会生活方式的认识论就可以依据异化社会劳动的范畴来构造。然而，人与自然的互动形式和人与人的互动形式在不同的社会形态中差别极大。换句话说，不同的社会形态是由不同的社会建构方式所建构的。这反过来意味着，意识的形式*和*意识的建构方式都具有历史和社会的差异。因而，每一种社会形态都要求着它自己的认识论。更一般地说，即便社会理论是以某些非常一般的、无规定性的原则（譬如，作为社会再生产的必要条件的社会劳动）为基础，它的范畴也必须适用于其对象的特殊性。具有超历史效力的特定社会理论并不存在。

在马克思提供的这一历史特殊分析框架中，哈贝马斯关于系统与生活世界的观念的非具体性质同样可以得到分析。我已经表明，马克思认为，资本主义社会关系的独特之处正在于，它们看上去完全不是社会的。由商品性劳动所建构的关系结构破坏了更早的公开社会关系系统，却并未以一种类似的系统取而代之。相反，新出现的社会世界被马克思描述为一个在客观的依赖环境中的独立个人的社会。一方面是抽象的、准客观的必要性结构，另一方面是在直接层面上比传统社会要广泛得多的资本主义社会互动，这两者都是资本主义特有的中介形式的要素。在某种意义上，系统与生活世界的对立——正如之前劳动与互动的对立——表达了这两个元素的

---

① 我曾根据这些方式，将现代反犹主义处理为一种新的形式，而非一种返祖现象：见 M. Postone, "Anti-Semitism and National Socialism," in A. Rabinbach and J. Zipes, eds., *Germans and Jews Since the Holocaust* (New York, 1986)。

一种具体化形式，其中，资本主义社会关系被分解为"物质的"和"符号的"领域。异化社会关系的价值维度的特征，被赋予了系统维度。这一概念上的对象化过程，显然使得交往领域成为一个无规定性的领域，它不再被视为是由一种社会中介形式所结构的（因为这一形式不再是公开的社会形式）；相反，它被视为一种自我结构的、"社会自然"形式。于是，在这一分析框架内，生活世界和系统的非具体性表明，其理论出发点依旧保留着"劳动"的观念。

我对马克思理论的解读将劳动建构的观念重新解释为一种历史特定的观念，由此，它改变了哈贝马斯所回应的那些理论问题的提问方式。这一对马克思的矛盾观念的再阐释，避开了"劳动"的概念，并且重新考察了资本主义的"单向度性"这一议题。把资本主义劳动阐释为一种社会建构，将使我们能够以一种不同于哈贝马斯的方式，超越**批判理论**的根本的悲观论：它将带来一种关于生产的社会建构与特殊性的理论，一种关于资本主义主体性形式的理论；在它看来，批判的、对立的意识是由辩证的社会形式自身所建构的社会特定可能性。这种批判理论将以上述方式社会地、历史地确立自身，以此摒除黑格尔的历史哲学的最后的残留。在这一路径中，解放的可能性既不在于"劳动"的进步，又不在于由语言中介的交往的进化式发展；相反，解放的基础在于资本主义社会的结构性社会形式在其历史发展中的矛盾性质。而在这里，我将转而开始思考马克思的资本的概念，并考察其内在辩证法的首要规定。

第三部分

朝向对马克思的批判性重构：资本

第七章

朝向一种资本理论

在此,我可以继续重构马克思关于资本主义社会的批判理论。到目前为止,我已经考察了从"劳动"出发的传统马克思主义批判与马克思对资本主义中的劳动的批判这两者之间的差别,并将焦点放在马克思在《资本论》的前几章中所发展的诸范畴中,尤其是他关于资本主义中劳动的二重性的概念、他在价值与物质财富之间所做的区分以及他对价值的时间维度的强调。

以这种对商品形式的分析为基础,现在,我将勾勒一种进入马克思的资本这一范畴的路径。在马克思那里,资本是一种自我运动的社会中介,它导致了现代社会的内在动力,并塑造了生产过程的形式。在《资本论》中,马克思以商品为起点,辩证性地展开了这一范畴,由此他指出,资本的基本规定包含在商品这一社会形式中。通过点明商品与资本形式的内在关系,马克思试图同时阐明资本的基本性质,并说明他的出发点——即他将商品的二重性分析为资本主义的核心结构。在马克思看来,由于其结构关系的独特性质,资本主义的特征在于它具有一种能够体现其基本特质的根本核心。在他对政治经济学的批判中,他试图说明这一核心的存在,并论证它支撑着资本主义的内在历史动力。依此而言,为了历史地否定这一社会,这一核心必须被克服。

在本章中,我将展现马克思如何阐述资本的范畴以及生产领域。对这一阐述进行详尽的考察将会超过本书的范围，因此，在接下来的章节中，我将尝试澄清马克思在处理资本时所展开的那些社会形式的一些重要方面——我将思考它们与他的批判理论的基础范畴所具有的特定含义之间的关系。这一工作方法将会表明我对这些范畴的分析，是如何重新解释了马克思的生产力与生产关系的辩证法，并因此为马克思复杂的资本范畴及其对克服资本主义的理解提供了新的阐释。（这一讨论将会涉及现代资本主义的一些方面，但仅仅是点到为止。）

大体而言，我在这里所给出的对马克思的资本范畴的阐释将进一步说明，马克思的批判对资本主义社会的分析并不是仅仅依据自由资本主义的鲜明特征，即资产阶级分配关系而进行的。相反，它不仅把握了以无产阶级为基础的工业生产过程，同时也把握了更为一般的、包含在广泛的社会单位中的个人，这两者都内在于资本主义中。它也由此带来了一种对资本主义的生产主义历史逻辑的批判。因此，它内在地将社会主义作为对资本主义的这种"后自由"特征的历史否定，同时也是对资产阶级分配关系的历史否定。

第一节 货币

在《资本论》第一卷中，马克思以商品的首要规定为基础分析了货币与资本。他首先考察了交换过程，指出商品流通在形式上和本质上都与直接的产品交换不同。商品流通克服了直接的产品交换所具有的时间、地域与个体上的障碍。在这一过程中，一个准自然的社会关系网络发展起来；尽管它是由人类所建构的，但它却超越了人们的控制。[1]一方面，社会中介的这一商品形式历史地推动了独立的私人生产者的出现；另一方面，它将社会生产过程以及生产者之间的关系建构为一个独立于生产者自身的

---

[1] Marx, *Capital*, vol. 1, trans. Ben Fowkes (London, 1976), pp. 207-209.

异化的系统，一个完全客观的依赖体系。① 更为一般地说，它导致了一个主体世界与一个客体世界的出现。这一社会文化发展伴随着货币形式的发展。②

马克思将他对货币的考察结构为一种辩证性的展开，在这一逻辑过程中，他既推演出了货币的社会形式——这引向了他对资本的分析，又推演出了遮蔽这一社会形式的表面形式。他将商品分析为价值与使用价值的二重性，并由此出发，将货币首先规定为商品的价值维度的外在表现。③ 他指出，在一个商品已经成为普遍的生产形式的社会中，并非是货币使商品变得可以度量，相反，货币是商品的可度量性，是劳动作为社会中介行为这一事实的一个表现，一个必要的外在形式，尽管看上去并非如此，正如马克思随后在阐明货币的各种功能（作为价值尺度、流通手段以及作为货币）时所指出的。他指出，在价值和价格之间存在着一种必要的数量上的差异，有些东西具有价格，但没有价值。出于这些原因，资本主义中货币的性质或许是被遮蔽起来的——货币或许看上去并不是建构了资本主义社会的社会中介形式（抽象劳动被客观化为价值）的外在表现。④ 此外，由于商品流通受到商品二重性的外在形式——货币形式和商品形式——的影响，它们似乎仅仅是由货币推动的流通的"物品化"的对象，是货物，而非自我中介的客体，或是客观化的社会中介。⑤ 因此，资本主义社会中介的特殊性质导致了一种"世俗的""物品的"的具体维度和纯粹抽象维度之间的二律背反——它尤其为现代西方世界观所独有。其中，这两个维度的为社会所建构的特质，以及它们的内在关系，都被遮蔽了。

在马克思看来，资本主义社会中介的性质进一步为如下事实所掩盖：货币在历史上以这样一种方式发展——硬币和纸币都已经成为了价值的符

---

① *Capital*, vol. 1, p. 202. 随着资本主义的发展，这一对立可以成为一种社会历史分析的起点，来处理客观主义的社会理论和片面关注人类活动的社会理论之间的普遍对立。
② 同上书，p. 183。
③ 同上书，pp. 162, 188。
④ 同上书，pp. 196-197。
⑤ 同上书，pp. 210-211。

号，但是，在它们所象征的价值和它们本身的价值之间已经毫无直接的相关性。因为，即使是相对没有价值的对象也能作为流通手段，货币似乎不是价值的承担者。因此，价值作为一种社会中介的存在，不论是作为商品还是作为其货币表现，都被这一能指与所指之间的偶然的表面关系所遮蔽了。① 这一事实上的混淆过程又被进一步加剧：货币被作为依据合同而事先获得的商品的支付手段，被作为信用货币。在这些情况中，货币似乎不再中介交换过程，相反，支付手段的运作似乎仅仅反映并确认了一种已然独立发生了的社会联系。② 换句话说，资本主义社会关系可以看起来显得与社会中介的商品形式毫无关系。相反，这些关系可以表现出既定的样子，或是表现出是被习俗、被自决的个体之间的合约所建构的样子。

在马克思的这一部分分析中，他考察了货币形式如何既表现又不断遮蔽了为商品这一范畴所把握的社会中介形式，他的考察方式内在地批评了其他关于货币与社会的理论。同时，马克思在他对货币的论述中展示了一种辩证性的颠倒：一种社会手段变成了目的。这一讨论连接了他对商品的分析和他对资本的分析。

我已经写道，马克思将商品分析为一种客观化的社会中介形式：商品，普遍而言，是一种产品的自我中介形式。从这一判断出发，马克思将商品流通描述为这样一种方式，其中，中介着社会生产与货物的分配〔他称之为"社会代谢"或"物质变换"（Stoffwechsel）过程〕的，是商品从使用价值到价值再回到使用价值的"形式变换"（Formwechsel），或曰"变形"。③ 换句话说，假定商品是产品的普遍形式——因此它内在地同时是价值和使用价值，那么，马克思将出售商品 A 换取货币，随后用货币购买了商品 B 的这一过程，分析为一个"变形"过程。在第一步里，商品 A 从其特殊的使用价值的外在形式，转换为其普遍的价值形式（货币）；在

---

① *Capital*, vol. 1, pp. 222-224.
② 同上书，pp. 233-235。
③ 同上书，pp. 198-200。

第二步里，后者可以被转换为另一个特殊的外在形式，商品 B。（对商品交换的这一阐释的论述要点，在马克思随后的文本中变得更为鲜明，在那里，资本被作为一个自我扩张的价值，交替地采取商品与货币的形式。）对马克思而言，在这一过程中，生产和分配（物质变换）以一种历史特定的方式产生于形式变换。它表现了资本主义劳动的二重性，表现了人类彼此之间以及与自然之间的关系是为劳动所中介的这一条件。在另一层面上，马克思首先将商品交换的过程——商品 A—货币—商品 B——描述为一种为买而卖的过程。①

然而，马克思在考察过程中注意到，商品流通的本质是：形式变换——它首先被逻辑地规定为一种社会手段，一种中介物质变换的方式——变成了其自身的目的。②他将这一辩证性的颠倒的基础，建立在一种积累货币的社会必要性上。这一必要性来源于流通过程本身的关系中，来源于这一事实：当商品流通变得普遍之后，并非每一笔购买都产生于其对应的出售。相反，人们必须贮藏一笔货币作为消费资料以及偿付债务。尽管，依照系统的潜在逻辑，人们是为买而卖的，但是，卖和买变得分离开来，商品的外化的价值维度——货币——成为自足的销售目标。③随着流通的扩大，所有东西都开始可以兑换成货币④，货币也由之彻底成为社会的衡量者。它体现为一种新的、客观化的社会权力形式，独立于传统的社会地位，并且可以成为私人个体的私有权力。⑤

在此，马克思转向了资本的范畴。在讨论货币逐渐成为目的这一现象的主观层面——贮藏货币的欲望和"清教徒"的勤奋、节制和禁欲的美德——时，马克思指出，贮藏货币这样一种积累方式，在逻辑上并不适用

---

① *Capital*, vol. 1, p. 200.
② 同上书，p. 228。
③ 同上书，pp. 228, 234, 240。
④ "流通成为巨大的社会蒸馏器，一切东西抛到里面去，再出来时都成为货币的结晶。"（同上书，p. 229。）
⑤ 同上书，pp. 229-230。这一社会权力形式是资产阶级权力的首要特征，它是我所阐述的抽象社会统治形式的具体表现。两者相关，但并不等同。

于价值,并不适用于这种独立于任何质性特征的抽象的形式。马克思阐明,在货币的无限性——在质性上,它被认为是财富的普遍代表,可以直接转换成任何其他的商品——和每一笔现实货币的有限性之间,存在着逻辑上的矛盾。① 由此,马克思为资本的范畴打好了地基,这一形式更为充分地体现了内在于价值形式的无限积累的动力,以及上文所述的辩证性的颠倒。通过资本,(商品的)形式变换成为目的,同时,正如我们所见,物质变换成为实现这一目的的手段。生产,作为一种中介了人与自然的物质变换的社会过程,被纳入了由资本主义劳动的社会中介作用所建构的社会形式之中。

第二节 资本

资本这一范畴(马克思以此来把握现代社会),最初联系着马克思用来分析价值与商品的一个一般公式。马克思曾将商品流通描述为商品—货币—商品,或曰 C-M-C,描述为从一个使用价值到另一个使用价值的质的变换。但是,他将资本的循环描述成货币—商品—货币,或更准确地说,M-C-M',这里的 M 和 M' 的区别显然只是量上的区别。② 应当指出的是,正如他对 C-M-C 的分析,马克思对 M-C-M,亦必是 M-C-M' 的分析,也假设了商品是产品的普遍形式。换句话说,在 M-C-M' 的公式里,马克思既不想证明资本主义中存在着为了收益而进行投资的情况,也不想将资本主义社会的历史起源建立在他自己的范畴的逻辑展开之上。相反,他预设了资本主义社会,以及为了收益而投资的存在;他的目标是通过他的这些范畴,批判性地澄清这一社会生活形式的潜在性质和发展过程。

M-C-M' 的公式并不指涉一个财富一般增长的过程,而是指涉一个*价*

---

① *Capital*, vol. 1, pp. 229-231.
② 同上书,pp. 248-251。

值增长的过程。马克思将 M 和 M' 之间的数量差别称为*剩余价值*。① 在马克思看来，价值成为了资本，成为了价值增殖过程的结果，其中，它在量上不断增加。② 他对资本的分析，试图依据一个内在于其社会关系的动态过程来把握现代社会，这些社会关系被客观化为价值形式的财富，也因此是价值形式的剩余。根据这一分析，现代社会的特征在于，社会的剩余物以剩余价值的形式存在，这一形式内含着一种动力。

这些论断必须得到进一步的考察。M-C-M' 的公式意在呈现一个持续的进程：M' 并未在进程的末尾被抽离出来成为货币，而是始终作为资本循环的一部分。换句话说，这一循环实际上是 M-C-M'-C-M"-C…… 不同于商品流通和货币交易所导致的运动，这种循环包含着持续的增长与方向性；不过，这一方向性的运动却是数量性的，没有任何外部的目标。商品流通可以说有一个外在于其进程的最终目的，即消费满足了需求；但是，M-C-M' 的循环的动力、其决定性的目标，照马克思的说法，是价值本身，是这种财富的抽象的普遍形式，任何形式的物质财富都可以依据它来定量。③ 价值作为一种财富形式所具有的这种抽象的数量性联系着这一事实，即它同时也是一种社会手段，一种客观化的社会关系。随着资本范畴的引入，价值也获得了它作为一种手段的另一个规定：价值，作为一种抽象于任何产品的质性特征（也即它们的特殊用途）的财富形式，它的量仅仅取决于抽象劳动时间，它获得了最为充分的逻辑显现——它成为了更多的价值的手段，成为了价值的进一步扩张的手段。随着资本范畴的引入，价值

---

① *Capital*, vol. 1, p. 251.
② 同上书，p. 252。
③ 同上。尽管 M-C-M' 描述了资本整体性的环节，但对于资本主义社会中的大多数人而言，C-M-C 依旧具有首要的地位，他们靠出卖劳动力来购买消费资料。批评工人们对各种"物质财产"的兴趣是"资产阶级的"，是忽略了雇佣劳动是资本主义社会的组成部分这一点，同时也模糊了 C-M-C 和 M-C-M' 之间的区别。正是后者定义了资产阶级。
　　一方面，马克思的论述方式的目的之一是表明这两种流通具有系统性的相互关系。在一个商品已经普遍化，同时人们以 C-M-C 的方式来进行自我再生产的社会中，生产过程必然由 M-C-M' 所塑造与推动。仅仅以 C-M-C 的流通为基础的社会不可能存在。在马克思看来，这样的社会并非资本主义的前身，而是资本主义社会在历史上的投射。见 Marx, *A Contribution to the Critique of Political Economy*, trans. S. W. Ryazanskaya (Moscow, 1970), p. 59。

呈现为达成目标的手段，而这一目标本身正是一种手段，而非目的。①

由此，资本是一个运动的范畴，一个扩张的范畴；它是一个动态的范畴，是"运动中的价值"。这一社会形式是异化的、准独立的，展现了一种对人们的抽象的强制和约束方式，并且处于运动中。因此，马克思赋予它一种动态属性。他对资本的首要定义是，它是一种自我增殖的价值，一种自我运动的实体，即主体。②他将这种自我运动的主—客体社会形式描述为一种持续的、无尽的、价值的自我扩张过程。和尼采的造物神（demiurge）一样，这一过程造就了广泛的生产与消费的循环、创造与消灭的循环。资本没有固定的、最终的形式，在其前进的不同阶段中，它以货币和商品的形式交替出现。③由此，价值被马克思展现为一种社会中介形式的核心，这一形式建构了社会的客体与主体，具有内在的动力性：这种社会中介形式必须以客观化的、物质化的形式存在，但不论在其货币还是货物的阶段，它都无法被等同于其物质化形式，也不是其物质化形式的一种内在属性。马克思展开资本范畴的方式，反过来说明了他最初对价值的规定：它是一种客观化的社会关系，由劳动建构，经由商品而成为客体，却"隐藏"在商品之后。这澄清了他所分析的商品的二重性，及其外化为货币和商品的要点。

资本的运动没有尽头，没有目的。④作为自我增殖的价值，它呈现为纯粹的过程。因此，在处理资本的范畴时，人们是在处理这样一个社会的核心范畴：这一社会的特征在于一种持续的方向性运动，它没有决定性的外在目标，这个社会的动力在于为生产而生产，在于为持续而持续的过

---

① 如我所指出的，对霍克海姆所谓的工具理性（与行动）的发展与传播，应当加以社会性地而非技术性地理解，应当依据我所勾勒的社会手段的独特性质的发展来理解，而非依据这样的"劳动"与生产来理解。
② *Capital*, vol. 1, pp. 255-256.
③ 同上书，pp. 255-257。
④ 同上书，pp. 252-253。

程。① 在马克思的分析框架中，这一扩张、这一无尽的运动内在地联系着价值的时间维度。如我们所见，马克思的自我增殖的价值这一概念，试图把握一种异化的社会关系形式，它具有一种内在的时间动力；这一异化形式建构了一种内在的历史逻辑，带来了一种特殊的劳动结构，并持续转变着社会生活，同时重新建构着其潜在的资本主义特征。他对资本主义生产的批判考察分析了个体的劳动如何不断成为一个广大、复杂而动态的异化系统的组成细胞，这一系统包含了人与机器，被为生产而生产的目标所引导。简单地说，在马克思的分析中，社会关系的资本形式是盲目的、持续的、准有机的。②

这一具有方向性的动态的、极权的社会关系形式是如何构建起来的？为了解答这一问题，马克思探讨了剩余价值，即 M 和 M' 在数量上的差异的来源。由于考察的对象是一个不断表现出 M-C-M' 这一进程的社会，因此，剩余价值的来源也必然是一个持续不断的来源。马克思反驳了那些试图将这一来源定立在流通与储藏领域的理论。基于他迄今所发展的那些范畴规定，价值的量的不断增长必然源于这样一种商品，其使用价值具有特殊的性质：它可以成为价值的源泉。随后他说明，这一商品正是*劳动力*，作为商品出售的劳动的能力。③（应当记住的是，马克思所说的是价值的源泉，而非物质财富的源泉。）剩余价值的产生内在地关联着一种生产方式，它以作为商品的劳动力为基础。这种方式的前提是，劳动在双重意义上是自由的：工人必须是他们的劳动能力也即他们自身的自由的所有者；

---

① *Capital*, vol. 1, p. 742. 在一个非常抽象的层面上，对资本的这些首要规定为现代社会生活的线性提供了社会历史基础。韦伯在讨论托尔斯泰的作品时，将其悲观地描述为："文明人的个人生活，被放置在一种无限的'过程'之中，就其内在意义而言，它永远没有尽头。……亚伯拉罕，或者过去的农民，在'衰老与对生活的满足'中死去，因为他位于生活的有机循环之中……但文明人……则变得'对生活感到疲倦'，而非'对生活感到满足'。"("Science as a Vocation," in H. H. Gerth and C. W. Mills, eds., *From Max Weber: Essays in Sociology* [New York, 1958], pp. 139-140)

② 对资本范畴更为充分的考察，应当探索资本形式（按上述定义）和 19 与 20 世纪西方有机主义与生物学主义思想形态的发展之间的联系。见 M. Postone, "Anti-Semitism and National Socialism," in A. Rabinbach and J. Zipes, eds., *Jews and Germans since the Holocaust* (New York, 1986), p. 309ff.

③ *Capital*, vol. 1, pp. 261-270.

同时，相对于实现其劳动力所需的对象，他们也必须是"自由"的。①换句话说，这里的前提是这样一个社会：其中，消费资料通过商品交换而获得，工人——与独立的工匠或农民相对立——没有任何生产资料，并因此不得不出卖劳动力这一他们仅有的商品。这正是资本主义的前提条件。

此时，马克思在他的分析中清晰地指出了其批判社会理论诸范畴的历史特殊性。在马克思那里，尽管商品和货币的流通显然要早于资本主义，但是，只有在资本主义中，劳动力才成为商品，劳动才获得了雇佣劳动的形式。②也只有在这里，劳动生产的商品形式才变得普遍起来，货币才成为一种真正的一般等价物。③对马克思而言，这一历史发展标志着一次划时代的历史转变：它"进入了新的世界历史"。④资本主义标志着一次与所有其他社会生活的历史形式之间的本质上的断裂。

《资本论》的这一部分证明了我早先的论述，即，从商品经货币到资本这些范畴的逻辑展开不应被理解为必然的历史演变。《资本论》开篇的商品就已经预设了雇佣劳动。马克思意中的论述方式，不是一种历史展开的方式，而是一种逻辑展开的方式，它从这一体系的根本核心出发。进一步的证据是，他声明，尽管商人资本和生息资本在历史上要早于现代资本的"基本形式"，但在逻辑上，它们也是从这一资本主义的基本形式中导出的。（因此，它们在稍后的《资本论》第三卷中也得到了处理。）⑤在下文中，我还会回到这一关于马克思的分析中的历史与逻辑之关系的主题。

这一理解反驳了我之前所批评的那种阐释，即马克思在《资本论》第一卷中对价值的分析是以一个前资本主义社会的样板为前提的，而他在第三卷中关于价格和利润的分析则是与资本主义社会有关的，这意味着价值在历史上要先于价格。恰恰相反，我的阐释指出，和商品流通、货币、商

---

① *Capital*, vol. 1, pp.271-273.
② 同上书，pp. 273-274。
③ 同上书，p. 274n4。
④ 同上书，p. 274。
⑤ 同上书，pp. 266-267。

人资本、生息资本在历史上早于现代形式的资本一样，*价格*——即使不是马克思在第三卷中所指的"生产价格"——也是*早于价值*的。[1] 价值作为一个整体性的范畴，*只有在资本主义社会中才被建构起来*。

准此而言，应当注意到，只有当马克思开始讨论资本的范畴之后，他才开始驳斥那些依据其与需求的关系来分析商品的价值的理论。他反驳道，这些理论混淆了使用价值和价值，且没有充分思考生产的本质。[2] 此时出现在马克思的论述中的这些论断意味着，他在《资本论》的首章所推论的价值的起源，*并非*是他关于价值的论述的真正基础——价值不是一个主观的范畴，而是一个客观化的社会中介，它由劳动所建构，以劳动时间的耗费为尺度。相反，这一立场的真正基础在于他对资本范畴的展开和他对生产的分析。在马克思的理解中，不同于对资本主义市场均衡的解释，也不同于某种前资本主义社会的基础，价值，随着资本成为一个整体性的形式，只有作为一个结构性的社会范畴，才得以实现自身。如我们所见，它是一个关于效率、理性化以及持续性变换的范畴。价值是一个关于一种方向性的动态整体的范畴。

最后，我们应当注意到，在马克思的论述结构中，正如资本作为一个自我增殖的价值这一概念反过来说明了他早先关于商品二重性的论断。作为商品的劳动力这一概念，也反过来说明了作为价值的商品是由抽象劳动——也就是说，是由作为一种社会中介活动的劳动——所建构的这一观点。就劳动力的范畴而言，劳动的这一职能变得非常清晰。尽管如此，马克思的抽象劳动和雇佣劳动两个概念也不应被混淆。从作为一种社会形式的商品范畴出发，而非从雇佣劳动这一社会学范畴出发，马克思试图把握

---

[1] 这里说的是，在作为《资本论》第三卷出版的手稿中马克思指出，对商品价值的历史的和理论的考察，要先于生产价格（trans. David Fernbach [Harmondsworth, England, 1981], p. 277）。["生产价格"是作为资本的产品的商品在交换中的价格，它们是为资本主义社会所特有的（同上书，p. 275）。] 然而，这一论断被马克思的论述逻辑，以及他对斯密和托伦斯这样的政治经济学家的无数批判所推翻，他们将价值这个资本主义社会的范畴移置到了前资本主义的条件中。我认为，上述论断中的"价值"应当予以宽松地理解为交换价值或是前资本主义社会中的商品价格。在我理解中，这些价格要早于价值（指的是马克思在其政治经济学批判中所发展的范畴）和生产价格。

[2] *Capital*, vol. 1, pp. 261-262。

住资本主义中社会财富和社会关系肌理的历史特殊性，把握住这一社会的动态特质，以及劳动和生产的结构。通过那些同时把握了主体性的社会与历史特殊形式的范畴，他做到了这一点。然而，雇佣劳动的范畴无法作为一个起点，来展开资本主义社会的这些不同维度。

第三节 对资产阶级市民社会的批判

在马克思引入剩余价值和劳动力的概念之后，他开始将考察的重点从流通领域——他将其作为向公众敞开的、社会的"表面"——转向了"生产的隐秘之处"。① 在这一转向之前，他总结了他到目前为止所发展的那些范畴的主体维度。换句话说，他注意到了这样的一些理念与价值，在他笔下，它们内在地表现为结构了 C-M-C、结构了流通领域的那些范畴性社会形式的固有环节。这一总结提供了关于马克思对资产阶级市民社会的批判分析——这我已经提到过——以及他对生产的关注的重要性的重要洞见。

在马克思那里，流通领域，或者商品交换，

> 确实是天赋人权的真正伊甸园。那里占统治地位的只是自由、平等、所有权和边沁。自由！因为商品例如劳动力的买者和卖者，只取决于自己的自由意志。他们是作为自由的、在法律上平等的人缔结契约的……平等！因为他们彼此只是作为商品占有者发生关系，用等价物交换等价物。所有权！因为每一个人都只支配自己的东西。边沁！因为双方都只顾自己。使他们连在一起并发生关系的唯一力量，是他们的利己心，是他们的特殊利益，是他们的私人利益。正因为人人只顾自己，谁也不管别人，所以大家都是在事物的前定和谐下，或者

---

① *Capital*, vol. 1, p. 279.

说，在全能的神的保佑下，完成着互惠互利、共同有益、全体有利的事业。①

这一批判的本质是什么？在某一层面，他揭示了这些被认为是"永恒的""天然的"结构化社会行动和价值的模式，是为社会与历史所建构的。马克思显然是将市民社会的规定——正如在**启蒙**思想、政治经济学理论和自然法、功利主义中所表达的——联系上了社会关系的商品形式。他指出，西欧的社会生活分化为一个形式上的政治领域和一个市民社会领域（后者独立于政治控制而运作，同时也摆脱了很多传统的社会限制），这一分化在很大程度上联系着这一社会关系形式——正如同自由和平等这些现代价值，以及社会是由自治个体为了自我利益所做出的行动而建构起来的这一观念。马克思赋予了现代个体——一个**启蒙**思想的未经检验的出发点——以及与市民社会相关的价值和行为模式以社会基础和历史基础，以此，他试图驱除这样一种观念：这一观念将它们都视为"天然的"，一旦人们摆脱了非理性的迷信、习俗和权威的局限，得以理性地追逐自身的利益时，它们就会出现，并以某种方式符合人性。（当然，其中的"理性"被认为独立于社会和历史的特定环境。）此外，马克思还试图为"天然的"社会生活形式这一观念本身找到社会基础：资本主义在根本上不同于其他社会，因为它的独特社会关系并不是公开的，而是被"客观地"建构的，因此看上去完全没有社会特殊性。正是这一社会关系肌理的不同，才使得非资本主义社会和资本主义社会之间的区别，看上去就像是一种外在于人性的社会机制（也即"人造的"）与一种社会"天然"之间的区别。②马克思阐明了既定的资本主义社会关系，指出它们看上去几乎没有社会性，并点明了那些看上去为了自身利益而行动的明显的去历史化的个体，本身也是由社会与历史所构建的（正如利益这一范畴一样）。由此，马克思关于资

---

① *Capital*, vol. 1, p. 280.
② 同上书，p. 175n35。

本主义社会的批判理论为"天然的社会"这一现代观念找到了社会基础,也因此削弱了这一观念。①

然而,马克思对根植于流通领域中的结构化的行为与价值模式的批判,不仅仅表明了它们是社会性地建构起来,并具有历史特殊性的。我注意到,他将流通归诸社会的"表层"。它与生产领域不同,后者据说代表了社会现实的"更深的"层面(因此,如我们所见,与流通领域相关的价值被否定了)。尽管马克思批判任何排除生产关系、以分配关系为核心的资本主义理论,但是,他不仅有兴趣指出,我们能够在形式平等、自由、缺少外在强制的流通领域"之下",发现一个以直接统治、不平等和剥削为标志的生产领域;他的批判也不仅是把流通领域的机制、结构和价值纯粹作为假象而加以驱逐;相反,他所指出的是,生产流通仅仅是一个更为复杂的整体性的一个环节——因此,他反对任何将这一环节视作一个整体的企图。

然而,通过将这一领域视为整体性的一个环节,马克思同样为它赋予了真正的社会与历史重要性,而非仅仅将其作为资本主义意识形态合法性的一个社会基础。资产阶级大革命正是这样的一个例子,工人自觉意识的性质与发展这一问题同样如此。比如说,对马克思而言,劳资关系在流通领域和生产领域的同时存在是很重要的。也就是说,这一关系的性质和发展的一个决定性环节在于,在流通领域,它是商品所有者之间的形式上的平等关系。②因此,在马克思根据工人的生活资料的价值来讨论劳动力作为商品的价值时,他强调道,工人的生活必需品的数量和范围,以及它们得到满足的方式都不是固定的。相反,它们因历史和文化的不同而不同,依赖于自由工人阶级的习惯和期待。如马克思所说:"劳动力的价值规定

---

① 这一论点可以作为起点,来批判哈贝马斯在《交往行动理论》中的观念:资本主义对传统社会形式的破坏,带来了一种由交往行动所建构的生活世界在历史上的出现,也就是说,这种社会行动的性质不是由社会所规定的。

② *Capital*, vol. 1, pp. 271-273.

包含着一个历史的和道德的要素。"① 我不拟讨论这些段落的丰富意涵，只想指出，他所提及的历史与道德要素的建构因素之一是，工人同时也是商品拥有者——也就是说，是"主体"。这不仅影响到他们所持的价值的性质（比如他们对于公平和正义的看法），也影响到他们在这一基础上组织起来的能力和意愿。

有人或许会指出，比如说，一般而言，只有通过围绕着工作环境、时间和工资这些议题的集体行动，工人们才能真正控制出售他们自身的商品的条件。因此，尽管人们普遍认为工人的集体行动和资产阶级社会形式之间是冲突的，但对工人来说，只有以集体的形式才能充分实现商品所有权，由此，工人们只能"*集体性地*"成为"资产阶级主体"。换句话说，劳动力作为一种商品的本质在于，集体行动*并非*与商品所有权相冲突，反而是其实现所必需的。劳动力作为一种商品的实现的历史过程，悖论性地导致了资本主义框架中的集体形式的发展，这些形式*并不*指向对这一社会的超越——相反，它们构成了自由主义资本主义转向后自由主义资本主义过程中的一个重要环节。②

当然，马克思对雇佣劳动者—资本主义关系的分析，对工人的价值和意识形式的分析，都不限于对流通领域的思考。尽管雇佣劳动者是商品所有者，也即流通领域中的"主体"，但在马克思那里，他们同时也是"客体"，是使用价值，是资本主义生产领域中的生产过程的要素。两个领域中的这对并存的规定定义了雇佣劳动。我注意到，在马克思这里，资本主义社会所建构的个人具有内在的双重性——既是主体，也是一个客观强制系统的客体。工人既是主体（商品拥有者）又是（资本主义生产过程的）客体这一点，反映了这一双重性的现实延伸，反映了其"物

---

① *Capital*, vol. 1, p. 275.
② 依据商品对这些集体形式做出的分析，联系着将资本作为价值范畴的充分表现这一阐释。这可以作为一个起点，来重新思考资本与后自由资本主义特有的大规模官僚制的社会组织与机制之间的关系。在另一个层面上，有效的商品所有权与资产阶级主体范畴之间的关系，也可以作为一个起点，来重新思考19与20世纪西欧和北美的选举权扩张的过程。

质化"。如果要充分处理马克思对工人的自觉意识的发展的理解,我们必须从以下两个环节同时开始分析:他们的合作互动以及他们的历史转型。①在本书中我不会进行这种考察。我仅仅希望在此指出,马克思赋予流通领域的价值,尽管一旦被错误地整体化了,就会成为资产阶级社会的意识形态的合法性基础,但是,对于社会与政治批判方式的性质与构建而言,以及对于对抗性的社会运动而言,它们同时也具有重要的历史影响。对马克思而言,它们确实具有一种解放性的因素,虽然它依旧停留在资产阶级的框架之内。

对马克思的资产阶级市民社会批判的这些方面的简要讨论,进一步强化并阐明了我之前的论述,即,他对资产阶级社会的解放性价值的分析,既未驱逐那些价值,亦未将它们标举为未在资本主义中实现,但会

---

① 在这个意义上,我对马克思的方法的阐释,与卢卡奇截然不同。在他对无产阶级阶级意识的讨论中,他的观念起点是,只有当工人们意识到自己是商品之后,他们才能自觉到自身在社会中的存在。(见 "Reification and the Consciousness of the Proletariat," in *History and Class Consciousness*, trans. Rodney Livingstone [London, 1971], p. 168ff.)与之不同,马克思将工人既作为主体又作为客体:他将他们分析为既是商品,又是商品的拥有者(*Capital*, vol. 1, p. 271)。卢卡奇将自我意识和对抗性主体的可能性放在存在论层面上,也就是说,放在社会形式之外。马克思的范畴性分析,试图借由资本主义社会各种社会维度之间的互动和发展,来把握工人意识的历史特殊性和发展。他的分析指出,意识形式依旧停留在资本主义社会的框架之中,但也在修正与转化着后者,同时,这些意识形式的规定指向了对这一社会的超越。然而,卢卡奇在处理无产阶级意识时,在根本上放弃了对主体性的特定形式的范畴性分析。从"商品的自觉"这一观念入手,他试图展开一种主体与客体的抽象辩证法,从工人对自身作为客体的社会存在的自觉中,推导出他们作为历史主体的自觉。(见 "Reification and the Consciousness of the Proletariat," p. 168ff.)这两种路径之间的差异,联系着上文所说的那种区分:一方面,是马克思依据一种社会关系结构(资本),对黑格尔的主—客同一体概念做出的分析;另一方面,卢卡奇则将这个概念等同于无产阶级。马克思的理论为主客对立找到了社会基础,而卢卡奇精致的从"劳动"的角度出发的社会批判,依旧停留在主—客问题的框架之内。卢卡奇将资本主义视为一种"客体性"的社会形式,它掩盖了核心的"真正的人类关系",他将资本主义的废除理解为历史**主体**的实现。因此他声称,在认识到自己是商品之后,工人将意识到"每一件商品的拜物教性质";他的意思是,他们可以认识到潜藏在商品形式之下的"真正的"人类关系(同上书,p. 169)。如我所强调的,马克思同样坚持社会形态的核心是被掩盖起来的。然而,这一结构性核心是作为一种关系形式的商品本身,而非商品"之后"的一系列关系。

我将考察马克思的分析如何指出超越了资本主义的那种意识,是如何联系着生产过程中的直接人类劳动的客观性质的。不过,这种意识的性质和可能后果与卢卡奇那里的截然不同。对卢卡奇而言,无产阶级通过认识并废除其在资本主义中作为客体的社会规定,而将自己实现为历史的**主体**。对马克思而言,无产阶级是一种客体,是资本的附属物,它是并且依旧是资本的必要前提,即便它越来越悖于时代。马克思所寻找的,是无产阶级的自我废除的可能性;这个阶级不是也不会成为历史的**主体**。

在社会主义中实现的理想。① 这两种阐释都无法正确反映马克思的理论，这一理论是一种对文化理念和意识形式的社会建构。尽管在整部《资本论》中，马克思确实展现了流通领域如何掩盖了价值的本质和存在，但是，他在流通和生产、表面和深层结构之间所指出的对立，并不等同于"幻象"和"真相"的对立。与后一种对立相关的，是那种从"劳动"出发的批判；在那里，生产领域代表了一个在本体论上更为核心的、超历史的因素，它在资本主义中为流通所扭曲，但将在社会主义中公开呈现。然而，在马克思的分析中，流通领域和生产领域都是为历史所规定的，都是为劳动的二重性所建构的。两者都不代表社会批判的出发点：随着资本主义的废除，表面和深层结构都将被废除。因此，它们之间的对立，既不是虚假的表象和"真相"之间的对立，反过来也不是资本主义社会的理想和它们的部分的或扭曲的实现之间的对立。相反，这是这一社会的两个不同但相关的领域之间的对立，它们都关联着非常不同的理念。②

正如我在讨论抽象的普遍性和具体的特殊性之间的对立时所指出的，对于马克思而言，克服资本主义既不包括简单地废除其文化价值，也不包括实现这些在他看来具有解放性的资产阶级社会价值。相反，他的路径表明，克服资本主义必须以下述为历史所建构的价值为基础而得以发生：这些价值将超越资本主义社会形态特有的那类具有内在关联与矛盾的对立——譬如抽象的平等和具体的不平等之间的对立。

---

① 资产阶级革命的理想可以作为对资本主义的根本的、划时代的批判的起点，并将在社会主义中得到实现。要对上述这种广为流传的观念做出批判性的分析，可以部分地依据这样一个理念，即联合起来的工人将自身建构为一个集体商品拥有者。如果集体的行动与结构被误解为是对立于资本主义的，那么，这一集体商品拥有者的社会行动与理想就会被误解为是指向了对资本主义本身的否定，而非对其自由放任阶段的否定。
② 这些领域的关系在各个历史阶段和各个资产阶级国家之间都不一样。对它们的关系的分析可以提供一个方向，来考察资本主义的理想与价值的变动与转化，其焦点在于生产领域和流通领域的各种中介方式——如市场调解或国家指令。

第四节　生产领域

至此，我可以开始初步观察马克思对资本主义中生产领域的处理。基于我在从"劳动"出发的批判和对资本主义劳动性质的批判之间所做的区分，我们可以认为，马克思对生产的论断——即生产建构了一个更为根本的、"隐藏的"社会领域，它处于流通领域的"表面"之下——并非是在说明物质生活手段的生产具有社会优先性。相反，它所指的是一种社会关系的建构，它由劳动所中介，并为资本主义所特有。在他的分析框架中，资本——正如商品——是一种社会关系的形式。这一范畴既不指代财富，也不指代普遍的财富生产能力。我已经首先将社会关系的资本形式确立为一种异化的、抽象的、自我运动的**他者**，其特征在于一种持续的、没有外在目标的方向性运动。马克思对生产领域的分析，试图通过阐明资本形式，以及考察那种独特的、具有内在矛盾性的、动态的异化社会形式，来为这一动力找到基础。由于资本主义劳动的二重性，他的考察也必然是一种对剩余产品之创造的考察。① 如我们所见，马克思将资本的动力分析为一种非线性的进程，它既是一种再生产，又是一种变形。通过自我的再生产，资本持续地转变着社会生活。

通过将这一动态过程定位在生产领域中，马克思指出，它既不源自流通领域，也不源自国家。换句话说，他的分析指出，将现代社会分为国家和市民社会的传统二分法是不够的：它无法把握社会形态的动态性质。马克思并未简单地将"市民社会"等同于"资本主义"，亦未赋予传统二分法里的这两个领域中的任何一个以优先性。相反，他所指出的是，随着资本主义的充分发展，先前被分别建构起来的国家领域和市民社会领域，将不断被嵌入到一个更高阶的动态结构中去，而这正是他试图通过对生产领域的分析而加以把握的对象。依据这一方法，社会形态的持续变化——包

---

① 应当指出，在马克思的分析中，剩余价值不等同于利润，而是指向总的社会剩余（价值），它以利润、利息、地租、工资等形式分配。

括国家与市民社会之间变化着的关系,每一个领域中的组织机构的性质和发展(比如在"公共"和"私人"领域里同时兴起的广泛的等级化的官僚制)——只有依据资本主义社会的内在动力才能得到理解,这一动力根植于"第三种"、更高阶的领域,即生产领域。

现在,我将沿着价值的范畴,从流通领域出发,跨入"生产的隐秘之处"的门槛,并将展现,在马克思的分析中,价值缘何既不仅仅是流通的准则,也不仅仅是一个阶级剥削的范畴。相反,作为自我增殖的价值,它塑造了生产过程的形式,并为资本主义社会的内在动力奠定了基础。价值这一范畴的可能的有效性及其分析效力,不仅仅局限于自由主义资本主义。

马克思以他对商品的定义为基础,开始了他对资本主义生产过程的考察。在马克思看来,这一生产过程具有双重性:正如商品是使用价值和价值的统一体,商品生产过程则是"劳动过程"(物质财富的生产过程)和价值形成过程的统一体。由此出发,马克思将资本主义生产过程展现为一个劳动过程和"增殖过程"(剩余价值的生产过程)的统一体。[1]在这两个过程中,使用价值的维度始终是价值维度的必要的表面物质形式,由此,它也遮蔽了后者的历史特殊社会性质。

在考察资本主义生产过程的特殊性质和发展之前,马克思考察了劳动过程这一最为抽象的维度,它独立于任何特定的社会形式之外。[2]在马克思看来,劳动过程的基本要素是劳动(即具体劳动,用来生产使用价值的活动)和生产资料(劳动进行的对象以及劳动所用的资料或工具)。[3]在其最基本和最抽象的定义中,劳动过程是物质转换的普遍条件,是人类与自然的代谢交换,也是人类生存的一个普遍条件。[4]

《资本论》中的这一部分,常常被抽出马克思的论述语境之外,被理

---

[1] *Capital*, vol. 1, pp. 293, 304.
[2] 同上书,p. 283。
[3] 同上书,pp. 283-284, 287, 290。
[4] 同上书,p. 290。

解为是表达了劳动过程的一种超历史的合法性基础。尤其是考虑到马克思那句知名的论断：“最蹩脚的建筑师从一开始就比最灵巧的蜜蜂高明的地方，是他在用蜂蜡建筑蜂房以前，已经在自己的头脑中把它建成了。……他不仅使自然物发生形式变化，同时他还在自然物中实现自己的目的。”①然而，人们常常忽略的是，马克思随后就颠倒了这一论述：他马上就指出，在资本主义劳动过程的结构方式中，恰恰是那些被首先假定为属于"人类"的特质——比如目的性——成为了资本的属性。

准此，在他对货币的分析中，马克思考察了形式变换如何从一开始的催生物质变换的手段，成为了目的本身。现在，从他对劳动过程的基本的、高度抽象的定义出发，马克思进一步发展了这一手段和目的之间的颠倒：他展示了，正如资本的范畴所表现的，生产中的物质变换过程，是如何被形式变换的目的所形塑的。在思考资本主义生产过程时，他首先简要地提及了其中包含的财产关系——资本家购买了劳动过程中的必要要素（劳动资料和劳动），因此，工人就在资本家的控制之下工作，而他的劳动以及产品，也就归于资本家所有。②尽管如此，马克思并未仅仅依据所有权来处理资本主义生产，他也没有马上聚焦于剩余物的生产和占有。相反，他开始根据资本主义生产过程所生产的财富的形式，来考察其特殊性。换句话说，虽然马克思将资本主义生产描述为劳动过程和剩余价值生产过程的统一，但是，他首先要做的，是通过在逻辑层面考察其规定，来对其加以把握，将其作为劳动过程和价值生产过程的统一。③他将财富的价值形式放在了其思考的核心位置。

马克思首先分析了价值生产过程的逻辑意涵。随后，他展现了资本主义生产过程，他表明了在这一过程中，这些理论意涵是如何被物质化了的。马克思首先提到，在价值生产过程中，劳动过程的要素获得了一种不

---

① *Capital*, vol. 1, p. 284.
② 同上书，pp. 291-292.
③ 同上书，p. 293.

同的意义。首先，生产过程的目的不再仅仅是作为使用价值的产品，相反，使用价值仅仅是因其作为价值的承担者才被生产出来。生产的目的不仅是使用价值，而是价值——更确切地说，是剩余价值。① 然而，这改变了劳动在生产过程中的意义。通过进一步展开他早先的范畴性规定，马克思指出，劳动的超历史的意义——作为一种具有质性特殊性的，以创造特定产品为目的地的目的性活动——在资本主义生产中被修改了。依据价值形成的过程而言，劳动仅仅具有量上的意义——作为价值的来源——而不再考虑其质性的特殊性。② 这反过来必然意味着，在这一过程中，原料和产品的质性的特殊性同样不再具有意义。事实上，马克思坚持道，抛去表面现象，在价值形成中，原料的真正作用仅仅是吸收一定量的劳动，产品的真正作用仅仅是作为被吸收的劳动的尺度。"产品量……现在只不过代表一定量的劳动……它们只是一小时、两小时、一天的社会劳动的化身。"③ 在他对商品流通的分析的基础上，马克思进一步扩展道，资本主义生产的特性在于，劳动所致的物质变换仅仅是一种手段，以创造由劳动（价值）所建构的社会形式。说生产的目的是（剩余）价值，也就等于说生产的目的是社会中介本身。

　　马克思对表现为价值创造过程的生产过程的分析，为内在于资本主义中的、对待所生产之商品的特殊性的中立态度，提供了初步的逻辑规定。对于我们的目的而言更重要的是，他开始对生产领域进行说明，他展示了价值形成过程如何转变了劳动过程中的要素，而后者正是前者的表现。对劳动而言，这尤其重要：马克思对价值和价值形成过程的论断意味着，劳动——它在劳动过程中被定义为一种调节、指导着人类与自然的互动的有目的的活动——在价值形成过程中与它的目的分离了。劳动力的耗费的目标不再内在地源自这一劳动的独特性质，相反，抛去表面现象，它的目标

---

① *Capital*, vol. 1, p. 293.
② 同上书，pp. 295-296。
③ 同上书，pp. 296-297。

独立于所消耗的劳动的性质特征——它是劳动时间本身的客观化。也就是说，劳动力的耗费不是朝向另一个目的的手段，相反，这一手段自身成为了"目的"。这一目标来自于由（抽象）劳动本身所建构的异化结构。作为一种目的，它非常独特，它不仅外在于（具体）劳动的特殊性，同时还独立于社会行动者的意志之外。

然而，劳动不仅在价值形成过程中与它的目的分离开来，同时也被转化为生产的对象。在马克思那里，生产中的直接人类劳动成为了价值形成过程中的现实的、"隐秘的""原料"。然而，由于这一过程同时也是一个劳动过程，劳动或许依旧看上去是一种目的性活动，进行物质变换以满足人类需求。但是，它在价值形成过程中的真实意义，是它扮演着价值源泉的角色。如我们所见，随着资本主义生产的发展，这一意义不断表现在劳动过程的物质形式中。

由于劳动在资本主义中的这种二重性质，它在双重意义上成为"客观的"劳动：它的目的，由于是劳动本身所建构的，因而成了"客观的"，离开了特定劳动的质性特征以及行动者的意愿；与此相关，生产过程中的劳动，由于与其目的相分离，也被缩减为这一过程的对象。

借由对价值形成过程的逻辑意涵的这一分析，马克思得以开始具体地处理增殖过程，即剩余价值的形成过程。当工人们的工作时间超过形成他们的劳动力所需的时间时，剩余价值就被创造出来了，也就是说，当劳动力的价值小于这一劳动力在生产过程中的增殖时，剩余价值就被创造出来了。① 换句话说，在马克思的论述的这一阶段，价值形成的过程和剩余价值形成过程之间的区别仅仅是量上的区别："如果我们现在把价值形成过程和价值增殖过程比较一下，就会知道，价值增殖过程不外是超过一定点而延长了的价值形成过程。"②

重要的是，马克思对增殖过程的分析首先是依据价值形成而进行的：

---

① *Capital*, vol. 1, pp. 300-302.
② 同上书，p. 302。

他对资本主义生产过程的初步讨论,既围绕着财富形式——也即剩余的形式——也围绕着剩余本身。这证明了我的看法,即马克思对资本主义生产的分析并不基于一种劳动财富论,而他的批判,也不应被理解为仅仅是一种对剥削的批判。换句话说,它对剩余物的来源的考察,不是在考察由"劳动"形成的剩余的物质财富。与此相关,马克思并不将资本主义生产过程视为一个由外在的资产阶级出于其自身利益而加以控制的劳动过程(在社会主义中,这一过程将会使全体都受益)。这种阐释忽略了财富的价值形式的意义,以及马克思对资本主义生产过程的二重性——也即其内在的资本主义的(由资本规定的)性质——的分析所具有的意义。对马克思而言,资本主义生产的特点,不仅在于阶级剥削,更在于一种特殊的动力,它根植于价值的持续扩张;同时,其特点还在于上文所述的各种增殖过程的规定。如我们所见,这些规定在工业劳动过程的具体形式中被物质化了。马克思将资本主义生产的这些独特性质的基础建立在财富的价值形式上,也即建立在剩余物的价值形式上。仅仅依据生产资料和产品为资产阶级而非工人所有这一点,是无法充分把握这些性质的。换句话说,马克思对生产领域中所建构的社会关系的阐述,不能仅仅依据阶级剥削关系而加以理解。

在前文中,我考察了在马克思的理解中,劳动如何建构起一种"客观的"、获得了一种准独立的存在样态的社会中介形式。现在,随着这一中介的逻辑展开,我们进入了一个新的层面,并探寻价值的性质:价值形成的过程将劳动转化为生产的对象,同时使其面对一项外在于其目的的目标。换句话说,我将要展现的是社会统治系统的更为深入的规定,这一系统被马克思描述为人们的劳动对人们的统治。与更为传统的解释不同,在这里,劳动不仅被作为统治的对象,同时也被作为资本主义统治的构成源头。

从我目前所考察的这些首要规定出发,马克思阐明了资本主义生产的过程，并由此追溯了这一统治系统的发展。他依据这一系统的两个环节之间的关系来对其进行分析，一是其作为一个增殖过程的发展，二是其作为一个劳动过程的发展。在讨论前一个过程时，马克思区分了"必要劳动时间"和"剩余劳动时间"，前者是工人创造再生产自身所需的价值量所需的时间量，后者是工人在"必要的"价值量之外所创造的价值，也即剩余价值。① 剩余价值由工人阶级创造，被资产阶级占有，它是资本主义剩余产品的形式。它的核心性质是时间性："必要的"和"剩余的"劳动时间加在一起形成了工作日。② 在此基础上，马克思进一步区分了两种剩余价值形式——"绝对剩余价值"和"相对剩余价值"。对于前者，剩余劳动时间的量，即剩余价值，随工作日的延长而增加；后者指的是，在工作日一定的情况下，由于必要劳动时间的减少而获得的剩余劳动时间的增长。③ 这一减少来源于一般劳动生产力（至少是那些生产生活资料或生产资料的工业部门的生产力）的提高，这将会减少劳动力再生产所需的劳动时间。④ 随着相对剩余价值的发展，作为一个自我增殖的资本所特有的方向性运动随之依赖于持续的生产力的变化。一种资本主义的内在动力出现了，生产力的提高和剩余物的价值形式的增长之间的既定关系，带来了一种无止境的扩张。

在马克思的分析中，资本主义社会的这一历史动力，为资本主义生产过程的两个层面——劳动过程和增殖过程——都赋予了动力。与相对剩余价值的生产有关的生产力的持续变化，伴随着劳动过程的技术条件和社会条件的急剧变化。⑤ "相对剩余价值的生产使劳动的技术过程和社会组织发生彻底的革命。"⑥ 随着增殖过程的基础从绝对剩余价值转向相对剩余价值，劳动过程便发生了转化。马克思将劳动过程的这一转变描述为从"劳动对

---

① *Capital*, vol. 1, p. 325.
② 同上书，p. 339。
③ 同上书，pp. 431-432。
④ 同上。
⑤ 同上。
⑥ 同上书，p. 645。

资本的这种形式上的从属"①的阶段（此时，"劳动过程的一般性质并不因为工人是为资本家劳动而不是为自己劳动就发生变化"②）转向"劳动对资本的实际上的从属"③的阶段（此时，"劳动从属于资本……引起了生产方式本身的变化"④）。在后一阶段，增殖过程的规定在劳动过程中被物质化了：直接人类劳动在物质上成为了生产的对象。换句话说，具体的无产阶级劳动在物质上具有了马克思在分析增殖过程之初就在逻辑上赋予它的那种特性。作为充分物质化了的增殖过程，这一生产形式，即工业生产，被马克思称为"特殊的资本主义的生产方式"⑤。

马克思对"劳动对资本的实际上的从属"的分析，是试图分析由资本主义生产关系（即价值和资本）所塑造的发达资本主义中的生产过程；他认为这一生产过程内在地就是资本主义的。这证明，在他看来，资本主义社会的根本矛盾——生产力和生产关系的矛盾——并不是指工业生产和"资本主义"（即资产阶级分配关系）之间的矛盾，而是指资产阶级生产方式自身内部的矛盾。显然，这削弱了传统概念中工人阶级在从资本主义到社会主义的转型中被赋予的角色。

随后，马克思分析了工业生产的具体形式，并根据建构了资本主义社会的二重社会形式，分析了工业社会的动力逻辑。这同时也表明，他的基本范畴的充分意涵只有在他对资本主义生产领域的分析过程中才得到展现。我已经指出，马克思将相对剩余价值的范畴联系上了劳动对资本的实际上的从属，以及一种持续的历史动力；在马克思的理解中，相对剩余价值是一种充分合于资本的剩余价值形式。只有当这一范畴在他的论述中得到展开时，社会中介的商品形式才会得到充分的展现。它开始具有总体性，变成一种由它所建构的社会总体性的一个环节。如我们所见，这一中

---

① *Capital*, vol. 1, p. 645.
② 同上书，p. 291。
③ 同上书，p. 645。
④ 同上书，p. 291。
⑤ 同上书，p. 645。

介现在成为一种总体性的一个环节。较之于将劳动力理解为商品，相对剩余价值这一范畴的引入更进一步地使作为马克思的分析的出发点的这些范畴"实现了它自身"，并反过来阐明了他的逻辑起点。对于这些范畴的时间维度而言尤其如此：只有在马克思的论述的这一阶段，这些范畴的逻辑展开才得以表现出一种资本主义社会的历史动力，并且在这个意义上，成为一种"真实的"历史逻辑。换句话说，在马克思的分析中，相对剩余价值的发展赋予了资本主义一种动力，由此，尽管它是由社会实践所建构的，也依然具有了一种历史逻辑的形式。它是方向性的，以一种有规律的方式展开，超越了建构它的行动者的控制，并对他们施以一种抽象的压迫形式。在马克思看来，这一动力的性质，可以依据商品和资本的二重形式而得到解释。这反过来意味着，只要这些形式掌握着这种发展逻辑，它们就只有在发达资本主义中才能获得充分的社会合法性。

由此，马克思的论述方式中包含了关于逻辑与历史之关系的一种复杂的看法。《资本论》始于一种逻辑性的推演，其起点——商品——预设了资本的范畴：马克思从商品开始，辩证性地推演到了资本，以此阐明了资本的核心特征。这一核心特征是：随着相对剩余价值这一范畴的出现，其论述的逻辑性展开同时成为了历史性的展开。马克思的论述意味着，逻辑和历史的这一融合——也即辩证性的历史逻辑的存在——是发达资本主义社会所特有的。尽管如此，我们同样看到，马克思是以这样一种方式将其范畴的逻辑性展开（从商品到货币到资本）置于相对剩余价值的出现*之前*的：它同样也可以被视为一种历史性的展开。由此，马克思内在地指明，资本主义特有的历史特定的历史逻辑，可以反过来用来理解所有的历史。不过，他的论述也表明，这种所谓的历史性展开，事实上是一种反向的投射，其基础是对资本的社会形式所具有的动力性质的逻辑重构，这一动力性质只有在其得到充分发展后才能够获得。

逻辑与历史不应混为一谈，即使它们在资本主义充分发展之后便会互相融合，这一点在《资本论》第一卷的最后一个部分中得到了清晰的说明。

在这一部分,即"原始积累"中,马克思分析了现实历史走向资本主义的发展过程。① 尽管这些发展可以被事后赋予某种秩序条理,但是,它们的出现绝非依据马克思在第一卷的第一部分所述的那种内在的辩证逻辑(从商品形式推演到资本范畴)。由此,马克思的论述表明,这种辩证逻辑并不代表资本主义社会史前史的真实过程——事实上,这种历史逻辑在资本形式得到充分发展之前并不存在。然而,它也指出,一旦资本形式得到充分发展,这种逻辑就会存在;而且,它也可以反过来用来描述资本主义的史前史。以此,马克思的论述方式内在地提供了一种对黑格尔式的历史哲学的批判,后者将人类历史理解为一个辩证展开的过程,而马克思则在一种历史特定的历史逻辑中揭示了它的"理性内核"。在这种批判框架中,一种普遍的人类历史确实(以一种异化的形式)在历史上实现了,而非以超历史的方式存在。因此,人类历史作为一个整体,无法以一种一元的方式加以描述——不论是依据一种内在的逻辑,还是依据内在逻辑的缺席。

---

① *Capital*, vol. 1, pp. 873-940.

第八章

劳动与时间的辩证法

通过对资本范畴的展现，马克思将资本主义社会的历史动力以及工业生产形式，都联系上了由劳动所建构的抽象统治结构，它既是一种生产活动，又是一种社会中介活动。现在我会进一步说明这一关系，我将更为细致地考察，在马克思的批判中，资本主义的根本社会形式是如何塑造了这一历史动力以及生产形式。不过，我将不会直接谈论马克思对生产领域的分析，相反，我会先"回过头去"考察这一领域最为显著的结构特性，并进一步思考马克思分析中的基本范畴的意涵。这将会澄清资本形式的某些重要特质，而如果我直接考察生产领域的话，这些特质或许不会如此明显。尤其是，这将使我得以说明时间维度对马克思的分析所具有的核心重要性。这一路径将会阐明资本的动力的特殊性，并为澄清马克思对生产过程的社会建构的理解打下地基。当我在这一根本性层面上分析完资本主义动力的规定特质之后，在第九章，我将回头来，在这一分析的基础上，考察马克思对生产领域的处理所具有的一些核心的面向。

这一章中的讨论，首先将思考马克思的基本范畴在分析资本和生产过程的动力中所具有的意义，由此，我们的讨论便得以清晰地将资本主义社会的基本矛盾——也即社会批判和实际对抗的可能性——定位到由马克思的范畴所把握的双重性的社会形式中，而非这些社会形式与"劳动"之间。

这一路径将会说明，我对马克思的基本范畴的阐释，是如何为重新理解资本主义性质，尤其是为重新理解其矛盾性动力奠定了基础（同时，它也并不把对市场和生产资料私有制的思考放在首位。）这一路径为我们提供了基础，来分析资本和工业生产的内在关系，以及考察后自由主义资本主义社会中，资本的发展与其他大规模官僚组织和机构的发展和性质之间的可能的关系。（以这种阐释为基础的考察，将明确奠定这些组织和机构的社会历史基础，由此提供一个区分以下两种机制的基础：一是与资本形式有关的经济和行政机制，二是那些即使废除了资本也依旧需要保留的机制。）

第一节　内在动力

至今，我都将马克思的批判理论的焦点，放在他的资本主义社会根本社会形式的二重性这一概念上，并试图澄清这些形式的价值维度（抽象劳动、价值、抽象时间）和使用价值维度（具体劳动、物质财富、具体时间）的性质，以及对两者做出区分。在这里，我将考察它们的相互关系。这两个维度之间的不同并不是一种简单的静止的对立，相反，资本主义劳动中的这两个环节——生产活动和社会中介活动——是互相规定的，这种关系带来了一种内在的辩证动力。应当注意到，后文中对价值和生产力的动力关系的考察，是以资本主义的充分发展为前提的，只有当相对剩余价值成为一种支配性的形式之后，这一关系才作为一种核心的样态而实现其自身。

我将根据物质财富和价值的差异来考察具体劳动和抽象劳动之间的差异所具有的意义，以此试图表明：尽管生产力的增长（马克思视之为劳动的使用价值维度的属性）确实带来了产品数量的增长，并因此带来了物质财富的增长，但是，它并未改变一定时间单位中产生的价值总量。由此，价值量似乎仅仅来自于抽象劳动时间的耗费，而完全独立于劳动的使用价值维度。然而，在这一对立背后，存在着商品性劳动的两个维度之间的一种动态互动。当我们仔细考察下面这个例子时，它就变得明显起来：

> 在英国使用蒸汽织布机以后，把一定量的纱织成布所需要的劳动可能比过去少一半。实际上，英国的手工织布工人把纱织成布仍旧要用以前那样多的劳动时间，但这时他一小时的个人劳动的产品只代表半小时的社会劳动，因此价值也降到了它以前的一半。①

马克思在《资本论》第一卷第一章介绍了这个例子，以此阐明他将社会必要劳动时间作为价值尺度的看法。他的例子表明，一旦商品成为产品的普遍形式，个人的行为就建构了一个异化的整体，它束缚并包含了个人。正如他在第一卷中对价值的更为一般的阐述，这个例子指向了社会整体性的层面。

对我们的目的而言重要的是，价值量的这个首要规定同时包含着一种动力。如果我们假设，在蒸汽织布机使用之前，手工织布工人平均每小时可以产出 20 码布，带来 x 的价值。当蒸汽织布机使用之后，生产力翻番，大多数的织布工作仍旧以手工完成。那么，价值的标准——社会必要劳动时间——则依旧由手工织布规定，维持在 20 码布每小时。因此，蒸汽织布机每小时所生产的 40 码布就有了 $2x$ 的价值。但是，一旦这一新的织布方式普及开来，它就会带来一个新的社会必要劳动时间的标准：生产 40 码布的标准劳动时间缩减为一小时。由于价值量的产出来自于（社会平均）时间的耗费，而非货物产出的数量，因此，蒸汽织布机每小时所产出的 40 码布的价值便从 $2x$ 降回了 x。那些依旧使用旧有方式的落伍的织布工人，每小时依旧产出 20 码布，但他们每小时的劳动只得到 $1/2x$ 的价值——社会标准劳动小时的价值的一半。

尽管生产力的增长将带来更多的*物质财富*，但一旦新的生产力普遍化

---

① Marx, *Capital*, vol. 1, trans. Ben Fowkes (London, 1976), p. 129.

之后，每个时间单位所产出的*价值*量还是与增长之前的情况下一样。在讨论价值和物质财富的区别时我曾指出，在马克思看来，一个社会劳动小时中所产生的价值总量是恒定的："因此，不管生产力发生了什么变化，同一劳动在同样的时间内提供的价值量总是相同的。"① 不过，这个例子清楚地证明，随着生产力的变化，确实有些东西发生了变化：不仅生产力的增加产出了更多的物质财富，同时，它也导致了社会必要劳动时间的减少。考虑到价值的抽象的时间尺度，社会必要劳动时间的重新确立改变了每个时间单位所产出的个体商品的价值，而非总价值。随着生产力提高，总价值始终不变，仅仅是在更多的产品中被分配开去。但是，这意味着，在一个以财富的抽象时间形式为特征的系统中，社会必要劳动时间的减少重新确立了标准的社会劳动小时。在这个例子中，社会劳动小时在生产 20 码布时，是为手工织布者所规定的；而在生产 40 码布时，则是为蒸汽织布机所重新规定的。尽管社会一般生产力的改变不会改变每个抽象时间单位所生产的价值总量，但它却会改变这一时间单位的定义。只有达到了社会必要劳动时间的一般标准的劳动时间，才能算是一个社会劳动小时。换句话说，*社会劳动小时是由生产力水平所建构的*。（应当注意的是，这一规定方式无法表现为抽象时间。被改变的并非 x 的价值中所含的时间量，而是确立这一时间量的*标准*。）

生产力——劳动的使用价值维度——并不改变每个抽象时间单位产出的总价值，但是，它确实规定了时间单位本身。由此，我们便面对着这样一个明显的悖论：价值量仅仅来源于劳动的耗费，其尺度（抽象时间）是一个自变量，但是，常量的时间单位本身却显然是一个应变量，它随生产力的变化而不断重新确立。由此，抽象时间不仅被社会性地建构为一个时间的质性特定形式，同时也具有了量上的规定：是生产力的普遍水准，也即使用价值的维度，规定了一个社会劳动小时。但是，尽管社会劳动小时

---

① *Capital*, vol. 1, p. 137.

不断变化，它却始终是一个常量的抽象时间单位。

之后我将会考察这一悖论的时间维度，但在这里需要注意的是，马克思的例子表明了商品形式的两个维度之间是互动的。一方面，生产力的增长重新定立了社会必要劳动时间，因此改变了社会劳动小时的规定。也就是说，规定了价值的抽象时间的常量本身是由使用价值的维度、生产力水平所规定的。另一方面，尽管社会劳动小时是由具体劳动的一般生产力所规定的，这个小时中产出的总价值依旧保持不变，不论生产力水平如何。这意味着，每当社会达到一个新的生产力水平，它不仅会重新定义社会劳动小时，同时，反过来，它本身也被作为"基数水平"的这一小时所重新定义。新的生产力在每个抽象时间单位所产出的价值量，等同于旧的一般生产力水平所产出的价值量。在这个意义上，生产力水平，即使用价值维度，同样是被价值维度（作为新的基数水平）所规定的。

资本主义社会劳动的两个维度间的这种交互规定过程，发生在当社会成为一个整体的基础上。这一点处于一种辩证动力的中心，这一动力内在于由商品性劳动所建构的社会整体性之中。这一动力的独特性——这很关键——在于其*跑步机效应*（treadmill effect）。生产力的增加带来了每个时间单位所生产的价值量的增加——直到这一生产力普遍化为止。此时，这段时间中产出的价值量，由于其抽象及普遍的时间维度，又回到其先前的水准。这导致了一个新的社会劳动小时和一个新的生产力基准水平。在这里出现的，是一种转化与重构的辩证法：社会一般的生产力水平和社会必要劳动时间的规定量改变了，但这些改变又重建了起点，即重建了社会劳动小时和生产力的基准水平。

这种跑步机效应意味着，即使是在价值量问题的抽象逻辑层面上——也即在引入剩余价值范畴和雇佣劳动—资本关系之前，一个社会也是具有方向性动力的，就像生产力水平的无限增长的驱力所表示的。如我们所见，生产力的增长导致了每单位时间产出的价值量的短期增长，引发了新生产方法的普遍采用。① 但是，一旦这些方法普遍化之后，每单位时间产出的价值便回到其原来的水准。事实上，那些尚未采用新方法的生产者现在将*被迫*去这么做。引入更新的增加生产力的方法，将进一步带来价值的短期增长。由此，以劳动时间作为财富的尺度的一个后果是，随着时间的常量被生产力的增长所改变，它反过来将引发更高的生产力。其结果是一种方向性的动力，其中，具体劳动和抽象劳动、生产力和财富的抽象时间尺度这两个层面将不断互相重构。由于在分析的这一阶段，我们还无法解释资本的持续积累的必然性，因此，这里所述的动力，也并不代表那种充分发展了的资本主义的内在历史逻辑。但是，它确实代表了这一逻辑的基本特性，并勾勒了在由劳动中介的社会关系中，增长所*必须*采取的形式。

生产力的增长和社会劳动小时之间的交互重构具有一种客观的、规律似的性质，它绝非仅仅是一种假象或神秘化。尽管它是社会的，但它却独立于人类的意志。如果我们可以提出一种马克思式的"价值规律"的话，那这一跑步机式动力正是其首要规定。如我们所见，它将一种持续的社会转化和重构的模式描述为资本主义社会的特征。因此，价值规律是动态的，无法依据一种市场均衡理论而得到充分的理解。如果我们思考一下价值的时间维度——也即一种区别于物质财富的特殊财富形式——就会清楚，价值形式从一开始就包含了上述的这种动力。

需要注意的是，由市场中介的流通方式不是这一动力的核心环节。在这一资本主义动力被充分建构起来之后，其核心环节在于跑步机效应，它仅仅根植于财富的价值形式的时间维度。如果说市场流通方式确实在这一动力中扮演了什么角色的话，它也仅是一个复杂发展过程的次级环节——

---

① 如我所讨论的，对马克思而言，在这个意义上，资本主义中的人们并不直接以价值的考量为基础而行动。相反，他们的行动为对价格的考量所塑造。正如政治经济学批判所理解的那样，对资本主义潜在结构动力的完整分析，必须表明个人如何在这一外在形式的基础上建构了这一动力。不过，由于我的意图仅仅是——在一个非常抽象的逻辑层面——澄清这一结构动力的性质，我将不会思考结构与行动的关系。

譬如说，是生产力水平普遍化的方式。① 这一普遍化导致了价值量回到其初始水准，但是，这不是由市场导致的；它是由价值作为一种财富形式所具有的性质所导致的，在根本上独立于每次新的抽象时间框架被普遍化的方式。如我们所见，这一模式是马克思笔下与剩余价值范畴有关的那种增长形式的一个核心环节。仅仅对流通方式投以关注，将意味着放弃关注马克思的批判理论中资本主义发展轨迹中的商品形式所具有的重要意涵。

对资本主义动力的抽象规定的这一考察指出，尽管市场流通方式或许对商品——作为一种整体性社会形式——的历史起源而言是必要的，但对这一形式而言，它未必是核心的。我们可以想象，另一种协调和普遍化的方式——比如一种行政化的方式——也可以对这一矛盾性社会形式起到类似的作用。换句话说，价值规律一旦形成，同样可以以政治化的方式加以调节。由此，这种抽象逻辑分析的一个意涵是，废除市场协调方式，并不等同于克服价值。

先前，我们曾将资本范畴描述为一种动态社会形式。现在，我们将进一步考察这一动态性质的本质，并指明它如何最终根植于价值与物质财富、抽象劳动与具体劳动之间的互动，也即根植于商品形式的两种维度之间的互动。这一动力代表了资本主义内在历史逻辑的初步轮廓，它源自于由劳动中介的社会关系所具有的异化性质和时间性质。它抽象地预示着资本的一个核心特征，即，为了自身的存在，它必须不断地积累。生成（becoming）是它的存在（being）的条件。

第二节　抽象时间与历史时间

我已经说明，资本主义社会劳动的使用价值维度和价值维度之间的辩证互动如何产生了一种历史动力。商品形式的二重维度之间的互动同样可

---

① 据马克思而言，在另一层面上，市场竞争同时可以一般化、平均化利润率。见 *Capital*, vol. 3, trans. David Fernbach (Harmondsworth, England, 1981), pp. 273-302。

以依据一种时间性，依据一种抽象时间和资本主义特有的具体时间形式之间的对立来加以分析。为了澄清这一对立的重要性，我将同样在一个更为具体的社会层面讨论其意涵。

如我们所见，商品形式两个维度间的互动中包含了对抽象时间常量的一种实质性修正。价值的这一抽象时间尺度保持恒定，但它具有一个变动着的亦是隐藏的社会内容：并非每个小时都是一个小时——换句话说，不是每个劳动小时都可以被计为规定了价值总量的社会劳动小时。由此，抽象时间常量既是一个常量，又是一个非常量。在抽象时间的层面上，社会劳动小时是一个常量，是生产出来的总价值的尺度；而在具体层面上，它随着生产力的变化而变化。又因为价值的尺度始终是抽象的时间单位，因此，其具体的变化便无法表现在这一单位中。也就是说，劳动力的增长表现在产出的每一个体商品所分到的价值比例的下降中——而非表现在每小时生产出的总价值的下降中。尽管如此，生产力的历史水平确实对生产出的总价值有所影响，尽管只是以间接的方式：它规定了生产一件商品所需的社会必要劳动时间，这一时间标准反过来规定了一个社会劳动小时的构成。显然，随着生产力的增长，单位时间表现为越来越"密集"的货物生产。然而，这一"密度"并不表现在抽象时间领域，即价值领域中：抽象时间单位——小时——以及产出的总价值依旧保持不变。

我已经指出，虽然不断发生实质性的改变，抽象时间框架却始终是个常数，这一点是一个明显的悖论。这一悖论无法在抽象的牛顿时间的框架中得到解决。相反，它指向了另一种时间类型作为更高阶的参照系。如我们所见，常量的时间变得"密集"的过程——即使用价值维度所导致的实质变化的过程——无法在价值的抽象时间框架中表现出来。不过，它却可以表现在另一种时间层面，以一种具体时间的形式。

为了阐明这另一种时间类型的性质，我必须进一步考察资本主义劳动的使用价值维度和价值维度之间的互动。在某种意义上，生产力的变化使得社会必要劳动时间以抽象时间为轴进行运动：社会必要劳动时间随着生产力的增长而减少。但是，尽管社会劳动小时由此改变了，它却并不围绕这个轴运动——因为它就是坐标轴本身，是度量变化的框架。小时是一个恒定的抽象时间单位，它必须在抽象时间层面保持固定。因此，每个新的生产力水平都被"重新"规定为基准水平，产出同样的价值率。然而，即使它被重新定为同一条基准水平，新的生产力水平事实上已经被实现了。尽管这一实质性的发展无法改变抽象时间本身的抽象时间单位，它却确实改变了这一单位的"位置"。整个抽象时间之轴，整个参照系，都已经随着生产力的每次社会普遍性增长而改变了。社会劳动小时和生产力基准水平都"随时间而前行"。

这一由抽象时间的实质性变化所导致的运动，无法在抽象时间层面得以表现。它需要另一个参照系。这个参照系可以被视为一种具体时间的模式。先前，我曾将具体时间定义为任意一种作为应变量的时间——一种事件或行动的功能。我们已经看到，商品性劳动的两个维度之间以这样的方式互动：生产力的社会普遍化增长使得抽象时间单位"随时间而前行"。据马克思看来，生产力的基础在于劳动的使用价值维度的社会性质。[①] 因此，劳动的使用价值维度的这一时间运动，随它与价值框架之间的互动而变，它可以被理解为一种具体时间。在考察具体劳动和抽象劳动之间的互动（它位于马克思对资本的分析的核心）时，我们已经揭示了，*资本主义的一个特征是一种（具体）时间的模式表达了（抽象）时间的运动。*

资本主义劳动的两个维度的辩证法同样可以通过时间来加以理解，将其作为两种时间形式的辩证法。如我们所见，具体劳动和抽象劳动的辩证法带来了一种内在动力，其特征是一种独特的跑步机模式。由于生产力的每个新水平都被重新确立为新的基准水平，因此，这一动力便具有了不断持续的倾向，生产力水平的持续增长便成为了它的标志。从时间性上加以分析的话，这一资本的内在动力，以其跑步机模式，导致了时间的一种持

---

① *Capital*, vol. l, p. 137.

续的方向性运动,一种"历史之流"。换句话说,我们所考察的具体时间的模式,可以被认为是*历史时间*,为资本主义社会所建构。

我这里所说的历史时间,显然不同于抽象时间,虽然两者都是随着商品发展成一种整体性形式,而被社会性地建构起来的。我已经指出,抽象时间——一种抽象的独立的参照系,事件和行动在其中发生——的根源是,个人活动的结果经由一种整体性社会中介的转化,而成为这一活动的一种抽象的时间标准。尽管时间是价值的尺度,但由"社会必要劳动时间"所表达的整体性中介并不是一种*时间的*运动,而是一种实质时间在空间中向抽象时间的变形,也就是说,从特殊变成普遍再变回特殊。① 这一空间中的中介建构了一种抽象的、同质化的时间框架,它保持不变,并被作为运动的尺度。由此,个体的行动发生在抽象时间之中,且以抽象时间为参照尺度,但无法改变这一时间。尽管生产力的变化历史性地改变着抽象时间单位,但这一历史运动并不反映在抽象时间之中。抽象时间并不表达时间的运动,却为运动建构了一个显然是绝对的参照系;其稳定持续的"流"事实上是静态的。因此,每个时间单位产出的价值量,作为这种时间的功能,便无视生产力的变化而保持恒定。整个参照系被重构了,但本身并不表现出这一重构:参照系的运动并不直接反映在价值层面中。

在这一阐释中,历史时间不是一个抽象的延续物(事情在其中发生,其流动显然独立于人类活动),相反,它是*时间的*运动,对立于*时间中的*运动。为历史时间所表达的社会整体性的动力,是一个为社会发展和转化所已然/正在建构的过程,这一过程是方向性的,其流动最终根源于由劳动中介的社会关系的二重性,并且受到社会实践的影响。

这一历史过程具有许多面向。我只会分析这一过程的一些根本的规定,但是,它们都包含了马克思所分析的这一动力的更为具体的面向,并为这些面向奠定了基础。首先,如上所述,整体性的动力导致了生产力的持续

---

① 见 Lukács, "Reification and the Consciousness of the Proletariat," in *History and Class Consciousness*, trans. Rodney Livingstone (London, 1971), p. 90。

发展；据马克思而言，这一发展将资本主义与其他社会区分开来。① 它包括了工作的性质、生产、技术以及相关的知识形式的积累的持续变化。更为一般地说，社会整体性的历史运动，导致了大部分人口的社会生活方式的持续的、广泛的转型——工作与生活的社会模式、阶级结构与阶级分配、国家与政治的性质、家庭形式、学习与教育的性质、交通与交流的方式等。② 此外，资本主义内在动力核心中的辩证过程导致了主体性、交往和社会价值的历史特定形式的建构、传播和不断转变。（马克思对他的范畴的理解暗示了这一点，这些范畴被作为社会生存形式的规定，在两者的内在关联中同时把握了社会客体与主体。）由此，资本主义历史时间可以被视为一种具体时间的形式，这种形式被社会所建构，表达了工作和生产、更一般的社会生活，以及意识、价值、需求的形式的持续的质性转变。不同于抽象时间之"流"，这种时间运动不是稳定的，而是变化的，甚至是不断加速的。③

由此，资本主义的一个特征是，*两种时间形式——抽象时间和历史时间——的社会建构具有内在的关联性*。建立在价值、抽象时间上的社会，一旦得到充分发展，就具有了一种持续的历史动力的特征。（与之相关的，是历史意识的传播。）换句话说，马克思的分析依据商品形式的两个维度之间的辩证法——它可以被把握为抽象时间与历史时间的辩证法——社会性地阐明并奠定了资本主义社会的历史动态性质的基础。他依据一些特定的社会形式对这一社会进行分析，这些形式建构了一种持续的社会转型的历史过程。在马克思看来，资本主义的基本社会形式是，这一社会形态中的人们创造了他们自己的历史——意谓一种持续的、方向性的社会转型过程。然而，由于这些形式的异化性质，他们所建构的历史超越了他们的控制。

---

① *Capital*, vol. 1, pp. 486-489.
② 同上书，pp. 411-416, 517-544, 575-638。
③ 资本形式的发展可以作为一个起点，来对西方自 17 世纪起的时间概念的变化进行社会历史考察。

由此，历史时间不仅是事件在其中发生的时间之流，它被建构为一种具体时间的形式。它并未被由价值规定的时间形式表达为一种抽象的常量，一个"数学的"时间。我们已经看到，社会劳动小时在历史时间的维度之中运动，这一时间是具体的，其流动并不稳定；然而，抽象的时间单位并未表现出其历史变动——它维持着其作为*当下时间*的恒定形式。因此，历史之流存在于抽象时间框架之下，但并未在其中显现。抽象时间单位的历史"内容"依旧是隐藏的，正如商品的社会"内容"一样。

然而，和这种社会"内容"一样，抽象时间单位的历史维度也不意味着一个非资本主义的时刻；它并未以任何方式建构一个批判的出发点，可以指向对这一社会形态的超越。和卢卡奇相反——他将资本主义等同于静态的资产阶级关系，并将动态整体、将历史辩证法确立为资本主义批判的起点①——这里所发展的立场表明，一种持续的、"自动的"历史之流的存在本身，内在地联系着抽象时间的社会统治。这*两种*时间形式，都是异化关系的表达。我已经指出，资本主义特有的社会关系结构具有一种准自然的对立形式，一边是一种抽象普遍的维度，一边是"物的"自然维度。这一结构的时间环节同样具有一种貌似非社会、非历史的对立形式，一边是一种抽象的形式维度，一边是具体过程的维度。然而，这些对立并不是资本主义与非资本主义之间的对立，相反，正如积极理性的思想形式和浪漫主义的思想形式之间那种彼此关联的对立一样，它们依旧整体性地停留在资本主义关系的框架之内。

在进一步考察资本主义时间的两种形式之间的互动之前，我首先将继续分析它们的差异——尤其是历史时间和抽象时间框架之间的差异，它们来自于物质财富和价值之间的差异。如我们所见，抽象时间的框架内在地关联着价值的维度，随着生产力的增加，它依旧维持恒定。生产 20 码布，产出 x 量价值的社会劳动小时，在抽象时间上等同于生产 40 码布，产出 x

---

① Lukács, "Reification and the Consciousness of the Proletariat," pp. 143-149.

量价值的社会劳动小时：它们是同等的抽象时间单位，依据标准，都规定了恒定的价值量。无疑，两者之间存在着一种具体的差异，它源自于生产力的历史发展；不过，这种历史发展重新确立了一个社会劳动小时的构成标准，而且，它并不反映在劳动小时本身中。在这个意义上，价值是*作为当下的时间*的表达。对直接劳动时间的消耗而言，它既是尺度，也是强制性的规范，与生产力的历史水平无关。

另一方面，资本主义的历史时间导致了一种独特的持续的社会转型过程，它与持续的生产力历史水平的变化有关：它是劳动的使用价值维度在由商品规定的社会整体性的条件下不断发展的结果。重要的是，马克思以如下的方式，依据劳动的使用价值维度（也即具体劳动的社会特质）来分析生产力：

> 劳动生产力是由多种情况决定的，其中包括工人的平均熟练程度，科学的发展水平和它在工艺上应用的程度，生产过程的社会结合，生产资料的规模和效能，以及自然条件。①

这意味着，劳动生产力并不必然取决于工人的直接劳动；它同时也是科学、技术、组织知识和经验的结果，马克思将它们作为社会普遍的人类发展的产物。② 我们应当看到，在他的论述中，资本以这样一种方式在历史中展开：生产力水平越来越不取决于工人的直接劳动。这一过程导致了社会普遍的知识和经验形式以一种异化的方式发展，它们不取决于也不能被缩减为直接生产者的技能和知识。③ 我们所考察的时间的辩证运动，代表了马克思对资本的历史所展开的分析中的首要规定。

当我们度量劳动的使用价值维度时，不同于价值维度，它是以产品、

---

① *Capital*, vol. 1, p. 130.

② Marx, *Results of the Immediate Process of Production*, trans. Rodney Livingstone, in *Capital*, vol. 1, pp. 1024, 1054.

③ 见 *Capital*, vol. 1, pp. 443-458, 482, 509, 549。

以产出的物质财富的量为尺度的。它不取决于直接劳动，也不以抽象劳动时间的消耗为尺度。物质财富的尺度同样具有一个时间的面向，但和与价值维度相关的必要时间形式无关，这种时间性是生产的实质结果——生产一种特定产品所需的现实的时间量。这种时间，是对象化过程*本身*的结果，而非*用来*衡量消耗的标准。生产的具体时间随着生产力的发展而发生的变化，反映了时间的历史运动。这一运动产生于一个社会建构过程，这一过程关联着技术的、组织的、科学的知识和经验以一种异化形式进行的持续的积累。① 从目前的讨论中可以得出，在马克思的分析框架之中，这种积累的特定*产物*——即作为时间的运动之基础的社会的、思想的、文化的发展的产物——事实上是可以被度量的，不论是以单位时间内生产的物品数量的变化，还是以生产一种产品所需的时间量的变化。但是，这种历史发展本身，却是无法度量的：它们无法被量化为抽象时间（即价值层面）的相应的量变，尽管价值的社会形式的要求塑造了具体的生产形式——知识、经验和劳动的积累在其中被对象化了。由此，历史的运动可以作为一个应变量间接地表现在时间中；但是，作为时间的运动，它无法被静态的、抽象的时间所把握。

在马克思对资本主义社会历史动力的轨迹的理解中，有一个重要的方面在我们这一初步的考察阶段中变得鲜明起来。他的那些根本范畴指出，随着由社会关系的商品形式所驱动的动力的展开，出现了一种不断增长的差异，一方面是劳动生产力的发展（它未必取决于工人的直接劳动），另一方面是表现这一发展的价值框架（它*必然*取决于这种劳动）。历史时间的积累和对象化的直接劳动时间之间的差异，随着科学知识在生产中的不断物质化而愈加显著。和马克思在价值和物质财富之间所做的区分一样，由科学和先进技术导致的生产力的极大增长，无法也不可能完全归功于抽象劳动时间的耗费，不论是体力还是智力——乃至那些试验和开发，以及

---

① *Capital*, vol. 1, pp. 482, 510.

培训工程师和技术工人所需的时间。

这一发展可以依据历史时间的范畴来加以理解。如我们所见，在思考生产的轨迹时，随着先进的科学技术下的生产的发展，生产力的提高同时也表现了社会普遍的经验和劳动的积累，以及在这一固有历史的基础上，普遍知识的时断时续的增长。[①] 如马克思的范畴所把握的那样，资本主义的动力在于，随着其历史时间的积累，物质财富的生产条件和价值的生产条件之间的差距将越来越大。从劳动的使用价值维度（即物质财富的创造）出发来考虑，生产越来越与为直接生产者乃至阶级所具有的技术与知识的物质对象化过程无关，相反，它越来越成为一个将人类所积累的集体知识——作为一个普遍范畴，它本身是随着历史时间的积累而建构的——对象化的过程。由此，在使用价值维度上，当资本主义充分发展之后，生产将越来越成为一个历史时间的对象化过程，而非直接劳动时间的对象化过程。尽管在马克思看来，价值必然是后一个对象化过程的表现。

第三节　转化与重构的辩证法

如马克思所分析的，资本主义社会特有的历史动力不是线性的，而是矛盾性的。它指向了对自身的超越，但它不会自动克服自己。我已经在一个抽象的、初步的层面分析了以直接劳动的对象化为基础的生产和以历史时间为基础的生产之间的特定差异。如果不是资本主义社会形式的二重性的话，生产的发展就可以被理解成仅仅是一种技术发展，它导致一种生产方式不断被另一种生产方式所取代。这一线性过程按照如下的历史模式展开：在资本主义的发展过程中，以直接生产者的知识、技能和劳动为基础的生产形式，带来了另一种以人类积累的知识和经验为基础的形式。随着历史时间的积累，直接人类劳动在生产中的耗费渐渐失去了它的社会必要

[①] *Capital*, vol. 1, p. 508ff.

性。以当下的抽象劳动时间的耗费为基础的生产,由此产生出其自身的否定——历史时间的对象化。

有许多现代性理论——比如那些"后工业社会"理论——就是以对生产发展的这种理解为基础。这种进化论式的理解,并不充分适用于资本主义生产历史发展的非线性特质。它假定,产出的财富形式是恒定的,只有生产方法——仅指技术层面——改变了。在马克思的分析框架里,只有当价值和物质财富并非两种不同的财富形式时,这种进化式的发展才是可能的。然而,由于资本主义结构性形式的二重性,这种发展仅仅表现了一个更为复杂的、辩证的历史动力中的一种趋势。马克思对作为一种结构性社会范畴的价值的分析,不仅没有将生产的发展仅仅作为一种技术发展——其中一种先前以人类劳动为基础的生产方式被一种以科学和技术为基础的生产方式所取代——同时,他也没有忽视科学和技术所带来的巨大变化。相反,在区分了价值和物质财富、抽象劳动和具体劳动(以及抽象时间和具体时间)的基础上,马克思将资本主义生产分析为一个矛盾的社会进程,它被商品形式的两种维度的辩证法所建构。

这两个维度间的关联在于,价值并非仅仅被历史时间的积累所取代,相反,作为社会形态的一个核心要素,它被不断地重构。这一过程保留了与之相关的价值和抽象统治形式,撇开使用价值维度的发展,它在结构上是内在于为马克思的基本范畴所把握的那些资本主义的基本社会形式的。在根据两个维度之间的关联来考察资本主义社会动力的最抽象因素时,我们发现了生产力的每一个新的层次是如何既重新确立了社会劳动小时,又反过来被抽象时间框架重新确立为一个新的基准生产力水平的。生产力的增加所带来的具体时间的变化为社会整体性所中介,这些变化被转化为新的抽象时间(社会必要劳动时间)的标准,并反过来重新规定了恒定的社会劳动小时。应当注意到,生产力的发展依旧不断重新确立着社会劳动小时,因此,这一发展是在重新确立而非取代与抽象时间单位相关的必然性形式。生产力的每一个新的水平,都在结构上被转化为社会劳动小时的具体前提——而每单位时间中生产的价值量依旧恒定。在这个意义上，时间的运动不断地被转变为当下时间。在马克思的分析中，资本主义社会形式的基本结构是：历史时间的积累，不论以何种方式，都不会削弱以价值为代表的必然性，也就是当下的必然性。相反，它所改变的是这一当下性的具体前提，由此再次建构了这一必然性。当下的必然性并非被"自动地"否定了，而是被悖论性地强化了；它在时间中被推动，而成为一种永久的当下性，一种似乎是永恒的必然性。

对马克思来说，资本主义的历史动力绝非线性的、进化式的。它的发展——我将其建立在资本主义劳动的二重性这一非常抽象的逻辑层面上——既是动态的，又是静止的。它带来了生产力水平前所未有的提高，同时也使得价值的框架不断被重新建构。这一独特的辩证法所带来的一个后果是，社会历史现实不断在两个非常不同的层面上被建构起来。一方面，如我所指出的，资本主义包含了社会生活的不断的转化——其社会阶级和其他团体的性质、结构和相互关系、生产的性质、交通、流通、生活模式、家庭形式，等等。另一方面，资本的展开包含了对自身的根本状况——社会生活的一个不变的特质——的不断重构，即社会中介最终是由劳动产生的。在马克思的分析中，这两个环节——世界的不断转化和价值规定框架的重构——之间是互为条件、内在关联的：两者都根源于资本主义的结构性的异化社会关系，并且共同定义了这一社会。

在这一非常根本的层面上，马克思的资本的概念是试图用来（同时依据这*两个*时间性环节）把握现代资本主义社会的性质和发展，用来将资本主义作为一个动态社会而加以分析的；它既处于持续的流变中，又保持着其潜在的同一性。在这个框架中，资本主义的一个明显的悖论是，不同于其他社会形态，它具有一种内在的历史动力，但是，这种动力的特性是它不断将历史时间转入当下性的框架，并由此强化着这一当下性。

要根据价值的统治（也即资本的统治）来分析现代资本主义社会，也就是要根据两种似乎对立的抽象社会统治形式进行分析：一是作为当下性的抽象时间的统治,二是一个持续转化的必要过程。这两种抽象统治方式,以及它们的内在关联,都被马克思以"价值规律"而加以把握。我已经指出,这一"规律"是动态的,无法以一种市场规律来加以充分把握。在这里我要补充的是,它范畴性地把握住了生产力水平不断增长的驱动力,把握住了资本主义社会中社会生活的持续转化,也把握住了其基本社会形式的不断重构。它揭示了资本主义是一个以时间的二重性为标志的社会——一方面,是一个持续的、加速的历史之流;另一方面,是这一时间的运动被不断转化为一种恒常的当下性。这两个时间性维度虽然是为社会所建构的,但却超越了建构性行动者的控制,并对后者施以统治。马克思的价值规律远非一种关于静态均衡的规律,它是一种特定的历史"规律",是资本主义社会特有的转化与重构的辩证运动。

但是,依据社会现实的这两个环节对资本主义做出的分析表明,同时把握住这两者将是非常困难的。因为,随着资本主义的发展,社会生活的诸多方面都在越来越快地被转化,这一社会之下的不变的结构——譬如说,对个人而言,劳动是一种间接的生活手段这一事实——将会被作为永恒的、社会"天然"的人类状况。结果是,与现代社会具有质的差别的那种未来的可能性,将会被遮蔽起来。

对资本主义基本形式中两个维度之间的辩证法的这一基本考察表明,在马克思的分析中,以抽象当下时间消耗为基础的生产和以历史时间的占有为基础的生产,为何不能被明确地区分为两种不同的资本主义生产方式(同时后者逐渐取代了前者)。相反,它们是发达资本主义生产过程中的两个环节,它们的互动建构了这一过程。因此,资本主义的生产并非以线性的方式发展。但是,这一辩证运动确实带来了一种历史可能性:以历史时间为基础的生产,可以脱离以抽象当下时间为基础的生产而得以建构,同时,资本主义特有的过去与当下的异化关系也得以被克服。正是这种未来的可能的脱离,使我们得以对当下的即资本主义社会中的生产领域的两个环节加以区分。

在这里，我可以回到社会必要劳动时间的范畴。我们已经看到，这一范畴代表资本主义中的具体时间转化为抽象时间，由此，它表达了一种时间性的标准化强制。我对资本主义内在动力的初步考察已经表明，这一客观的、非个人的对个体的强制不是静止的，它自身在历史中不断重构。生产者不仅被迫去按照一个抽象的时间标准来生产，并且必须以一种合于历史的方式来生产：他们被迫去"紧跟时代"。资本主义社会中的人们遭遇了抽象社会必然性的一种历史特定形式，其规定随历史而变——也就是说，他们遭遇了一种由社会建构的历史必然性形式。当然，这一历史必然性的概念具有另一种意义——即历史必然以一种特定方式运动。对马克思的基本范畴的这一讨论表明，在他的分析中，历史必然性的这两个方面——个人面对的变动的强制，以及推动着整体性的内在逻辑——是同一种社会生活形式的彼此相关的表达。①

这一考察进一步指出，社会必要劳动时间这一范畴同样具有另一个维度。考虑到价值是资本主义的社会财富形式，那么，社会必要劳动时间应当在另一种意义上被理解为是社会必要的：它内在地指向了这样一种劳动时间，它为资本所必需，也为资本主义的社会所必需——只要在社会的建构中，价值依旧是财富的形式，剩余价值依旧是生产的目标。依此，这一劳动时间就表达了为整体的资本主义社会以及个体所具有的一种更高阶的必然性形式，它不应被混同于马克思在区分"必要的"和"剩余的"劳动时间时所指的那种必然性形式。如我们所见，后者是在区分工作日中有多少比例是工人为自身的再生产在劳动（"必要的"劳动时间），有多少比例是为资本的代表者所占用的（"剩余的"劳动）。②在这个意义上，"必要的"和"剩余的"劳动时间，及其所有变体，都属于"社会必要劳动

---

① 应当指出，这种历史必然性（马克思的范畴为其找到了社会基础）从属于社会形态作为一个整体的发展。它并不直接指涉国家之内与国家之间的政治发展。我们可以依马克思所分析的历史的"元逻辑"来对它们进行可信的考察。然而，如果不考虑必要的中介和偶然因素的话，也会变成一种简化论。同样地，从更为偶然的层面上来批评马克思的分析，也会混淆分析的层面与社会现实的层面，而两者应当被区分开来。

② *Capital*, vol. 1, pp. 324–325.

时间"。

价值的范畴与物质财富的范畴相对立,由此它意味着,劳动时间是造就资本主义中的财富和社会关系的原料。它所指的是这样一种社会生活形式,其中,人们被他们自己的劳动所统治,并被迫去维持这种统治。如我将进一步讨论的,这种社会生活之下的规则,催生着技术发展的不断加速,以及一种持续"发展"的必然模式;然而,它们同样延续了直接人类劳动在生产过程中的必要性,不论技术发展和物质财富的积累达到了什么程度。在马克思看来,这些历史特殊规则的终极基础在于,劳动及其二重性——既作为生产行为,又作为一种历史特殊社会"实体"——建构了资本主义的同一性。

现在我们应当清楚,我所考察的这一复杂的动力,是马克思笔下资本主义生产力和生产关系的辩证法的关键核心。我的理解表明,首先,这一辩证法根植于建构了资本主义社会的社会形式的二重性——根植于劳动和社会性时间的价值和使用价值维度。其次,在静态和动态这两个维度上,它都固化了时间必然性的抽象强制。我将这一辩证法的根本特征建立在这样一种抽象的逻辑层面,由此表明,在马克思的分析中,它既不源自于生产和分配的所谓根本矛盾,也不源自于生产资料私有制——也即阶级冲突。相反,它源自于资本主义劳动所建构的独特的社会形式,这些形式结构了上述冲突。对资本主义社会的发展模式和可能的否定的这种理解,极大地区别于那些从"劳动"的观念入手的路径,它们以传统的方式来定义资本主义的矛盾辩证。

虽然只是在一个初步的逻辑层面上,我们也已经看到,社会劳动的这两个维度如何动态性地彼此改变与强化。然而,在对以历史时间的占有为基础的生产和以抽象当下时间的耗费为基础的生产这两者区别的讨论中我已经指出,这两个维度在根本上是不同的。在马克思的分析中,资本主义的矛盾性质的基础恰恰在于这样一种条件:虽然这两个维度是互不相同的,但两者被结合成为一种单一的(历史特殊的)社会形式中的两个环节。结果导致了一种动态的互动，其中，这两个环节以如下的方式重新确立了彼此：它们之间的差异转变成一种不断增长的对立。如我在一个非常抽象的层面上所表明的，在一个普遍的框架中，这种不断增长的对立不会带来任何线性的进化的发展——其中，当下性的基础被准自动地克服与取代。即使在这个层面上我们也能发现，它将带来一种不断增长的内在结构张力。

在传统的阐释中，资本主义生产关系始终外在于生产过程，后者是为"劳动"所建构的。因此，生产力与生产关系的矛盾被视为生产与分配的矛盾，也即被视为现存的诸社会"机制"和领域之*间*的矛盾。然而，在本书所论的框架中，矛盾存在于这些"机制"、领域和过程之*内*。这意味着，资本主义生产过程必须在社会及技术层面上加以理解。如我所述，即使是这一过程的物质形式也可以——依据不断增长的内在结构张力，即"剪压力"——来进行社会性的分析，这种压力来自于转化与重构的辩证法所具有的两种结构性规则：达到更高的生产力水平，以及生产剩余价值。

正是资本主义基本结构形式的这两个维度之间的不一致，为社会形态赋予了一种内在的辩证动力，并表现为其基本矛盾。这一矛盾既形塑了资本主义社会的社会进程与机制，也为其历史否定的内在可能性奠定了基础。

我对劳动与时间的辩证法的分析清晰地表明，马克思绝没有将劳动和生产作为资本主义历史批判的出发点，相反，他的批判性分析恰恰聚焦于劳动所起到的社会建构作用。因此，马克思所谓资本主义的矛盾性质导致了实然与或然之间不断增长的张力这一看法，并未将工业生产和无产阶级确立为后资本主义未来的要素。在马克思的理解中，资本主义的基本矛盾并不存在于某个现存的社会结构或集团和另一个现存的社会结构或集团之间。相反，它基于资本主义生产领域自身之中，基于生产领域的二重性之中——这一领域所立身的那个社会的基本关系，是为劳动所建构的。

资本主义的根本矛盾存在于劳动与时间的两个维度之间。基于目前的讨论，我可以这样描述这一矛盾：一方面，是社会普遍的知识和技能，其积累源自于由劳动中介的社会关系形式；另一方面，是这一中介形式本身。虽然当下性的价值基础，也即由社会必要劳动时间表达的抽象必然性，无法被自动地克服，但是，它带来了不断增长的张力，以及内在于发展之中的可能性。

在后文中我将阐明这一矛盾，但在这里，我希望回到历史动力的问题上。我在这里所述的阐释扩展了这一动力的范围，超出了自由放任资本主义的时代，同时也将其限制在资本主义社会形态的范围之内。虽然抽象，但我对马克思的基本范畴的分析也已经表明，他对资本主义的结构性社会形式的二重性的看法指向了一种历史动力。他的论述为这种方向性辩证动力找到了社会基础——他将其历史地确立为资本主义社会的特征，由此，这一论述强化了我关于马克思的范畴的历史特殊性，以及他的内在历史逻辑这一概念的看法。

同时，它也有助于区分马克思的分析中所纠缠着的那三种辩证方式。第一，也是最知名、最常为人提到的一种辩证法，可以被描述为一种通过对象化的方式进行的自反性建构。比如说，马克思在《资本论》中刚开始讨论劳动过程时提到，通过在外在自然中行动，并对其做出改变，人们改变了他们自身的性质。[1] 换句话说，在马克思那里，不论对人类还是对个人而言，自我建构的过程都包含了一个外在化的过程。技术和能力的建构是实践性的，通过它们的表现而进行。人们常常依据这一过程来理解马克思的历史概念。[2] 但是，我对资本主义社会形式的二重性的讨论已经证明，即使将劳动宽泛地理解为一切外在化的行动，这一通过劳动进行的自我建构的过程，都未必会导致一种历史发展。譬如说，人类和自然之间的物质交换未必具有方向性的动力。不论在理论基础上，还是在历史表现上，具

---

[1] *Capital*, vol. 1, p. 283.
[2] 这也可以用来阐释卢卡奇，见 "Reification and the Consciousness of the Proletariat," pp. 145-149, 170-171, 175-181, 185-190。

体劳动的对象化的自反效应,都未必是方向性的。位于我所讨论的辩证发展的核心位置的那种内在必然性和方向性逻辑,并不内在于一个知识主体和其外在化过程的互动之中——不论这些互动被理解为个体性的,还是被理解为人类与自然之间的互动。换句话说,方向性逻辑并不内在于那些可以被视作具体劳动形式的活动之中。

马克思成熟期理论的第二种辩证互动,是一种社会实践和社会结构的特定形式之间的交互建构。我已经指出,在《资本论》中,马克思开始发展一种深层结构和实践之间的复杂的辩证法,它既由前者的外在表现所中介,又由诸种社会形式的主体维度所中介。这样一种分析,使得我们能够在理论上克服对社会生活的客观论的和主观论的阐释,同时能够揭示两者各自的有效部分和歪曲部分。[①] 然而,这种辩证法也未必是方向性的,它可以导致一种不具有内在历史动力的社会生活形式的再生产。[②]

这两种辩证互动,都可以以某种形式存在于各种社会之中。在马克思看来,资本主义的不同之处在于,这两者都具有了方向性的动力,因为它们被嵌入、被缠绕于一种具有内在动力的客观化的社会关系框架,它由第三种辩证互动所建构,这种辩证互动根植于其潜在的社会形式的二重性之中。结果是,既建构了社会实践又为社会实践所建构的资本主义社会结构具有了动力性。此外,由于资本主义特有的内在动态关系是为劳动所中介的,因此,人类与自然之间的互动在资本主义中就真正获得了一种方向性的动力。然而,归根究底,这一历史动力的产生源自于资本主义劳动的二重性,而非"劳动"。这一方向性动态结构同时使得社会的生产集团和剥削集团之间的冲突变得整体化、动力化。换句话说,它将这一冲突建构为

---

① 譬如说,马克思对价值和价格的分析就指明了下述这些方法的"理性内核",它们基于方法论个人主义的前提,或基于社会现象是个人行为积累的结果这一观念。与此同时,马克思的分析将这些方法置于历史之中,它表明了那些被它们放置在社会本体论层面的对象的历史特殊社会建构(如最大化的理性行动者)。
② 布尔迪厄对卡拜尔社会的考察是一个很好的例子,他根据结构与实践的互相建构的辩证法(结构、惯习与实践的辩证法),来分析这种社会生活形式的再生产。见 *Outline of a Theory of Practice*, trans. Richard Nice (Cambridge, 1977)。

阶级冲突。

由此，我对价值的时间维度的意涵的考察表明，马克思的分析揭示了一种历史特殊的社会形式中所具有的辩证性发展逻辑的基础。因而，他的分析说明，确实存在一种历史逻辑的形式，一种历史必然性的形式，但它仅仅内属于资本主义社会形态之中，而非内属于作为整体的人类历史之中。这意味着，马克思的成熟期批判社会理论并未将历史具体化为一种推动着所有的人类社会的力量。它并未预设一种普遍存在的方向性的历史动力。相反，它试图解释那种现代社会特有的持续的方向性动力的存在，这一解释的依据，是那些被（一个异化过程中的）劳动所建构的历史特殊社会形式。① 这一分析指出，只要一种理论为历史确立了一种内在的逻辑（不论是辩证的还是进化的），却没有将这一逻辑建立在一种特定的社会建构过程的基础上（这种看法的可能性很小），那么，它就是将资本主义所特有的性质表现成了人类历史。这种表现必然会遮蔽一种方向性动态历史所具有的真实社会基础。因此，历史过程就从社会分析的对象，转化成了其准形而上学的前提假设。

---

① 商品形式是资本主义复杂历史动力的最终基础，以上这一看法将质疑那些超历史的所有对立，它们要么把历史理解成一个单一的、同质的过程，要么把历史理解成一系列具有各自不同时间性的社会过程的交织。我试图为资本主义的历史动力性质——在一个非常抽象的逻辑层面上——找到社会基础。我指出，尽管资本主义未必是一个统一的、共时的、同质的历史过程，但作为一个整体，它是具有历史动力的，并以此区别于其他的社会生活形式。各种社会层面和进程之间的关系，在非资本主义社会中将以不同的方式得以组织。它们被嵌入一个一般的、社会建构的、具有时间性方向的、辩证的框架中。

第九章

生产的轨迹

马克思将商品分析为资本主义的根本社会形式，通过对这一分析的内涵的考察，我已经触及了马克思关于资本主义社会之本质的概念。我的论述揭示的，是马克思对商品性劳动的二重性和价值的时间维度的分析中所包含的内在历史动力的首要规定。由此，这一论述得以说明马克思的资本这一范畴，指向了由劳动建构的异化社会关系的矛盾性、动力性结构。这一路径进一步支持并澄清了我的看法，即马克思关于劳动在资本主义中的核心性的理论，是一种对特定社会中介方式的批判理论；在这一理论框架里，资本主义的劳动具有一种社会意义，如果仅仅将劳动理解成中介人与自然的一种生产活动，我们将无法充分把握这一意义。

现在，基于对其批判理论的基本范畴的上述考察，我将重新思考马克思对生产领域的分析，并将重点放在经济增长、阶级冲突和工业生产的社会建构这些议题上。以此，我将进一步说明我们目前所讨论的资本的意义，并重新理解资本主义及其可能的克服所具有的性质。

第一节 剩余价值与"经济增长"

面对当下在全球范围内不断加剧的生态问题，我对马克思的生产力与生产关系的辩证法这一概念的初步探讨，可以阐明这一辩证法的一个面向，这个面向包含在马克思所谓特殊利益的剩余价值这一范畴之中。如我们所见，这一范畴本身指向了由剩余劳动时间所产出的价值，也即在工人们的自我再生产所需的必要价值（必要劳动时间）之外耗费的劳动时间。剩余价值的范畴常常被理解成：资本主义的社会剩余并非来自于一系列"生产要素"，而是仅仅来自于劳动。这种阐释认为，劳动独特的生产性角色，被资本主义中无产的生产者和非生产性的有产者之间的契约性质所遮蔽了。这些关系采取了一种交换的形式，其中，工人们按他们劳动力的价值获得报酬——它要少于他们所生产出来的价值。然而，这一价值上的差别并不外显。换句话说，因为资本主义中的剥削以这样一种交换手段为掩护，所以它没有暴露在外——不像封建社会中对剩余的剥削。由此，剩余价值的范畴就是用来揭示资本主义的这一隐晦的剥削性质的。①

虽然这一阐释确实把握住了这一范畴的一个重要维度，但它依旧是片面的；它仅仅看到了对*剩余*价值的剥削，却没有充分思考剩余*价值*的意义。而我已经表明，马克思是根据价值形成过程来分析增殖过程——剩余价值形成过程的。他的分析不仅考虑到了剩余的来源，同时也考虑到了生产出的剩余财富的形式。如前所述，价值是一个动态整体性的范畴。这一动力包含了一种转化与重构的辩证法，它源自于商品形式的二重性，以及财富的价值形式的两种结构性规则——一是生产力水平趋向不断提高，二是在生产中必须保留直接人类劳动。现在我们可以进一步延伸这一分析。如我们所见，依马克思所说，资本是"自我增殖的价值"②，其特点在于不断扩张的需求。只要价值是财富的形式，生产的目标就必然是剩余价值。也就是说，资本主义生产的目标不仅是价值，而且是不断扩张的剩余价值。③

---

① 见 Paul M. Sweezy, *The Theory of Capitalist Development* (New York, 1969), pp. 56-61; 及 Maurice Dobb, *Political Economy and Capitalism* (London, 1940), pp. 56, 58, 75。
② Marx, *Capital*, vol. 1, trans. Ben Fowkes (London, 1976), p. 255.
③ 同上书，pp. 714-718, 725ff。

这一扩张的显著特征是，它们根植于财富的价值形式本身。如马克思的分析所言，它们包含了但不限于资本积累的不稳定性与易危机性。而恰恰是资本积累的这些方面，成为了马克思主义传统的考察对象。譬如说，在《资本的局限》中，大卫·哈维花了很长的篇幅，讨论在马克思的分析框架内，为什么平衡的增长在资本主义中是不可能的。① 由于生产与消费间必然的不平衡，也由于生产与流通之间潜在的矛盾，危机内在于资本主义之中。② 此外，据哈维所言，因为资本家必然试图去平均化利润率，所以，他们对社会劳动的分配和对生产过程的组织，就未必能够最大化社会产出的剩余价值的总量。他声称，这就是社会劳动的系统误置以及劳动组织过程中的偏见的物质基础，这一物质基础将导致资本主义周期性的危机。③ 哈维同时强调，资本本身造就了障碍，以阻止不断加速的技术和组织变化的趋势。④ 大致来说，他坚持认为，出于他们在资本主义生产和交换的社会关系中的自身利益，资本家会造成一种技术组合方式；它将威胁到进一步的积累，摧毁平衡增长的可能性，并危及资产阶级作为一个整体的再生产。⑤

虽然资本积累的不稳定和危机频发的特质确实是马克思理论的重要方面，但是，为了试图展开资本的根本特征，我将把注意力集中在他对剩余价值扩张过程的分析的另一方面。显然，他对资本主义独特的为积累而积累的过程的批判⑥，不仅仅是对分配的批判，也就是说，不仅仅是对社会财富并未惠及全体这一事实的批判。同样，它也不是一种生产主义的批判——它并不意在指出，资本主义的问题是剩余价值的产出总量并未以一种平衡的方式达到最大化。马克思的批判并不以对这种最大化的认同为出发点。相反，它的批判正是对内在于资本的这种增长之性质的批判，是对

---

① David Harvey, *The Limits to Capital* (Chicago, 1982), p. 171.
② 同上书，pp. 81-82, 157。
③ 同上书，p. 68。
④ 同上书，pp. 121-122。
⑤ 同上书，pp. 188-189。
⑥ *Capital*, vol. 1, p. 742.

这一动力本身的轨迹的批判。

剩余价值的扩张所带来的增长的特殊性，是以价值作为一种时间性的财富和社会中介形式所具有的特质为基础的。我们已经看到，由于产出的总价值仅仅来源于抽象劳动时间的耗费，因此，生产力的增长产出更大量的物质财富，却只带来了每单位时间中价值的短期增长。不考虑此时的劳动强度，"不论劳动生产率如何变化，不论产品量和单个商品的价格如何变化，一定长度的工作日总表现为相同的价值产品"①。考虑到这一价值的时间维度，剩余价值的扩张——资本主义生产的系统性目标——只有在剩余劳动时间和必要劳动时间的比例发生变化时才有可能实现。如前所述，这可以通过延长工作日长度（"绝对剩余价值"的生产）来实现。②但是，一旦工作日长度受到限制（如因为劳工的抗争或法律等原因），剩余劳动时间就只能通过必要劳动时间的减少而增加（"相对剩余价值"的生产）。据马克思所言，这一减少是由生产力的提高带来的。虽然社会普遍生产力的提高并未带来一定时间内产出的总价值的提高，它却降低了工人的再生产所需的商品的价值。换句话说，它降低了必要劳动时间，因而增加了剩余劳动时间。③生产力与相对剩余价值的扩张的关系，以及与由生产力提高带来的每单位时间所产出的价值的短期增长之间的关系，按马克思的说法，两者一起使得资本"具有一种提高劳动生产力的内在动力和持续趋势"。④

生产力不断提高的趋势内在于相对剩余价值——这一充分适于资本的剩余形式——的扩张之中。它产生于剩余的价值形式和生产力之间的独特关系中。在马克思的论述框架里，这一关系反过来说明了他之所以依据抽象人类劳动时间的耗费来决定价值量的论述意图。现在，它已经清楚地成为了资本主义特殊动力的首要规定，也成为了马克思试图把握并阐明这一

---

① *Capital*, vol. 1, p. 656.
② 同上书，p. 340ff。
③ 同上书，pp. 431-433。
④ 同上书，pp. 436-437。

动力的出发点。尽管生产力的增长直接导致了物质财富以相应比例增长，但它仅仅以间接的方式带来了剩余价值的增长：在工作日有限的情况下减少必要劳动时间。它并未立刻带来社会可占有财富的增长或是劳动时间的减少（如果物质财富是支配性的社会财富形式的话，就会发生这一情况）。此外，由于每单位时间产出的总价值并未随着社会普遍生产力的提高而提高，因此，它代表了对剩余价值的扩张的限制：不论生产力水平提高到什么程度，每单位时间产出的剩余价值量总是无法超越上述的这一价值量。事实上，它永远无法达到这一界限，因为在一个一般的社会层面上，资本不可能完全剥除必要劳动时间。

在马克思看来，正是这一限制——它内在于一种财富形式中，这种财富的量取决于抽象人类劳动时间的耗费——产生了生产力水平不断提高的趋势。基于对价值的抽象时间尺度，以及对因之而起的生产力的增长和剩余价值的增长之间的间接关系的分析，马克思指出，当生产力增长的速率恒定，每一特定量的资本带来的剩余价值量的增长率，将随着剩余劳动时间的增长而下降。[1] 换句话说，他指出，剩余价值量越是接近每单位时间产出的总价值的限制，就越难通过生产力的提高来进一步降低必要劳动时间，乃至增加剩余价值。然而，这意味着剩余劳动时间的一般水平（以及生产力水平）越高，就需要更高的生产力提高速度，才能使得每一特定量的资本得以带来相应的剩余价值量的提高。

生产力和剩余价值的这一关系，不仅在马克思讨论利润率降低的趋势这一问题时有意义[2]，更为一般地，它对资本的扩张是否能够无限地继续下去这一问题也有其意义。它同样表明，剩余物的价值形式不仅带来了生产

---

[1] *Capital*, vol. 1, pp. 657-658. Marx, *Grundrisse: Foundations of the Critique of Political Economy*, trans Martin Nicolaus (London, 1973), p. 340.

[2] 尽管关于利润率下降的趋势已经有过很多讨论，但人们常常忽略马克思在《资本论》第三卷中所处理的那个"表面"现象，该现象反映并折射了资本主义中一个更为根本的趋势，即在生产过程中，机器逐渐取代了活劳动。和他在第三卷中分析的大多数范畴一样，马克思指出，这一表面现象尚未被古典政治经济学所注意，相反，它被赋予了一种更为根本的历史趋势的意义。见 *Capital*, vol. 3, trans. David Fernbach (Harmondsworth, England, 1981), pp. 317-375。

力的持续增长，而且为资本所需的剩余价值的扩张带来了生产力增长速率不断加快的趋势。资本将会使得生产力的增长不断加速。应当注意到，在这一分析中，生产力之所以极大增长；正是因为更高的生产力水平仅仅是以间接的方式增加了剩余价值。出于同样的原因，尽管生产力的增长带来了物质财富的相应增长，它却没有产生剩余价值的相应增长。这两种财富形式与生产力之间的关系是不同的，这意味着，一方面，由资本积累带来的生产力水平的不断提高直接导致了产出的货物量和生产中消费的原料量的相应增长。但在另一方面，由于资本主义剩余物的社会形式是价值，而非物质财富，因此，抛开表面现象，剩余产品并没有得到相应的增加。资本主义产出的不断增长的物质财富的量，并不代表以价值为形式的社会财富的水平也相应提高了。

对马克思来说，这一增长模式具有双面性：它既包含了人类生产能力的持续扩张，又将其系于一种异化的动态社会结构。这一扩张具有一种加速的、无限的、失控的形式，超越了人们的控制范围。抛开资本积累的可能限度和障碍不论，这一特定动力——其中物质财富的增加要多于剩余价值的增加——所带来的一个结果，是对自然环境的不断加剧的破坏。在马克思看来，作为生产力、物质财富、剩余价值之间相互关系的结果，后者的持续扩张越来越对自然和人类造成了破坏性的后果：

> 在现代农业中，像在城市工业中一样，劳动生产力的提高和劳动量的增大是以劳动力本身的破坏和衰退为代价的。此外，资本主义农业的任何进步，都不仅是掠夺劳动者的技巧的进步，而且是掠夺土地的技巧的进步，在一定时期内提高土地肥力的任何进步，同时也是破坏土地肥力持久源泉的进步。①

---

① *Capital*, vol. 1, p. 658.

在马克思对价值和物质财富的对比分析中可见，他对资本主义工业和农业的批判显然不是一种生产主义的批判。马克思的批判基于对资本主义劳动的特殊形式的分析，而非基于"劳动"；这意味着，对自然的不断增长的破坏，不应被简单地反过来视作人类对自然的不断增强的控制和支配的一个结果。[①] 不论是对资本主义的生产主义批判，还是后一种对支配自然的批判，都没有区分价值和物质财富；两者都基于超历史的"劳动"概念。因此，两者都仅仅看到了马克思所试图把握的那种更为复杂的、双面性的发展的其中一面。这两种立场一起构成了资本主义社会另一项理论上的二律背反。

在马克思的分析中，资本主义中对自然的不断增长的破坏，并非简单地因为自然成为了人类的对象；相反，它首选取决于自然所成为的对象的*种类*。在马克思看来，除了是物质财富的组成要素外，原料和产品还是资本主义中价值的承担者。资本将物质财富作为价值形成手段而进行生产。因此，它不仅将物质自然作为物质财富的原料加以消耗，也将其作为推动资本的自我扩张的手段而加以消耗——也就是说，将其作为尽可能多地从劳动人口身上抽取、吸收剩余劳动时间的手段。即使不能带来剩余财富的社会形式（剩余价值）的相应增长，也必须消耗不断增长的原料量。由劳动所中介的人与自然的关系，成为单向的消耗过程，而非一种循环互动。它的形式是：具有质性独特性的原料，被加速转化成"物"，转化成在质性上彼此同一的、对象化时间的承担者。

由此，资本积累的问题，不仅在于它既不稳定又充满危机，更在于其潜在的增长形式是以一种失控的生产力为标志的，它既不受生产者的控制，也不直接服务于他们的利益。这种特定的增长类型内在于一个以价值为基础的社会，它不能仅仅被解释为看错了问题或搞错了重点。虽然对资本主义的生产主义批判仅仅关注资本积累本身对经济增长可能造成的障

---

① 见 Max Horkheimer and Theodor W. Adorno, *Dialectic of Enlightenment*, trans. John Cumming (New York, 1972), pp. 3-42, 89ff。

碍，但显然，马克思既批判了资本主义"增长"的无限加速，也批判了其危机频发的特质。事实上，他证明了这两个特质应当以内在关联的方式加以分析。

我所勾勒的图景表明，在一个商品已经被整体化了的社会里，对于生态的考量，和作为财富和社会中介形式的价值所具有的规则之间，具有一种潜在的张力。这进一步表明，在资本主义社会的框架内，任何试图通过限制这一社会扩张方式来在根本上回应不断增长的环境破坏的企图，在长远看来都很有可能是无效的——不仅因为资本家和国家管理者的利益，更因为剩余价值扩张的失败事实上将导致严重的经济困境，并伴有极大的社会成本。在马克思的分析中，资本的必然积累和资本主义社会财富的创造之间是内在关联着的。此外——此处我仅是初步涉及这一主题——由于在资本主义社会里，劳动被规定为个体再生产的必要手段，因此，雇佣劳动依旧依赖于资本的"增长"，尽管他们的劳动的后果，在生态上或者在其他方面，都在危害他们自身与他人。商品形式和生态的要求之间的紧张，随着生产力的提高而愈发严重，尤其在经济危机和高失业率的时期，这造成了一个严重的困境。这一困境，以及导致这一困境的张力，都内在于资本主义之中，只要价值依旧是社会财富的规定形式，它们的最终解决就会不断拖延下去。

我在这里所做的简要勾勒，不应仅仅被理解为"经济增长"。它还意味着，马克思并未在"技术的"层面，也即在一个根本上非社会的层面，来分析资本主义社会的生产过程，分析其技术发展和经济扩张的模式。他并未外在地把握社会维度（比如仅仅按照所有权和控制）。相反，他认为这一过程和这些模式是社会内在的，是由商品和资本这些范畴所表达的社会中介形式所结构的。

准此，应当注意到，尽管资本之间的竞争可以用来解释增长的*存在*[①]，

[①] 见 Ernest Mandel, *Late Capitalism*, trans. Joris De Bres (London, 1975), p. 31。

但是，在马克思的分析中，是价值的时间维度决定了这一增长的形式。生产力的提高和剩余价值的扩张之间的特定关系，塑造了资本主义潜在的增长轨迹。这一轨迹无法依据市场和私有财产而得到充分的解释，也就是说，就算它们不存在，只要社会财富依旧最终来源于直接劳动时间的耗费，那么经济增长也就必然会采取这样的形式：其特征在于，生产力的提高要快过由其产生的社会财富的增加。在这一条件下，不论成功与否，计划都意味着一种自觉的回应，回应由价值和资本所表达的异化的社会关系形式所施加的强制。但是，它并不会克服它们。

依据马克思的批判理论，废除经济"增长"的盲目加速过程，废除资本主义的社会经济转化，乃至废除其危机频发的特质，都要求废除价值。克服这些异化形式，必然包含建立一个以物质财富为基础的社会，其中，生产力的提高将会带来社会财富的相应增加。这样一个社会所特有的增长形式，将远远不同于资本主义的增长。马克思在物质财富和价值之间所做的区分，使得我们得以将下述两者之间的对立归诸一种历史特定的社会生活形式，并以此将其相对化：一方面，是失控的发展这一社会财富状况；另一方面，是简朴这一生态友好型生产和分配的组织状况。如果说马克思对价值——作为资本主义社会的财富和社会中介的特定形式——的分析是正确的，那么，它就指向了一种可能性，即这一对立有可能被废除。

第二节　阶级与资本主义的动力

本书所发展的理论框架，同时也转化了马克思成熟期理论中所处理的阶级与阶级冲突的问题。我的讨论清楚地表明，正如价值和剩余价值的范畴所表达的，马克思关于资本主义内在动态社会关系的概念，指的是社会中介的客观化形式，而不应仅仅被理解成阶级剥削关系。不过在马克思那里，阶级关系确实在这一社会的历史展开过程中扮演了重要的角色。本书将不会对这一角色做出完整的分析，亦不会充分处理马克思对阶级关系的理解所包含的各种维度及其复杂性，不过，目前为止的讨论为阶级问题提供了这样一条路径：阶级的范畴描述了一种现代的社会关系，它由劳动以准客观的方式所中介；据政治经济学批判，资本主义的阶级冲突是由商品和资本的社会形式所结构的，并嵌入这些形式之中。

在《资本论》第一卷讨论分析剩余价值的过程中，马克思第一次引入了阶级斗争，以表述资产阶级和工人阶级之间的关系。不过，这一关系的理论意义绝非自明。它常常被用来描述资本主义社会的社会团体的结构，或者用来描述人们分化成两个社会集团——小的资产阶级和大的无产阶级——的历史趋势。这两种理解都遭到了很多批评。前者被批评为毫无根据地简化了资本主义社会的社会团体的结构；事实上，众所周知，马克思在他自己的历史和政治学作品中展现了一个更为丰富、驳杂的社会团体的图景。第二种阐释——即他在《资本论》第一卷中对阶级的处理是一种对未来趋势的描述——同样随着晚近社会经济的发展而日益遭到怀疑，尤其是随着发达资本主义社会中工业劳动阶级规模的相对缩小，以及新的工薪中产阶级的增长。

一大批关于这些社会和经济发展的理论回应，试图为马克思关于阶级的分析进行辩护，或是试图重新确立阶级在分析资本主义时的核心意义。其中一种指出，《资本论》第一卷中提到的资产阶级和无产阶级之间的对立，只是一种更为完整的描述的第一阶段。举例而言，詹姆斯·贝克尔（James Becker）指出，第一卷的两极关系应当被理解为一个初步的约数，马克思在第二卷和第三卷中的考察给出了一个更为复杂的关于资本主义社会团体结构及其发展的图景。① 贝克尔的论述，始于马克思对李嘉图的以下这一批评："他［李嘉图］忘记指出，介于工人为一方和资本家、土地所有者为另一方之间的中间阶级不断增加。"② 这表明，马克思并非人们常

---

① James F. Becker, *Marxian Political Economy: An Outline* (Cambridge, 1977), pp. 203-205.
② Marx, *Theories of Surplus Value*, part 2, trans. Renate Simpson (Moscow, 1968), p. 573.

认为的那样坚持阶级分化的立场。基于马克思的分析，贝克尔进一步勾勒了一种"流通—行政式积累"的形式，它在历史上紧接着工业积累之后。在贝克尔看来，正是流通—行政式积累，在社会上造就了新的中产阶级，并维持着他们的职业与收入的主要来源。① 通过考察（流通和生产中的）资本的基本形式和社会阶级的发展及其相互关系所发生的质变，贝克尔试图指出，马克思的分析并未被新中产阶级的增长而推翻，相反，他的分析对这一发展相当具有解释力。②

因此，马克思的政治经济学批判确实提供了一个不同于与以往所知的基础，来分析资本主义中阶级与其他社会团体的发展与转化。但是我将指出，虽然第一卷中所述的工人阶级和资产阶级的关系可以被理解为一种初步的约数，但这一关系的完整意义不应以这样的方式来理解。当然，马克思自己关心的是欧洲社会随着资本主义的发展而发生的社会结构的转化——旧的社会阶层和集团如贵族、农民、传统工匠的解体或转化，以及新的阶层如工人阶级、资产阶级、新工薪中产阶级的浮现。但是，他在《资本论》中的基本意图，并不在于为资本主义社会的社会学结构提供一个完整的图景，不论是静态的还是发展的；相反，马克思在《资本论》第一卷中所述的阶级关系的意义，同样必须依据其论述的核心论点来加以理解。

资产阶级和工人阶级的关系一般被认为是马克思的分析的核心，这一剥削关系定义了资本主义社会，并借由阶级冲突的形式而成为历史变化的驱动力。③ 然而在本书中我已经指出，马克思是在一个更深刻的逻辑层面来理解资本主义的根本关系的，他关心的是这一社会的建构性社会中介。这就提出了一个问题，即在他的分析中，阶级和资本主义社会中介的独特性质之间具有什么关系。

---

① Becker, *Marxian Political Economy*, pp. 209, 231-335.
② 以一种多少有些不同的方式，马丁·尼古劳斯同样指出，新的中间阶层的增长已经包含在马克思的分析中了。见 Martin Nicolaus, "Proletariat and Middle Class in Marx," *Studies on the Left* 7 (1967).
③ 见 Erik O. Wright, *Classes* (London, 1985), pp. 6-9, 31-35, 55-58。

在讨论剩余价值的范畴时我曾提到，马克思的批判理论的战略要旨不仅在于揭示：与表面现象相反，资本主义的剩余价值是由劳动阶级创造的，并被非劳动阶级所占有，以此来说明剥削的存在。相反，通过将剩余物把握为价值之一种，他的理论同时勾勒出一种更为复杂的动力，它最终根源于异化的社会形式。这意味着，资本家和工人两极之间的阶级对立在马克思的分析中之所以有意义，不仅因为这种剥削位于其理论的核心，同时也因为阶级剥削关系是社会形态整体的动力发展中的一个重要部分。但是，不论如何，这些关系本身都没有造就这一动力发展，之所以如此，是因为它们是由我所分析的社会中介形式所建构，并嵌于其中的。

通过分析马克思在《资本论》中引入阶级斗争这一观念的方式，我们可以澄清上述这点。这一观念可以指向非常广泛的集体社会行动。譬如说，它可以指革命行动，或者至少是高度政治化的社会行动，它们的目的是通过群众动员、罢工、政治运动等来实现政治、社会、经济目标。不过，除此以外还存在着一个"日常的"阶级斗争层面。正是这一层面在马克思分析剩余价值形式时，被首次引入作为一种资本主义的内在环节。

在讨论资本主义中工作日的长度时马克思注意到，这一长度是不确定的。它在身体和社会的界限所允许的范围内激烈地变动。① 这直接关联着资本主义社会中生产者和社会剩余物的占有者之间的关系所具有的性质——它们是同时由商品形式所建构和中介的。至少在原理上，工作日取决于形式平等的双方围绕作为商品的劳动力的买卖而定的契约。在马克思看来，正是因为工人和资本家的关系部分地是由这种交换所建构的，所以，这一冲突内在于这些关系：

> 商品交换的性质本身没有给工作日规定任何界限，因而没有给剩

---

① *Capital*, vol. 1, p. 341.

余劳动规定任何界限。资本家要坚持他作为买者的权利,他尽量延长工作日……并且工人也要坚持他作为卖者的权利,他要求把工作日限制在一定的正常量内。于是这里出现了二律背反,权利同权利相对抗,而这两种权利都同样是商品交换规律所承认的。在平等的权利之间,力量就起决定作用。所以,在资本主义生产的历史上,工作日的正常化过程表现为规定工作日界限的斗争,这是全体资本家即资本家阶级和全体工人即工人阶级之间的斗争。①

换句话说,阶级斗争和一个由商品交换所结构的系统并非以对立的原则为基础;这种斗争并不表示一个理应和谐的系统中所发生的骚乱,相反,它内在于一个由商品——作为一种整体性的以及被整体化了的形式——所建构的社会。

阶级斗争以许多方式根植于这一准客观的社会中介形式。工人和资本家之间的关系的标志,在于一种内在的不确定性,这种不确定性涉及工作日长度、劳动力价值和必要劳动时间与剩余劳动时间的比率。在任何时候,这一关系都不是"给定的",而是谈判和斗争的对象。这表明在资本主义中,生产者和社会剩余物及其占有者之间的关系在根本上并不基于直接的力量或是固定的传统模式。相反,它最终是以一种非常不同的方式建构的——在马克思看来,是为社会中介的商品形式所建构的。此外,正是这一关系的不确定性的方面,才使得需求和必需品在历史上表现出种种差异。最后,这一阶级关系之所以导致了持续的斗争,同样是因为其中社会冲突的形式——权利对抗权利——本身,是社会主体和社会客体的一个规定。作为一种"客观的"社会二律背反的形式,它同样决定了其中各方的自我概念。他们认为自己具有权利,这一自我概念建构了此间的斗争的性质。资本家和雇佣劳动者之间的阶级斗争,还根

---

① *Capital*, vol. 1, p. 344(斜体由引者所为)。

植于在由商品所结构的社会环境中理解、表达需求和社会必需品的那些特定形式——也就是说，根植于特定的社会自我理解和权利之概念，它们关联着由上述方式所建构的关系。这些自我概念并非自动产生，而是历史性地建构起来的。此外，它们的内容也并非是偶然的，而是由商品所决定的社会中介方式给出的。

如前所述，在劳动力作为商品时，由商品形式所建构的关系无法被充分地理解成个体之间的关系。只有通过集体行动，工人才能获得对其商品的一些有效控制——也即有效的商品所有权。由此看来，马克思在《资本论》关于工作日的一章（这一章开头，马克思将阶级斗争的逻辑基础置于商品交换中介了工人与资本家的关系这一条件之中）以讨论对工作日的合法限制的出现结尾，是十分有意义的。他认为这一限制标志着工人作为一个阶级获得了一些对其商品出售的控制。[①] 这一章从对工人作为商品拥有者的形式规定出发，走向了这一规定的实现，也即走向了对工人阶级作为一个真实的、集体的商品拥有者的思考。在马克思的分析中，商品的范畴以资本的形式展开，它不仅指向原子化个体之间的准客观交往，也指向广泛的集体社会结构和机制。反之，集体形式的发展与资本主义社会的结构性社会关系之间并不对立或冲突。换句话说，马克思的资本理论并不局限于自由主义资本主义中。事实上，通过展现劳动力作为商品的实现导致了集体形式的发展，他的分析包含了向后自由主义资本主义过渡的开端。

在马克思看来，当工人有能力作为商品拥有者而集体行动时，生产形式在历史上已经达到了充分适于资本的阶段。工作日的限制是一个重要的因素，使其走向相对剩余价值的生产，也即走向我们先前所考察的那种持续的动力，其中包含了生产力、剩余价值、物质财富和生产形式之间的特定关系。正是在这一动态框架中，阶级关系中固有的对立以持续的斗争的

---

① *Capital*, vol. 1, pp. 342-344, 415-416.

形式出现了，并反过来成为整体性发展中的环节。这些斗争不限于时间和工资的问题，围绕着广泛的议题展开，如自然、劳动过程的强度、机器的应用、劳动条件、社会福利和工人权利。它们成为资本主义社会日常生活的内在面向。

有些斗争直接影响到必要劳动时间和剩余劳动时间的比率，由此在我们所考察的劳动与时间的辩证法中扮演了重要角色。此外，因为这些斗争是由一种整体化的形式所中介的，所以，它们的意义就不仅是地方性的了：由于资本的生产和流通的方式，一个部门和地区所发生的斗争，将会影响到其他的部门和地区。随着雇佣劳动—资本关系的传播，工人阶级的组织、交通和交流的改进，资本流通的自由度和速度的增长，这些斗争产生了更为普遍的后果；中介的整体化的特质不断得到实现。一方面，这一整体化过程意味着工人—资本家关系的地方条件不再完全是孤立、固定的。因此，这一阶级关系的条件——不论是地方的还是更为普遍的—不断地发生变化；斗争成为这一关系的长久特质。反过来，阶级斗争成为一个重要因素，左右着资本在时间和空间上的发展，也即左右着越来越全球化的资本的分配和流动，左右着资本形式的辩证运动。阶级斗争成为资本主义社会历史发展的一个驱动因素。

虽然阶级斗争在资本主义的扩张和运动中确实扮演了一个重要角色，但是，它既没有创造整体性，也没有决定其轨迹。我们已经看到，根据马克思的分析，正是因为社会中介的这一特定的、准客观的、时间性动力形式，资本主义社会才作为整体而存在，并具有一种内在的方向性动力（在我们的分析中，其首要规定是转化与重构的辩证法）。资本主义社会的这些特征无法被归诸生产者和占有者的斗争本身；相反，这些斗争之所以扮演现在的角色，正是因为这一社会的特殊中介形式。也就是说，阶级斗争之所以是资本主义社会发展的一个驱动力，只是因为它是由商品和资本的社会形式所建构并嵌入其中的。①

上述路径说明，只有在历史特定中介形式下，阶级斗争才成为历史的推动力。它同时也试图说明阶级这一观念本身。显然，在马克思的理论中，阶级是一个关系性范畴——阶级是在与其他阶级的关系中被确定的。社会生产集团和社会占有集团之间的冲突是由他们与生产资料的特定关系所结构的，这一点位于马克思的阶级分析的核心。不过，我们还是可以依据我所分析的社会中介的形式，来进一步说明阶级的观念。在马克思那里，工人和资本家的冲突的结构取决于以下这一点：持续的斗争是他们的关系的一个内在特征。然而，社会生产集团和社会占有集团的斗争本身并未将它们建构为阶级。在马克思的分析中，资本主义社会关系的辩证结构具有核

---

① G. A. 科恩同样指出，即使阶级斗争（以及与之相关的剥削、结盟与革命现象）在历史变化过程中如此重要，这些斗争本身也没有建构历史发展的轨迹。相反，它们必须依照这一轨迹来理解。见 G. A. Cohen, "Forces and Relations of Production," in J. Roemer, ed., *Analytical Marxism* (Cambridge, 1986), pp. 19-22; 及 "Marxism and Functional Explanation," in ibid., pp. 233-234。然而，科恩对历史内在动力的理解是超历史的。因此，他无法依据社会实践的历史特殊结构形式，来为其找到历史特殊的也即社会层面的基础；相反，他将生产过程和技术发展（他将其理解为"技术的"现象）两者，都从社会关系中剥离开来，并将人类历史理解为前者的进化式发展。由此，他试图借由一种功能论的解释，来把握社会发展。见 "Forces and Relations of Production," pp. 12-16, 及 "Marxism and Functional Explanation," p. 221ff。

由于这一超历史的假设，科恩必须在这些社会生活领域间确立必要的区隔。但我所指出的，资本主义的特征及其内在动力的来源，正是它们之间的"现实的混合"。以技术的首要性这一观念为基础，科恩将"历史唯物主义"理解为一种目的论的、线性的生产增长过程，而这在历史上是非常可疑的。此外，它也和马克思在《关于费尔巴哈的提纲》中所批判的那些唯物主义形式非常相似；马克思认为它们无法把握生活的主体维度，也无法理解实践的社会建构过程。换句话说，科恩的超历史方法局限于一种具体化的历史概念，这使他无法为自己的下述洞见找到社会基础：方向性的历史动力无法仅仅依据阶级斗争和其他的直接社会形式而得到解释。

另一方面，一些对科恩的批评——如约恩·埃尔斯特的批评——试图恢复社会行动，但其代价，却是丧失动态历史结构的观念，并因此丧失方向性历史发展的观念。这些路径认为社会行动者要优先于并独立于他们的历史建构。在这种方法论个人主义的分析框架中，社会关系被认为是外在于行动者的。（见 Jon Elster, "Further Thoughts on Marxism, Functionalism and Game Theory," in Roemer, ed., *Analytical Marxism*, pp. 202-220。）对科恩立场的这种片面的回应，无法充分应付解释（资本主义）历史的方向性动力和地缘政治的挑战。

由科恩和埃尔斯特代表的两种立场之间的对立，囊括了结构与行动、外在客观必要性和个体自由的经典的二律背反。在这个意义上，它们一起表现了——而非理解了——现代资本主义社会的特质。两种路径都缺乏一种关于社会关系的历史特殊结构——也即结构化了的实践形式——的观念，这些形式是异化的（因此是准独立的），内在地依赖于一种特定的世界观，既建构了社会行动，也为社会行动所建构。换句话说，这两种立场都没有说明资本主义社会关系的历史特殊性，以及资本主义作为一种生活形式的历史特殊性。

对科恩和埃尔斯特的立场的其他批评，见 Johannes Berger and Claus Offe, "Functionalism vs. Rational Choice?" 以及 Anthony Giddens, "Commentary on the Debate," in *Theory and Society* 11 (1982)。

心重要性。它将工人和资本家之间的冲突关系整体化了，并赋予其以动力，由此将它建构为劳动和资本之间的阶级斗争。反过来，这一斗争成为社会整体的动力轨迹的一个建构性环节。阶级被特定的社会中介形式建构为一个动态整体性中的对抗性环节，并在它们的斗争中变得动态化和整体化。①

《资本论》第一卷所论的工人与资本家之间的阶级斗争是资本主义社会持续的、整体性动力的一个环节。它由社会整体性所结构，并建构了这一整体性。其中所谓阶级并不是实体，而是社会实践和意识的结构；它们与剩余价值的生产有关，并以对抗性的方式被组织起来。它们由资本主义社会的辩证结构所建构，并推动着后者的发展，推动着其基本矛盾的展开。

马克思分析中的阶级和阶级斗争的意义，必须在这个层面上加以理解。他的论述并不意味着其他社会阶层或集团——如围绕宗教、种族、民族、性别等议题组织起来的那些社会阶层或集团（它们偶尔才会在阶级的层面上被理解）——在历史上和政治上不具有重要作用。不过，历史现实和历史分析这两个不同层面必须被区分开来。在马克思的分析中，阶级斗争扮演了核心角色的那个层面，指的是作为整体的资本主义社会形态的历史轨迹。

当然，我在这里所描述的对马克思的阶级和阶级斗争概念的理解是非常简要的。我只是试图以非常初步的方式，去澄清他在《资本论》第一卷中关于工人阶级和资产阶级之关系的论述所具有的理论意义，并指出这一论述必须根据他对资本主义社会中介的分析来加以理解。

---

① 马克思在描述法国小农时，以一种不同的方式提出了阶级与整体化的关系："法国国民的广大群众，便是由一些同名数简单相加形成的，好像一袋马铃薯是由袋中的一个个马铃薯所集成的那样。数百万家庭的经济生活条件使他们的生活方式、利益和教育程度与其他阶级的生活方式、利益和教育程度各不相同并互相敌对；就这一点而言，他们是一个阶级。而各个小农彼此间只存在地域的联系，他们利益的同一性并不使他们彼此间形成共同关系，形成全国性的联系，形成政治组织；就这一点而言，他们又不是一个阶级。"(*The Eighteenth Brumaire of Louis Bonaparte*, in Karl Marx and Frederick Engels, *Collected Works*, vol. 2: *Marx and Engels: 1851-1853* [New York, 1979], p. 187.)

在我的讨论下，马克思所谓农民只是部分地形成了阶级（不同于工人）这一点，不应仅仅在物理和/或空间层面来理解——即农民在他们自己的小块土地上分开工作，而工人则聚集在工厂中，这一条件催生了共同意识、思想交流、政治意识的形成，以及集体行动的开展等。尽管马克思的阶级概念确实包含了这一层面，但另一个更为抽象的逻辑层面也是关键：阶级，确切地说，是由整体化的社会中介所建构的，并反过来在此基础上活动。这一整体化过程不能被充分地理解成外观上的接近：阶级是资本主义社会的整体化动力的组成部分。

我将不会在本书中处理这一问题的其他重要维度，比如在更为具体的层面上，一个阶级是如何被社会地、政治地和文化地建构起来的，或者与之相关的，集体社会与政治行动的问题。不过，我所发展的方法对这些议题都具有一些影响，这是我可以触及的。

阶级的规定——显然我刚刚开始对其加以说明（比如，作为劳动力商品的持有者和增殖过程的对象的无产阶级）——不仅是"位置性"的规定，更是社会客观性和主观性两者的规定。这带来了对如下方法的批判：这一方法首先将阶级定义为"客观的"——依据其在社会结构中的位置——随后以"主观的"方式来讨论阶级如何建构自身的问题；通常，它会通过"利益"这一观念来外在地连接客观性和主观性。

如果在马克思的方法中，阶级的首要规定不是一种客观位置，而是客观性*和*主观性，那么，一个特定阶级的主观维度的规定这一问题，就必然区别于人们作为一个阶级的成员而活动于其中的环境这一问题。在这里我不拟讨论后一问题，不过，考虑到前者，阶级的主观维度——即使在其首要规定的层面上——也无法仅仅依据集体利益的意识来理解，尤其是在它们的利益的特定概念，以及利益这一观念本身，没有被社会地、历史地加以把握时。我已经解释了，在马克思的范畴性方法中，意识为何不仅是对客观环境的反应；相反，是这些表达了资本主义特有的基本社会中介的范畴，将意识的形式描述成社会存在形式的内在要素。因此，对马克思而言，阶级的规定带来了主观性的特定社会历史形式——如社会观、自我观、价值体系、对行动的理解、社会问题的来源的概念以及缓解它们的可能方法。这些形式根植于社会中介的形式，它们以不同的方式建构了特定的阶级。在这个意义上，阶级的范畴是某种方法中的一个环节，这种方法试图把握各种社会概念和需求，以及行动形式的历史和社会规定性。

由此，由社会形式和资本主义社会整体性的一个驱动要素所结构的社会阶级，也是一个意义和社会意识的结构性范畴。这不是说，所有"位置"相近的个体都具有同样的信仰，也不是说社会和政治行动"自动地"遵从阶级界限。然而它确实意味着，主体性和社会活动的形式的社会历史特殊性，可以依据阶级的观念而得到说明。只要按照范畴形式的方式来理解阶级，那么社会与政治需求的性质，或者围绕这些需求展开的斗争的既定形式，都可以依据阶级来加以社会地和历史地理解和说明。

这一方法依据社会关系形式的更为首要的规定因素的阶级结构来理解主观性，它试图在社会和历史层面上把握主观性的形式。此外，关键在于，因为它以同样的范畴来分析资本主义的主观性形式以及资本主义社会的动力结构，所以，它同样可以批判性地思考思想的形式——依据它们的自我理解和它们对社会的理解的充分性。① 这种批判的出发点依旧是内在于其对象之中的。（尽管如我们所见，这种内在批判无法被充分地把握为这样一种批判：它将一个社会的理念与其现实之间对立起来。）关于一个阶级的

---

① 在《路易·波拿巴的雾月十八日》中，马克思将1849年法国议会民主派的对抗称为小资产阶级的，正是这样的例子。显然——马克思在这一点上非常明确——他并未将社会学意义上的阶级背景与政治意识直接联系起来。相反，他的描述是意在阐明意识本身的性质。在马克思那里，议会党所阐述的社会政治批评和积极的民主观，忽略了资本与雇佣劳动的结构性存在，它所表达的解放观念，内在地意味着一个自由与平等的商品生产者与持有者的世界（尽管以一种合作形式组织起来）——也就是说，一个小资产阶级的世界。（见 The Eighteenth Brumaire, p. 130ff.）在这个意义上，他们的理念可以依据其阶级来描述。

同样，马克思把涉及二月革命和1848年6月的工人称为是无产阶级的［尽管大多数涉及的工人是工匠（artisans）］，这不是对行动者的社会背景的简单的经验描述；换句话说，它不是在试图证明阶级立场和政治行动之间的直接联系。相反，阶级语汇的使用，是为了对行动的形式和要求的种类进行社会的、历史的描述——譬如说，马克思将"社会共和国"称为"现代革命的总的内容"（同上书，p. 109）。借由"无产阶级"这一术语马克思指出，这些要求和行动形式在历史上代表着一些新的东西，它们不再代表传统的工匠；相反，对于社会所具有的新形式而言，这些要求显得更为充分。与此同时，马克思也指出，这些要求与工人的现实状况之间存在着张力。反过来，马克思潜在地认为，革命运动被镇压之后的同一些工人的要求和行动形式所具有的历史性质是工匠的，他将其描述为在现存的工人状况下寻求拯救——对立于在潜在资源的基础上，将旧世界革命化的尝试（同上书，p. 110）。换句话说，马克思不是将阶级作为一种社会学的描述，他将其作为一种社会范畴，同时也是一种主体性的历史与社会特定的范畴，这一范畴试图说明意识与行动的不断变动的形式所具有的意义。

关于马克思在其历史著作中对阶级的处理，一些晚近的讨论见 Craig Calhoun, "The Radicalism of Tradition," *The American Journal of Sociology* 88, no. 5 (March 1983), 及 "Industrialization and Social Radicalism," *Theory and Society* 12 (1983); Mark Traugott, *Armies of the Poor* (Princeton, 1985).

我在这里所勾勒的方法指向一种对集体的社会与政治行动的理解。这一理解的出发点既不是一种集体主体的观念，也不是在社会、历史和文化上去语境化的个人以其利益为基础而活动。它与那种以阶级为中心的阐释不同，后者试图直接勾连社会阶级背景与政治行动。有一些阐释赋予一个社会集团以准客观性，这一性质在马克思看来是资本主义中异化形式的社会中介所特有的。不过，这一路径同时也区别于下述的路径：它们批评这种阶级实体化的形式，尽管它们基本上接受了它们所试图解决的问题所具有的同样的框架。（不论它们在建立"政治方针"时，是否赋予政治因素或组织因素以比社会背景更高的地位，都是如此。）它截然不同于那种试图把握政治与社会概念，以及行动形式所具有的历史和社会性质的尝试。

更为具体的社会、政治和文化意识，关于集体行动，关于自我意识，这些问题应当被放在上述对阶级的范畴性规定——社会存在和社会意识的社会和历史规定——的分析的背景下。不过，我只拟指出这些复杂性本身，而不会在本书中对它们做进一步讨论。

　　我在这里所提出的阐释，极大地修正了传统上赋予阶级剥削和阶级斗争关系的核心重要性。我表明了，在马克思的成熟期分析中，阶级斗争之所以是资本主义历史发展的推动因素，仅仅是因为建构了这一社会的社会关系所具有的内在动力特质。直接生产者和生产资料所有者之间的冲突本身并未产生这一持续的动力。此外，如我所示，马克思论述的逻辑要点并不支持如下的想法，即资本家和工人之间的斗争，是资本主义社会的统治阶级和代表社会主义的阶级之间的斗争，因此，这种斗争指向了对资本主义的超越。从工人的视野出发，阶级斗争意味着延续、维持、改进他们作为工人阶级成员的地位和境况。他们的斗争在资本主义的民主化和人道化过程中成为了一支强大的力量，并在向有组织的资本主义的过渡中扮演了重要的角色。但是，如我们所见，马克思对资本主义生产过程轨迹的分析，并未指向未来对无产阶级及其劳动的可能的肯定。相反，它指向了对这一劳动的可能的废除。换句话说，马克思的论述内在地推翻了这一观念，即资产阶级和工人阶级之间的关系，等同于资本主义和社会主义的关系；朝向社会主义的可能的转变，来源于无产阶级在阶级斗争中的胜利（在它将自我确立为一个工人阶级的基础上），以及社会主义包含着无产阶级的实现。① 因此，尽管资产阶级与工人阶级的对抗在资本主义发展的动力中扮演了重要的角色，但它也并不等同于我所阐述的社会形态的根本结构性矛盾。

---

① 根据我的讨论，传统马克思主义的正统版本是这样的一种思想形式：它眼中的未来社会是一个所有人都成为工人阶级的社会——它必然意味着制度化了的资本的普遍化（譬如以国家形式）。

第三节 生产与增殖

本书中对马克思批判的根本范畴的重新思考,以及随之而来的对商品形式两个维度之间的动态互动的再阐释,同时也带来了关于马克思对资本主义生产过程的分析的新看法。基于上述讨论,我将出于两个目标来思考马克思对资本主义劳动过程的处理:第一,是要澄清目前尚未触及的、马克思的资本概念的重要维度;第二,是要支撑我的以下这一论断,即马克思的论述要旨清晰地表明,克服资本主义不会带来无产阶级的自我实现。马克思的论述逻辑,并不支持无产阶级是革命**主体**这一观念。

我已经指出,马克思对资本主义生产领域的处理,不仅依据物质生产,也依据这一社会特有的潜在社会中介形式。为此,他的分析将生产过程既作为劳动过程(物质财富的生产过程),也作为增殖过程(剩余价值的形成过程)。如前所述,当马克思第一次引入生产过程的这两个维度时,他展现了当我们从增殖过程的角度出发去思考时,劳动过程的各种要素的意义将如何发生转化。从劳动过程出发,劳动似乎是一个有目的的活动,通过劳动工具转化原料以实现既定目的。但是,从增殖过程出发,劳动便具有价值源泉的意义,不论其目的、质性特征、其使用的原料的特征,及其创造的产品是什么。劳动脱离它的具体目的而变成一种手段,其目标来自于由(抽象)劳动本身所建构的异化的结构。从这些方面出发,劳动事实上是生产的对象。

马克思在提出了资本主义生产过程两个维度的首要规定之后,又对其进行了拓展。如我们已经看到的,他首先论述了增殖过程,将其处理为绝对和相对剩余价值的生产(后者是更适于资本范畴的剩余价值形式)。随后,他开始一般地考察资本主义劳动过程,先分析了协作,后特别分析了它的两种主要历史形式——一是以劳动的具体分工为基础的工场手工业,二是以工业化机器生产为基础的大工业。① 在他关于协作、工场手工业和大工业的讨论中，马克思追溯了劳动过程诸要素的意义的转化——从增殖过程出发来看，它们发生在一个形式层面——是如何在劳动过程的具体形式本身中被"实现"或物质化的。他表明，在一开始，劳动过程之所以是资本主义的，只是因为它是为了实现增殖的目标。增殖过程始终外在于劳动过程本身。而随着资本主义的发展，劳动过程开始内在地被增殖过程所决定。② 以工业化机器为基础的生产是一种充分适于相对剩余价值生产的劳动过程形式。③

增殖过程的物质化——正如以剩余价值的范畴所把握的特殊历史动力——最终在结构上根植于商品形式两个维度的辩证法。在对这一主题的讨论中我表明，正如剩余价值范畴的意义无法依据剥削、私人占有者阶级对剩余产品的占有而得到充分的理解一样，在马克思那里，资本主义劳动过程也不应被理解为一个用来满足私人占有者阶级之利益的技术过程。

在分析劳动在马克思的批判中所具有的角色时，我花了很大的力气，来讨论劳动作为一种资本主义社会中介活动所具有的历史特殊性。现在，在对生产过程的勾勒中，我将思考劳动的其他社会维度，即它作为生产活动的社会性质。正如我在讨论抽象时间和历史时间时所说，知识与经验模式以异化形式进行的发展是社会普遍的，而非直接生产者的技能和知识的产物，这一点在马克思看来是资本的历史展开中的一个重要方面。在我关于马克思对劳动过程的处理的考察中，这一发展是一个核心焦点：它是一个起点，使我得以从资本主义劳动的两个社会维度的交点出发，去阐述资本的范畴；同时，它也为我的如下论点提供了基础，即马克思的社会主义概念并不包含无产阶级的实现。

---

① *Capital*, vol. 1, pp. 439-639.
② 同上书，pp. 439, 482, 548。
③ 同上书，p. 645。

协　作

在马克思看来，资本主义生产的标志在于它开启了相对大规模的生产。在历史上以及在概念上，只有当每个资本单位同时雇用了相对大量的工人时，也即当劳动过程发生在广阔的范围中，并产出了相对大量的产品时，资本主义生产才真正开始。马克思坚持认为，在其早期阶段，资本主义生产并未导致生产方式的质变，而仅仅带来了生产单位的规模的量上的增长，以及同一资本同时雇用的工人人数的增长。① 由此，在没有其他规定的前提下，他以对协作一般——换句话说，大量工人在同一个或是相关的进程中同时工作的生产——的讨论，开启了他对资本主义劳动过程的发展的分析。② 马克思清晰地指出，他试图表明资本更改了劳动过程，最终使其内在地变成资本主义的；出于同样的原因，他的批判分析的诸范畴，也只有作为发达资本主义生产领域的范畴，才能获得其充分的有效性和意义。因此，举例而言，他声称："对单个生产者来说，只有当他作为资本家进行生产，同时使用许多工人，从而一开始就推动社会平均劳动的时候，价值增殖规律才会完全实现。"③ 这一段落强化了我先前的论断，即马克思对价值的规定不仅指向市场交换，更意在将其作为资本主义生产的规定。我们会看到，对马克思而言，当资本得到充分发展时，价值的抽象时间维度就会内在地结构生产：价值规定了一种在广泛的组织之内来组织、规训劳动的特定形式。出于同样的原因，只有到那时，增殖规律才会完全实现。

马克思对协作的讨论，聚焦于其所带来的更高的生产力水平。他断言，协作不仅带来了个体生产能力的提高，也创造了一种内在地集体化的新的生产力。如上所述，马克思对生产力的分析，依据的是具体劳动的社会特

---

① *Capital*, vol. 1, p. 439.
② 同上书，pp. 439, 443。
③ 同上书，p. 441。

质；对他而言，这包含着科学、技术和组织的知识和经验。在这里他进一步发展了这一分析，他开始依据劳动的使用价值维度，也即依据劳动作为生产活动的社会特质，来思考由协作带来的生产力的提高：

> 在所有这些情形下，结合工作日的特殊生产力都是社会的劳动生产力或社会劳动的生产力。这种生产力是由协作本身产生的。劳动者在有计划地同别人共同工作中，摆脱了他的个人局限，并发挥出他的种属能力。①

换句话说，在马克思的分析中，协作带来的生产力的提高，是缘于具体劳动的社会维度的。然而，这一生产力之所以是社会的，不仅因为它是集体的，也因为它要大于其中的个体直接的生产力的总和；它不能被缩减为建构了它的个体的力量。②对马克思的分析而言，这一具体劳动的社会维度才是关键所在。

在马克思看来，协作在很多方面有益于资本主义。它是提高生产力的有力手段，因此，也是减少为商品生产所需的社会必要劳动时间的有力手段。③此外，资本家将工人作为个体的商品拥有者来付酬，偿付他们的独立的劳动力，而非联合的劳动力，因此，他们的集体生产力的发展就成为了资本的"免费的礼物"④。重要的是，这一"免费的礼物"，这一劳动的使用价值维度的生产力，其尺度是物质财富的产出，而非抽象劳动时间的消耗。也就是说，马克思在这里并未直接指向剩余价值，相反，在他所关注的这个过程中，劳动作为一种生产活动所具有的社会维度的力量——一种大于其组织个体的生产力——成为了资本的生产力，一种资本

---

① *Capital*, vol. 1, p. 447.
② 同上书，p. 443。
③ 同上书，p. 447。
④ 同上书，p. 451。

家无须付酬的生产力。①

> 劳动的社会的和一般的生产力,是资本的生产力。但是这种生产力只同劳动过程相关……它不直接涉及交换价值。无论是100个工人一起劳动,还是他们各自单独劳动,他们所生产的产品价值都等于100个工作日,不管这些工作日表现为许多产品还是很少产品。换句话说,这些产品的价值不取决于劳动生产率。②

劳动的生产力为资本所有的过程是一种异化,这也是马克思对资本的分析的核心。先前,我根据作为一种社会中介活动的劳动的抽象维度分析了异化。现在我所指的,是作为生产活动的具体劳动的社会维度中的异化。这两个进程一并构成了资本。随着这些异化过程的发展,工人被归并、纳入资本之中:他们成为了资本存在的一种特定方式。③

社会劳动生产力的这一异化过程具有一种历史意义,它远大于资产阶级私人占有了剩余社会产品这一问题:如我们所见,它导致了社会一般的知识和经验形式,以一种异化方式在历史上建构起来,这一建构不受直接生产者的技能和知识的局限。这一发展对直接劳动的性质具有相当否定性的影响,但它最终带来了这样一种可能:人们可以从他们自己的劳动的控制中解放出来,重新占有社会一般知识和能力(它们最初是以异化形式在历史上建构起来的)。

然而,在马克思的论述的这一部分里,这一异化过程的性质尚未分明。异化的劳动生产力大于其局部的总和,但它依旧首先是由直接涉入其中的工人所建构的。所以,当马克思提到在协作中发展出的"种属能力"时,这些能力似乎是工人集体的能力。社会一般知识和经验的模式,尚未

---

① *Capital*, vol. 1, p. 451.
② Marx, *Theories of Surplus Value*, part 1, trans. Jack Cohen and S. W. Ryazanskaya (Moscow, 1971), p. 393.
③ *Capital*, vol. 1, p. 451.

在生产领域中以一种内在独立于直接生产者的形式建构起来。因此，劳动生产力转化为资本的能力，似乎仅仅是私有权的结果。在这一范畴性论述的阶段中，我们还是可以假定，对资本的废除——即克服资本对社会劳动生产力的占有——可以被理解为仅仅是对生产资料私有制的废除。而工人则可以共同"拥有"他们所建构的集体社会能力，并互相协作，指导着和私有制条件下相同的劳动过程。换句话说，此时，生产的资本主义性质似乎依旧外在于劳动过程。

但是，马克思进一步的论述表明，资本的性质尚未在他对协作的考察中清晰地浮现出来。他对劳动过程的分析，并未将私有财产作为其资本主义性质的最终规定。他并非仅仅是指出克服私有财产的真正可能性所需要的历史条件的出现。相反，他进一步发展、转化了他对资本主义之建构者，以及对资本主义之否定者的规定。尤其是，他论述了劳动过程的发展，这一发展改变了生产的资本主义性质的首要的、外在的规定。马克思依据劳动的使用价值维度的异化，总结了这一发展：

> 工场手工业分工的一个产物，就是物质生产过程的智力作为他人的财产和统治工人的力量同工人相对立。这个分离过程在简单协作中开始，在工场手工业中得到发展，在大工业中完成。在简单协作中，资本家在单个工人面前代表社会劳动体的统一和意志，工场手工业使工人畸形发展，变成局部工人；大工业则把科学作为一种独立的生产能力与劳动分离开来，并迫使科学为资本服务。①

这一总结表明，作为一种社会形式，资本内在关联着劳动分工；当这一范畴形式展开之后，它的生产力就不应仅仅依据直接建构了它的个体来理解。相反，资本的力量开始在一个更为广泛的意义上体现出社会的异化

---

① *Capital*, vol. 1, p. 482.

力量。由此，仅仅依据私有制的废除，也无法充分把握解放，即对异化之物的重新占有。

工场手工业

生产过程的这一发展轨迹应当得到更为细致的考察。在对简单协作的讨论之后，马克思分析了工场手工业，将其作为16世纪中期至18世纪晚期的欧洲资本主义过程所特有的特定的协作形式。① 简单协作在很大程度上没有改变每个个体的劳动方式，但是，工场手工业对劳动过程本身进行了革命。② 其标志是一种新的劳动分工形式，一种工场中的详细的劳动分工，它被马克思区别于社会中的劳动分工。③ 工场手工业的特点在于，劳动过程基于这样一种方式：手工操作被分为专门的局部或细节的操作，由专门的工人承担，使用专门的劳动工具。④ 这一劳动分工形式将工人系于单一的、重复的、简单的任务中，并密切地彼此配合协调。⑤ 它极大地提高了每一个工人的专业化程度，减少了商品生产所需的时间，由此极大地提高了劳动生产力。⑥ 工场手工业的生产方式由此增加了剩余价值。同时它还在另一方面扩大了资本的自我增殖程度：由于任务变得简单了，其片面的发展直接削减了劳动力的价值。⑦

马克思并未将工场手工业和资本的关系视为外在的关系，也没有将前者作为一种独立于资本，并为资本家利用以满足自身利益的生产方式。相反，他批判了亚当·斯密没有能够充分区别社会中的劳动分工和工场中的

---

① Capital, vol. 1, p. 455.
② 同上书，p. 481。
③ 同上书，p. 474ff。
④ 同上书，pp. 457, 486。
⑤ 同上书，p. 464。
⑥ 同上书，p. 458ff。
⑦ 同上书，p. 470。

劳动分工①，他断言后者是为资本主义社会所特有的。②随后，他将工场手工业描述为一种"社会生产过程的特殊的资本主义形式……生产相对剩余价值，加强资本自行增殖的一种特殊方法"③。换句话说，马克思将其作为一种内在关联于资本的劳动过程——因为它在物质上是被增殖过程所塑造的。

在马克思那里，工场手工业生产过程的物质形式，源自于资本主义所特有的提高生产力的持续驱动力。他将这一驱动力归诸商品形式——归诸"客观的"规则，以及与这一形式相关的文化价值和世界观，它们引发了尽可能提高劳动过程的效率的企图。马克思对下述两者进行了历史对比，一边是古典作家对质和使用价值的强调，一边是现代政治经济学理论对量和交换价值的强调（它以工场手工业的物质形式体现出来）。④后者并非是前者的历史发展的结果，或是劳动分工的某种准自然的发展的产物，相反，它标志着一次历史断裂。它表达了一种非常不同的社会中介的历史特定形式。

如马克思所说，减少商品生产所需的劳动时间的原则，在工场手工业的早期阶段就被有意识地构造出来了。⑤作为一种长期的生产原则，必要劳动时间的减少——即生产力的提高——在历史上最初源于将劳动过程分解为其组成部分，而非源于机器的引入。据马克思所言，工场手工业的每一个组成部分的操作，都依旧保留着手工业的性质，因此，也依旧受到工人的力气、技术、敏捷度和稳定性的限制。⑥一方面，生产过程也依旧受到个体人类劳动的限制；另一方面，随着个体劳动越来越局部，生产过程也越来越高效。在马克思看来，结果就创造了为工场手工业阶段所特有的一种特殊的"机器"——即集体工人，它形成于大量个体的专门化工人的

---

① *Capital*, vol. 1, pp. 470-475.
② 同上书，p. 480。
③ 同上书，p. 486。
④ 同上书，pp. 486-487。
⑤ 同上书，p. 467。
⑥ 同上书，pp. 457-458。

联合。① 个体工人则成为了这一整体的器官。②

正如简单协作一样,整体——在工场手工业中即是集体劳动组织——是资本的一种存在形式。劳动的使用价值维度的生产力是资本的生产力,它源自于各种劳动的联合,换句话说,生产力的极大提高源自于详细的劳动分工。③ 在工场手工业中,工人和资本的对立,也即个体的碎片化的局部和直接社会性整体之间的对立,开始体现在生产的物质形式本身之中。毫无疑问,马克思认为个体在工场手工业中被纳入集体之中是极为负面的。整体的生产力的提高是以个体生产力为代价的,而非一个线性的、普遍形式的进步的一部分,也没有造成上述进步。它以这样一个过程为基础:"工场手工业把工人变成畸形物……人为地培植工人片面的技巧。"④ 在工场手工业中,"个体本身也被分割开来,转化为某种局部劳动的自动的工具"⑤。此外,劳动分工表现了一种更为一般的发展,它根植于商品形式,转变了生活的所有领域,并为一种特定的专门化过程打下了基础;这种专门化过程使人们以所有其他能力为代价而发展出一种单一的能力。⑥ 现在应当清楚,马克思的批判不仅在于工场手工业"只是为资本家而不是为工人发展社会的劳动生产力"——这种对财产的批判可能依旧是外在于劳动过程本身的;同时还在于,它"靠使各个工人畸形化来发展社会的劳动生产力"⑦。

由此,工场手工业具有了一种生产机器的形式,其组成部分则是人类。⑧ 它代表了一种直接的社会生产形式,其中工人只能作为整体的一部分而工作。如果说在一开始,工人们是因为他们没有商品生产的资料,所以没有财产,才出卖他们的劳动力,那么现在,他们则是出于劳动过程的

---

① *Capital*, vol. 1, p. 468.
② 同上书,p. 469。
③ 同上书,p. 481。
④ 同上书,pp. 481, 483。
⑤ 同上书,p. 481。
⑥ 同上书,p. 474。
⑦ 同上书,p. 486。
⑧ 同上书,p. 457。

技术性质本身，而出卖劳动力了。在马克思看来，这一"技术"性质是内在于资本主义的。①

如前所述，这一劳动过程的具体形式的基础，被马克思放在了对时间的节约之中。②在对工场手工业的分析中，他依旧将价值作为生产组织的结构性范畴（他在讨论协作时就已经如此了）；这再一次说明，他并未将其仅仅作为一个市场的范畴。在马克思那里，耗费在商品中的劳动时间不会超过社会必要劳动时间这一规律，不仅是由竞争活动所外在地强加的；在工场手工业中，它成了"生产过程本身的技术规律"③。在这里的论述中，马克思反过来表明，他在范畴性地考察资本主义之初所提出的价值量的规定，是一种对生产方式以及分配方式的批判性规定。由其所导致的生产方式的组织——它基于由不断专门化、碎片化的任务所带来的最为高效的使用人类劳动的可能方式——是专制的、等级制的。④

因此，价值是*两种*资本主义社会劳动分工形式的结构性原理。它不仅结构了这一社会中的社会劳动分工，也结构了工场中的劳动分工："在工场内部的分工中预先地、有计划地起作用的规则，在社会内部的分工中只是在事后作为一种内在的、无声的自然必然性起着作用，这种自然必然性只能在市场价格的晴雨表式的变动中被觉察出来。"⑤应注意到，马克思并未将有计划的工场结构作为现代社会中"正面的"或"非资本主义的"方面，以对立于市场的无计划的混乱状态。他恰恰认为这一劳动过程的结构是专制的——集体的专制，由对生产力和效率的考量所结构，以个体为代价。马克思并未从生产出发来批判资本主义分配领域，相反，在他的分析中两者是互相关联的："在资本主义生产方式的社会中，社会分工的无政府状态和工场手工业分工的专制是互相制约的。"⑥

---

① *Capital*, vol. 1, p. 482.
② 同上书，p. 464。
③ 同上书，p. 465。
④ 同上书，pp. 476, 481。
⑤ 同上书，p. 476。
⑥ 同上书，p. 477。

显然，马克思*同时*批判了"计划的"生产结构*和*资本主义中由市场调节的分配方式。他将两者都追溯到以资本形式展开的商品形式中。由此，他将资本主义的特点描述为下述的对立两极：一边是貌似去语境化的、原子化的个体；一边是集体整体，其中个人仅起到零件的作用。（在另一层面上，这一对立正是私人劳动和直接社会劳动间的对立，我在第二章开头已经讨论过了。）因此，他所谓的克服资本主义，不能被理解为仅仅是克服市场，或者是将工场中普遍存在的计划秩序推广到所有的社会里。马克思将这一秩序描述为资本对工人的全面镇压（这里的资本并非私有财产，而是一种提高劳动生产力的劳动组织）。① 相反，他的分析指出，克服资本主义需要*同时*克服生产领域中产生的"计划的"、组织的、官僚制的专制，*以及*分配领域的无政府状态；其中，前者被赋予了批判首要性。②

不过，在马克思这一阶段的讨论中，这种可能性的条件尚未明晰。在马克思对资本主义生产过程的论述中，工场手工业是一种"中间阶段"。理解这一"中间物"的性质，将会澄清马克思论述的战略要旨，以及他的这些基本范畴对他所理解的资本及其克服的可能性而言所具有的意涵。一方面，如我们所见，在工场手工业中，与简单协作不同，生产的资本主义性质不再是外在于劳动过程的——因此，废除资本主义也不再可以仅仅被理解为废除私有财产。马克思对详细劳动分工的批判清晰地指出，他的解放概念包括了对资本所塑造的劳动过程的历史克服。而在另一方面，克服这一劳动过程的可能性在这一阶段尚未出现。抛去工场手工业和简单协作的区别不谈，两者都分享了一个共同的特征：异化的整体（资本）要大于其局部之和，但它依旧是由直接生产者所建构的。

为了澄清这一点，让我假定如下的场景，它凸显了资本主义的可能否

---

① *Capital*, vol. 1, p. 477.
② 马克思借由商品形式对生产结构和资本主义发展轨迹进行的分析带来了这样一种可能性，即这种结构过程可以在没有市场的条件下出现。因此，在这一理论框架中，20世纪所发生的组织化、官僚制的管理方式逐渐侵占那些过去由市场所管理的领域的现象，不应被理解为一种发生于资本主义之内的，但指向了对资本主义的超越的现象。相反，它可以被理解为与资本相关的大规模机构的扩张，其代价是资产阶级分配领域；在这一变化的形式中，价值规律在历史中普遍开来。

定的历史特质，并与重新思考"现实存在的社会主义"相关：假设我们以工场手工业所特有的生产形式为基础，创造了一个社会主义社会。不仅资本主义私有财产被废除了，而且价值也被物质财富取代，以作为社会财富的形式。提高生产力的目的不再是增加剩余劳动时间的耗费，而是产出更多的物质财富以满足需求。然而，生产目标的这一改变并未包括劳动过程的根本转型。我们已经看到，在马克思看来，价值是以直接人类劳动时间的耗费为基础的。而在资本主义发展的这一阶段，生产力以及物质财富的生产，都在根本上是基于直接人类劳动的，它因详细的劳动分工而变得更为高效。换句话说，首要的生产力，是人类劳动的组织本身。在这一条件下，生产必然依旧以直接人类劳动为基础，不论提高生产力的目标是为了增加剩余价值还是增加物质财富。

只要人类劳动依旧是物质财富的根本生产力量，那么，在高生产力水平的基础上，以创造物质财富为目的的生产，也必然带来和以增加剩余价值为目标的生产*同样的*劳动过程形式。这两种财富形式的区别在这里没有什么意义。对两者而言，劳动过程都是基于资本主义工场手工业中发展出的详细劳动分工的。在这一条件下，要废除劳动片面的、重复的、碎片化的性质，只有通过极大地降低生产力水平，也即降低普遍社会财富水平。尽管马克思的分析并未肯定资本主义劳动过程，但它也显然不是一种对这一劳动过程的浪漫化批判，不会想要回到所谓前资本主义的"整体性"中——这一旦成真，将是社会与经济的灾难。不过，在马克思的论述的这一阶段，尚未提出克服劳动过程的可能的历史条件：它将既废除详细劳动分工，又维持高水平的生产力。

显然，马克思的范畴性分析的一个核心目标，在于确立克服上述资本主义劳动过程的可能性所在。这一可能性包含在马克思的分析范畴中，但如我所论，它们应当被理解为充分发展了的资本主义的范畴。只有在这一基础上，我们才能理解马克思文中工场手工业的"中间物"性质。尽管工场手工业的劳动过程由资本所塑造，但上面所假定的场景证明，居于马克思对发达资本主义的范畴性分析之核心的价值和物质财富的区别,尚未与生产形式发生实际的关系。换句话说,尽管工场手工业的劳动过程由增殖过程所形塑,但从充分发达的资本主义生产的立场上来看,它依旧不是充分物质化了的增殖过程,因此,也没有充分表达资本主义提高生产力的驱动力所具有的特殊性和矛盾性。

我已经提到,考虑到劳动过程的首要规定,劳动是一种对生产能力的运用,它以生产物质财富为目的,转化着物质。不过,它也作为增殖过程的"现实的"原材料、对象。在马克思的分析中,这一颠倒是真实的,而非隐喻,它存在于一切形式的资本主义生产中。不过,它并未在工场手工业中被充分地物质化。尽管在工场手工业中,劳动变得碎片化,且只能作为整体的一个局部而存在(也即工人成为生产机器的局部),但依旧是工人在使用工具,而非相反。工场手工业在本质上是一个复杂的手工业形式,其中每个工人的劳动不再是工匠的劳动,而是这一劳动的一个专门化的部分。集体工人的劳动具有一种"超级工匠"的性质。劳动过程的形式是:直接人类劳动——尽管只以集体形式出现——依旧是劳动过程的现实的、创造的原则,而非其对象。

换句话说,在马克思的范畴性分析中,当人类劳动的组织本身成为用来提高生产力的首要生产性力量时,劳动过程还尚未表现出资本主义中的直接人类劳动——作为对象化劳动时间的源泉——所具有的特殊作用。同样地,劳动的使用价值维度——即社会一般知识和经验——的生产力量也尚未表现出能够独立于直接人类劳动的形式。因此,在这一论述阶段,资本的二重性尚未明晰,资本主义生产中的矛盾也尚未展开。在马克思的论述的这一阶段,资本主义生产过程尚未体现出其否定自身的可能性。

不过,他的论述已然开始指出这一可能性的含义。依据马克思的范畴性分析,一旦我们不再能够将异化的社会整体性(它大于其局部之和)仅仅理解为直接卷入其建构过程中的个体,不再能够将克服资本理解为工人们重新占有他们的建构之物,那么,劳动过程便会体现出资本的核心矛盾。到那时，马克思在价值和物质财富之间所做的区分就开始具有其意义了。工场手工业为这种劳动过程的形式——即以大机器为基础的生产——奠定了历史基础。①

大工业

在马克思看来，正是随着大工业生产的发展，资本才实现了自身。他将这一生产方式分析为增殖过程的充分物质化过程，分析为资本主义社会形式的二重性的具体体现，以及资本不断提高生产力水平的驱动力所具有的特殊性、矛盾性的充分表现。反过来这也意味着，马克思的资本主义生产的二重性的概念，只有在其对工业生产的分析中，才表现出其全部意义。

为了澄清马克思的论述的这一方面，我将简单地进一步说明它的论述意图。我们已经看到，马克思在处理工场手工业时，激烈批判了随着资本主义社会的发展而出现的劳动过程。他将其作为资本主义内在固有的东西，并试图指出其规定特质是由资本所内在地塑造的。不过，在他当时的论述中，尚未令人信服地为这一特质找到基础。社会剩余物的价值形式或许确实造就了一种提高生产力的持续驱动力，但以物质财富为目标的劳动过程，尚未与以价值为目标的劳动过程区别开来。因此，我们无法充分理解，为何生产不是一个技术过程——这一技术过程被私人占有者阶级用来满足自身的利益，并且有可能被工人用来满足自身的利益。而如果是这样，那么马克思所谓资本主义工作的负面性，将仅仅意味着更高的生产力的必然实现——意味着为了普遍社会财富水平的提高而不得不付出的不幸的代价，不论这些财富如何分配。但是，如我们将要看到的，在考察大工业时，马克思试图质疑高生产力水平和碎片化的、空洞的工作之间的所谓必然关

---

① *Capital*, vol. 1, pp. 458, 461, 489–491.

系。他试图证明，工业劳动过程的形式无法在技术层面上，仅仅依据高生产力水平的要求而得到充分理解，但是，借由资本主义核心社会形式的二重性，它可以被社会地加以澄清。

马克思对大工业的考察，适于物质财富生产的层面，也即资本主义劳动的使用价值维度。他扩展了他对具体劳动的社会性质在资本主义中的历史发展的分析（他在对协作和工场手工业的考察中开始了这一分析），由此表明，物质财富的生产只是发达资本主义劳动过程的一个方面。在马克思看来，工业生产中的劳动的使用价值维度的特点在于，它的建构形式越来越脱离直接生产者的劳动。他简要地依据机器生产的发展追溯了这一历史发展的过程。这一过程的起点是18世纪的工业革命——掌握单一工具的工人被工作机所取代。①（后者是一种操作许多同类工具的机制，它同时使用的工具不受工匠在使用工具时所受的物理限制。）②随后，马克思描述了发动机（如蒸汽机）的发展，和工作机一样，它也具有独立的形式，从人力的限制中解放出来，和水力、畜力不同，它完全处于人类的控制之下。③发动机的发展反过来也导致了一种机器体系的发展——一种以工场手工业的劳动分工为模板的机器间的"劳动分工"。④在马克思看来，前者必须适应于工人，因此是"主观的"，而后者则是"客观的"：在自然科学的帮助下，生产过程被分解为其组成部分，不再顾及先前的"工人中心的"劳动分工原则。⑤在克服位于劳动过程之核心的直接人类劳动的历史过程中，用机器生产机器是一个更高的阶段，它为大工业提供了"充分的技术基础"⑥。这些发展带来了一种机器体系，它被马克思描述为一个巨大的自动机，由自动的动力所驱动。⑦（后文我将会讨论马克思的这一描述

---

① *Capital*, vol. 1, p. 494.
② 同上书，pp. 494-497。
③ 同上书，pp. 498-499。
④ 同上书，p. 501。
⑤ 同上书，pp. 501, 508。
⑥ 同上书，p. 506。
⑦ 同上书，p. 502。

和他先前对资本的描述之间的近似性。)他如此总结以机器为基础的生产:

> 劳动资料取得机器这种物质存在方式,要求以自然力来代替人力,以自觉应用自然科学来代替从经验中得出的成规。在工场手工业中,社会劳动过程的组织纯粹是主观的,是局部工人的结合;在机器体系中,大工业具有完全客观的生产有机体,这个有机体作为现成的物质生产条件出现在工人面前。①

当马克思将大工业的发展描述为自然力对人力的取代时,他所指的不只是对蒸汽或水力等自然力的使用,也是社会一般生产能力的发展。因此,他将由协作和劳动分工而导致的生产力称为"社会劳动的自然力",并指出——和蒸汽或水力等自然力一样——它们也是无偿的。②准此,他发现科学同样和自然力类似,一旦一种科学原理被发现之后,它就可以无偿使用了。③最后,在讨论对象化的生产资料时,马克思断言,撇开折旧和辅助材料的消耗(油、煤等),机器和工具无偿地运作着。机器的生产效益超出工具越多,它所提供的无偿部分也就越多。④他将这一生产效益联系上了过去的劳动和生产知识的积累,将大工业描述为这样一种生产形式,其中"人才学会让自己*过去的劳动*的产品……大规模地、像自然力那样无偿地发生作用"⑤。

应当注意到,马克思这里所谓在机器生产中取代了人力和传统技能的"自然力",正是那些社会一般生产能力,是他先前所提到的具体劳动的社会性质:"科学的发展水平和它在工艺上应用的程度,生产过程的社

---

① *Capital*, vol. 1, p. 508.
② 同上。
③ 同上。这句话的第一部分("Wie mit den Naturkräften verhält es sich mit der Wissenschaft")不见于英译本。见 *Das Kapital*, vol. 1, *Marx-Engels Werke*, vol. 23 (Berlin, 1962), p. 407。
④ *Capital*, vol. 1, p. 510.
⑤ 同上(斜体由引者所为)。

会结合，生产资料的规模和效能。"① 大工业的发展的这一面向，带来了社会一般生产能力和方式中的科学、技术和组织知识的历史建构，它们并不源自于也不能被缩减为工人们的力量、知识和经验。它同样包含了社会一般的过去劳动和经验的持续积累。资本主义劳动的使用价值维度中这一为历史所建构的方面就像一种"自然力"——只要它依旧独立于直接劳动，依旧无偿，并且依旧不断取代人类的劳作——人类劳作是物质转换中，也是为社会生活环境所需的人与自然的社会"代谢"中的核心社会因素。随着大工业的发展，这些"巨大的自然力"②——也即利用自然力量，将过去对象化并加以利用的后天能力——被纳入生产之中，它不断取代直接人类劳动，成为物质财富的首要社会源泉。物质财富的生产不断成为历史时间的对象化的产物。

具体劳动的社会性质的这一历史发展，在根本上将大工业和工场手工业区别了开来。它不仅大大提高了劳动生产力，而且在一定程度上使得物质财富的生产在根本上脱离了直接人类劳动时间的耗费，同时，它还削弱了工场手工业所特有的劳动分工——既在工厂中也在社会上——对技术的需求。③ 换句话说，这一历史发展内在地指向了另一种社会劳动组织的可能性。

但是，这一可能性在大工业中并未实现。事实上，工业生产的实际结构大大不同于这一仅仅基于对劳动的使用价值维度的抽象思考而来的结构。尽管社会的生产能力随着资本主义大工业的发展而迅速提高，但在马克思看来，这些能力在历史上建构的形式，并未将工人从局部的、重复的劳动中解放出来。恰恰相反，它将他们纳入了生产之中，并将他们转化为生产机器的零件、专门化机器的局部。④ 他认为，由此而来的生产方式是

---

① *Capital*, vol. 1, p. 130.
② 同上书，p. 509。
③ 同上书，pp. 545-547, 614-616。
④ 同上书，p. 547。

一种比工场手工业更为碎片化、专门化劳动的形式。①工场的工作,他写道,"压抑肌肉的多方面运动,夺去身体上和精神上的一切自由活功"②。一般而言,机器生产的实际形式具有极端负面的后果:工作被进一步碎片化,妇女和儿童受雇从事重复的、低收入的工作,工作的智力水平降低,工作日长度延长或者劳动强度加大。③此外,这些负面影响并不限于直接的工作场所:这一生产方式削弱了工人的安全感,造就了服务于资产阶级剥削需求的过剩工人人口。④反过来,它也影响了工作人口的健康、智力和道德的普遍水平,以及家庭生活。⑤马克思比较了机器生产的潜能和它的实际后果,以此总结了大工业对工人、劳动的性质和社会劳动分工的负面影响:

> 机器就其本身来说缩短劳动时间,而它的资本主义应用延长工作日……机器本身减轻劳动,而它的资本主义应用提高劳动强度……机器本身是人对自然力的胜利,而它的资本主义应用使人受自然力奴役……机器本身增加生产者的财富,而它的资本主义应用使生产者变成需要救济的贫民。⑥

在资本主义工业生产中,社会生产能力以一种支配人们、伤害人们的发展的形式发展——这一形式非常不同于仅仅考虑到劳动的使用价值维度

---

① *Capital*, vol. 1, p. 614.
② 同上书, p. 548。
③ 同上书, pp. 517-523, 533。
④ 同上书, pp. 557-568, 580-588, 618。
⑤ 同上书, pp. 517-526, 619-621。尽管马克思花了很大篇幅描述 19 世纪前半叶 "旧式家庭关系在资本主义体系内的解体"对劳动人口所产生的"恐怖与可怕"的影响(p. 620),但他并不将这些关系视为人类亲密关系的榜样,需要重建。当然,他也同样没有将大量的妇女儿童进入由异化劳动所结构的生产过程视为一种积极的、进步的、有益的发展。相反,与他对资本主义二重性的分析相一致,他将其视为这样一种发展:它虽是负面的,但也创造了条件,以容许"更高的家庭形式和两性关系形式"的未来可能(p. 621)。

在我看来,本书所发展出的方法可以提供一个有效的起点,来考察资本主义社会中的家庭、工作以及两者之间关联的结构(及其对性别结构的意义)在历史上变动不居的性质。这样一种方法能够依据由劳动建构的准客观的中介形式来思考这些主题。
⑥ 同上书, pp. 568-569。

的发展时所设想的形式。具体劳动的社会性质的实际发展,非但没有带来工场手工业特有的碎片化的劳动分工的废除,相反,"大工业的资本主义形式又更可怕地再生产了这种分工:在真正的工厂中……在其他各处"①。

这一"可怕的"劳动分工是马克思的分析的核心对象。一方面,他对劳动的使用价值维度的考察,以及他在其潜力和其实际形式之间所做的对比清晰地表明,与工场手工业不同,大工业的劳动分工未必是生产力的提高的技术伴生物。因此,他尖锐地批判那些"经济学辩护士"——他们仅仅在技术层面上理解工业生产,因此无法区分"对机器的资本主义应用"和"机器本身"——无法在资本主义之外想象其他的对机器的使用方法,因此,他们才会将所有对资本主义工业生产系统的批判者斥为技术进步的敌人。②另一方面,虽然他也用了机器的资本主义"利用""应用"这些词,但马克思并不将资本主义和工业生产的关系视为外在的关系。大工业资本主义并不仅仅是私有制所带来的,相反,如我所述,只要工业生产同时是一个增殖过程以及一个劳动过程,那么它就是内在于资本主义的。③它的最终目标不是物质财富,而是剩余价值。尽管这一二重性也为早期的资本主义生产形式所有,但在马克思看来,只有在大工业中,价值和物质财富、抽象劳动和具体劳动之间的区别才开始具有意义,开始建构起劳动过程的形式本身。马克思对工业生产的分析的要点在于,大工业生产所特有的劳动分工,为何与技术的需要和条件无关,而是其内在的资本主义特质的表达。也就是说,他的范畴性批判理论的一个重要目的,在于通过他对结构了资本主义的社会中介形式的分析,来在社会层面上把握资本主义工业生产方式,从而阐明资本主义中劳动的使用价值维度的发展所内含的可能性与现实中生产能力的历史发展之间的差异。

在进一步分析之前,我们应当注意到,以这种对生产的社会分析为起

---

① *Capital*, vol. 1, p. 614.
② 同上书,pp. 568-569。
③ Marx, *Results of the Immediate Process of Production*, trans. Rodney Livingstone, in *Capital*, vol. 1, pp. 983, 1024; *Capital*, vol. 1, p. 645.

点来看，仅仅在技术层面上把握资本主义工业生产的路径，就好像那些仅仅将资本主义劳动理解为人与自然之间互动的路径一样，两者都没有将具体维度理解为社会中介的物质化形式；相反，它们只看到了社会中介的拜物教形式的表面现象。这正是那些仅仅从私有财产和市场的角度出发来批判资本主义生产的人所做的，同时，那些将工业发展作为一种"现代化"过程，而不考虑资本的社会范畴的理论也是如此。

现在，我将转而讨论马克思对资本主义所特有的基本社会形式的理解和他对大工业的分析之间的关系。在追溯马克思的范畴的展开过程时我们发现，只有当相对剩余价值的范畴被引入之后，他的价值量的时间维度才获得充分的意义。同样地，只有在他对大工业的分析之中，他对价值的规定——作为对象化的（抽象）人类劳动——的充分意义才变得清晰。如上所述，因为资本主义生产的目的是剩余价值，所以，它为提高生产力带来了一种持续的驱动力，这最终使得社会一般知识所具有的生产能力取代了直接人类劳动，成为物质财富的首要社会源泉。与此同时，重点在于，正因为其目标在于剩余价值，资本主义生产依旧以人类劳动时间的消耗为基础。

马克思依据这样一种二重性来把握资本主义工业生产：作为一个物质财富形成过程，它不再必然依赖于直接人类劳动；而作为一个增殖过程，它必须继续以这一劳动为基础。大工业的特征在于，生产能力的提高不再取决于直接人类劳动——但这种劳动的重要性却延续了下来。随着这一生产方式的发展，活劳动逐渐不再作为参与、调整生产的力量。我们已经看到，从马克思对增殖过程的分析出发，不论其质性特征和生产力水平如何，直接人类劳动都是价值的重要源泉。劳动的消耗，是以对象化的劳动时间本身为目标的。只有当物质财富的生产不再依赖于直接人类劳动时（即使这一劳动依旧是生产过程内在的一部分），人类劳动作为对象化劳动时间的唯一源泉这一功能，才会表现在劳动过程本身的形式之中：

> 一切资本主义生产既然不仅是劳动过程，而且同时是资本的增殖过程，就有一个共同点，即不是工人使用劳动条件，相反地，而是劳动条件使用工人，不过这种颠倒只是随着机器的采用才取得了在技术上很明显的现实性。劳动资料……在劳动过程本身中作为资本，作为支配和吮吸活劳动力的死劳动而同工人相对立。①

马克思将工业生产视为增殖过程的充分的物质化形式——在这个过程中，物质财富被作为产生剩余价值的手段，而非生产的最终目标，而被生产出来；同时活劳动成为生产的对象和价值的源泉。在这个意义上，生产能力的最终作用，在于尽可能多地"吮吸"活劳动力。这一过程在大工业中的物质表现，既包括工作的碎片化性质，又包括——由于生产力不再首先取决于直接人类劳动——对象化的生产力与价值形态的关系和它们与物质财富形态之间的关系的日渐增大的区分。②机器作为一个整体进入了劳动过程，带来了大量的物质财富，但是，它仅以下述两种方式参与增殖过程：要么是逐渐将生产机器时投入的价值转移到产品之中，要么是通过降低工人的再生产所需的劳动时间，来改变剩余劳动时间和必要劳动时间之间的比率。③如前所述，这一分析意味着，在工业生产中，生产力的提高所带来的物质财富的增长要远远超过剩余价值的增长——尤其是当机器本身由机器所生产之后，这将大大拉开它们的财富创造能力和消耗在其构造过程中的劳动时间量之间的差距。④

由生产力的发展所造成的物质财富的增长和剩余价值的增长之间不断增大的差距，表现了劳动的使用价值维度的生产力和活劳动的生产力之间不断增大的差距。先前我曾涉及马克思对资本主义特有的社会关系形式和巨大的生产力的发展（以及与这一发展相关的世界观和现实观）之间的关

---

① *Capital*, vol. 1, p. 548.
② 同上书，p. 509。
③ 同上书，pp. 492, 502。
④ 同上书，pp. 509-517。

系的看法。而在这里,对我们的考察而言,重要的是这一发展的特定形式。活劳动依旧对生产具有核心意义,机器则被作为增加剩余价值的手段,在这样一种生产方式中,劳动的具体维度的生产力的建构,对立于作为资本的生产力的活劳动①:

> 生产过程的智力同体力劳动相分离,智力转化为资本支配劳动的权力,是在以机器为基础的大工业中完成的。变得空虚了的单个机器工人的局部技巧在科学面前,在巨大的自然力面前,在社会的群众性劳动面前,作为微不足道的附属品而消失了;科学、巨大的自然力、社会的群众性劳动都体现在机器体系中,并同机器体系一道构成"主人"的权力。②

在马克思看来,资本主义生产过程引导了巨大的、社会一般的生产力。然而,这一历史建构过程——我将其描述为历史时间的积累——成为一个异化的过程。这些力量以异化的形式出现在历史中,成为资本的力量、"主人"的力量。

我在考察马克思对协作和工场手工业的处理时,讨论了劳动的使用价值维度的这一异化过程,在下文中,我将进一步考察其结构性基础。在这里,重要的是在大工业中,具体劳动的社会生产力——马克思将其视为以异化形式建构起来的"种属能力",是给资本的"免费的礼物"——不仅大于直接劳动者的生产能力之和,而且不再首先由他们所建构。不同于工场手工业,社会整体的力量不再表现为异化形式的集体工人所具有的知识、技能和劳动,而是人类作为一个种属所积累的集体知识和力量。因此,正如上述引文所清晰表明的,随着大工业的发展,资本的力量不再应当被认为是异化形式的集体工人的力量,它变得远大于后者。

---

① *Capital*, vol. 1, pp. 508-509, 544ff.
② 同上书,pp. 548-549。

这一发展的另一方面是，个体工人以及集体工人（这一点很重要）的技能和力量都在衰落。随着物质财富的生产越来越取决于社会一般的技术、组织和科学知识，而非直接生产者的技能、知识和劳动，那么，工人们的联合劳动，也不再如同在工场手工业中那样，成为"超级工匠"的劳动。生产不再是一种以工人的劳动为根本基础的手工业形式。不过，由于社会一般生产力是随着资本的生产力的发展而发展——因此是在一个以直接劳动时间的耗费为前提条件的体系框架中发展，所以，大工业中的对象化的生产力，*在一个整体的社会层面上*，并不趋向于取代生产中的直接人类劳动。相反，它们是用来从劳动中抽取更多的剩余价值的。这种劳动不再在物质财富的生产中具有核心作用，因此日益失去了其作为手工业技术劳动或是作为这一劳动的一个专门化局部的特质。

因此，在异化的生产力和活劳动之间存在一种结构性的冲突，其中，随着前者的发展，后者变得日渐空洞与碎片化："甚至减轻劳动也成了折磨人的手段，因为机器不是使工人摆脱劳动，而是使工人的劳动毫无内容。"[①]由此，大工业生产的逻辑意味着工人技能的持续衰落。[②]我已经提到，在马克思看来，人类劳动在增殖过程中所具有的价值源泉的功能，在工业劳动过程中被物质化地表现了出来。在这里我要补充的是，正因如此，劳动变得日益空洞化，与单纯的体力消耗几无区别。

对象化的生产力和活劳动之间这一社会建构的、对抗性的关系塑造了工业生产过程的形式。在工场手工业中，价值和物质财富的区别对劳动过

[①] *Capital*, vol. 1, p. 548.
[②] 同上书，pp. 559—564。工人技术在工业资本主义中衰落的长期趋势在哈里·布雷弗曼的经典著作中得到了详细的考察，见 Harry Braverman, *Labour and Monopoly Capitalism: The Degradation of Work in the Twentieth Century* (New York and London, 1979)。有人批评布雷弗曼低估了工人的意识和斗争在修正和引导劳动过程本身的发展中的作用。然而，正如哈维所指出的，布雷弗曼的分析，如同马克思一样，关心的是资本积累的宏观的历史，以及劳动过程是否存在长期的单向性的变化（*The Limits to Capital* [Chicago, 1982], pp. 106—119）。也就是说，问题不仅在于工人是历史的主体还是客体，甚至也不在于阶级斗争修正了劳动过程的发展。相反，在一个更为抽象的层面，它在于资本主义是否具有一种历史轨迹。如我所指出的，这一轨迹（马克思试图以其资本主义的建构性社会形式的概念来把握它）无法仅仅依据阶级斗争来解释。与之相关的问题是，这一轨迹是否指向了对资本主义的可能的克服，进一步说，这一可能性是否意味着无产阶级的自我实现抑或是无产阶级劳动的废除。

程的形式而言尚不具有意义。因此，这一形式可以仅仅依据提高生产力的驱动力来加以解释。但是，工业劳动过程的形式却不能仅仅在这些层面上得以说明。据马克思所说，它的对抗性和矛盾性质，来自于其深层社会中介的二重性所产生的两种趋势，即提高生产力的持续动力和消耗直接劳动时间的必要性之间不断增长的张力。这一张力导致生产体系在工人面前发展为一个客观的体系，它将工人们纳入其中，作为其组成部分：①

> 在工场手工业和手工业中，是工人利用工具；在工厂中，是工人服侍机器。在前一种场合，劳动资料的运动从工人出发，在后一种场合，则是工人跟随劳动资料的运动。在工场手工业中，工人是个活机构的肢体。在工厂中，死机构独立于工人而存在，工人被当作活的附属物并入死机构。②

在马克思看来，随着大工业生产的发展，工人成为过程的对象，而过程本身成为了"主体"。他将工厂视为一个机械化的自动机，它是一个主体，包含了各种有意识的器官（工人）和无意识的器官（生产资料），所有这些都从属于其核心的动力。③换句话说，马克思对工业工厂的描述，和他先前对资本的描述是一致的，由此他表明，前者应被视为后者的物质表现。因此，通过对大工业的分析，马克思试图在社会层面上理解这一体系，其特征在于两个方面：巨大的生产力和碎片化的、空洞的直接人类劳动。在马克思看来，不幸的是，工作和资本主义工业劳动分工的性质，都未必是任何财富生产方式的技术进步的产物。相反，它们表现了一个由增殖过程所塑造的劳动过程。

尽管我已经表明，马克思将工业生产的冲突性质联系上了增殖的双

---

① *Capital*, vol. 1, pp. 508, 517.
② 同上书，p. 548。
③ 同上书，pp. 544-545。

重规则，但是，要完整地解释这些双重规则是如何发生作用的——也就是说，就整体社会层面而言，为什么在资本主义提高生产力的动力中，直接人类劳动依旧是生产的一个内在组成部分——将超过本书的界限。这将要求解释，价值如何作为一种为社会所建构的抽象统治形式而发挥作用，尽管行动者没有意识到它的存在。这一解释将反过来要求阐明马克思对结构与行动的辩证法的分析，因此要求进一步考察他在《资本论》第一卷的分析层次和第三卷的分析层次之间的关系。①

不过，在我先前讨论转化与重构的辩证法时，我事实上揭示了——尽管是在抽象逻辑层面上——这一解释的一个维度，也即马克思在分析增殖过程的二重规则的持续重构，以及分析资本主义生产所具有的冲突形式时的根本*结构*基础。在这里，我将简要地回头思考一下这一辩证法，如上所述，它最终根植于价值量的时间维度之中。在考察商品形式两个维度间的互动时我们发现，生产力的提高并未提高一个社会劳动小时中生产的价值量，相反，它历史性地重新规定了这一小时。因此，与价值相关的必然性形式是被重构了，而非被取代了。换句话说，资本主义劳动与时间这两个维度的辩证法是这样的：价值被重构为一个永恒的当下，尽管它在时间之中随历史而动。如我所述，这一重构是生产关系的结构性再生产——也即在这一社会形态特有的巨大转型之中，依旧建构着资本主义的那一基本社会形式——中最为根本的规定。

考虑到生产过程本身，内在于价值的必要性形式的一个面向在于：生产中的抽象人类劳动时间的消耗。由此，社会劳动生产力对抽象时间框架的重构，就包括了在结构上重构耗费这一劳动时间的必要性。换句话说，根植于资本主义的基本结构形式的转化与重构的辩证法是：不论生产力发展到什么水平，人类劳动的耗费在直接生产过程中依旧是必要的。因此，尽管大工业的发展使得具体劳动的社会性质可以以一种独立于直接生产者

---

① *Capital*, vol. 1, p. 531n71.

的形式在历史上发展，但是，以对象化的历史时间为基础的生产，并未简单地取代以当下即直接劳动时间的耗费为基础的生产。相反，后者依旧被重构为资本主义生产中的根本的、必要的组成部分。这是"工人的这种不断再生产或永久化"这一"资本主义生产的必不可少的条件"的根本结构基础。①

  我所勾勒的这一辩证法所带来的价值的重构和社会生产力的再规定，是雇佣劳动和资本之关系——它既是静态的又是动态的——的再生产过程中最基本的规定。这一关系的再生产过程转化了其中的每一个部分。如马克思所分析的，这个再生产过程最终取决于价值的形式，一旦物质财富成为财富的决定性形式，它就不再如此了。如我们所见，这正是一种必然的跑步机式运动的一个方面，其中，生产力的提高既未带来相应的社会财富的提高，也未带来相应的劳动时间的减少，但却重构了新的生产力基准水平——它引发了生产力的进一步提高。即使在这一相当抽象的逻辑层面，我们也能从这一辩证法的意涵中推导出工业劳动过程和无产阶级劳动所具有的一些特质。对生产价值的劳动（雇佣劳动）的必然性的动态重构，同时也意味着这一劳动的具体性质的转化。如果我们从整体社会层面出发进行抽象思考，那么，直接人类劳动生产力的提高——其发生框架的特点在于，这一劳动在结构上被保留在生产之中——将会使得劳动变得更为统一与简单，并加剧它的消耗。它为人类劳动赋予了一种具体形式，这一形式开始表现其拜物教化的社会形式（抽象劳动）的首要规定——肌肉、神经等的消耗。换句话说，在马克思那里，无产阶级劳动日益加剧的碎片化，内在地关联着一种辩证图景，其中，这一劳动依旧作为价值的源泉而保有其必要性，即使它作为社会生产力——它被异化为资本——的源泉的意义已经越来越小了。巨大的社会力量以异化于工人并控制工人的形式发展，与之相关，无产阶级劳动的长期趋势是走向片面与空洞；这些都是马克思

---

① *Capital*, vol. 1, p. 716.

的如下论断的根本基础,他说:"*不管工人的报酬高低如何,工人的状况必然随着资本的积累而恶化*。"①

显然,在马克思的分析中,这些发展并不仅仅来源于生产资料私有制,而是根植于我所考察的社会关系的深层结构。我们现在可以更为清楚地看到,在马克思从商品范畴中发展出资本范畴的过程中,他为分析发达资本主义生产过程的具体形式——他称之为"相对剩余价值的生产"或是"劳动真正从属于资本"——奠定了基础,他将这一形式分析为以深层社会形式为基础的二重运动的物质化(在整体社会层面)。这一生产过程既是物质财富的生产过程——它越来越以社会一般知识为基础,也是价值的生产过程——它以直接劳动时间的耗费为基础。因此,分析这一具体形式,就是考察这样一种生产方式:在深层层面上,它体现了实现更高水平的生产力以及生产剩余价值的过程中的矛盾性的结构规则。根据这样一种路径,充分发达的资本主义生产的具体形式的历史变化,可以被理解为一种由这两种日渐对立的规则所产生的持续增长的"剪压力"。这导致了一种生产方式,其特点在于普遍与特殊之间的物质对立,在于人类劳动随着生产力的提高而不断增长的碎片化与空洞化,以及工人被缩减为生产机制的零件。简单地说,在马克思看来,大工业不是一个以阶级统治为目的,并且日渐与这一统治形式发生矛盾的技术过程;相反,基于其历史建构,它是一种抽象社会统治形式的物质化表现——是人们被他们自己的劳动以客观化的形式所统治。大工业生产内在地是资本主义的——是"特殊的资本主义生产方式(其中机器等成了活劳动的真正主人)"②。

在这一考察过程中我已经表明,马克思的价值规律的论述意图,不仅在于解释市场均衡的条件,而在于依据一种历史"规律"、一种转化与重构的辩证法来把握资本主义社会。这一辩证法既带来了一种特殊的"增长"逻辑,也带来了一种特定的物质生产形式。准此而言,马克思在《资本论》

---

① *Capital*, vol. 1, p. 799(斜体由引者所为)。
② Marx, *Results of the Immediate Process of Production*, p. 983.

中的范畴性分析可以被理解为这样一种尝试：他想为资本主义进步的二重性质找到社会的和历史的基础。之前，他曾这样描述这一进步：

> 在我们这个时代，每一种事物好像都包含有自己的反面。我们看到，机器具有减少人类劳动和使劳动更有成效的神奇力量，然而却引起了饥饿和过度的疲劳。财富的新源泉，由于某种奇怪的不可思议的魔力而变成贫困的源泉。……我们的一切发现和进步，似乎结果是使物质力量成为有智慧的生命，而人的生命则化成为愚钝的物质力量。①

第四节　实质整体性

资　本

马克思将工业生产分析为资本主义特有的社会中介形式的二重性的物质化过程。在对这一分析的考察中，我已经同时澄清了他的资本这一概念。我们已经看到，马克思的资本这一范畴无法仅仅在"物质"的层面上，也即在为资本家所控制的"生产要素"的层面上加以理解，同样地，从资本家和工人阶级的关系的角度，也无法充分把握这一范畴。这种关系由生产资料私有制所结构，并由市场所调节。相反，资本的范畴指向了一种特殊的社会关系，一种动态的、整体性的、矛盾性的社会形式。这一形式由劳动及其二重性所建构，它既是中介人与人之间关系的活动，又是中介人与自然之间关系的活动。

在概念上，马克思首先从价值维度出发，将这一整体性形式规定为一种自我增殖的价值，随后将其展开为一个方向性的动态结构，一种历史发

---

① Marx, Speech at the Anniversary of *the People's Paper*, April 14, 1856, in Robert C. Tucker, ed., *The Marx-Engels Reader* (2d ed., New York, 1978), pp. 577-578.

展的特定方式的社会基础。不过，他的资本概念无法仅仅通过价值维度而加以充分把握，因为，如我们所见，资本主义社会劳动的使用价值维度被历史地建构为资本的一种属性。在协作和工场手工业中，资本对具体劳动的生产能力的占有，尚且可以被视为源于所有权和控制，也即被视为源于私有财产，因为这些生产能力依旧是为生产中的直接人类劳动所建构的，因此可以被认为与资本仅有外在的关联。但是，马克思的分析表明，一旦大工业发展起来之后，尽管私有财产在资本主义的历史起源这一异化过程中似乎处于核心位置，但现在它在结构上已经不再居于核心。在后一种条件下，资本所占有的具体劳动的社会生产能力不再是直接生产者的生产能力，不再是那种一开始属于工人，后来又从他们那里被夺走的能力。相反，它们成了社会一般生产力，它们的异化性质内在于它们的建构过程之中——事实上，它们之所以能够在历史上出现，正是因为它们是以一种区别于并对立于直接生产者的形式被建构起来的。应当清楚的是，这一形式正是马克思试图以资本的范畴去把握的东西。资本不是那种"事实上"属于工人的、神秘化的生产力的形式，相反，它是"种属能力"——它们不再仅仅属于工人，以异化的形式被历史地建构为社会一般生产力——的实际存在形式。

如果说具体劳动的社会维度——这一送给资本的"免费的礼物"——无法依据直接生产者的能力而得到充分的理解，同时，这一异化过程也无法依据私有财产而得到充分的理解，那么，这一异化的建构过程就必须被放在一个更为深入的结构性层面之中。这一具有结构性基础的异化过程的首要规定，已经为上文所述的劳动和时间的辩证法所给出。如我们所见，这一辩证法推动了社会一般生产力的发展；不过，这些生产力只不过是看上去可以为生产者所用，以满足他们的自身利益。正如我们在分析跑步机式辩证法时提到的，这些生产力既没有提高每单位时间生产的社会财富的支配性形式，又没有积极地转变劳动结构。相反，由于生产力的提高在结构上重构了价值的规定，所以，这些生产力有助于加强对生产者所施加的抽象压迫；它们提高了这一压迫的程度和强度，同时使得劳动变得更为碎片化。在这个意义上，它们作为劳动的抽象维度的属性而发挥作用，并且成为了统治生产者的手段。这一过程在结构上正以我所述的商品形式的二重性本身为基础。在这一辩证法中，生产力每到一新水平，都会被重新规定为抽象时间参照系的基准水平，并成为社会普遍的强迫性规范。这一辩证法可以被理解为这样一个过程，其中，作为一种生产活动的劳动的社会性质，在结构上成为整体性的一种属性——尽管它是由社会实践所建构的，但它对立于并统治着个体。在这个意义上，劳动的具体维度被其抽象维度所"占有"了。

劳动的抽象维度对劳动的使用价值维度的结构性占有，是资本主义社会形态的根本性侵占。它在逻辑上要先于与生产资料私有制有关的那种具体的社会侵占，而非后者的必然结果。在马克思的论述方式——也即从商品的范畴出发推演至资本的范畴——中所内含的论断是，由劳动而来的中介形式，引起了劳动的使用价值维度的生产力的极大提高，同时以一种异化的形式建构了这些生产力。（这一异化的建构过程显然无法依据市场和私有财产而得到充分把握。在这里我们又一次发现，马克思的价值和资本的范畴包含了现代生活的一个更为深入的结构性层面，它远超传统马克思主义对资本主义社会基本性质的阐释。）

第一，马克思的资本范畴指向了为资本主义劳动的中介作用所建构的异化整体性。第二，作为"自我增殖的价值"，抽象整体性"占有"了生产活动的社会性质，将其作为自身的属性。在上述发现中我已经表明，在马克思那里，和商品一样，资本也具有一种二重性——一个抽象维度（自我增殖的价值），以及一个具体的或是实质的社会维度（劳动作为生产活动的社会性质）。资本是资本主义社会劳动这两个维度的异化形式，作为一个异化的、整体性的**他者**出现在个体面前：

> 资本不是物，而是一定的、社会的、属于一定历史形态的生产关

系，它体现在一个物上，并赋予这个物以特有的社会性质。……资本是已经转化为资本的生产资料，这种生产资料本身不是资本，就像金和银本身不是货币一样。社会某一部分人所垄断的生产资料，同活劳动力相对立而独立化的这种劳动力的产品和活动条件，通过这种对立在资本上被人格化了。不仅工人的已经转化为独立权力的产品（这种产品已成为它们的生产者的统治者和购买者），而且这种劳动的社会力量及有关的形式，也作为生产者的产品的属性而与生产者相对立。①

作为由劳动建构的抽象社会纽带以及历史建构的人类生产力这二者的抽象形式，资本作为一个整体而言既是抽象的又是具体的；此外，它的每个维度都是普遍的。在先前对价值的考察中，我将其分析为一种抽象的、普遍的、同质的社会中介；现在我们清楚了，这一中介带来了社会一般的生产力的发展并规定了社会一般的知识模式。（在这里，如我们所见，抽象形式的普遍性和具体形式的普遍性是不一样的。）在另一个层面上，资本同样可以被理解为一种抽象时间和历史时间的客观化的二重性，一种整体性——其中历史时间以一种压迫活人的异化形式被积累起来。资本是现代社会史的结构，是一种建构性的社会形式，它以这样一种方式建构起来："一切死亡先辈的传统，好像噩梦一般，笼罩着活人的头脑。"②

现在，我将继续讨论马克思的生产力与生产关系的辩证法这一观念。如果说价值是资本主义社会生产关系的根本范畴，而劳动的使用价值维度则包含了生产力，那么，资本就可以被理解为由劳动中介的生产关系的一种异化结构，它推动了社会一般生产力的发展，同时将其纳为自身的一种属性。*生产力与生产关系的辩证法*——我分析中的转化与重构的辩证法的根本规定——是资本的两个维度的辩证法，而非资本和外在于资本的生产力的辩证法。这一辩证法居于资本的核心，这种资本则是一种动态的、矛

---

① *Capital*, vol. 3, pp. 953-954（斜体由引者所为）。
② *The Eighteenth Brumaire*, p. 103.

盾的社会整体性。马克思的资本范畴所指的，绝非仅仅是由一个私人占有者阶级所掌握的生产资料，而是一种异化的、二重性的、由劳动中介的关系结构。基于这一结构，现代社会的独特肌理，其抽象统治形式，其历史动力，及其特有的生产形式和工作形式，都可以予以系统性的理解。对马克思而言，资本，作为商品形式的展开，是现代生活的核心的、整体性的范畴。

先前我提到，马克思分析中的工业生产内在地是资本主义的。现在，我可以进一步延伸这一描述：工业生产是资本的物质化，由此，是生产力和生产关系*两者*在它们的动态互动过程中的物质化。显然，这一分析与传统马克思主义对资本主义生产力和生产关系及其矛盾的理解已经相去甚远。

作为资本的辩证法中的一个要素，使用价值维度——历史时间的积累、社会一般知识和能力的积累——既非完全等同于，亦非彻底脱离于抽象价值维度；相反，使用价值维度是在其与抽象价值维度的互动中被塑造的。这意味着，一方面，尽管整体性必然是异化的，但它不是单向度的，而是具有二重性的；整体不是一个无矛盾的统一体。另一方面，这表明使用价值维度的历史建构形式并不独立于资本，且不应被视为解放的所在。

我们已经看到，由资本的动力所带来的种属的知识和能力以一种异化形式发展，并对立于个体。因此，马克思所持有的看法并不是像哈贝马斯所说的那样，认为科技工业资本主义的快速发展将会自动带来社会进步与人类解放。[1]哈贝马斯所回应的是生产主义的马克思主义，与后者的假设相反，在马克思的路径中，科技的发展并不代表一种将会延续至社会主义中的线性进步。即使不考虑社会形式和科学思想形式之间的关系问题，我们也能看到，马克思并不将科技的发展作为单纯的技术发展，或是作为一种独立于乃至对立于资本主义生产关系的社会发展。恰恰相反，根据他的

---

[1] Jürgen Habermas, *Knowledge and Human Interests*, trans. Jeremy Shapiro (Boston, 1971), pp. 50-51.

分析，资本主义中所发展的社会一般知识和能力的形式是社会地形成的，并且作为资本的属性，被纳入了生产过程之中。它们强化了抽象时间的统治，因此，它们是作为辩证过程中的一个要素而发生作用；这一过程将直接人类劳动保留在生产之中，同时在内容上使其空洞化，在时间上使其加强化。换句话说，工业资本主义是以个人为代价，才将一般人类生产力从个人能力和经验的限度中"解放"出来的。

资本在造就社会一般人类生产力和活劳动之间的这一冲突的同时塑造了二者。社会劳动的使用价值维度以异化形式建构，这意味着它在结构上将会对直接生产者造成损害。更进一步说，就如工人的具体劳动一样，它也是由上文所述的辩证过程所内在地塑造的。因此，尽管它不等同于价值维度，在这样的历史建构形式之下，它也无法成为人类解放的基础。

对于一种将后自由主义现代社会作为资本主义社会来加以分析的批判理论而言，下述观念具有核心的重要性：历史建构的实质社会维度的要素——特定形式的社会一般科学、技术、组织知识和时间——是由价值的要素所塑造的。它为我在第四章中的讨论赋予了深度，在那里我提到，哈贝马斯为现代世界社会生活不断增长的工具性质——也即世界被转变为作为理性化手段的世界，而非作为目的的世界——提供了社会基础。

我先前曾指出，哈贝马斯所谓的持续的工具化过程，在根本上是植根于资本主义劳动作为一种社会中介行为所具有的性质的，也即植根于既作为财富形式、又作为社会中介形式的价值的本质之中。一旦生产的目标是剩余价值，生产就不再是追求实质目的的手段，而是追求这样一种目的的手段：这一目的自身就是手段，因此仅有纯粹的数量意义。所以，资本主义生产是为生产而生产，任何特定产品的生产过程，都只是剩余价值的永恒扩张过程中的一个环节。

这一目标说明了生产本身的性质。如我们所见，根据马克思对资本主义生产的分析，与价值相关的抽象时间性强制同时也规定了劳动过程的具体形式。自工场手工业始，价值就成为了大规模生产组织的一个结构性原则；生产的组织，以尽可能高效地使用人类劳动为据，出于更高的生产力这一目标，这一过程变得日益专门化、碎片化。换句话说，劳动的使用价值维度开始为价值所结构。

尽管我无法充分分析这一过程，我依旧可以指出，基于目前所做的讨论，这一过程同样在结构上是以劳动与时间的辩证法为基础的。在资本主义发展过程中出现的社会一般科学、技术和组织知识与实践的模式，是在某种社会背景中被历史地建构起来的。规定了这一背景的，是一种抽象的、同质的、数量性的社会维度。因此，这一社会背景将会走向生产力和效率的持续提高。劳动的使用价值维度的诸多方面，都在价值规定框架所给出的目标之下被发展、使用，同时，它们也在结构上强化并重构着这一框架——也就是说，它们作为价值的属性而发挥作用。然而，这一作用并不外在于它们的性质：它们不仅重新规定了价值维度，同时也反过来被价值维度所规定。这意味着，资本主义劳动的两个维度的辩证互动在于：实质维度日益为价值维度的特质所内在地结构。

由此，我所谓价值维度对使用价值维度的"占有"可以被理解为这样一个过程，其中，以价值维度为源泉的那种形式合理性，结构了使用价值维度。它导致了现代生活中的一种趋势，韦伯将其描述为一切生活领域的不断增长的（形式）合理化，而哈贝马斯则将其表述为世界不断增长的工具化。因为这一过程不断将劳动和社会生活的实质维度纳入其中——也即后自由主义资本主义中的生产和社会政治生活机制的行政合理化。所以，哈贝马斯将其源泉置于劳动本身中。但是，这一实质发展的根本基础不在于劳动的具体维度，而在于其价值维度。尽管后者确实塑造了前者的形象，但我的分析已经证明，两者并非同一。资本两个维度的这种不同一性，是其深层辩证动力的根本矛盾的基础：它带来了这两个维度在未来彼此分离的可能性，因此也带来了转变资本主义下的社会一般知识和能力的发展模式的历史可能性。在这一过程中，这些知识和能力模式有可能变成为人们所用的手段，而非为社会建构的抽象统治的手段。

工具化的历史过程被哈贝马斯作为后自由资本主义不断增长的*非矛盾性*、单向度性的标志。而这里的路径则试图将这一历史过程的基础，置于资本主义的结构性形式的*矛盾*特性之中。它表明，与合理化过程或工具化过程相关的意义（或"意义感"）的丧失，既非高技术生产本身的结果，亦非世俗化的结果。相反，它根植于社会生活与生产的方式之中，这些方式为这样一些社会关系所结构：它们将生产与人们的生活变成了一个没有实质目标的持续过程中的片段。这样一种路径在理论上包含了一种可能性，即一种以高技术生产为基础的世俗生活形式可以存在于工具理性的塑造之外——也就是说，与由资本所结构的生活形式相比，它将为人们提供更为实质的意义。

无产阶级

现在我可以回到工人阶级的历史角色和资本主义的根本矛盾这些问题上了，马克思的成熟期批判理论内在地处理了这些问题。通过考察马克思对建构资本主义的社会中介的结构性形式的分析我已经表明，阶级冲突本身并未导出资本主义的历史动力；相反，恰因它是为具有内在动力性的社会形式所结构的，所以它才成了这一发展中的一个驱动性因素。如上所述，马克思的分析否定了这样的观念，即资产阶级和无产阶级的冲突，是资本主义社会的统治阶级和体现了社会主义的阶级之间的冲突，因此社会主义将带来无产阶级的自我觉醒。这样的理念与对资本主义根本矛盾的传统理解密不可分，它将这一矛盾视为工业生产和市场与私有财产之间的矛盾。资本主义的两个主要阶级都依据这一假定的矛盾而加以认定。工人与资本家的对立由此被视为生产力与生产关系的结构性矛盾的社会表现。这一整套概念依赖于一种"劳动"观念，它将劳动作为超历史的社会财富源泉以及社会生活的建构要素。

通过阐明马克思在抽象劳动和具体劳动、价值和物质财富之间所做的区分，以及证明这些区分在他的批判理论中的核心性，我已经充分批判了上述概念的潜在假设。基于这些区分，我发展出了劳动与时间的辩证法，它居于马克思对资本主义特有的增长模式和发展轨迹的分析的核心位置。在马克思看来，以无产阶级为基础的工业生产绝非仅仅是生产力的物质化（它与资本具有结构性矛盾），而是由资本所内在地塑造的。它是生产力*和*生产关系两者的物质化形式。因此，它不能被理解为一种不变的、作为社会主义之基础的生产方式。在马克思的成熟期批判中，对资本主义的历史否定不能被理解为一种分配方式的转变——这一转变将充分适用于资本主义下发展的工业生产方式。

同样地，在马克思的分析中，无产阶级也显然不是一个可能的非资本主义未来的社会代表。马克思对资本这一范畴的逻辑展开，他对工业生产的分析，都彻底否定了将无产阶级视为革命**主体**的这一传统假定。对马克思而言，资本主义生产的特点在于，在一个由价值所规定的框架中，社会生产能力和知识的巨大扩张被建构起来，并因此以资本这一异化形式而存在。当工业生产得到充分发展之后，这些社会整体的生产力将超过集体工人的联合技能、劳动和经验。它们是社会一般的，人类积累的知识和能力以这种异化形式建构了自身；将它们理解为对象化了的无产阶级力量是不充分的。用马克思的话说，"死劳动"不再仅仅是"活劳动"的对象化，它成了历史时间的对象化。

在马克思那里，随着资本主义工业生产的发展，物质财富的创造越来越少地依赖于生产中的直接人类劳动的消耗。不过，这种劳动依旧扮演着必要的角色：只要（剩余）价值的生产必须依赖于它。而我们上文所考察的价值的结构性重构，同时也就是无产阶级劳动的必要性的重构。结果是，随着资本主义工业生产的不断发展，对物质财富的生产而言，无产阶级劳动变得越来越多余，最终变得不合时宜；但是，作为价值的源泉而言，它却依旧是必要的。随着这一二重性愈演愈烈，资本越发展，建构资本的劳动也就越空洞化、碎片化。

如马克思所分析的，这一状况的历史"讽刺"在于，它正是由无产阶级劳动本身所建构的。准此而言，重要的是，马克思在思考"生产性劳动"这一政治经济学范畴时，并未将其作为建构了社会和财富一般的社会活动——换句话说，他并未将其作为"劳动"。相反，他将资本主义的生产性劳动定义为生产剩余价值的劳动，也就是说，它催生了资本的自我增殖。①因此，他就将政治经济学中一个超历史的、肯定性的范畴，转化为一个历史特定的、批判性的范畴，并把握住了资本主义的核心。马克思没有美化生产性劳动，相反，他指出："生产工人的概念绝不只包含活动和效果之间的关系……而且还包含一种特殊社会的、历史地产生的生产关系。这种生产关系把工人变成资本增殖的直接手段。所以，成为生产工人不是种幸福，而是一种不幸。"②换句话说，生产工人是其自身的统治的结构性源泉。

在马克思的分析中，无产阶级由此而依旧对资本主义具有结构性的重要性，它是价值的源泉，但不是物质财富的源泉。这与对无产阶级的传统理解恰恰相反：工人阶级远未建构起那种与资产资本主义社会关系相矛盾的社会化生产力，并由此指向一个后资本主义未来的可能性。对马克思而言，工人阶级是这些关系本身的核心建构要素。无产阶级和资产阶级两者都受制于资本，但前者更甚：资本或许能够脱离资本家而存在，但它不能脱离形成价值的劳动而存在。根据马克思的分析逻辑，工人阶级非但没有体现一个可能的未来社会，相反，它正是它所遭受的当下环境的必要基础，它与现存秩序相连：这也使它成为历史的客体。

---

① *Capital*, vol. 1, p. 644.
② 同上。这再度确认了无产阶级劳动在马克思的资本主义分析中的核心性，不应视为是他对其在社会生活中的本体论首要性的肯定性评价，也不应视为是表明了工人是社会中最受压迫的群体。相反，它之所以位于他的分析的核心，是因为它是资本主义特有的抽象的、动态的社会统治形式的根本建构要素——也就是其批判的焦点。马克思对商品性劳动及其与主体观念之关系的分析，同时给出了一种历史—结构性方法，来处理什么样的活动被社会认为是劳动，社会的哪些人被认为是主体这样的问题。这一阐释将有助于讨论性别的社会历史建构，也将改变许多最近的讨论的方式——考虑到马克思的批判与妇女、少数种族、少数民族和其他团体的社会与历史地位这些议题之间的关系。这些讨论倾向于从传统马克思主义立场出发，并对之做出回应。（这一趋势表现在下述问题框架中，如家务工作是否和工厂的工作一样重要；阶级——对立于性别、种族或其他社会范畴——是否必然是与社会压迫最相关的范畴。）

简单地说，马克思对资本的轨迹的分析，在任何意义上都没有指向无产阶级作为真正的历史*主体*在一个社会主义社会中的自我觉醒的可能。①恰恰相反，它指向了对无产阶级及其劳动的可能废除，并以此作为解放的条件。这一阐释必然要求在根本上重新思考资本主义社会中的工人阶级斗争与克服资本主义的可能性之间的关系——本书中我只能稍微涉及一下这个主题。它表明，马克思的批判所指出的对资本主义的可能的历史克服，不应被理解为无产阶级对其建构物的重新占有，因此，也不应被仅仅理解为废除私有财产。相反，马克思的逻辑要旨清晰地表明，这一历史否定应当被理解为人们对社会一般能力的重新占有；这些能力在根本上并非以工人阶级为基础，它们在历史上以异化的形式被建构为资本。②只有当这一异化过程的结构基础——价值，以及无产阶级劳动——被废除了，这种重新占有才得以可能。反过来说，这一可能性在历史上的出现，也依赖于资本主义社会的深层矛盾。

矛盾与特定的否定

现在我们可以回到这一矛盾之中了。我对马克思在《资本论》中对工业生产的论述的考察，清楚地否定了传统阐释中所说的马克思关于资本主义的根本矛盾，以及关于无产阶级与资本主义及社会主义之间关系的概念。我证明了，在马克思的分析中，工业生产是资本的物质化形式，无产阶级并不代表超越资本主义统治的可能未来；相反，它是这一统治的必要前提。由此，这一考察反过来也证明了下述两者之间的重要区别：一边是

---

① 琼·科恩也反对将无产阶级作为革命主体的假定。然而，她将这一传统马克思主义立场等同于马克思对资本主义生产过程的分析。见 Jean Cohen, *Class and Civil Society: The Limits of Marxian Critical Theory* (Amherst, Mass., 1982), pp. 163-228。

② 这一分析否定了加诸马克思身上的那种准浪漫化的观念，即克服资本主义意味着"活劳动"对"死劳动"的胜利。见 Jürgen Habermas, *The Theory of Communicative Action*, vol. 2: *Lifeworld and System: A Critique of Functionalist Reason*, trans. Thomas McCarthy (Boston, 1987), p. 340。我将在下一个部分阐明，马克思的分析与之恰恰相反，具有质性区别的未来社会的可能性，植根于"死劳动"的潜能。

一种以"劳动"的观念为基础的批判，一边是一种将资本主义劳动的历史特殊性作为批判焦点的批判。然而，资本内在地塑造了生产，并且将无产阶级包含在内，这并不意味着资本主义在马克思的视野中是单向度的。相反，我已经表明，他将这一社会理解为一种具有根本矛盾性的社会，虽然他并不将这一矛盾视为生产方式与分配方式的矛盾。这意味着，废除自由主义资本主义的分配关系并非废除资本的充分条件。同时，这也使得一种对后自由主义资本主义形式分析得以可能，这一分析以这一社会形态在根本上的矛盾特性为基础。

依据马克思的论述逻辑，资本主义的根本矛盾根植于其基本的结构性社会形式。在这里，我不拟讨论这一矛盾在主体和客体维度中的历史展开；相反，我仅仅试图在一个抽象逻辑层面上，澄清马克思对这一矛盾的一般性质的理解，以及对资本主义的特定历史否定所具有的一些关键面向，它们在我先前的论述中已经有所涉及。

马克思关于资本主义社会的结构性矛盾的观念，必然是指这一社会的历史特殊性与超越这一社会之物两者之间的矛盾，它不能理解为资本和貌似独立于资本的社会生活维度之间的矛盾。我对资本主义中劳动与时间的两个维度的辩证法的考察表明，社会劳动的具体维度被建构为价值维度的一种属性。在马克思那里，资本主义社会劳动的具体维度和抽象维度都是资本的维度，在它们的现存形式中，两者都不代表着未来。

尽管没有任何现存的社会形式代表了对资本主义的特定否定，但是，马克思的论述依旧指出了这一否定的可能性。他所展现的发展轨迹中，包含了资本主义基本社会形式的两个维度之间的一种不断增长的张力：一边是社会一般知识和能力，其异化形式的积累源自于由劳动建构的社会中介形式；另一边是这一中介形式本身。我们已经看到，作为社会中介的历史特殊形式，同时也作为财富的形式，价值是资本乃至整体性的最终基础。在它与商品形式的使用价值维度之间的辩证互动之中，它被不断地重构；然而，生产领域的发展同时指向了对价值的可能的历史克服。随着价值依旧必然地依赖于直接人类劳动时间的消耗,对因它而来的生产力的巨大提高而言,价值就会成为一个越来越狭隘的基础。

如果要讨论所谓对生产力的"束缚"的话,那么,这一观念首先所指的,并非阻碍了工业生产的充分发展的市场与私有财产。事实上,生产力的充分发展这一观念,主要地并不是指更大量的产品的生产可能。(因为,如上所述,生产力的失控正是资本扩张所特有的要素。)相反,在马克思的概念里,深层的束缚是指,在一个为价值所结构的体系中,人类的一般能力必须被用来尽可能多地从工人身上榨取剩余劳动时间——虽然它们日益有可能被用于直接增加社会财富,以及转变细致的劳动分工。这一系统性的强制导致了特定的"增长"与生产方式。因此,资本主义生产关系所施加的束缚,应当被认为是内在于这些方式本身之中的,而非阻碍它们发展的外在因素。

随着历史时间的积累,这些束缚将愈发严厉。马克思的论述表明,在资本主义工业发展的过程中将会出现一道越来越大的鸿沟,一边是被建构为资本的社会一般生产能力,另一边是整体性的价值基础。不过,这一鸿沟并不代表一个新的形式将会线性地取代现存的形式。资本主义结构性社会形式的两个维度间互相转化与重构的辩证法在于,这一社会不会也不可能以一种准自动的方式进化为一个具有根本性差异的社会形式。同样地,后者也不会从任何现存体系的崩溃中自动诞生。相反,我所描述的日渐增长的鸿沟具有两个对立的环节。一方面,由于它是为价值所结构的,它将日益表现为客观化整体性和个体之间不断深化的对立:前者变得越来越富有与强大,而更多的个体劳动和行动则变得越来越空洞与无力。在马克思看来,随着作为资本而存在的生产力的增长,人们不是被它所解放,而是被它所掳获。另一方面,同样的发展也标志着物质财富的生产条件和价值的生产条件之间的日益分离。同时,尽管这一发展使得作为物质财富的源泉的无产阶级劳动变得越来越多余,乃至从物质财富生产的立场上看来,无产阶级劳动开始脱离时代的要求;不过,它也使得价值本身开始脱离时代的要求。

由此,显然,马克思关于资本主义生产发展的论述包含废除价值和无产阶级劳动的可能性。(后者就使用价值维度的潜能而言正变得日益多余,尽管它依旧是价值的构成要素。)我的分析已经指出,尽管资本主义社会劳动的两个维度都是资本的维度,但对马克思而言,是价值建构了资本主义的基础,并必然地与其相系。当然,使用价值维度是以价值所塑造的形式而构成的,但是,与价值不同,它并不必然与资本相系。马克思的论述逻辑指出,废除价值将会使得那些被建构为社会劳动的异化的使用价值维度的东西以另一种形式存在;换句话说,马克思的论述逻辑的要旨表明,历史时间的积累以一种异化的形式进行,这一形式重构了当下的必然性;与此同时它也表明,这种积累同时也削弱了它自身参与重构的当下的必然性,并因此带来了社会生活组织的一种根本转变的历史可能性。

这涉及了马克思的分析中所做出的一个区分:一边是使用价值维度的外在形式,它由价值所结构,是社会生活日渐增长的工具性的一个基本面向;一边是由此构成的潜在可能。它表明,马克思的资本主义根本矛盾的观念,最终是指如下两者之间的矛盾:一方面,是所积累的种属一般能力的潜能;另一方面,是它们的*现存的*、*异化的形式*,它由劳动和时间的两个维度的辩证法所建构。在马克思关于资本主义的可能克服的概念中,现状和它的特定潜能之间的关系居于核心位置。资本的社会劳动的两个维度之间日益增长的对立,是同一社会形式的两个环节间的对立,因此,它导致了现状和它的特定形式间日益增长的张力,或曰经济与社会的剪压力。这一张力既强化了资本,又使得资本主义结构性关系的两个组成维度之间有可能彼此分离。它指向了社会与其资本主义形式之间互相分离的可能。根据马克思的分析,正是实然和或然的这一结构性鸿沟,使得资本主义的历史转型得以可能,并由此为批判本身的可能性提供了内在的基础。社会必然性在历史上被区分开来:一边是实然,是资本主义的必然性;一边是非资本主义社会的必然性。

因此,马克思的批判不是"肯定性"批判。它的最终出发点,不是一个被认为独立于资本主义的现存社会结构或团体。事实上,它不是资本主义基本矛盾中任何一方的现存形式,不论人们怎么解释这一矛盾。我们看到,马克思的论述表明,普遍的历史解放并不基于现存生产形式完全实现的可能,而是基于对它的克服。这一批判并不植根于现状,而是植根于未来的可能——但它无法在现存的社会生活结构中得以实现。在这样一种批判社会理论的框架之中,解放的实现可能,并不由任何现存结构或社会团体——它们的充分发展被生产关系扼制了——所"保证"。同时,它也不是不具有历史特定性的可能性。相反,它所带来的是对现存秩序的特定的否定——这一新结构的创造已经作为历史可能性而出现,并以要求废除资本主义秩序的根本基础,作为它们的现实的、实际的社会存在的条件。如我们已经看到的,在马克思那里,正是那些为新的社会组织奠定了可能性的东西(即对象化的历史时间),在其现存形式中,强化了资本主义的抽象统治体系。他的批判理论的核心目标之一,在于阐明这一悖论性的结构发展,并由此推动其可能的转型。马克思的"否定性"批判的起点,在于一种特定的可能性,它历史性地出现在现存秩序的矛盾性质之中,并且不应被等同于这一秩序的任一维度的现存形式。在这个意义上,这一批判的出发点是时间性的,而非空间性的。

当然,对资本主义基本矛盾的这种阐释给出了一种截然不同于传统阐释的对资本主义的特定否定的理解。在传统阐释中,克服资本主义的基本矛盾涉及劳动在社会生活中的核心性的公开实现。而我的论述恰恰相反,在马克思那里,劳动在社会生活构成中所具有的核心性是为资本主义所特有的,它形成了其抽象统治方式的最终基础。这一路径对马克思的资本主义基本矛盾的阐释,基于下述两者之间不断增长的张力:一边是以劳动为基本中介的社会生活形式;一边是另一种生活形式的历史可能性,其中劳动不再扮演社会中介的角色。我已经指出,他所勾勒的历史发展的逻辑指向了克服价值——由此,克服由劳动建构的客观化、量化的社会中介方式——的历史可能。这将进一步克服居于资本主义之心脏的社会统治形式,克服为资本主义的必然增长模式和生产方式所特有的那种抽象的、客观的强制。根据马克思的分析,资本主义发展的轨迹内含着一种可能的特定的历史否定,它将可能建构另一种非"客观的"社会中介形式,一种不同的增长形式,以及一种不再为价值的规则所塑造的高技术的生产方式。由此,人们可以不再为他们自身的社会一般生产能力所统治与吸纳,并将它们用于满足自身的利益。

资本主义的这一特定否定的一个面向在于,社会生活不再由我们所考察的结构所准客观地中介,相反,它将以一种社会的、政治的方式公开地被中介。在这样一个社会中,政治公共空间将扮演一个比在资本主义中更为核心的角色;因为,它不仅不再受到为阶级社会所特有的财富与权力的巨大悬殊所造成的扭曲,而且也不再受到一系列在马克思的分析中属于资本主义的特征(而非"经济"的特征)的根本性限制的影响。

比如说,马克思的论述的逻辑要点表明,一旦废除了生产的价值基础,物质财富就不再被作为价值的承担者而生产。在高技术生产能力的条件下,它自身就将成为财富的支配性社会形式。考虑到马克思对资本的分析,这意味着经济增长的性质和结果将会与资本主义时截然不同。生产力的提高将不会借由降低必要劳动时间来间接地增加社会财富,因此不会造成将失控的增长作为经济"健康"的条件的趋势——就像当价值是财富的支配性形式时所发生的那样。相反,它将直接带来社会财富的增长。在这一条件下,物质财富的生产量和社会财富量之间将没有鸿沟。在一个系统性的层面上,这不仅会由于明显的富足(大量货物的生产)而克服贫困的根本基础(在社会"财富"的意义上),同时还会带来一种经济增长形式,它不必直接对立于人类的长期生态利益。

就一般社会层面而言,马克思的范畴性分析的逻辑轨迹同时还指向了生产结构的可能转型。我们已经看到,对马克思而言,工业生产的性质——更确切地说,是不断增长的人类生产知识与经验的潜力和资本主义生产及其极端详细的劳动分工的对抗性形式之间的鸿沟——根植于资本的两个维度的辩证法，因此最终根植于价值形式。就此而言，马克思的战略要旨在于表明，高生产力水平和碎片化的、空洞的工作之间的关系是一种历史特定关系，随着资本主义的发展，这一关系越来越少地基于技术的必要性，越来越多地基于一种特殊的社会必要性形式。资本既维持了这一关系的必要性，又导致了它潜在的非必要性。它重构了无产阶级，同时也使无产阶级作为物质财富的社会来源的意义越来越小。在上述分析中，废除价值将包含废除增殖的两项规则——不断提高生产力的必要性，以及在生产中消耗直接劳动时间的结构必要性。这既将使得社会劳动组织在量上发生巨大的变化——也即劳动时间的社会普遍的大规模减少——又将使得社会生产结构和个体劳动的性质发生根本上的质的转变。使用价值维度的潜能不再被价值维度所束缚与塑造，它将反过来被用于转变物质生产形式。结果是，大量的工作都将被废除——作为价值的源泉，它们变得日益空洞与碎片化。所有剩余的片面的任务，都可以进行社会轮换。换句话说，马克思的分析表明，废除价值将会带来社会普遍的生产转变，这将在保持高生产力水平的同时废除无产阶级劳动：转变工业资本主义中大量工作的性质，并废除这样一个体系，其中，人们将他们大量的成年生命都放在了这些劳动中。它将带来一种直接以历史时间的占有为基础的生产形式。

马克思对工业生产的批判性分析，既指向了废除大量片面劳动的可能，又指向了重新定义、重新结构劳动的可能：劳动将变得更有趣，更具有内在意义。它提出，只要直接人类劳动依旧是持续的剩余产品的直接社会基础，那么就必然存在社会财富（不论是物质财富形式还是价值形式）和生产它的劳动之间的对立——只要前者是以后者的耗费为代价而形成的。在以价值为基础的生产体系中，这一对立变得最为鲜明。尽管如此，在马克思看来，这一体系的矛盾还是指向了转变生产的可能，这一可能将克服旧有的社会财富和劳动之间的对立。他的分析指向了可能的个人劳动方式的形成，这些方式不受详细劳动分工的限制，对个人而言更为完整与丰富。此外，它们还是多种多样的，人们不必再将他们绝大多数的成年生命投入同一种劳动之中。

克服个体与社会之间的冲突对立，未必导致前者被纳入后者之中。恰恰相反，马克思的分析证明，这种吸纳恰恰存在于当下——它是资本的一个特征。克服这一冲突对立要求克服一种具体的劳动结构，其中，劳动个体的"贫困"是社会财富的前提。它要求一种新的劳动结构，其中，社会的财富并不与个体以劳动"创造财富"的可能性相悖。在马克思的批判性分析中，这一结构要成为可能，需要资本主义矛盾的增长所带来的历史可能性：从前以异化形式建构的生产能力，可以被重新占有，并反过来用于生产领域本身之中。

在一个后资本主义社会中，社会劳动会变得更加有趣，更有意义，不过，这一可能性并不代表着一个劳动的乌托邦。它并不依赖于劳动在社会生活建构中的核心性；相反，它取决于对劳动在资本主义中所扮演的社会建构角色的历史否定。此外，马克思对劳动在结构资本主义工作和生产中所扮演的中介角色的分析，可以被推广到两个方面：一方面，它结构了娱乐、闲暇和它们与工作的关系，乃至公共生活与工作的关系；另一方面，它结构了私人生活。这表明，克服这一历史特殊中介形式将不仅带来一种新的工作结构，同时也将在根本上给予一般社会生活以新的结构和意义——不仅为了（边缘的）少数，更为了大多数。

如我们所见，生产和劳动的这一可能的转变，依赖于马克思的分析所给出的区分：一边是使用价值维度的现存秩序，它由价值所塑造；另一边是其潜在能力。人们重新占有劳动的（以异化形式建构的）使用价值维度的可能性，有赖于对价值的废除，因此，这一重新占有内在地以资本主义基本社会形式两个维度的分离为前提。这反过来意味着使用价值维度诸要素的可能的转变。换句话说，我所勾勒的路径认为，这些要素的现存形式在本质上是工具性的——因为它们是由价值所塑造的——并在理论上允许这样的可能性：在价值被废除之后，那些被历史地建构为资本的具体维度的东西（除了生产方式外，还包括譬如知识的科学与技术形式），可以以另一种形式存在。由此，马克思的分析指出，废除价值将会带来一个不同的高技术生产方式，区别于资本主义生产领域，它不是以一种对抗性的方式内在地结构起来的。这一分析还指出，在资本主义的异化社会形式下发展出来的科学与技术知识，有可能被更为普遍地重塑与重构。更为一般地说，马克思的资本主义批判给出了这样一个立场，它既不认可现存形式的科学与技术知识具有解放性，又不内在地呼唤它们的抽象否定。相反，马克思对以异化形式在历史上建构起来的东西所具有的解放潜力进行了社会分析，马克思的批判试图批判性地把握以下这一点：现存之物如何指向了其自身的历史超越。

我们可以这样总结马克思的分析中的一条线索：资本的动力使得生产力以一种具体形式发展，这一形式保持了一种统治手段。不过，它的增长潜能造就了一个基础，使得社会、社会中介方式以及社会生产组织终将发生转变；在这一转变中，生产的结构和目标都会发生根本的变化。生产领域的这一自反性转变的可能性，为一种社会批判提供了基础，而这一批判将超越如下两种社会批判的二律背反：其一是批判异化劳动，批判人们疏远了他们的本性。这一本性拒绝工业技术本身，因为它秉持着一种不具有历史可能性的希望：回到前工业社会。其二是批判社会权力，批判资本主义所生产的大量货物和服务的不平等、不公正的分配，这种批判把由资本决定的生产的线性延续作为必然而接受了下来。

在思考马克思的论述逻辑中所涉及的废除雇佣劳动的意义时，我将目光聚焦于这一废除的具体维度——也即对无产阶级劳动的可能的废除，以及与此相关的劳动过程本身的可能的转变——以此澄清我的阐释与传统马克思主义之间有多么根本性的不同。而在这里，我应当指出，马克思对资本主义生产发展的范畴性分析同样指向了对雇佣劳动的另一个方面的可能的废除，也即废除以劳动力与工资——用来获得消费资料——之间的交换为基础的分配体系。我们已经看到，无产阶级劳动作为物质财富的源泉日益失去意义,尽管它被系统性地重构为价值的源泉。如果不考虑剥削的问题,那么,这就意味着价值意义上的工资和物质财富意义上的工资之间出现了一条鸿沟。一旦具体劳动的社会一般生产力大于个体劳动之和,劳动时间的投入和物质产出之间的悬殊就会越来越大。从物质财富的角度出发来看,工资体系成为一种社会一般分配形式,并且似乎仅仅报偿劳动时间的消耗。它不再基于物质财富的生产。它的系统性存留,仅仅是价值维度的一个结果。劳动时间的投入和物质财富的生产之间不再具有必然的联系,因此,在这些条件下废除价值,也将带来另一种社会分配方式的发展——其中,消费资料的获得将不再是劳动时间的耗费的"客观"结果。①

由此,一旦摆脱了价值的局限,劳动的使用价值维度的积累就将实现其潜力,其中的一个核心面向在于,社会剩余物不再必然是被纳入生产过程中的那个阶级的直接人类劳动的产物,人们的劳动也不再是获得消费资料的准客观的手段。对于马克思的社会主义社会概念——它是对人类史前史的克服——而言,这是一个重要特质。它表明,克服阶级社会的最基本的条件,并非废除一整套财产关系——也即废除私人占有者阶级;而是社会中介方式和与之相关的生产方式的根本转变。这一转变将包含对阶级的废除,这个阶级在生产中的直接劳动是剩余物的源泉。如果没有这样的转变,阶级社会就将继续存在,不论剩余物的占有者们在传统马克思主义那里是否被算作一个阶级。

普遍性的模式

马克思对资本主义结构性关系的二重性的批判性分析,给出了一条转

---

① 高兹在《通往天堂之路》中对收入保障的可能性的讨论,在方法上类似于这里对废除价值的阐释。他指出,一旦可以在降低劳动成本的同时实现产出的增加,那么,只有当它使得支付手段的创造和分配都依据其自身的量,而非依劳动价值的耗费来进行时(如果物质财富是支配性的社会财富形式的话就是如此),这一增加才能被社会分配。他进一步坚持道,收入保障在生活中的关键作用在于,将社会生产力作为一个整体(而非个体劳动的总合)所创造的财富,分配给每一个人。见 *Paths to Paradise: On the Liberation from Work*, trans. Malcolm Imrie (Boston, 1985), p. 42。

变现存社会形式的可能路径，同时，这一路径也涉及资本主义的特定普遍性形式和它的可能的历史否定之间的关系。如上所述，对马克思而言，社会与政治一般性的现代模式，以及普遍性思想的模式，都不是超历史的进化抑或目的论过程的历史结果。相反，它们是历史地出现的，塑造了它们的那一背景，是由资本主义的深层结构性社会形式所建构的。它们与这些形式的关系是内在的；也就是说，它们是以特定的社会生活形式为社会与历史基础的。

我们已经看到，马克思将商品作为现代资本主义社会的社会实践和思想的根本结构性原理，他对商品的分析为对现代普遍性与平等的性质进行社会历史批判提供了起点。随着资本——作为整体性社会形式的商品——在历史上的出现，出现了一种社会中介方式，它是抽象的、同质的、普遍的：这一中介的每一例（即每一件作为价值的商品）都不具有质的特定性，而是整体性的一个要素。与此同时，作为使用价值，每一件商品在质上都是特别的。作为一种实践形式，社会中介的商品形式带来了一种具有潜在普遍性的社会平等形式，它在客体之间、在劳动者之间、在商品拥有者之间以及潜在地在人们之间建立起一种共通性。但是，这一普遍性的形式是抽象于独特的个体与群体的质性特殊性的；商品形式带来了一种对立：一边是一种抽象的、同质的普遍性形式，一边是一种拒绝普遍性的具体的特殊性形式。①

这样一种分析避免了以准形而上的方式，将支配着资本主义社会的普遍性形式当作**普遍性**本身；相反，它倾向于将其作为一种社会建构的、历史特殊的普遍性形式，这一形式具有**普遍性**这一超历史形式的外形。这一方法并非简单地将资本主义的现实与它的理想对立起来，而是为这些理想本身提供了一种历史分析。这一分析将现代的、抽象的普遍性形式，与商

---

① 这种对立的一个例子，是自由资本主义社会中的经典区分：一边是作为公民的个体，与其他的公民等同，无法区分出来；另一边是具体的人，处于特定的社会关系中。我们同样可以说，这一对立的一个更为曲折的表现是，资本主义社会中，性别区分的建构与感知方式。

品形式的价值维度联系了起来；它并不必然意味着驱逐这一普遍性形式，却带来了对其歧义性的一种社会分析——如上所述，这一普遍性形式具有积极的政治和社会后果，但是，因为它对立于所有的特殊性，它也同时成为了抽象统治的一个方面。

在对普遍性形式的社会与历史分析中，马克思的分析并不认为所有建构于资本主义中的普遍性模式都必然与价值有关。基于价值和使用价值的区分，他的理论同时也提出了一种类似的普遍性形式的历史建构；这一普遍性形式不是抽象的、同质的，也并不必然对立于特殊性。在对具体劳动范畴的思考中我已经指出，结构了资本主义社会的抽象一般社会中介是如何带来了这另一种一般性形式。那些在其他社会里可能不会被视为同类的行动和产品，在资本主义社会中被组织、分类到了一起——比如各种（具体）劳动或是特殊的使用价值。然而，这种一般性不是一种整体性，但却是由特殊物所组成的完整集合。这种一般性，在马克思所理解的种属一般知识与能力模式的发展中也可以看到，这一发展在资本的发展过程中被历史地建构起来。这一具有社会实质性的一般性维度，出现在一个由价值所规定的框架中，因此，它是以下述的方式结构的：它成为了由资本所建构的抽象的、合理化的、技术—行政世界的一部分。另一方面，根据马克思的分析，这一实质性一般性维度并不等同于资本，并因此不等同于抽象同质的普遍性——尽管作为资本的具体维度，它是由价值所塑造的。因此，在某种层面上，资本主义劳动的使用价值维度的潜力与由价值所建构的世界的现实这两者之间日益增长的张力，可以被视为导致了两种一般性形式之间的潜在分离。在这一极其初步的层面上，马克思的批判理论内在地给出了两种一般性的历史建构。其一是一种抽象的、同质的一般性，根植于价值维度，内在地关联着一种关于人类的概念：它是一般的、抽象的、同质的，因此必然对立于作为其反题的具体的特殊性。其二是另一种一般性，它不是同质的。尽管，据马克思所说，后者是以异化形式建构的，但他的分析指出，在一个后资本主义社会中，它可以脱离价值结构而存在，并因此未必对立于特殊性——这一形式可能关联着一种新的关于人类的概念的发展：它是一般的，但也是多样的。

对由价值规定的普遍性的上述分析，类似于马克思对由资本规定的生产的处理。对马克思而言，克服资本主义既不意味着废除所有形式的高技术生产，也不意味着资本主义中所发展的工业生产形式的实现。同样，上述的分析既不意味着彻底消灭普遍性，也不意味着下面的理解就是充分的：作为由商品所结构的社会生活方式之一环而发展起来的抽象的、同质的普遍性形式，将扩展至所有的人类。相反，他的分析指向了建构另一种支配性普遍性形式的可能性。

马克思的范畴性分析给出了社会建构的两种普遍性形式，对这两种形式的初步讨论深化了我对工人阶级在政治经济学批判中被赋予的角色的讨论；同时，如果要从我们所勾勒的普遍性形式出发来思考各种社会运动，那么，它也具有更为一般的意义。在马克思主义传统中，无产阶级常常被视为一个普遍的阶级，并在此基础上被与资产阶级相对照；后者的利益被视为特殊主义的利益，因为他们并不符合（乃至对立于）社会作为一个整体的利益。正是因为其普遍性质，无产阶级才被认为代表了一个可能的未来社会。然而，我对在马克思的分析中给出的普遍性模式的社会基础的讨论表明，资本主义和它的可能的历史否定之间的关系，不应依据特殊性和普遍性之间的这种对立来理解，因为这种对立本身便是为资本主义社会形式所特有的。相反，资本主义与它的可能的历史否定之间的关系，应当被视为不同的支配性普遍性形式之间的关系。由无产阶级代表的普遍性和对资本主义的可能克服之间的关系，不应仅仅从量上来思考，也不应仅仅依据普遍性实现的程度来思考。相反，它应当依据质来思考，依据被阶级所代表了的那种普遍性来思考。

我们刚刚看到，随着他对资本的二重性的分析，马克思内在地为两种非常不同的一般性模式的历史建构找到了社会基础——一种基于客观的社会中介形式，它由价值范畴所把握；另一种则是使用价值维度的一个面向。在马克思那里，后者是抽象中介形式所历史地造就的，但又脱离了这一形式。似乎很清楚的是，在这个框架中，由无产阶级所代表的普遍性，最终是价值的普遍性，不论它的形式是包容性的还是集体性的。无产阶级绝不代表着对价值的否定，它在本质上建构了这一抽象的、同质的财富形式，建构了这种社会中介，其一般性对立于质性特殊性。此外，在讨论马克思将工人既作为生产的主体又作为生产的客体时我曾指出，他们之所以被规定为主体，是因为他们是（集体的）商品拥有者。这些基本规定意味着，资产阶级社会的普遍性原理被推广到更为广大的人群之中——也即这些原理的实现——这一发展，不应被理解为是指向了对资本主义社会的超越。（这一发展来自工人阶级运动，也来自部分妇女运动、少数族裔运动为了平等权利而进行的斗争。）尽管这些运动极大地推动了资本主义社会的民主化，但对马克思而言，在它们的帮助下所建构的普遍性形式依旧依赖于中介的价值形式，并终究是对立于个人与群体的特殊性的。

如果说资本主义基本矛盾不是由工人阶级和资产阶级的社会对立所代表的那种矛盾，如果说克服资本主义并不意味着实现与这一社会相关的那种抽象普遍性形式，那么，我们就必须重新思考超越现存秩序的（历史建构的）主体性形式的性质和来源。马克思对资本主义生产领域的分析给出了资本主义基本矛盾——以及其特定历史否定的性质——的一些维度。在勾勒这些维度时，我已经触及了一系列张力，我对它们的描述，依据着由资本的发展带来的可能性和它的实际形式之间日益增长的鸿沟。这一鸿沟导致了一种剪压力，后者结构了资本主义社会的机制，并塑造了它的发展过程。我对这一剪压力的讨论，首先将重点放在了生产结构和资本主义社会中工作的性质之上，同时以稍短的篇幅，关注了普遍性模式的社会建构。但是，马克思在资本主义深层社会形式的二重性的基础上所提出的这些张力，不应仅仅在"客观的"——如经济的与社会的——层面上加以理解，同时也应在"主观的"层面上——依据思想与感觉的变动的形式——来理解。沿着这些线索，对资本主义社会更为完整的考察，必然要求一种更为具体的分析层面。然而不论如何，它对矛盾的强调——不管怎么规定——都不应被理解成假定了一种与资本主义社会的自动的断裂，或者是假定了超越现存社会形态的对立性的、批判性的意识形式必然会出现。然而，我在这里所述的阐释指出，马克思的分析给出了一条主体性形式和需求结构的*质性历史转变*的途径；对这些转变的解释，不仅依据其中所涉及的行动者的社会背景，而且也依据位于资本主义核心的那些社会形式的发展所建构的可能性。换句话说，马克思的分析给出了一种主体性社会理论，这种理论同时也是历史的。

尽管在这里我不拟阐明这一社会历史方法，但我将指出，马克思对资本主义的分析表明，这一方法中的一个重要部分，是形成价值的劳动的必要性与非必要性之间不断加剧的矛盾；这一观念指出，正是建构了社会形态并为社会形态所必需的东西，即作为社会中介活动的劳动，由于其建构物所具有的潜力，而变得越来越不必要。这反过来表明，下述两者之间存在着越来越大的鸿沟：一者是人们在一个由劳动所中介的社会中所依旧从事的那种劳动，二者是他们所可能从事的、不以资本主义的这一"必要性"为目的的那种劳动。

我们可以从这一矛盾的发展出发，来考察对待劳动的态度的变化，以及什么东西构成了有意义的活动。这将包含一种对主体性的新需求与新形式的历史出现的分析，这一分析依据工作（和其他社会再生产机制）结构的日益强烈的不合时宜性和它们在现代社会中依旧具有的核心性之间的不断增长的结构性张力而进行。这一分析可以依据这种张力，来考察20世纪60年代大规模出现的"后唯物主义"价值及其随后的退潮：发达工业资本主义国家的一系列危机和结构转型极大地重建了劳动（定义如上）和物质再生产之间"必要的"关联。这一方法同样有助于阐明现代社会生活的公共领域、私人领域和私生活领域的定义及其关系的变化，以及被像丹尼尔·贝尔和安德烈·高兹这样差异极大的理论家所注意到的最近的现象——即消费在自我认同中日渐增长的重要性。后一问题不应被仅仅理解为资本主义越来越依赖于大众消费（这一立场常常将消费仅仅视为是广告所造就和操纵的）；这种研究也不应以一种文化主义的方式将消费物化为认同与抵抗的场所，就好比传统马克思主义对生产的物化一样。相反，它同样应该依据工作作为一种认同来源的衰落，来分析消费的主体意义的增长，并将这一衰落联系上劳动结构的前所未有的悖时性质，以及为生产而生产对这一工作的性质所产生的负面效应。作为一种社会中介活动的劳动的必要作用，以及由此而来的生产的特定结构，越来越背离时代，尽管它们不断被重构着。这一理念同样也可以作为一个基础，来分析道德和自我的概念的更为深层的历史变化。

这一方法可以成为一个有效的起点，来重新理解工人阶级与资本主义的可能的克服之间的关系。我们已经看到，根据马克思的分析，无产阶级是由价值规定的生产关系中的一个核心要素，由此，随着资本主义的发展，它也将变得背离时代。因此，克服资本主义必须同时被理解为废除无产阶级劳动，以及废除无产阶级。然而，这使得工人阶级的社会与政治行动同资本主义的可能的废除之间的关系变得很成问题。它意味着，那些常常被作为工人阶级意识而提及的行动，依旧停留在资本主义社会形态的限制之中——这并不一定是因为工人们在物质上和精神上被腐化了，而是因为无产阶级劳动在根本上与资本并不矛盾。工人阶级组织的政治与社会行动，在资本主义中的工人们作为一个阶级建构自身、保卫自身的过程中，在雇佣工人—资本动力的展开过程中，尤其是在西欧，在资本主义秩序的民主化和社会人道主义化过程中，都有其历史重要性。不论与无产阶级相关的主体性的行动和形式宣称自己有多么激进，它们都不曾也不会指向对资本主义的克服。它们代表着为资本所建构的而非超越资本的行动与意识形式。即使雇佣劳动结构真的全球化了——它是资本在当下的全球化形式的结果，即使工人真的在全球范围内组织起来，也是如此。问题不仅在于资本—雇佣劳动关系在多大程度上全球化了（尽管在一个更具体的分析层面上，资本的空间拓展确实具有重要的后果）。它也不仅是一个"改良主义"的问题。根本的问题不在于以作为商品的劳动力的存在为基础的政策导向了工会意识。相反，它在于资本最终是依赖于无产阶级劳动的——因此，克服资本不可能以工人阶级的自主为基础。有人认为，工人生产了剩余物，因此是它的"合法的"拥有者；但即使是这一"激进"理念，也指向了资产阶级的废除——而非资本的废除。后者将要求克服剩余物的价值形式，以及由资本规定的劳动过程形式。

这些思考可以作为一个起点，来考察废除无产阶级劳动，以及废除资本所需的客观和主观条件。比如说，它可以历史地说明不同形式的工人不满，以及他们对工作的缺乏认同。然而，当我们考虑到工人阶级组织和克服资本主义之间的可能关系时，这一阐释同时凸显了一个困境。它表明，在与工人阶级的自主相关的行动和政治组织（不论多么激进与具有战斗性）和超越资本主义的行动和政治组织之间，不存在线性的关系或直接的连续性。事实上这一方法指出，在仅仅将工人作为工人的行动和政治组织（因此对工作投以全部关注；在现存的政治经济框架中，工作被定义为个体再生产的必要手段）与超越这一独断性定义的行动和政治组织之间，存在着深刻的张力。它表明，一种涉及工人的运动如果要超越资本主义，那么，它将既保卫工人的利益，又必须参与他们的转变——譬如说，去质疑既存的劳动结构，不再依据这一结构来理解人们，以及重新思考他们的利益所在。然而，我所能做的，也止于在这里提到这些课题与问题。

价值建构的劳动的必然性与非必然性之间具有一种不断增长的张力，只要这一理念依旧指向社会中介形式，那么，它的内涵就不限于对工作结构本身的考察。依据对资本主义矛盾的这一理解所能做的最后一例考察（我已有所涉及）是：普遍性的概念，以及对待普遍性的态度的变化。马克思对社会形态的结构形式的发展的分析，给出了不同的社会建构的普遍性形式；这一看法可以作为一个基础，来超越同质的普遍性与特殊性之间的对立，去对新社会运动的一些特点进行社会历史考察。这些运动试图构造一种新的普遍性形式。这一方法同时可以作为一个起点，去重新思考近几十年的新社会运动和以认同为基础的政治，以及它们与资本主义及其可能的克服之间的关系。然而，所有这些例子都只是建议。在这一研究的初步逻辑层面上，我无法充分展现我的阐释所给出的这些可能的意涵。

我对马克思的批判中所包含的对资本主义的特定否定的讨论可以总结如下：在任何意义上，这一否定都不能被仅仅理解为资产阶级分配方式的转变。社会主义，在马克思看来，同时包含了另一种生产方式，它没有在直接人类劳动的根本基础上被组织为一种元机器。因此，它将带来更为丰富、愉悦的个体劳动与活动新方式，以及工作与其他生活领域之间与先前不同的关系。这一转变的可能性最终根植于一种特定的历史否定的可能性之中——废除社会中介的客观方式以及与之相关的抽象强制，这种社会中介方式最终由劳动所建构，它建构了资本主义社会形态的准自动的方向性动力及其生产形式。因此，对价值的历史特定否定（它被马克思设想为一种历史可能性）可以将人类从他们自身的劳动的异化统治中解放出来，将劳动从它的历史特殊社会角色中解放出来并加以转变，使它能够让个体变得更丰富，而非更贫瘠。将生产力从以直接劳动时间为基础的财富形式所施加的压制中解放出来，意味着将人类生活从生产中解放出来。马克思的分析指出，只有当劳动不再由社会所建构时，绝大多数个体的劳动才会变得更愉悦、更自主——按照传统的阐释，这是一种讽刺。

由此，马克思对废除资本主义劳动形式与生产形式的理解所指的，不是任何狭隘意义上的生产，而是我们的社会生活形式的结构性原理。与此相关，他对资本主义的批判，也不是对社会中介本身的批判，而是对由劳动建构的特殊中介形式的批判。价值是一种自我中介的财富形式，但物质财富并非如此。废除前者必然导致新的社会中介形式的建构，其中的很多形式或许将是具有政治性的（这绝不必然指向一种等级制的、国家中心的治理模式）。

存在于马克思关于克服资本主义的概念之核心的，是这样一种观念：

人们将重新占有社会一般知识与能力，它们先前被历史地建构为资本。我们已经看到，在马克思看来，这些知识和能力作为资本而统治着人们；由此，这种重新占有就将克服资本主义社会特有的统治方式，这一方式最终基于劳动作为一种社会中介活动这一历史特殊角色。由此，在他对后资本主义社会的设想的核心处，是这样一种历史可能性：人们将开始控制他们所创造的东西，而非被后者所控制。

社会时间划分的发展

在本书一开始我曾断言，马克思在《大纲》中发展出的关于价值的历史特殊性的观念，为阐释他的成熟期政治经济学批判提供了钥匙。我已经表明，这一理念事实上是马克思在《资本论》中对现代资本主义社会及其可能的特定否定的分析的关键所在。在这里，我将简要地回顾一下我在本章中所做的讨论，并再度确认马克思这两个文本之间的基本延续性。我将依据《大纲》中所引入的时间范畴——也即我所谓的"社会时间划分"——来总结他在《资本论》中关于资本主义生产轨迹的概念。在这一过程中，我将强调历史非必然性这一观念的核心重要性。如我们所见，价值建构的劳动——它是资本主义的必然前提和它特有的抽象社会必然性形式的组成部分——的历史非必然性的增长，在马克思对资本主义基本矛盾的理解中居于关键位置，这一矛盾被理解为实然与其自身的潜力之间的矛盾（而非两种实然之间的矛盾）。

在本书开始时所引的《大纲》中的一段文字中，马克思指出：

> 资本本身是处于过程中的矛盾，因为它竭力把劳动时间缩减到最低限度，另一方面又使劳动时间成为财富的唯一尺度和源泉。因此，资本缩减必要劳动时间形式的劳动时间，以便增加剩余劳动时间形式的劳动时间；因此，越来越使剩余劳动时间成为必要劳动时间的条

件——生死攸关的问题。①

我对《资本论》的考察现在使我们得以去把握这些时间范畴。"必要"劳动时间和"过剩的"劳动时间的对立,在马克思那里并不等同于"必要"劳动时间和"剩余"劳动时间的对立。前一对立指向作为一个整体的社会,而后一对立指向直接生产者阶级。在马克思的理论中,生产过剩的存在——也即超越了生产者的直接需求——是所有社会生活的"历史"形式都有的情况。在每一种历史形式中,我们都可以区分出为劳动人口的再生产所需的生产量和为非劳动阶级所侵占的余下的量,后者是作为一个整体的社会所"必须"的。在马克思看来,在资本主义中的剩余是价值,而非物质财富,它无法通过直接的统治来占有。相反,占有为财富形式本身所中介,它以这样的形式存在:工作日中工人为自己的再生产所做的劳动("必要"劳动时间)和为资本所占有的劳动("剩余"劳动时间)这两者的比例有一种隐性的划分。考虑到价值和物质财富的区别,只要物质财富的生产在很大程度上依赖于直接劳动时间的耗费,那么,"必要"劳动时间和"剩余"劳动时间,就都被认为是社会必要的。

然而,随着物质财富的生产慢慢开始以社会一般知识与生产能力为基础,而非以直接人类劳动为基础,情况就不再如此了。在这样的条件下,物质财富的生产与直接劳动时间的消耗之间将几乎没有关系,因此,社会必要劳动的总量,在其*两种*规定(个人再生产和社会一般)下,都可以被极大地减少。如马克思所说,这将造成这样一种情况,其特点不再是"缩减必要劳动时间形式的劳动时间,以便增加剩余劳动时间形式的劳动时间",而是"把社会一般的必要劳动缩减到最低限度"。②

然而,我对资本主义深层社会形式的两个维度的辩证法的考察表明,依据马克思的分析,只要价值依旧是财富的源泉,社会必要劳动的普遍减

---

① *Grundrisse*, p. 706.
② 同上。

少，就不会随着资本主义下所发展的生产能力的提高而发生。一面是总的劳动时间，它被资本规定为社会必要的；另一面，是当物质财富成为社会财富形式时，在社会一般生产能力的发展下所需的劳动量，两者之间的区别正是马克思在《大纲》中所说的"过剩的"劳动时间。这一范畴既可以作量的理解，也可以作质的理解，它既指劳动的长度，也指生产的结构，以及这种劳动在资本主义社会中的存在。就社会生产一般而言，它是一个新的历史范畴，是由资本主义生产的轨迹所带来的。

依据马克思的分析，直到资本主义历史阶段，社会必要劳动时间（在它的两种规定下）都定义并占满了劳动大众的时间，并允许少数人拥有非劳动时间。随着发达工业资本主义的生产，生产的潜力变得越来越大，以至于"额外"时间这一新的历史范畴出现了（它为大多数人所有），并且带来了社会必要劳动时间在其两个面向上的剧烈减少，以及劳动结构与劳动和其他社会生活方面之关系的转变。但是，这一额外时间仅仅是作为潜在可能而出现：由于它是被转化与重构的辩证法所结构的，它便以一种"过剩的"劳动时间的形式而出现。这个词反映了矛盾所在：在旧的生产关系的规定下，它依旧是劳动时间；而依据新生产力的潜能来判断，在旧有的规定下，它是过剩的。

应当说明的是，"过剩"不是一个从社会之外的立场做出的非历史的判断范畴。相反，它是一个内在的批判性范畴，根植于发达生产力的潜能与其现存社会形式之间不断增长的矛盾中。由此看来，我们可以将资本主义的必要劳动时间和非资本主义的必要劳动时间加以区别。正如我对马克思的分析所做的讨论指出的，这一区分不仅指向了社会必要劳动的量，也指向了社会必要性本身的性质。也就是说，它不仅指向了总劳动时间的极大减少的可能，也指向了克服社会强制的抽象形式的可能，这些形式由社会中介的价值形式所建构。在上述讨论中，"过剩"应当被理解为是由历史产生的、"必要"的直接对立面，它是一个矛盾的范畴，表达了社会与其资本主义形式相脱离，因之割断它们先前的必然联系的日渐增长的历史可能性。资本主义的基本矛盾在其展开过程中，引发了对旧形式的批评和对新形式的想象。

我对转化与重构的辩证法的分析表明，在马克思看来，历史必然性本身未必会带来自由。然而，资本主义发展的性质在于，它可能并且确实引发了它的直接对立面——历史非必然性，并反过来引向了对资本主义的特定的历史否定。在马克思那里，只有人们占有了那些被历史地建构为资本的东西时，这一可能性才会实现。

马克思在《资本论》中所展开的范畴给出了对资本主义的特定否定的理解，这与他在《大纲》中的论述相辅相成。在《大纲》中，他以"可以自由支配的"时间这一范畴来描述一个可能的后资本主义社会："一方面，社会的个人的需要将成为必要劳动的尺度；另一方面，社会生产力的发展将如此迅速，以致尽管生产将以所有人的富裕为目的，所有的人的*可以自由支配的时间*还是会增加。"① 马克思将"可以自由支配的"时间定义为："为个人发展充分的生产力，因而也为社会发展充分的生产力创造广阔余地。"② 这是额外时间的积极形式，脱离了生产力的限制。但在发达资本主义之下，它依旧被限定为"过剩的"。过剩时间的范畴所表达的不过是消极性——一种先前的历史必然性所具有的历史非必然性——并因此依旧指向了**主体**：异化形式的社会一般。可以自由支配的时间的范畴则翻转了这一消极性，并赋予它以新的指向：社会的个人。③ 它预设了对社会中介的价值形式的废除：在马克思看来，只有到那时，(非异化的) 劳动时间和可自由支配时间才能以积极的方式相辅相成，以建构社会的个人。由此，克服资本主义不仅将转变社会劳动的结构和性质，同时也将转变非劳动时间，以及两者之间的关系的结构和性质。然而，如果没有价值的废除，任何由于工作日的缩短而来的额外时间，都被马克思消极地规定为 (异化的)

---

① *Grundrisse*, p. 708.
② 同上。
③ 贝克尔对可自由支配时间的讨论聚焦于一个可能的轮岗体系，见 James F. Becker, *Marxian Political Economy*, p. 263ff。

劳动时间的反题，也即我们所谓的"闲暇时间"："*以劳动时间作为财富的尺度，这表明财富本身是建立在贫困的基础上的，而可以自由支配的时间是同剩余劳动时间相对立并且是由于这种对立而存在的。*"①

由此，马克思所呈现的资本主义生产的轨迹，可以被视为社会时间划分的发展过程——从社会必要时间（个人必要时间和剩余时间），到社会必要时间和过剩时间，再到可能的社会必要时间和可自由支配时间（这将克服旧的必要性形式）。这一轨迹表达了资本主义的辩证发展：一种异化的社会形式，以个体为代价，被建构为一个高度发达的整体性，并导致了其自身的否定的可能性，导致了一种新的社会形式；其中，单独的或集体的人可以占有种属一般的能力，这种能力曾以异化的形式被建构为**主体**的属性。

在马克思的分析中，社会时间划分的发展，取决于资本主义深层结构形式两个维度的复杂辩证。我已经指出，马克思将资本主义的方向性动力的基础，放在这一社会的根本结构的二重性之上，由此，他摆脱了任何一种单一的超历史的人类历史观（它们都具有一种内在的发展原理）；此外他还证明，这一方向性动力绝非自然而然的，而是必须以一种社会建构理论为基础。在这一阐释框架中，资本主义的出现，可以被视为是一种随着商品形式的兴起与充分展开，其随机程度越来越小的发展——而非一种内在必然性原则的展开过程。然而，在马克思看来，资本主义社会形态的历史确实具有一种内在的（而非回溯性的）逻辑；作为其社会中介形式的结果，一种历史必然性的形式成为资本主义的标志。而其深层社会形式的辩证法在于，资本主义指向了超越自身的一个未来社会的可能性，后者基于一种不同的社会中介形式，这一形式既无法被准客观地建构起来，也不是传统所给定的。马克思的分析指出，如此建构起来的社会，将会使不论作为个体还是集体的人们，都在他们的生活中得到更大的自由，因此可以被

---

① *Grundrisse*, p. 708.

视为一种历史的自由状况。如果我们说,马克思的成熟期著作中存在着一种人类历史观的话,那么,它绝非依据一种单一的超历史原则;相反,它指向了一种运动,它一开始是偶然的,从不同的历史走向了**历史**——走向了一种必然的、日益全球化的、方向性的动力。这一动力由异化的社会形式所建构,其结构方式指向了历史自由的可能性,指向了摆脱了任何准客观的方向性发展逻辑的未来社会的可能性。

在马克思的分析中,资本主义的辩证动力的特殊性给出了一种过去、当下与未来之间的关系,它与任何线性历史发展观都不一样。对象化的当下时间和对象化的历史时间的辩证法可以被总结如下:在资本主义中,对象化的历史时间是以异化形式积累的,它强化着当下,并由此统治着生命。不过,它同时也削弱着当下的必然要素,由此使人们得以从当下中解放出来,因而带来了未来的可能性——推翻并超越旧有关系,以此占有历史。不同于为当下、为抽象劳动时间所结构的社会形式,新的社会形式将基于一个不再异化的历史的充分实现:对社会一般和对个人而言都是如此。①

对马克思来说,资本主义的历史运动的前进动力,来自于由劳动和时间的辩证法所结构的社会冲突;这一动力可以被表达为社会时间划分的发展,并且,它带来了转变时间的社会意义的可能性:"财富的尺度绝不再是劳动时间,而是可以自由支配的时间。"②

必然王国

我已经表明,马克思的成熟期批判理论是以对劳动在资本主义中的

---

① 对资本主义社会形态历史的这种理解,类似于弗洛伊德的个人历史观念;后者认为过去并不以本来面目出现,而是具有一种隐藏的、内在化的形式,并且支配着当下。精神分析的任务,是以这样的方式去揭示历史:其中,历史的挪用成为可能。一个强制性重复的当下的必要因素由此得以克服,并使得个体能够走向未来。
② *Grundrisse*, p. 708.

历史特殊作用的分析为基础的,劳动建构了结构了这一社会的社会中介的独特的、准客观的模式。然而,《资本论》第三卷中的一些最常见引的段落,却对这一阐释的一些核心前提提出了质疑,尤其是克服资本主义将包含克服价值这种自我中介的财富形式,以及与之相关的克服异化劳动这一点。在本章以及这阶段讨论的末尾,我将从我目前的论述出发来思考这些段落,以表明它们事实上与我的阐释是一致的。

位于我的理解之核心的是这样一个论点,即价值是财富的特定形式,它在历史上是为资本主义所特有的,并且具有时间上的规定性。作为社会中介活动的劳动,建构了抽象社会统治形式的一个方面,也即那种由抽象时间形式所施加的客观的必然性。然而在《资本论》第三卷中,马克思似乎坚持道,即使在克服资本主义之后,财富的这一时间性规定也依旧会存留下来:

> 在资本主义生产方式消灭以后,但社会生产依然存在的情况下,价值决定仍会在下述意义上起支配作用:劳动时间的调节和社会劳动在不同的生产类别之间的分配,最后,与此有关的簿记,将比以前任何时候都更重要。①

抛开马克思在其身后出版的手稿中对"价值"一词的使用,劳动时间的调节在(技术发达的、全球互联的)后资本主义社会中依旧具有重要作用这一论断,不等于价值将依旧是财富的形式。在阐明这一区分之前,我可以先转向《大纲》中的一段,其中马克思同样提到了对劳动时间耗费的调节在后资本主义社会中的作用的问题:

> 因此,时间的节约,以及劳动时间在不同的生产部门之间有计划

---

① *Capital*, vol. 3, p. 851.

的分配，在共同生产的基础上仍然是首要的经济规律。这甚至在更加高得多的程度上成为规律。然而，这同用劳动时间计量交换价值（劳动或劳动产品）有本质区别。同一劳动部门的各单个人劳动，以及不同种类的劳动，不仅在量上不同，而且在质上也不同。物只在量上不同的前提是什么呢？是它们的质的同一性。因此，从量上计量劳动，其前提是它们的质的同类性、同一性。①

这里重要的是，马克思明确区分了"劳动时间的有计划的分配"和"用劳动时间计量交换价值"，他将其论述为不同种类劳动的质的同一性。两者的区别在于，在马克思看来，以劳动时间的耗费为基础的财富形式，内在地关联着一种准客观的社会中介形式。在这样的状况中，时间不是一个描述性的尺度，而成为了一种准独立的客观规范。在马克思的分析中，这正是劳动与时间的辩证法，以及资本主义特有的发展逻辑的物质生产形式的基础。这一辩证法，以及与之相关的抽象社会必要性形式，不是时间的节约的结果，而是财富的时间形式的结果。同样地，不是每次时间的节约都会带来一种自我中介的财富形式。马克思清晰地区分了两者。

因此，马克思所谓对劳动时间的考量在后资本主义社会中依旧是重要的这一点，并不意味着财富形式本身将是时间性的，而非物质的。恰恰相反，这是用另一个例子——这次是时间的节约——来证明他所讨论的议题：以一种异化形式在历史上建构起来并统治了人们的东西，有可能被人们所转化与控制以满足自身的利益，只要劳动建构的中介方式被废除。由此，这些段落没有推翻我的论断，即价值和物质财富的区分，以及克服资本主义将会废除前一种财富形式而代之以后一种这一观念位于马克思的批判性分析的核心。正如他在《资本论》第三卷上引段落稍前几页里所说的：

---

① *Grundrisse*, p. 173.

在一定的时间内，从而在一定的剩余劳动时间内，究竟能生产多少使用价值，取决于劳动生产率。也就是说，社会的现实财富和社会再生产过程不断扩大的可能性，并不是取决于剩余劳动时间的长短，而是取决于剩余劳动的生产率和进行这种剩余劳动的生产条件的优劣程度。①

这一段落清晰地表明，马克思认为，后资本主义社会中的财富形式将是物质财富。尽管时间的节约依旧很重要，但这一时间应当只是描述性的。在马克思的分析框架中，如我所呈示的，这样一种社会经济秩序和那种为财富的时间形式所支配的秩序之间有天壤之别。资本的轨迹将后资本主义社会建构为一种特定的可能性，在这一社会中，社会财富的增加直接带来生产力的相应增加——因此，对时间耗费的考量和财富生产之间的关系，将在根本上不同于价值作为社会财富形式时的那种情况。此外，由于生产过程不再具有劳动过程和增殖过程的二重性，它将不必以从工人那里抽取劳动时间为基础。其形式的结构性塑造，也不会依赖于直接人类劳动在生产中作为财富的核心来源（以价值形式）的必要角色而完成。因此，生产过程将在根本上被转变。如我所述，在马克思的分析中，资本的辩证法指向了克服先前的社会财富的必然假设的可能性——这样，人类就将从亚当的诅咒中解放出其自身。②

因此，马克思关于可能的后资本主义中的时间节约的看法，和他依据财富的时间形式对资本主义所做的分析并不等同，两者应当被区别开来。在他的分析中，资本主义发展的轨迹既意味着一个可能的后资本主义社会将以物质财富为基础，也意味着其将以一种时间的节约为特点。简单地说，

---

① *Capital*, vol. 3, p. 820.
② 强调克服异化劳动是人类解放的条件，这在马尔库塞的思想中具有核心位置，他是最早认识到《1844年经济学哲学手稿》和《大纲》的价值的人之一。由于人们常常忽略马尔库塞的分析的历史维度，因此，他的立场常常被赋予一种超出实际的浪漫主义特质。见 Herbert Marcuse, "The Foundation of Historical Materialism," in *From Luther to Popper*, trans. Joris De Bres (London, 1972), pp. 3-48; 及 *One-Dimensional Man* (Boston, 1964).

正如保罗·马蒂克（Paul Mattick）所指出的，马克思在上引《资本论》第三卷中的这段文字里提到价值时，"在上下文中，这个词只不过是种表达方式"①。

正如我们必须区分时间的节约和时间的统治，在马克思的成熟期理论中，我们也必须在思考劳动和社会必要性的关系时，区分超历史的社会必要性和历史特定的社会必要性。前一种必要性在马克思那里包括了一些具体劳动的形式，不论如何对它们进行规定，它们都必然要去中介人与自然之间的物质交换，以此维持人类社会生活。在马克思看来，这样的活动是人类在任何社会形式中生存的必要条件。②而他的后一类必要性，在我的阐释中，则指的是那种抽象的、非个人的强制，它来自于资本主义的客观化的、异化的社会关系形式，这些形式最终是由作为社会中介活动的劳动所建构的。依据这第二种社会必要性形式，我们也可以来描述他对资本主义生产轨迹，乃至对作为资本的巨大生产能力的历史建构的分析。资本主义的历史发展，乃至一个基于抽象的、准自然的社会统治形式的社会的历史发展，不仅取代了直接的、个人的社会统治形式，同时也部分地克服了自然对人类的统治。换句话说，随着资本主义的日益发展，人类将自身从对变幻莫测的自然环境的全盘依赖中解脱了出来，因为他们不自觉地、无意识地创造了一种准自然的统治结构，它由劳动、由一种"第二自然"所建构。它克服了第一自然，克服了自然环境的统治，而其代价，则是建构了这种第二自然的统治。

在马克思的分析中，商品性劳动的二重性所带来的后果，是它定然具有两种必要性形式，一种是超历史的，一种是为资本主义所特有的。在思考《资本论》第三卷中下述常常见引的段落时，我们必须将这一点牢牢记住：

---

① Mattick, *Marx and Keynes: The Limits of the Mixed Economy* (Boston, 1969), p. 31.
② *Capital*, vol. 1, p. 133.

事实上，自由王国只是在必要性和外在目的规定要做的劳动终止的地方才开始；因而按照事物的本性来说，它存在于真正物质生产领域的彼岸。……这个领域内的自由只能是：社会化的人，联合起来的生产者，将合理地调节他们和自然之间的物质变换，把它置于他们的共同控制之下，而不让它作为一种盲目的力量来统治自己；靠消耗最小的力量，在最无愧于和最适合于他们的人类本性的条件下来进行这种物质变换。但是，这个领域始终是一个必然王国。在这个必然王国的彼岸，作为目的本身的人类能力的发挥，真正的自由王国，就开始了。但是，这个自由王国只有建立在必然王国的基础上，才能繁荣起来。①

这一段落提及了两种不同的自由——源自超历史的社会必要性的自由，以及源自历史特定社会必要性的自由。"真正的自由王国"指的是前一种自由形式。不论自由源自*哪种*必要性形式，都必须始于生产领域之外。然而，据马克思所说，在这一领域之内也存在一种自由形式：联合起来的生产者可以控制他们的劳动，而非被劳动所控制。据我目前的论述而言，显然，他所说的不是对任何狭隘意义上的生产的控制，而是转变社会生产结构，以及废除根植于商品性劳动的抽象统治形式——也即废除历史特定的社会必要性。我们已经看到，对马克思而言，克服社会关系的价值形式将意味着克服异化的社会必要性。人类将由此将自己从上文所述的准自然的社会强制中解放出来，这些强制包括了与资本积累有关的失控的生产力，以及日益碎片化的劳动——简单地说，就是社会与历史自发主义的各个方面。在马克思看来，废除异化劳动将会克服历史必然性，克服在资本主义生产领域中建构的历史特殊的社会必然性。它将引向历史的自由。"历史的自由"可以用来描述马克思对这样一个社会的理解：其中，人们摆脱

---

① *Capital*, vol. 3, p. 820.

了异化社会统治,不论其形式是个人的还是抽象的,同时,联合起来的个体也将有可能创造他们自己的历史。

在马克思的概念里,历史的自由所涉及的,是从历史特定社会必然性中解放出来,并走向"真正的自由王国"的扩展。但是,它不会也不可能会在整体社会层面上带来一种脱离了某些必要性的自由:对马克思而言,社会不可能建立在绝对的自由之上。自然就是一个依旧会存在的限制。尽管个体的劳动不再是获得消费资料的必须手段,但是,对人类社会的存在而言,*某些社会生产形式依旧是一个必要的前提*。这一超历史的、"自然的"社会必要性的形式和程度,在历史上可以有所修正;但这一必要性本身无法被废除。即便生产中的直接人类劳动不再是社会财富的首要源泉,即便社会不再由一种由劳动建构的准客观的社会中介形式所结构,在马克思看来,社会劳动也依旧需要进行。出于这一原因,正如我在本书先前所提到的,马克思坚持道,不论个人劳动变得多么具有消遣性质,在社会一般层面上,劳动永远不会成为纯粹的娱乐活动。

据马克思对资本主义的分析,废除异化劳动并不标志着废除一切社会劳动形式的必要性,尽管这一劳动的性质、所需的劳动时间(与生命时间)量以及社会劳动分配的各种可能方式,将极大地区别于一个由历史必然性所支配的社会中的劳动。在马克思的分析框架中,劳动的必要性——作为人类社会生活的条件——的延续,不应被等同于异化,不应被等同于我所分析的由劳动建构的社会统治的抽象形式。前一种必要性根植于人类生活本身,根植于这样一种处境:人类是自然的一部分,但这种关系是中介性的,因为他们还通过劳动来控制着他们与自然环境之间的"新陈代谢"。

上文所引的段落中还有一个方面值得注意。人与自然由劳动中介的互动关系是人类社会生活的前提条件,这一点凸显了马克思的资本主义批判中一个常为人所忽略的维度。我们已经看到,据马克思而言,物质财富是由(具体)劳动和自然所建构的,而价值仅仅取决于(抽象)劳动。作为自我增殖的价值,资本消耗物质自然以生产物质财富——不是作为目的,而是作为增加剩余价值的手段,作为从工作人口中抽取、吸收尽可能多的劳动时间的手段。从物质到对象化时间单位的这一转变,是一种单向的而非循环的生产性消耗过程。准此,由资本规定的生产,就如同一种"更高"层次的刀耕火种式农业;它靠消耗物质财富资源来前进。用马克思的话说,"资本主义生产发展了社会生产过程的技术和结合,只是由于它同时破坏了一切财富的源泉——土地和工人"①。资本导致并要求的生产力的极大提高,正是源自于这样一个事实:更多物质财富的创造不是一个目标,而是降低必要劳动时间的手段。价值形式的一个后果是,资本具有了一种无限扩张的运动的特点;如我们所见,资本主义生产是为生产而生产。资本的这一加速的驱动力,来自于一种以直接劳动时间的消耗为基础的财富形式。我们已经看到,在马克思看来,就作为物质财富的源泉而言,这一基础已经变得越来越不重要与狭隘,但它却依旧是价值的必然源泉。资本的无限索取和它的狭隘基础之间互相依赖,但它并不公开呈显出来。资本形式的梦想,是彻底的无限性,是一种自由的幻想,要完全从物质、从自然中解放出来。它榨取着这个星球和它的居民,以求得自身之自由;但对后者而言,"资本之梦"已经成了他们的噩梦。

只有废除价值,人类才可能从这一梦游状态中彻底清醒。这一废除,将会废除生产力——以上文所述的形式——不断增长的必要性,并使得劳动结构发生改变,人类对他们自身生活的控制程度更高,以及更为自觉地控制与自然环境之间的关系。马克思所谓有些劳动形式是一种超历史的社会必要性这一断言,是对绝对自由概念的批判;这一批判的基础,是认识到人类作为自然的一个中介部分的有限性。它表明,历史自由的状况将会带来一种受到自觉控制的与自然的交换关系,这种与自然的关系既不应被理解为浪漫化的"和谐",后者表示的是人类对盲目的自然力的臣服,也不应被理解为人们盲目征服自然的"自由"。

① *Capital*, vol. 1, p. 638.

马克思的批判理论常常被批评为是一种"普罗米修斯式"的理论，这一理论基于危险的乌托邦式的假设：人们可以按照他们的选择来塑造世界。本书依据由劳动中介的社会关系对现代社会进行了分析，这一分析质疑了上述批评所做出的一个假定——即人们是否塑造他们周围的世界取决于他们自己的选择。马克思的分析可以被理解为一种非常有力而又复杂的尝试，它表明，随着商品发展为一种整体性社会形式，人们已然"造就"了他们周围的世界。这反过来意味着，先前人们也是在建构他们的世界。不过，人们将世界变成资本主义世界的方式，和人们先前建构世界的方式是非常不同的。据马克思看来，现代的、资本主义的世界是由劳动建构的，这一社会建构过程在于：人们被他们所造就的东西控制了。马克思将资本分析为历史建构的、种属一般的知识和技能的异化形式，因此，他将其以无限失控为目标的、愈演愈烈的破坏运动理解为一种脱离了人类控制的客观化人类能力的运动。根据我在本书中所做的讨论，马克思关于克服资本主义的概念，可以被理解为人们开始控制这种他们自身所建构的、准客观的发展，控制持续的、加速的社会转变过程。在这一框架中，问题不再是人们是否应当试图塑造他们的世界——他们早已在这么做了。相反，问题在于他们塑造世界的方式，也因此，在于这一世界的性质和它的轨迹。

第十章

结论性思考

这项研究的目的在于通过细致地考察其基本范畴,来重新阐释马克思的成熟期批判理论,并在此基础上,重新理解资本主义社会的性质。这一再阐释的重点关注之一,在于展现马克思的理论和传统马克思主义的阐释之间的重要差异。事实上我已经表明,马克思的理论能够对这些阐释进行一种强有力的批判,这一批判以它用来对资本主义进行批判性分析的同一些范畴,来分析这些阐释的社会基础。换句话说,我对马克思的分析的再阐释,既指向了一种对传统马克思主义的批判,也呈现了另一种资本主义批判理论。它还改变了马克思的理论和其他类型的社会理论之间的话语方式。

这里所发展的对马克思理论的再阐释的关键,在于区分传统理解中的从"劳动"的角度出发的资本主义批判和以对资本主义劳动的历史特殊性的批判分析为基础的资本主义批判。我的考察表明,前一种概念位于传统马克思主义的核心,而马克思的分析不应这样来理解。我们已经看到,马克思对劳动作为资本主义中的社会中介活动所具有的历史特殊性的分析,处于他对这一社会特有的社会关系和主体性形式的考察的核心。在马克思那里,资本主义劳动作为抽象劳动以及具体劳动的二重作用,是一种中介了人们彼此之间以及人与自然之间关系的活动,它建构了资本主义社会生活的根本结构性形式——商品。他将商品处理为一种既为社会所建构,又建构了社会的社会实践形式——既是"主体的",又是"客体的"。马克思关于劳动在资本主义社会生活中的核心性的理论,是关于这一社会的社会中介形式的特殊性质——它为劳动所建构,并具有一种准客观的性质——的理论,而非关于由劳动中介的人与自然的交互关系所具有的必然的社会首要性的理论。对社会中介而非对"劳动"(或阶级)的关注表明,马克思的知识社会理论将劳动与意识关联了起来,它应当这样来理解:它将社会中介形式(由结构性的实践形式所建构)和主体性形式把握为具有内在关联的对象。这样一种理论与反映论的知识论,或者与将思想视为"超自然物"的观念之间,没有任何共同点。它同时也推翻了将"唯物主义"的主体理论仅仅等同于一种利益理论的普遍看法。

我的考察表明,基于社会中介的商品形式所具有的二重性这一概念,马克思重构了资本主义社会的根本特征。他的范畴性分析依据若干种突出的特质来描述现代社会生活,将这些特质彼此关联并奠定其社会基础。这些特质包括了社会统治的准客观的、"必然的"性质——也即一种非个人的、抽象的、无处不在的权力形式,它并不位于现实的个人或具体的机构中——包括了现代社会的持续的方向性动力,也包括了由劳动所中介的依存形式和个体物质再生产形式。与此同时,马克思的范畴性分析试图将现代社会生活中一些明显的反常现象解释为其结构性社会形式的内在面向:伴随着物质丰富而依旧存在的贫困,节约劳动和节约时间的技术对社会劳动组织和社会时间产生的明显的矛盾效果,以及尽管人们控制他们的社会和自然环境的潜在能力不断增长,社会生活依旧在很大程度上受控于抽象的和非个人化的力量。

由此,马克思对商品这一抽象劳动和具体劳动、价值和物质财富的矛盾统一体的分析,是他理解资本主义及其废除的后果的核心。它为上文所述的转化与重构的辩证法提供了核心基础,由此带来了一种对经济增长形式,对生产的性质和轨迹,对分配与行政,以及对资本主义社会中的工作的性质的批判性社会历史分析。马克思的基本范畴不仅奠定了一种对资本主义社会的这些根本特征的社会分析，同时也将它们内在地联系上了一条日益扩大的鸿沟，这一鸿沟将个体的劳动与生存的无力与碎片化，同社会整体的有力与丰富割离开来。我对马克思关于生产领域的分析的考察证明，他对社会整体与个体这一对立的批判，不是简单地从个人与社会的直接统一体这一浪漫化的概念出发来批判社会"分化"的历史过程本身。相反，他的批判基于对资本主义中这一对立的特殊性的分析。他将其分析为异化形式的一个结果，借由这一形式，社会一般人类能力和知识在资本主义中历史地建构起来了。同时，他依据由劳动中介的社会关系的性质来解释这一异化形式。基于他对资本的分析，马克思有力地批判了客观化的一般社会维度和个体两者在资本主义社会中所建构的这一对立的特殊性质。由此，他推翻了这样的观念：由于这一对立被物质化为资本主义工业生产的形式，因此，它是以高度发达的社会劳动分工为基础的任何高技术生产方式所必然导致的结果。因而，他的分析给出了一种在根本上不同的"分化"方式的可能性。

依据这一路径，资本主义社会的历史发展是历史地建构起来的，它不是线性的，也不是进化式的。它既不是偶然的，也不是随机的，因为历史变化或许会以其他社会形式发生，而非一种超历史的进化或辩证发展。相反，它是一种历史特殊的辩证发展，起初源自于特定的、偶然的历史条件，但随后便具有了抽象普遍性和必然性。这一历史辩证法一方面带来了所有社会生活领域的持续的、加速的转化；另一方面，也带来了资本主义最根本的结构性特征的不断重构。对我们的目的而言，重要的是要记住，在马克思的分析中，转化与重构的辩证法最终是以价值和物质财富的区别为基础的，也就是说，是以资本主义的建构性社会中介的二重性为基础的。尽管市场或许是这一辩证法在资产阶级资本主义中得以一般化的方式，但是，这一辩证法本身无法被充分地解释为资产阶级分配关系。

在马克思的分析中，是劳动的二重性，而非市场与生产资料私有制，建构了资本主义的本质核心。举例而言，他对生产轨迹的论述表明，资产阶级分配关系在资本主义发展的早期具有核心的重要性；然而，一旦社会得到了充分的发展，这些关系在结构上就越来越不具有核心性了。事实上，我的考察表明，独断地关注资本主义的这些资产阶级面向，将会遮蔽抽象劳动与具体劳动、价值和物质财富之间的区别在马克思的分析中所具有的关键意义。

一种"劳动价值论"，或许可以在理论上说明阶级剥削；一种强调资本主义生产是为利润而生产，而非为使用而生产的理论，或许可以表明这一目标何以催生了技术革新在生产中的引入；一种传统马克思主义的路径，或许能够说明资本主义社会的生产过程所具有的危机频发的特性。然而，所有这些理论目标的实现，都忽略了马克思在其论述一开始就引入的根本性区分。而如我所呈示的，马克思的理论同样批判了资本主义经济增长的性质、资本主义生产过程的性质和轨迹，及其内在的客观化社会一般知识和活劳动之间的对立。这一批判同样针对着资本主义社会强制的准客观的、具有方向性动力的性质，以及源自于抽象维度和具体维度之对立的社会普遍性结构。在根本上，这一批判是以马克思对资本主义劳动的二重性的批判性分析为基础的。它与被超历史地理解的、从"劳动"的角度出发的资本主义批判截然不同。

此外，马克思对资本的分析中对整体性概念的处理，也不同于传统马克思主义以及许多当代马克思主义批评的做法。我们已经看到，马克思的理论将资本分析为一种社会整体性，一种异化形式，它最终是由劳动中介的社会关系形式所建构的。因此，它也意味着一种对社会整体性的批判。它并未以传统马克思主义的方式来肯定整体性，不认为一旦克服了资产阶级社会的特殊主义，整体性就能在社会主义中得到实现。不同于很多同样批判性地将整体性与统治相关联起来的当代立场，马克思的理论并未否认其社会存在；相反，这一理论将整体性分析为社会中介的统治形式的一个结果，并试图表明克服它的可能性。在这一路径的框架中，不论是肯定整体性还是否定其存在，都有助于维持资本的统治。

马克思的批判和传统马克思主义的区别极大。事实上，两者在很多方面都是对立的；后者所肯定的许多东西，都是前者所批判地把握的对象。由此，我们发现，马克思的理论并不认为由私有制和市场所结构的阶级关系是资本主义最根本的社会关系。同样地，他的价值与剩余价值这些范畴的批判性要旨，也不单是要建立一种剥削理论。马克思的理论既不以肯定资本主义生产过程，来批评资本主义分配方式；也不认为无产阶级是革命的**主体**，并将在未来的社会主义社会中实现自身。对马克思而言，资本主义社会的内在矛盾既不是资产阶级和个体生产之间的结构性矛盾，也不是资产阶级与工人阶级之间的社会性矛盾——后者在很多时候都被认为是独立于资本主义的，并指向了一个可能的社会主义未来。在一个更为一般的层面，马克思的理论并不认为劳动是社会生活的超历史的结构性原理。它并不依据一种由（具体）劳动所中介的主—客辩证法，来理解社会生活的建构。事实上，它没有给出超历史的关于劳动、阶级、历史或是社会生活性质本身的理论。

  我对马克思的自反性批判诸范畴的考察，揭示了一种与传统马克思主义阐释截然不同的、关于资本主义及其克服的性质的概念。我们已经看到，资本主义中的劳动绝非马克思的批判的*出发点*，而是其*对象*。在他的成熟期理论中，对剥削和市场的批判，内嵌于一个远为根本性的批判框架中；在这一框架里，劳动在资本主义中的建构性核心性，被分析为抽象统治结构、个体劳动和个体生存的日益的碎片化，以及资本主义社会盲目失控的发展逻辑和不断吸纳着人们的大规模组织的根本基础。这一批判性分析认为无产阶级是资本主义的内在要素，而非体现了对资本主义的否定。通过指出克服价值的可能性，马克思的批判指向了对资本主义特有的抽象压迫结构的可能的克服，对无产阶级劳动的可能的废除，以及一种不同的生产组织的可能性；同时它指出，上述这些是内在关联的。

  在本书开头我指出，20世纪后半叶的历史发展——比如国家干预主义的后自由主义资本主义的发展及其最近的危机，"现实存在的社会主义"

社会的兴起及其后来的崩溃，新的社会、经济、环境问题在全球范围内的出现，以及新社会运动的出现——都清楚地表明，传统马克思主义作为以解放为意图的批判社会理论是不充分的。它们证明了有必要从根本上重新理解资本主义社会。正如我的再阐释，马克思的理论可以提供一个有效的起点，来根本性地重新思考资本主义的性质及其可能的历史转变。

我所勾勒的路径将资本主义批判的焦点从对市场和私有财产的排他性关注上移开了，因此，它有能力作为一种关于现代资本主义社会的批判理论的基础，这一理论将更为充分地适用于后自由主义资本主义，并且可以为分析"现实存在的社会主义"社会提供基础。举例而言，我已经表明，《资本论》中所谓生产力和生产关系之间的矛盾，未必是工业生产和自由主义资本主义机制之间的矛盾，由此，它也并不指向前者的实现。马克思的理论绝非从工业生产和无产阶级出发，来批判市场和私有财产；相反，它提供了一个基础，来分析工业生产过程内在的资本主义性质。马克思的商品范畴和资本范畴，意在表达大工业生产的内在组织原则以及资本主义的准自主的动力。此外，它们同时也提供了一个起点，以在直接生产领域之外分析后自由主义形式，如集体的社会组织形式。事实上我们看到，商品形式的充分发展实际上包含了这种集体社会形式的发展。应当记住，只有当劳动力被商品化之后，商品才会被整体化。然而，劳动力作为商品的逻辑规定，只有当工人们有效地控制了商品之后，才会在历史上实现。在马克思的分析框架中，他们只有作为集体商品拥有者，才能实现这一点。价值的整体化需要集体的组织形式。

马克思对资本主义的分析，并不必然限于自由主义资本主义；相反它表明，被范畴性地把握住的资本主义社会形式一旦充分发展，就将会超越其自由主义阶段。此外，尽管本书的焦点放在生产的结构过程中，但马克思的范畴性分析的内涵要远超于直接生产领域。我已经表明，他借由商品对社会生活的结构进行的分析并不限于这一领域之内：他将商品分析为资本主义社会最根本最一般的社会中介。我同样也已经表明，马克思将价值理解为一种社会形式,它不是显性的,却决定了现代社会存在的深层结构,并在社会行动者的背后发挥着作用。在马克思那里,价值建构了意识与行动,并反过来为人们所建构,虽然人们并未意识到它的存在。由此,它的运作不必限于据说造就了它的直接生产领域。这意味着,我对由商品和资本所造就的大规模等级制组织形式——其中人们被吸纳为一个合理化的大型机器的零件——的分析,并不限于直接生产领域。

这些思考表明,马克思的批判理论,基于对商品形式结构社会生活过程的系统性分析,提供了一种一般的批判性社会分析,来分析发达资本主义特有的生产与行政的大规模官僚制组织。[①]换句话说,韦伯分析中的现代世界社会生活所有领域的合理化过程,在上述的分析中找到了其社会基础,并把握住了它的内在矛盾。[②]

法兰克福学派将后自由主义资本主义分析为一种单向度的、全面治理下的社会整体。而上述的分析将不会分享法兰克福学派的这一根本前提。

[①] 哈维同时指出,20世纪资本主义的重要变化未必外在于马克思的分析,而是可以依据这一分析来加以理解。见 *The Limits to Capital* (Chicago, 1982), pp. 136-155. 哈维以马克思在《资本论》第三卷中论述的利润率平均化的观念——资本赖其而运动——为起点指出,在20世纪中,公司的组织形式的巨大变化联系着资本的汇聚与集中。这一汇聚与集中根源于价值规律(pp. 137-141)。大规模官僚制资本主义公司的兴起,伴随着交通、交流和银行技术的极大改进——它们都降低了竞争的门槛,促进了资本的运动(p. 145)。哈维坚持道,经营上的调节与价值规律并不矛盾。借由钱德勒所谓的"管理革命"(Alfred Chandler, *The Visible Hand: The Managerial Revolution in American Business* [Cambridge, Mass., 1977]),哈维断言,在20世纪末与21世纪初,经济活动的量达到了这样的水准,它使得行政调节比市场调节更为高效与有利(p. 146)。他指出,大公司有能力非常快速高效地将资本与人力在各条线上转换。此外,自20世纪20年代起,大公司(在美国通用汽车的带领下)开始了内部的去中心化,并赋予每一个分部以财政责任。哈维总结说,现代管理结构造就了一种形式,它能够以行政手段来使利润率平均化(pp. 148-149)。

在某些层面上,行政的价值分配方式(通过平均化利润率)在多大程度上预设了竞争——不论是国内的还是国际的——的存在,是我无法在这里处理的问题。哈维的方法是指出,尽管市场调节不再是资本主义的关键,但竞争依旧是核心所在。变化了的是竞争发生的场所——比如说,它转向资本市场,在那里,竞争是为了货币资本。这一竞争是一种手段,以此,资本的规训可以施加在公司以及国家身上(pp. 150-155)。哈维对价值规律在20世纪的活力的论述是非常高超而具有启发性的。然而,和我的方法不同,哈维并不关注价值作为一种具有时间规定性的财富形式的特殊性。在思考资本主义为积累而积累的过程时,他首先关注的竞争与私有财产,而非抽象劳动与具体劳动、价值与物质财富之间的区分。因此,哈维并未将生产的动力及其物质形式,奠基于我所勾勒的矛盾之中;同样,他对竞争的强调,也使得我们不知道他将如何分析"现实存在的社会主义"社会。

[②] 如我们所见,卢卡奇在《历史与阶级意识》中从事了这项工作,见 *History and Class Consciousness*, trans. Rodney Livingstone (London, 1971)。然而,他的方法受损于他关于劳动、整体性和无产阶级的传统假定。

我对马克思关于生产过程的分析所做的考察表明，他对资本主义社会矛盾性质的理解，截然不同于传统的理解，后者渗透在波洛克把握20世纪资本主义的质性变化的尝试中。在波洛克看来，一些重要的质性发展表明，资本主义的根本矛盾已经被克服，即使一种解放性的社会转变尚未实现。但是，正是这些发展，在以马克思的理论为基础的分析中，将被理解为是由资本所规定的，并且具有内在的矛盾性。

本书所阐释的马克思关于资本主义结构形式的矛盾性质、关于转化与重构的辩证法的概念，在一个非常抽象的逻辑层面指向了对其晚近的发展的分析，这些发展似乎标志了资本主义发展的一个新阶段。这一路径在一个较之分配方式更为核心的层面上，恢复了一种辩证历史发展的观念。由此，与波洛克所谓的国家资本主义取代自由主义资本主义相比，这一路径不那么线性。因此，它可以作为一个起点，去理解资本主义发展的新的变革究竟为何；这一变革的特点在于国家中心的形式在西方的衰弱，以及国家控制的形式在东方的崩溃——也即它部分地颠倒了以强化国家控制为标志的、从自由主义资本主义向组织化的资本主义的转变。由此看来，波洛克对这一转变的分析显得过于线性了，现在看来，它是一种更为辩证的发展中的一个环节。我所呈现的路径对于这一发展而言更为充分，并且可以用来建立一个基础，以理解国家干预主义的资本主义和"现实存在的社会主义"的相似的历史轨迹，将它们作为全球资本发展的同一阶段的两个截然不同的变体。

重新思考资本主义的性质意味着重新理解对资本主义的克服。如这里所阐释的，马克思的理论所给出的路径，既不承认现存的社会生产与治理形式是"现代性"的必然结果，亦不要求废除它们；相反，它超越了这两种立场的对立。譬如说，我们看到，马克思并不在技术层面上处理生产过程，而是对其进行社会分析，依据两种在资本主义中被纠缠在一起，却依旧可以区分开来的社会维度。作为一种现代社会批判理论，马克思的理论分析认为社会统治是内在于生产过程以及这一社会的其他"机制"之中的。

它并不对过去抱有怀旧之情，而是在概念上区分了在资本主义的直接的、实践的层面上不可区分的对象——一个是具有高技术生产、高度发达的社会劳动分工的社会，因为资本而*具有的*必然性，另一个是废除了资本之后的社会所*将具有的*必然性。马克思的政治经济学批判是一种对现代性的批判理论，它的出发点不是前资本主义的过去，而是随着资本主义的发展而来的、超越资本主义的可能性。只要马克思的批判依旧试图为抽象的、准客观的资本主义社会关系和这一社会的生产、工作和增长的规则的性质找到社会基础并对它们保持批判，它就能够为分析当代的发展提供基础。相比于传统马克思主义而言，它将更为充分地说明许多当下的焦虑、不满和愿望的来源。

　　这一路径，及其对资本主义矛盾性质的理解，使我们得以区分三种资本主义中主要的社会建构的批判和对立形式。第一种根植于人们认为的传统形式中，直接对立于资本主义对这些形式的破坏。第二种以现代资本主义社会的理想与现实之间的距离为基础，这一形式可以用来描述一大批不同类型的运动，从自由公民权利运动到工人阶级运动（在工人阶级被建构起来之后）。我所呈示的阐释，勾勒了第三种主要的批判与可能的对立形式——它基于资本主义所带来的可能性和它的现实之间不断扩大的距离。这一路径将成为一个有效的基础，来分析最近几十年的新社会运动。①

　　如上所释，马克思的批判同时可以用来回应后资本主义社会中的民主状况的问题，这里我仅稍作讨论。首先，它提供了一个基础，来分析资本主义社会中民主的社会局限，这一分析超越了传统上对形式政治平等与具体的社会不平等之间的距离的批判。传统的立场指出，最大幅度地缩小根植于资产阶级分配关系的财富与权力的巨大悬殊，是真正实现民主政治体

---

① 然而，即使在一个逻辑抽象的初步层面，价值、需求和关注的历史发展，虽然似乎指向了对资本主义的超越，却不应被认为是线性的。向后自由资本主义的新阶段的过渡，似乎重建了现存工作形式和个体在生产之间的貌似必然的联系，并且将对工作活动的性质的日益增长的关注，转向了通过消费来获得满足这一方向。见 T. J. Jackson Lears, "From Salvation to Self-Realization," in Richard W. Fox and T. J. Jackson Lears, eds., *The Culture of Consumption* (New York, 1983)。

系的必要社会条件。从我在这里的讨论出发来看，这种考量仅仅把握住了资本主义社会中民主的社会局限的一个方面。而同样必须理解的是抽象统治形式对民主的自我规定所施加的限制，这一抽象统治形式根源于建构了资本主义的准客观的、整体性的、资本主义中介的历史动态形式。

我们已经看到，对马克思而言，这一社会统治形式塑造了资本主义社会中的增长的性质、社会生产与再生产的形式，以及人与自然的关系。然而，这些过程似乎全然不是社会的过程，因此对它们的转变的讨论，也似乎显得极其乌托邦化。但是，马克思的分析坚持认为这些限制是社会的：它们既不是技术性的，也不是现代性的必然面向。此外，根源于商品和资本的压迫形式不是静止的，而是动态的。根据我对马克思的分析的重构，废除资本主义生产关系的这个面向不仅是可欲的，而且，如果人类要将自身从动态的社会统治形式——其后果正变得越来越具有破坏性——中解放出来的话，它就是必要的。

此外，与许多传统阐释不同，这种对民主的自我规定的社会条件的理解，不必具有统计学的意义。我们已经看到，对马克思而言，基本的资本主义生产关系并不等同于市场和私有财产；因此，国家取代市场和私有财产并不标志着对价值和资本的克服。事实上，"国家资本主义"一词——波洛克曾使用过它，但并未为它找到基础——可以被用来正当地描述这样一个社会：其中，资本主义生产关系依旧存在，而资产阶级分配关系则被一种国家官僚制的行政方式所取代，后者依旧服从资本的压迫和限制。

在这个意义上，马克思理论和传统马克思主义理论之间的差异同时体现在它们对待社会中介这一问题的不同态度上。我已经表明，马克思的批判是对由劳动建构的一种特定社会中介形式的批判，而非对社会中介本身的批判。传统马克思主义的批判倾向于将中介等同于市场，并指向了行政对市场的取代。然而，马克思的批判则可以容纳政治中介方式在后资本主义社会中的可能出现——也就是说，容纳一种社会主义中的政治公共领域的概念，它位于形式上的国家机构之外。

然而，我的意图并不是要阐明一种关于发达资本主义社会的性质、发展，及其可能的废除的完整理论，或者是阐述一种分析"现实存在的社会主义"社会的方法。本书是一项初步研究，是在根本的逻辑层面上进行的理论澄清和重新定向。我的意图首先在于尽可能地为马克思理论的范畴基础提供合理、有力的再阐释，将其与传统马克思主义区分开来，并指出它有可能为一种关于当代世界的充分的批判性分析提供基础。我已经阐明了这种分析的基础所在——也即一些基本的范畴和取向，借由它们，它将试图去把握资本主义并理解其历史轨迹。

这一对马克思成熟期批判理论的基本范畴的再阐释说明，他的理论可以作为基础，来提供一种关于当代世界的有力的批判社会理论。然而，我并没有声称我已经证明了这一理论在分析资本主义社会或分析现代社会时的充分性。不过，我的阐释从根本上转变了提出这一问题——即马克思的范畴性分析的充分性问题——的方式。一般而言，这一问题是在传统阐释的框架内加以讨论的，他的范畴被认为是一种从"劳动"的角度出发的社会批判中的超历史的范畴，是一种批判性政治经济学的范畴，而非一种政治经济学批判的范畴。因此，举例来说，大多数关于马克思的"劳动价值论"的有效性的争论，都将其视为一种基于超历史的"劳动"概念的价格理论或剥削理论。在这一过程中，他们混淆了马克思的理论中的根本性区分，比如价值与物质财富、抽象劳动与具体劳动之间的区分。① 然而，一种超历史的"劳动物质财富论"的有效性问题，截然不同于一种历史特殊的"劳动价值论"的充分性问题。历史特殊的、动态的并具有时间约束的那些范畴是否有效的问题，也完全不同于那些似乎具有超历史的有效性的范畴的问题。此外，我的考察还揭示了，正是那些在传统马克思主义中被混淆的根本性区分，构成了马克思理解他眼中的资本主义社会的关键特征

---

① 最近对这些讨论的简要综述，见 Michael W. Macy, "Value Theory and the 'Golden Eggs': Appropriating the Magic of Accumulation," *Sociological Theory* 6, no. 2 (Fall 1988)。梅西试图依据异化的概念来重构马克思对政治经济学的批判，但却接受了对这一批判之范畴的超历史的阐释。

的基础。换句话说，马克思的理论对象，它的批判焦点，不同于那些不在价值和物质财富之间进行区分的理论。出于上述理由，要正确评估马克思的批判理论的充分性，不论是肯定还是否定，都无法依据这样的论述来进行：这一论述的范畴基本上可以被转换为政治经济学的范畴。

马克思的理论的充分性问题，必须建立在其诸范畴及其对象的性质所具有的所谓历史特殊性上。我们已经看到，依据他的范畴性分析，马克思试图借由一种深层的社会中介形式来把握资本主义社会；这一形式由劳动建构，具有一种二重性，并造就了一种复杂的方向性辩证法。在此基础上，他试图分析被他清楚地认定为这一社会生活形式的根本特征的对象，并为其找到社会基础：他将表明，它们具有内在的关联性。这些特征包括了资本主义社会必要性的准客观的、动态的性质，工业生产和工作的性质与轨迹，经济增长的特殊模式，以及资本主义特有的剥削的独特形式（和变动中的主体性形式）。

正是鉴于资本主义社会的这些特征，马克思的历史特殊范畴性分析的解释力，才必须被当作问题。我已经考察了他对价值作为一种财富形式以及一种社会中介形式的分析；同时，我也试图阐明，在马克思的论述中，抛开表象来看，是价值——直接劳动时间耗费的结果——而非物质财富，才是资本主义的支配性的社会财富形式。我已经表明，他的理论指出，作为资本主义的核心，价值在结构上被重构了，乃至它使得自己变得背离时代——因此，资本主义社会是由资本的价值与使用价值维度的辩证法，以及两者之间的剪压力所塑造的。由此，本研究试图澄清马克思的价值理论的性质和基本轮廓，以及它与马克思眼中的资本主义基本特质之间的关系。然而，它仅仅在一个初步的逻辑层面完成了这项工作。这样一种理论必须得到更进一步的发展，我们才能充分把握其有效性的问题。

结构与行动之间的关系，是一个必须加以考察的重要理论问题。在阐述位于马克思对资本的分析的核心的转化与重构的辩证法时我提到，这一辩证法仅仅把握住了辩证法的深层结构逻辑。一个更为完整的说明，应当进一步考察人们如何建构了价值以及它如何运作，尽管他们并没有意识到它的存在。马克思的分析指出，尽管社会行动者没有意识到资本主义社会的核心结构性形式，但在这些形式和社会行动之间，依旧具有一种系统性的关系。两者的中介在于，深层社会形式（如剩余价值）必然以显性的形式表现出来，它既表达又遮蔽了深层形式，并成为行动的基础。如上所述，要更为完整地讨论这一问题，必须重新考察马克思在《资本论》第一卷中的分析和第三卷中的分析之间的关系，同时也需要讨论，我们是否能够表明，在直接公开形式的基础上行动的人们重构了马克思所谓的资本主义的深层社会形式。

在充分评估其解释力之前，马克思的分析中还有一些面向需要得到进一步讨论。比如说，为了进一步探究资本主义深层增长模式是否能够被马克思分析中的辩证法——也即这一社会的建构性社会中介的两个维度的辩证法——所充分把握，我们就必须考察他在《资本论》第二卷中对流通进行的分析，以及第三卷中对流通和生产的互相渗透的分析。此外，这一考察必须基于我所强调过的价值与物质财富之间的根本区分来进行。同时，这也要求重新思考马克思对资本主义中危机的结构性基础的分析。

如果我们要探究马克思的范畴是否有效地把握了资本扩张的时间和空间维度——也即资本主义社会的质性变化和资本主义全球化的变动性质这两个互相关联的过程——的话，这样一种分析就是有必要的。这一工作的重要起点，如我所做的，在于分析马克思的价值范畴，他将这一范畴作为大规模生产组织的结构性范畴，而其所处的条件，则是劳动在现实中从属于资本。这一分析如果得到进一步发展，就可以成为一个基础，来更为细致地考察我多次提到过的一个问题，即如下两者之间的可能的关系：一者，如马克思所分析的，是由资本的价值与使用价值维度的辩证法所结构的工业生产；二者，是工业资本主义中大规模的合理化、官僚化的社会生产与行政组织。这一考察将会迈出重要的一步，它导向两种结论：第一，它将决定，马克思的理论是否确实能够提供一个基础，来把握资本主义社会的性质与发展的质性变化；第二，它是否能够作为基础，来分析主体性——在思想形式和感觉形式中——的质性历史变化。由此，这一考察将能够作为一个起点，来分析上文所提及的资本主义的最近一次变迁，以及深化我们对过去几十年间的新社会运动的理解。我在这里所勾勒的社会中介理论，或许同样能够提供一个起点，来有效地重新理解资本主义社会中性别与种族的社会建构与历史变化。

最后，要进一步说明我的这一再阐释，就需要说明，对于理解资本主义的可能的克服而言，这一论述意味着（根据马克思的分析逻辑）无产阶级不是革命的**主体**。

对这一再阐释的上述延伸和说明是有必要的，如果我们要进一步考察马克思的范畴性分析是否为一种当代社会的社会理论提供了充分的基础的话——也即进一步考察马克思的价值概念（它是由直接劳动时间的耗费所建构的财富与社会中介形式）的解释力，考察他的如下看法：价值越来越背离时代却依旧在结构上处于资本主义的核心，以及评估他依据其内在张力而对资本主义的方向性动力和机制所做的分析。

我已经指出，尽管马克思的价值理论——其看法是，抛开科学的发展及其技术应用，资本主义的社会财富依旧来自于劳动时间的耗费——乍看之下似乎非常难以置信，但对它的评价必须依照它试图解释的对象来进行。我试图表明，马克思的价值理论不是一种关于超历史的财富形式的建构与占有的理论，相反，它试图在社会层面上，将资本主义社会的这些特质解释为其历史动力及其生产方式的性质。当然，这一再阐释并不是对马克思的价值理论的"证明"，不过，它确实表明，它的充分性的问题并不是像乍看之下所显示的那样简单的。

一般而言，如我所说的，马克思的理论的可信度依赖于它是否能够充分描述现代社会的本质特征，以及它对资本主义基本社会关系的范畴性分析能否充分揭示这些特征。这里的问题在于资本主义的性质。在某种程度上，这个问题可以被理解成下述命题的可信性问题：也即资本主义和社会主义的区别，不仅在于社会财富的占有和分配方式，还在于这一财富本身和它的生产方式的性质。我的考察已经证明了后面这个命题的深远意义。我已经表明，在马克思的分析框架中，价值这种财富形式并不外在于生产，或外在于其他的资本主义社会"机制"，相反，它内在于它们之中并塑造着它们。作为一种中介形式，它造就了一种持续的转化与重构的过程。由此，社会主义不应被理解为一种以同样的生产形式为基础，并具有（对同样的社会财富形式的）不同的占有与分配方式的社会。相反，这一社会在概念上的规定在于，它的社会财富具有物质财富的形式。因此，它被理解为一种截然不同的社会类型，摆脱了资本主义特有的那种社会建构的（以抽象时间和历史时间二者为形式的）抽象强制。这反过来给出了一种在结构方式上不同于资本主义的高技术生产方式和高度发达的社会劳动分工方式的可能性。对资本主义和社会主义不同规定的这一重构是丰富的、具有理论力量的，并且切中了当代状况——它足以保证我所阐述的理论路径的进一步的严肃发展。

总而言之，应当指出的是，我在这里所呈现的阐释不仅质疑了传统马克思主义的路径，同时也就一般的社会理论提出了有意义的问题。我将马克思的理论表述为一种自反性的、历史特定的理论，这一路径自觉到了其诸范畴及其自身的理论形式的历史特殊性。除了具有历史特定性外，马克思的批判还是一种社会建构理论——一种特定的社会实践形式建构起了一种历史特殊的社会中介形式，这一形式位于资本主义社会的核心，并建构了社会客体性与主体性。一方面，它是一种关于特定方向性动力的社会建构的理论，它对这一动力的解释依据着这样一个过程：其中，历史特定的社会实践和历史特殊的社会结构彼此互相建构。马克思的理论基于一种由劳动建构的中介形式，来分析资本主义社会的历史动力结构与机制；以此，它既为这些结构赋予了准独立的社会真实性，又将它们分析为社会建构之物（建构了它们的社会实践，反过来也为这些结构所塑造）。由此，它质疑了下述立场的片面性：这些立场从上述结构的社会实在出发，而不将它们理解为社会建构物；同时，这些立场对社会建构过程的强调，也将中介结构分解为当下实践的堆积。

另一方面，马克思的理论也是一种关于意识和主体性的社会理论，它的分析认为社会客体性与主体性是内在关联的。它的解释既依据特定的中介形式，也依据客观化的实践形式。然而，即使是作为一种社会意识理论，它也是历史特殊的：由于它对社会中介形式的特殊性的分析，马克思的理论指出，意识的内容以及意义的社会建构形式，都是为资本主义所历史特有的。它表明，意义未必在所有社会中都以同样的方式建构，因此，它质疑了超历史的以及超文化的关于意义，也因此是关于"文化"的建构理论。

赋予马克思的社会建构理论以力量的，正是其历史特定性。马克思并未将其作为一种一般的、非特定性的理论，并声称其具有普遍的适用性。相反，他认为这一理论与资本主义社会的基本社会建构形式不可分离。这一论述方式本身提供了一种有力的亦是隐含的批判，来回应所有如下的理论路径：它们将马克思以一种严格的理论方法处理为资本主义社会的特定面向的东西加以普遍化了——包括关于这一社会的理论。

马克思对现代社会作为资本主义社会的分析是一次复杂的理论尝试，它试图从其可能的转变——这一转变借由一种社会自反性的、历史特定的社会建构理论而发生——的立场出发，来把握这一社会。我们已经看到，举例而言，马克思的资本范畴可以为资本主义社会的方向性动力、经济"增长"的性质，以及资本主义生产过程的性质和轨迹找到社会基础。他的分析内在地要求其他的理论立场为资本主义社会的这些特征提供社会说明。此外，它的这一做法还质疑了任何仅仅在技术层面上处理工业生产的路径，以及那些简单地预设了历史的存在，或是假定了一种超历史的发展的路径；这些对象在马克思理论的分析中，都被作为社会建构的、历史特殊的历史形式。更为一般地说，马克思的路径内在地批判了所有超历史的理论，以及那些忽视了社会结构和社会实践的互动关系来把握上述两者的理论。

马克思的理论的充分性的问题，不仅是他对资本主义的范畴性分析是否有效的问题，它也就社会理论的性质提出了更为一般的问题。马克思的批判理论通过一种劳动建构理论——这一劳动是一种历史特殊的具有方向性动力的整体性中介——来把握资本主义社会，这一理论是对这一社会的精彩分析；与此同时，就一种具有充分性的社会理论所应有的性质而言，它也是一种有力的论述。

参考书目

Works by Marx (in German)

Sources used which appear in *Marx-Engels Werke (MEW)*, Berlin, 1956–1968
Marx, Karl. *Briefwechsel*, vols. 27–39.
    Das Elend der Philosophie, vol. 4.
    Das Kapital 1–3, vols. 23–25.
    Der achtzehnte Brumaire des Louis Bonaparte, vol. 8.
    Kritik des Gothaer Programms, vol. 19.
    Lohn, Preis, Profit, vol. 16.
    Lohnarbeit und Kapital, vol. 6.
    Ökonomisch-Philosophische Manuskripte, supplementary vol. 1.
    Randglossen zu Adolf Wagners "Lehrbuch der politischen Ökonomie", vol. 19.
    Theorien über den Mehrwert, 1–3, vols. 26.1–26.3.
    Thesen über Feuerbach, vol. 3.
    Zur Judenfrage, vol. 1.
    Zur Kritik der Hegelschen Rechtsphilosophie, vol. 1.
    Zur Kritik der Hegelschen Rechtsphilosophie: Einleitung, vol. 1.
    Zur Kritik der politischen Ökonomie, vol. 13.
Marx, Karl, and Friedrich Engels. *Die Deutsche Ideologie*, vol. 3.
    Die Heilige Familie, vol. 2.
    Manifest der Kommunistischen Partei, vol. 4.

Other sources used
    "Fragment des Urtextes von *Zur Kritik der politischen Ökonomie*." In *Grundrisse der Kritik der politischen Ökonomie*. Berlin, 1953.
    Grundrisse der Kritik der politischen Ökonomie. Berlin, 1953.
    Resultate des unmittelbaren Produktionsprozesses. Frankfurt, 1969.
    "Ware und Geld." *Das Kapital*, vol. 1, 1st ed. In *Marx-Engels Studienausgabe*, vol. 2, edited by Iring Fetscher. Frankfurt, 1966.

Works by Marx (in English)

Marx, Karl. *Capital*, vol. 1. Translated by Ben Fowkes. London, 1976.
    Capital, vol. 2. Translated by David Fernbach. London, 1978.
    Capital, vol. 3. Translated by David Fernbach. Harmondsworth, England, 1981.
    "Contribution to the Critique of Hegel's Philosophy of Law." In *Karl Marx and Frederick Engels, Collected Works*, vol. 3: *Marx and Engels: 1843–1844*. New York, 1975.
    "Contribution to the Critique of Hegel's Philosophy of Law: Introduction." In *Karl Marx and Frederick Engels, Collected Works*, vol. 3: *Marx and Engels: 1843–1844*. New York, 1975.
    A Contribution to the Critique of Political Economy. Translated by S. W. Ryazanskaya. Moscow, 1970.

"Critique of the Gotha Program." In Karl Marx and Frederick Engels, *Collected Works*, vol. 24: *Marx and Engels: 1874–1883*. New York, 1975.
Economic and Philosophic Manuscripts of 1844. In Karl Marx and Frederick Engels, *Collected Works*, vol. 3: *Marx and Engels: 1843–1844*. New York, 1975.
The Eighteenth Brumaire of Louis Bonaparte. In Karl Marx and Frederick Engels, *Collected Works*, vol. 11: *Marx and Engels: 1851–1853*. New York, 1979.
Grundrisse: Foundations of the Critique of Political Economy. Translated by Martin Nicolaus. London, 1973.
"Marginal Notes on Adolf Wagner's *Lehrbuch der politischen Ökonomie*." In Karl Marx and Frederick Engels, *Collected Works*, vol. 24: *Marx and Engels: 1874–1883*. New York, 1975.
"On the Jewish Question." In Karl Marx and Frederick Engels, *Collected Works*, vol. 3: *Marx and Engels, 1843–1844*. New York, 1976.
The Poverty of Philosophy. In Karl Marx and Frederick Engels, *Collected Works*, vol. 6: *Marx and Engels: 1845–1848*. New York, 1976.
Results of the Immediate Process of Production. Translated by Rodney Livingstone. In *Capital*, vol. 1 (Fowkes).
Speech at the Anniversary of the *People's Paper*, April 14, 1856. In *The Marx-Engels Reader*, edited by Robert C. Tucker. 2d ed., New York, 1978.
Theories of Surplus Value, part 1. Translated by Emile Burns. Moscow, 1963.
Theories of Surplus Value, part 2. Translated by Renate Simpson. Moscow, 1968.
Theories of Surplus Value, part 3. Translated by Jack Cohen and S. W. Ryazanskaya. Moscow, 1971.
"Theses on Feuerbach." In Karl Marx and Frederick Engels, *Collected Works*, vol. 5: *Marx and Engels: 1845–1847*. New York, 1976.
Value, Price, and Profit. In Karl Marx and Frederick Engels, *Collected Works*, vol. 20: *Marx and Engels: 1864–1868*. New York, 1985.
Wage Labor and Capital. In Karl Marx and Frederick Engels, *Collected Works*, vol. 9: *Marx and Engels: 1849*. New York, 1977.
Marx, Karl, and Frederick Engels. *The German Ideology*. In Karl Marx and Frederick Engels, *Collected Works*, vol. 5: *Marx and Engels: 1845–1847*. New York, 1976.
The Holy Family. In *Writings of the Young Marx on Philosophy and Society*, edited by Lloyd D. Easton and Kurt H. Guddat. Garden City, N.Y., 1967.
Manifesto of the Communist Party. In Karl Marx and Frederick Engels, *Collected Works*, vol. 6: *Marx and Engels: 1845–1848*. New York, 1976.

Other Works

Adorno, Theodor W. *Drei Studien zu Hegel*. Frankfurt, 1970.
"Introduction." In *The Positivist Dispute in German Sociology*, translated by Glyn Adey and David Frisby. London, 1976.
Negative Dialectics. Translated by E. B. Ashton. New York, 1973.
"On the Logic of the Social Sciences." In *The Positivist Dispute in German Sociology*, translated by Glyn Adey and David Frisby. London, 1976.
Spätkapitalismus oder Industriegesellschaft. In *Gesammelte Schriften*, vol. 8. Frankfurt, 1972.
Althusser, Louis. *For Marx*. Translated by Ben Brewster. New York, 1970.
"Lenin Before Hegel." In *Lenin and Philosophy*, translated by Ben Brewster. New York and London, 1971.
Althusser, Louis, and Etienne Balibar. *Reading Capital*. Translated by Ben Brewster. London, 1970.
Anderson, Perry. *Considerations on Western Marxism*. London, 1976.
In the Tracks of Historical Materialism. Chicago and London, 1983.

Arato, Andrew. "Introduction." In *The Essential Frankfurt School Reader*, edited by Andrew Arato and Eike Gebhardt. New York, 1978.
Arato, Andrew, and Paul Breines. *The Young Lukács and the Origins of Western Marxism*. New York, 1979.
Ariès, Philippe. *Centuries of Childhood*. New York, 1962.
Arnason, Jóhann Páll. *Zwischen Natur und Gesellschaft: Studien zu einer Theorie des Subjects*. Frankfurt, 1976.
Aron, Raymond. *Main Currents in Social Thought*, vol. 1. Translated by Richard Howard and Helen Weaver. London, 1965.
Aronowitz, Stanley. *The Crisis in Historical Materialism: Class, Culture, and Politics in Marxist Theory*. New York, 1981.
Avineri, Shlomo. *The Social and Political Thought of Karl Marx*. London, 1968.
Backhaus, H. G. "Materialien zur Rekonstruktion der Marxschen Werttheorie" (Parts 1, 2, 3). In *Gesellschaft: Beiträge zur Marxschen Theorie*, nos. 1, 3, 11. Frankfurt, 1974, 1975, 1978.
"Zur Dialektik der Wertform." In *Beiträge zur Marxistischen Erkenntnistheorie*, edited by A. Schmidt. Frankfurt, 1969.
Bahr, Hans Dieter. *Kritik der politischen Technologie*. Frankfurt, 1970.
Becker, James F. *Marxian Political Economy: An Outline*. Cambridge, 1977.
Beer, Max. *Allgemeine Geschichte des Sozialismus und der sozialen Kämpfe*. Erlangen, 1973.
Bell, Daniel. "The Cultural Contradictions of Capitalism." In *The Cultural Contradictions of Capitalism*. New York, 1978.
Benhabib, Seyla. *Critique, Norm, and Utopia: On the Foundations of Critical Social Theory*. New York, 1986.
Berger, Johannes, and Claus Offe. "Functionalism vs. Rational Choice?" *Theory and Society* 11, no. 4 (1982), pp. 521–26.
Berlin, Isaiah. *Karl Marx: His Life and Environment*. 2d ed. London, 1952.
Bilfinger, Gustav. *Der bürgerliche Tag*. Stuttgart, 1888.
Die babylonische Doppelstunde: Eine chronologische Untersuchung. Stuttgart, 1888.
Die mittelalterlichen Horen und die modernen Stunden. Stuttgart, 1892.
Böhm-Bawerk, Eugen von. "Karl Marx and the Close of His System." In *"Karl Marx and the Close of His System" by Eugen Böhm-Bawerk and "Böhm-Bawerk's Criticism of Marx" by Rudolf Hilferding*, edited by Paul M. Sweezy. New York, 1949.
Bologh, Roslyn Wallach. *Dialectical Phenomenology: Marx's Method*. Boston, London, and Henley, 1979.
Borkenau, Franz. "Zur Soziologie des mechanistischen Weltbildes." *Zeitschrift für Sozialforschung* 1 (1932): pp. 311–35.
Bottomore, Tom. "Introduction." In *Karl Marx*. Oxford, 1973.
"Sociology." In *Marx: The First Hundred Years*, edited by David McLellan. New York, 1983.
Bourdieu, Pierre. *Outline of a Theory of Practice*. Translated by Richard Nice. Cambridge, 1977.
Brandes, Wilhelm. *Alte japanische Uhren*. Munich, 1984.
Brandt, Gerhard. "Ansichten kritischer Sozialforschung, 1930–1980. Gesellschaftliche Arbeit und Rationalisierung." In *Leviathan*, Sonderheft 4. Opladen, 1981.
"Max Horkheimer und das Projekt einer materialistischen Gesellschaftstheorie." In *Max Horkheimer heute: Werke und Wirkung*, edited by Alfred Schmidt and Norbert Altwicker. Frankfurt, 1986.
Braudel, Fernand. *Capitalism and Material Life, 1400–1800*. New York, 1975.
Braverman, Harry. *Labour and Monopoly Capital: The Degradation of Work in the Twentieth Century*. New York and London, 1974.
Burawoy, Michael. *The Politics of Production*. London, 1985.
Calhoun, Craig. "Industrialization and Social Radicalism." *Theory and Society* 12, no. 4 (1983), pp. 485–504.

"The Radicalism of Tradition." *The American Journal of Sociology* 88, no. 5 (March 1983), pp. 886–914.
Carus-Wilson, Eleanora. "The Woolen Industry." In *The Cambridge Economic History of Europe*, edited by M. Postan and E. E. Rich. Cambridge, 1952.
Castoriadis, Cornelius. *Crossroads in the Labyrinth.* Translated by Kate Soper and Martin H. Ryle. Cambridge, Mass., 1984.
"From Marx to Aristotle, from Aristotle to Marx." *Social Research* 45, no. 4 (Winter 1978), pp. 667–738.
Chandler, Alfred. *The Visible Hand: The Managerial Revolution in American Business.* Cambridge, Mass., 1977.
Cipolla, Carlo M. *Clocks and Culture, 1300–1700.* London, 1967.
Cohen, G. A. "Forces and Relations of Production." In *Analytical Marxism*, edited by J. Roemer. Cambridge, 1986.
Karl Marx's Theory of History: A Defence. Oxford, 1978.
"Marxism and Functional Explanation." In *Analytical Marxism*, edited by J. Roemer. Cambridge, 1986.
Cohen, Jean. *Class and Civil Society: The Limits of Marxian Critical Theory.* Amherst, Mass., 1982.
Colletti, Lucio. "Bernstein and the Marxism of the Second International." In *From Rousseau to Lenin*, translated by John Merrington and Judith White. London, 1972.
Marxism and Hegel. London, 1973.
Cornu, August. *Karl Marx und Friedrich Engels: Leben und Werk.* 3 vols. Berlin, 1954.
Crombie, A. C. "Quantification in Medieval Physics." In *Change in Medieval Society*, edited by Sylvia Thrupp. New York, 1964.
Debord, Guy. *Society of the Spectacle.* Detroit, 1983.
Dobb, Maurice. *Political Economy and Capitalism.* London, 1940.
Dubiel, Helmut. "Einleitung." In *Friedrich Pollock: Stadien des Kapitalismus*, edited by Helmut Dubiel. Munich, 1975.
Theory and Politics: Studies in the Development of Critical Theory. Translated by Benjamin Gregg. Cambridge, Mass., and London, 1985.
Durkheim, Emile. *The Division of Labor in Society.* Translated by George Simpson. New York and London, 1964.
The Elementary Forms of Religious Life. Translated by Joseph Ward Swain. New York, 1965.
Edgley, Roy. "Philosophy." In *Marx: The First Hundred Years*, edited by David McLellan. New York, 1983.
Eisenstadt, S. N. "The Structuring of Social Protest in Modern Societies: The Limits and Direction of Convergence." In *Yearbook of the World Society Foundation*, vol. 2. London, 1992.
Elias, Norbert. *The Civilizing Process.* Translated by Edmund Jephcott. 2 vols. New York, 1978, 1982.
Elson, Diane. "The Value Theory of Labour." In *Value: The Representation of Labour in Capitalism*, edited by D. Elson. London, 1979.
Elster, Jon. "Further Thoughts on Marxism, Functionalism and Game Theory." In *Analytical Marxism*, edited by J. Roemer. Cambridge, 1986.
Making Sense of Marx. Cambridge, 1985.
Euchner, Walter, and Alfred Schmidt, eds. *Kritik der politischen Ökonomie heute: 100 Jahre "Kapital."* Frankfurt, 1968.
Eyerman, Ron, and David Shipway. "Habermas on Work and Culture." *Theory and Society* 10, no. 4 (July 1981), pp. 547–66.
Fetscher, Iring. "The Changing Goals of Socialism in the Twentieth Century." *Social Research* 47 (Spring 1980), pp. 36–62.
"Das Verhältnis des Marxismus zu Hegel." In *Marxismusstudien*, vol. 3. Tübingen, 1960.
Marx and Marxism. Translated by John Hargreaves. New York, 1971.
Überlebensbedingungen der Menschheit. Munich, 1980.

"Vier Thesen zur Geschichtsauffassung bei Hegel und Marx." In *Stuttgarter Hegel-Tage 1970*, edited by H. G. Gadamer. Bonn, 1974.

"Von der Philosophie zur proletarischen Weltanschauung." In *Marxismusstudien*, vol. 2. Tübingen, 1959.

Von Marx zur Sowjetideologie. Frankfurt, Berlin, Bonn, 1957.

ed. *Marx-Engels Studienausgabe*, vol. 2. Frankfurt, 1966.

Foucault, Michel. *Discipline and Punish: The Birth of the Prison*. Translated by Alan Sheridan. New York, 1977.

The Order of Things. New York, 1973.

Fraser, Nancy. "What's Critical about Critical Theory? The Case of Habermas and Gender." *New German Critique* 35 (Spring–Summer 1985), pp. 97–131.

Gaines, Jeremy G. *Critical Aesthetic Theory*. Ph.D. diss., University of Warwick, 1985.

Giddens, Anthony. *Central Problems in Social Theory: Action, Structure, and Contradiction in Social Analysis*. Berkeley and Los Angeles, 1979.

"Commentary on the Debate." *Theory and Society* 11, no. 4 (1982), pp. 527–39.

A Contemporary Critique of Historical Materialism. London and Basingstoke, 1981.

"Labour and Interaction." In *Habermas: Critical Debates*, edited by John B. Thompson and David Held. Cambridge, Mass., 1982.

Godelier, Maurice. *System, Struktur und Widerspruch im "Kapital."* Berlin, 1970.

Gorz, André. *Critique of Economic Reason*. Translated by Gillian Handyside and Chris Turner. London and New York, 1989.

Paths to Paradise: On the Liberation from Work. Translated by Malcolm Imrie. Boston, 1985.

Strategy for Labor: A Radical Proposal. Translated by Martin A. Nicolaus and Victoria Ortiz. Boston, 1967.

Gould, Carol C. *Marx's Social Ontology*. Cambridge, Mass., and London, 1978.

Gouldner, Alvin. *The Two Marxisms: Contradictions and Anomalies in the Development of Theory*. New York, 1980.

Gramsci, Antonio. *Selections from the Prison Notebooks*. Edited and translated by Quentin Hoare and Geoffrey Nowell Smith. New York and London, 1971.

Gross, David. "Time, Space, and Modern Culture." *Telos* 50 (Winter 1981–82), pp. 59–78.

Grossmann, Henryk. *Das Akkumulations- und Zusammenbruchsgesetz des kapitalistischen Systems*. Frankfurt, 1970.

"Die gesellschaftlichen Grundlagen der mechanistischen Philosophie und die Manufaktur." *Zeitschrift für Sozialforschung* 4 (1935), pp. 161–229.

Marx, die klassische Nationalökonomie und das Problem der Dynamik. Frankfurt, 1969.

Gurevich, Aaron J. "Time as a Problem of Cultural History." In *Cultures and Time*, edited by L. Gardet et al. Paris, 1976.

Gurjewitsch, Aaron J. *Das Weltbild des mittelalterlichen Menschen*. Translated by Gabriele Lossack. Munich, 1980.

Habermas, Jürgen. "Between Philosophy and Science: Marxism as Critique." In *Theory and Practice*, translated by John Viertel. Boston, 1973.

Communication and the Evolution of Society. Translated by Thomas McCarthy. Boston, 1979.

Knowledge and Human Interests. Translated by Jeremy Shapiro. Boston, 1971.

"Labor and Interaction: Remarks on Hegel's Jena *Phenomenology of Mind*." In *Theory and Practice*, translated by John Viertel. Boston, 1973.

Legitimation Crisis. Translated by Thomas McCarthy. Boston, 1975.

"A Reply to My Critics." In *Habermas: Critical Debates*, edited by John B. Thompson and David Held. Cambridge, Mass., 1982.

"Technology and Science as 'Ideology.' " In *Towards a Rational Society*, translated by Jeremy J. Shapiro. Boston, 1970.

The Theory of Communicative Action. Volume 1: *Reason and the Rationalization of Society.* Translated by Thomas McCarthy. Boston, 1984.

The Theory of Communicative Action. Volume 2: *Lifeworld and System: A Critique of Functionalist Reason.* Translated by Thomas McCarthy. Boston, 1987.

"Toward a Reconstruction of Historical Materialism." In *Jürgen Habermas on Society and Politics,* edited by Steven Seidman. Boston, 1989.

Harvey, David. *The Condition of Postmodernity: An Enquiry into the Origins of Cultural Change.* Oxford and Cambridge, Mass., 1989.

The Limits to Capital. Chicago, 1982.

Heath, L. R. *The Concept of Time.* Chicago, 1936.

Hegel, G. W. F. *Phänomenologie des Geistes.* Frankfurt, 1970.

"Preface" to the *Phenomenology.* In *Hegel: Texts and Commentary,* edited by Walter Kaufmann. Garden City, N.Y., 1966.

Wissenschaft der Logik. 2 vols. Frankfurt, 1970.

Heilbroner, Robert L. *The Nature and Logic of Capitalism.* New York, 1985.

The Worldly Philosophers: The Lives, Times, and Ideas of the Great Economic Thinkers. 5th ed. New York, 1980.

Held, David. *Introduction to Critical Theory.* London, Melbourne, Sydney, Auckland, Johannesburg, 1980.

Heller, Agnes. *The Theory of Need in Marx.* London, 1976.

Hilferding, Rudolf. "Böhm-Bawerk's Criticism of Marx." In *"Karl Marx and the Close of His System" by Eugen Böhm-Bawerk and "Böhm-Bawerk's Criticism of Marx" by Rudolf Hilferding,* edited by Paul M. Sweezy. New York, 1949.

Finance Capital: A Study of the Latest Phase of Capitalist Development. Edited with an introduction by Tom Bottomore. From translations by Morris Watnick and Sam Gordon. London and Boston, 1981.

Review of *Der soziale Gehalt der Marxschen Werttheorie* by F. Petry. In *Archiv für die Geschichte des Sozialismus und der Arbeiterbewegung,* no. 8, edited by C. Gruenberg. Leipzig, 1919.

"Zur Problemstellung der theoretischen Ökonomie bei Karl Marx." *Die Neue Zeit* 23, no. 1 (1904–1905).

Hirsch, Joachim. *Staatsapparat und Reproduktion des Kapitals.* Frankfurt, 1974.

Hirsch, Joachim, and Roland Roth. *Das neue Gesicht des Kapitalismus.* Hamburg, 1986.

Horkheimer, Max. "The Authoritarian State." In *The Essential Frankfurt School Reader,* edited by Andrew Arato and Eike Gebhardt. New York, 1978.

Dawn and Decline: Notes 1926–1931 and 1950–1969. Translated by Michael Shaw. New York, 1978.

"Die Juden in Europa." *Zeitschrift für Sozialforschung* 8 (1939), pp. 115–36.

The Eclipse of Reason. New York, 1974.

"Traditional and Critical Theory." In *Critical Theory,* translated by Matthew J. O'Connell et al. New York, 1972.

Horkheimer, Max, and Theodor W. Adorno. *Dialectic of Enlightenment.* Translated by John Cumming. New York, 1972.

Howard, Dick. *The Marxian Legacy.* New York, 1977.

Hyppolite, Jean. *Studies on Marx and Hegel.* Translated by John O'Neill. New York, 1969.

Jay, Martin. *The Dialectical Imagination: A History of the Frankfurt School and the Institute for Social Research, 1923–1950.* Boston and Toronto, 1973.

Marxism and Totality: The Adventures of a Concept from Lukács to Habermas. Berkeley and Los Angeles, 1984.

Kant, Immanuel. *Critique of Pure Reason.* Translated by Norman Kemp Smith. New York and Toronto, 1965.

Kaufmann, Walter, ed. *Hegel: Texts and Commentary*. Garden City, N.Y., 1966.
Kautsky, Karl. *Karl Marxs oekonomische Lehren*. Stuttgart, 1906.
Keane, John. "On Tools and Language: Habermas on Work and Interaction." *New German Critique* 6 (Fall 1975), pp. 82–100.
Kellner, Douglas. *Critical Theory, Marxism, and Modernity*. Baltimore, Md., 1989.
Kolakowski, Leszek. *Main Currents of Marxism: Its Rise, Growth, and Dissolution*. 3 vols. Translated by P.S. Falla. Oxford, 1978.
Toward a Marxist Humanism. Translated by Jane Zielonko Peel. New York, 1968.
Korsch, Karl. *Die materialistische Geschichtsauffassung*. Frankfurt, 1971.
Marxism and Philosophy. Translated by Fred Halliday. New York and London, 1970.
Kosik, Karel. *Die Dialektik des Konkreten*. Frankfurt, 1967.
Krahl, Hans Jürgen. *Konstitution und Klassenkampf*. Frankfurt, 1971.
Kulischer, J. *Allgemeine Wirtschaftsgeschichte des Mittelalters und der Neuzeit*. 2 vols. Munich, 1965.
Landes, David S. *Revolution in Time: Clocks and the Making of the Modern World*. Cambridge, Mass., and London, 1983.
Lange, Oskar. "Marxian Economics and Modern Economic Theory." In *Marx and Modern Economics*, edited by David Horowitz. London, 1968.
Lash, Scott, and John Urry. *The End of Organized Capitalism*. Madison, Wisc., 1987.
Lears, T. J. Jackson. "From Salvation to Self-Realization." In *The Culture of Consumption: Critical Essays in American History, 1880–1980*, edited by Richard W. Fox and T. J. Jackson Lears. New York, 1983.
Lefebvre, Henri. *The Sociology of Marx*. Translated by Norbert Guterman. New York, 1969.
Le Goff, Jacques. "Labor Time in the 'Crisis' of the Fourteenth Century." In *Time, Work, and Culture in the Middle Ages*, translated by Arthur Goldhammer. Chicago and London, 1980.
"Merchant's Time and Church's Time in the Middle Ages." In *Time, Work, and Culture in the Middle Ages*, translated by Arthur Goldhammer. Chicago and London, 1980.
Leiss, William. *The Limits to Satisfaction: An Essay on the Problem of Needs and Commodities*. Toronto and Buffalo, 1976.
Lichtheim, Georg. *From Marx to Hegel*. London, 1971.
Marxism: An Historical and Critical Study. New York, 1965.
Lowe, Adolf. "M. Dobb and Marx's Theory of Value." *Modern Quarterly* 1, no. 3 (1938).
Löwith, Karl. *From Hegel to Nietzsche: The Revolution in Nineteenth-Century Thought*. Translated by David E. Green. Garden City, N.Y., 1967.
Lukács, Georg. *History and Class Consciousness*. Translated by Rodney Livingstone. London, 1971.
The Ontology of Social Being. Translated by David Fernbach. London, 1978.
Luxemburg, Rosa. *The Accumulation of Capital*. Translated by Agues Schwarzschild. London, 1963.
McCarthy, Thomas. *The Critical Theory of Jürgen Habermas*. Cambridge, Mass. and London, 1978.
McLellan, David. "Politics." In *Marx: The First Hundred Years*, edited by David McLellan. New York, 1983.
The Thought of Karl Marx: An Introduction. London and Basingstoke, 1980.
Macy, Michael W. "Value Theory and the 'Golden Eggs': Appropriating the Magic of Accumulation." *Sociological Theory* 6, no. 2 (Fall 1988), pp. 131–52.
Mandel, Ernest. "Economics." In *Marx: The First Hundred Years*, edited by David McLellan. New York, 1983.
The Formation of the Economic Thought of Karl Marx. New York and London, 1971.
Late Capitalism. Translated by Joris De Bres. London, 1975.
Marxist Economic Theory. London, 1968.
Marcuse, Herbert. *Counterrevolution and Revolt*. Boston, 1972.
Eros and Civilization: A Philosophical Inquiry into Freud. New York, 1962.

"The Foundation of Historical Materialism." In *From Luther to Popper*, edited and translated by Joris De Bres. London, 1972.
One-dimensional Man: Studies in the Ideology of Advanced Industrial Society. Boston, 1964.
"Philosophy and Critical Theory." Translated by Jeremy J. Shapiro. In *Critical Theory and Society*, edited by Stephen Bronner and Douglas Kellner. New York and London, 1989.
Reason and Revolution: Hegel and the Rise of Social Theory. Boston, 1964.
"Some Social Implications of Modern Technology." *Studies in Philosophy and Social Sciences* 9 (1941), pp. 414–39.
"Über die philosophischen Grundlagen des wirtschaftswissenschaftlichen Arbeitsbegriffs." In *Kultur und Gesellschaft*, vol. 2. Frankfurt, 1965.

Márkus, György. "Die Welt menschlicher Objekte. Zum Problem der Konstitution im Marxismus." In *Arbeit, Handlung, Normativität*, edited by Axel Honneth and Urs Jaeggi. Frankfurt, 1980.

Marramao, Giacomo. "Political Economy and Critical Theory." *Telos* no. 24 (Summer 1975): 56–80.

Mattick, Paul. *Kritik der Neomarxisten*. Frankfurt, 1974.
Marx and Keynes: The Limits of the Mixed Economy. Boston, 1969.
"Nachwort." In *Marx, die klassische Nationalökonomie und das Problem der Dynamik*, by H. Grossmann. Frankfurt, 1969.

Mauke, Michael. *Die Klassentheorie von Marx und Engels*. Frankfurt, 1970.

Meek, Ronald. *Studies in the Labour Theory of Value*. 2d ed. New York and London, 1956.

Mehring, Franz. *Karl Marx: The Story of His Life*. Translated by Edward Fitzgerald. Ann Arbor, Mich., 1962.

Mészáros, István. *Marx's Theory of Alienation*. London, 1970.

Mill, J.S. *Principles of Political Economy*, vol. 1. 2d ed. London, 1849.

Moore, Stanley. *Marx on the Choice between Socialism and Communism*. Cambridge, Mass. 1980.

Müller, Rudolf Wolfgang. *Geld und Geist: Zur Enstehungsgeschichte von Identitätsbewusstsein und Rationalität seit der Antike*. Frankfurt, 1977.

Müller, Wolfgang. "Habermas und die 'Anwendbarkeit' der 'Arbeitswerttheorie.'" *Sozialistische Politik* no. 1 (April 1969), pp. 39–54.

Mumford, Lewis. *The Myth of the Machine*. New York, 1966.
Technics and Civilization. New York, 1934.

Murray, John Patrick. "Enlightenment Roots of Habermas' Critique of Marx." *The Modern Schoolman* 57, no. 1 (November 1979), pp. 1–24.
Marx's Theory of Scientific Knowledge. Atlantic Highlands, N.J., 1988.

Needham, Joseph. *Science in Traditional China: A Comparative Perspective*. Cambridge, Mass., and Hong Kong, 1981.

Needham, Joseph, Wang Ling, and Derek de Solla Price. *Heavenly Clockwork: The Great Astronomical Clocks of Medieval China*. 2d ed. Cambridge, 1986.

Negri, Antonio. *Marx beyond Marx: Lessons on the "Grundrisse."* Edited by Jim Fleming. Translated by Harry Cleaver, Michael Ryan, and Maurizio Viano. South Hadley, Mass., 1984.

Negt, Oskar, and Alexander Kluge. *Geschichte und Eigensinn*. Frankfurt, 1981.

Nell, E. "Value and Capital in Marxian Economics." In *The Crisis in Economic Theory*, edited by D. Bell and I. Kristol. New York, 1981.

Nicolaus, Martin. "Introduction." In Karl Marx, *Grundrisse*, translated by Martin Nicolaus. London, 1973.
"Proletariat and Middle Class in Marx." *Studies on the Left* 7, no. 1 (Jan.–Feb. 1967): 22–49.
"The Unknown Marx." *New Left Review*, no. 48 (March–April 1968), pp. 41–61.

Offe, Claus. *Disorganized Capitalism: Contemporary Transformations of Work and Politics*. Edited by John Keane. Cambridge, Mass., 1985.

Strukturprobleme des kapitalistischen Staates: Aufsätze zur politischen Soziologie. Frankfurt, 1972.
Ollman, Bertell. *Alienation: Marx's Conception of Man in Capitalist Society.* 2d ed. Cambridge, 1976.
Petry, Franz. *Der soziale Gehalt der Marxschen Werttheorie.* Jena, 1916.
Piccone, Paul. "General Introduction." In *The Essential Frankfurt School Reader,* edited by Andrew Arato and Eike Gebhardt. New York, 1978.
Piesowicz, Kazimierz. "Lebensrhythmus und Zeitrechnung in der vorindustriellen und in der industriellen Gesellschaft." *Geschichte in Wissenschaft und Unterricht* 31, no. 8 (1980): 465–85.
Piore, Michael J., and Charles F. Sabel. *The Second Industrial Divide: Possibilities for Prosperity.* New York, 1984.
Pirenne, Henri. *Belgian Democracy.* Translated by J. V. Saunders. Manchester, 1915.
Polanyi, Karl. *The Great Transformation.* New York and Toronto, 1944.
Pollock, Friedrich. "Bemerkungen zur Wirtschaftskrise." *Zeitschrift für Sozialforschung* 2 (1933), pp. 321–53.
"Die gegenwärtige Lage des Kapitalismus und die Aussichten einer planwirtschaftlichen Neuordnung." *Zeitschrift für Sozialforschung* 1 (1932): pp. 8–27.
"Is National Socialism a New Order?" *Studies in Philosophy and Social Science* 9 (1941): 440–55.
"State Capitalism." *Studies in Philosophy and Social Studies* 9 (1941): 200–25.
Postone, Moishe. "Anti-Semitism and National Socialism." In *Germans and Jews Since the Holocaust,* edited by Anson Rabinbach and Jack Zipes. New York, 1986.
"History and Critical Social Theory." *Contemporary Sociology* 19, no. 2 (March 1990): pp. 170–76.
"Necessity, Labor and Time." *Social Research* 45 (Winter 1978), pp. 739–88.
Postone, Moishe, and Barbara Brick. "Critical Pessimism and the Limits of Traditional Marxism." *Theory and Society* 11 (1982), pp. 617–58.
Postone, Moishe, and Helmut Reinicke. "On Nicolaus's 'Introduction' to the *Grundrisse.*" *Telos* 22 (Winter 1974–75): pp. 130–48.
Reichelt, Helmut. *Zur logischen Struktur des Kapitalbegriffs bei Karl Marx.* Frankfurt, 1970.
Reinicke, Helmut. *Ware und Dialektik.* Darmstadt and Neuwied, 1974.
Ricardo, David. *The Principles of Political Economy and Taxation.* Cambridge, 1951.
Ritsert, Jürgen. *Probleme politisch-ökonomischer Theoriebildung.* Frankfurt, 1973.
Robinson, Joan. *An Essay on Marxian Economics.* 2d ed. London, Melbourne, Toronto, 1967.
Roderick, Rick. *Habermas and the Foundations of Critical Theory.* New York, 1986.
Rosdolsky, Roman. *The Making of Marx's "Capital."* Translated by Pete Burgess. London, 1977.
Rubin, Isaak Illich. *Essays on Marx's Theory of Value.* Translated by Milos Samardzija and Fredy Perlman. Detroit, Mich., 1972.
Rubin, Isaak Illich, et al. *Dialektik der Kategorien: Debatte in der UdSSR (1927–1929).* Translated by Eva Mayer and Peter Gerlinghoff. Berlin, 1975.
Sahlins, Marshall. *Culture and Practical Reason.* Chicago, 1976.
Sapir, Edward. *Language: An Introduction to the Study of Speech.* New York, 1921.
Sartre, Jean-Paul. *Critique of Dialectical Reason.* Translated by Alan Sheridan-Smith. Edited by Jonathan Rée. London, 1976.
Sayer, Derek. *Marx's Method: Ideology, Science, and Critique in "Capital."* Atlantic Highlands, N.J., 1979.
The Violence of Abstraction: The Analytic Foundations of Historical Materialism. Oxford and New York, 1987.
Schlesinger, Rudolf. *Marx, His Times and Ours.* London, 1950.
Schmidt, Alfred. *The Concept of Nature in Marx.* Translated by Ben Fowkes. London, 1971.

History and Structure: An Essay on Hegelian-Marxist and Structuralist Theories of History. Translated by Jeffrey Herf. Cambridge, Mass., 1981.

"Zum Erkenntnisbegriff der Kritik der politischen Ökonomie." In *Kritik der politischen Ökonomie heute: 100 Jahre Kapital*, edited by Walter Euchner and Alfred Schmidt. Frankfurt am Main, 1968.

Schmidt, Alfred, and Norbert Altwicker, eds. *Max Horkheimer heute: Werke und Wirkung.* Frankfurt am Main, 1986.

Schumpeter, Joseph. *Capitalism, Socialism and Democracy.* New York and London, 1947.

History of Economic Analysis. New York, 1954.

Shaikh, Anwar. "The Poverty of Algebra." In *The Value Controversy* by I. Steedman, P. Sweezy, et al. London, 1981.

Sherover-Marcuse, Erica. *Emancipation and Consciousness: Dogmatic and Dialectical Perspectives in the Early Marx.* Cambridge, Mass., 1986.

Simmel, Georg. *The Philosophy of Money.* Translated by Tom Bottomore and David Frisby. Boston, London, Melbourne, and Henley, 1978.

Smith, Adam. *An Inquiry into the Nature and Causes of the Wealth of Nations.* New York, 1937.

Sohn-Rethel, Alfred. *Geistige und körperliche Arbeit.* Frankfurt, 1972.

Intellectual and Manual Labor: A Critique of Epistemology. Translated by Martin Sohn-Rethel. Atlantic Highlands, N.J., 1978.

Warenform und Denkform. Frankfurt, 1971.

Sweezy, Paul M. *The Theory of Capitalist Development.* New York, 1969.

Thomas, Paul. "The Language of Real Life: Jürgen Habermas and the Distortion of Karl Marx." *Discourse: Berkeley Journal of Theoretical Studies in Media and Culture* 1 (Fall 1979): 59–85.

Thompson, E. P. "Time, Work-Discipline, and Industrial Capitalism." *Past and Present* 38 (Dec. 1967): 56–97.

Thomson, George. *The First Philosophers.* London, 1955.

Thrupp, Sylvia. "Medieval Industry, 1000–1500." In *The Fontana Economic History of Europe*, vol. 1, edited by Carlo M. Cipolla. Glasgow, 1972.

Tönnies, Ferdinand. *Karl Marx: His Life and Teachings.* Translated by Charles P. Loomis and Ingeborg Paulus. East Lansing, Mich., 1974

Traugott, Mark. *Armies of the Poor: Determinants of Working-Class Participation in the Parisian Insurrection of June 1848.* Princeton, N.J., 1985.

Tuchscheerer, Walter. *Bevor "Das Kapital" entstand: Die Herausbildung und Entwicklung der ökonomischen Theorie von Karl Marx in der Zeit von 1843–1858.* Berlin, 1968.

Tucker, Robert C. *The Marxian Revolutionary Idea.* New York, 1969.

Uchida, Hiroshi. *Marx's "Grundrisse" and Hegel's Logic.* Edited by Terrell Carver. London and Boston, 1988.

Vranicki, Predrag. *Geschichte des Marxismus.* 2 vols. Frankfurt, 1972.

Vygodski, Vitali Solomonovich. *The Story of A Great Discovery.* Berlin, 1973.

Walton, Paul, and Andrew Gamble. *From Alienation to Surplus Value.* London, 1972.

Weber, Max. *Economy and Society: An Outline of Interpretive Sociology.* Edited by Guenther Roth and Claus Wittlich. Translated by Ephraim Fischoff, Hans Gerth, A. M. Henderson, Ferdinand Kolegar, Guenther Roth, Edward Shils, and Claus Wittich. Berkeley, Los Angeles, and London, 1978.

The Protestant Ethic and the Spirit of Capitalism. Translated by Talcott Parsons. New York, 1958.

"Science as a Vocation." In *From Max Weber: Essays in Sociology*, edited by H. H. Gerth and C. W. Mills. New York, 1958.

"The Social Psychology of the World Religions." In *From Max Weber: Essays in Sociology*, edited by H. H. Gerth and C. W. Mills. New York, 1958.

Wellmer, Albrecht. "Communication and Emancipation: Reflections on the Linguistic Turn in Critical Theory." In *On Critical Theory*, edited by John O'Neill. New York, 1976.
Critical Theory of Society. Translated by John Cumming. New York, 1971.
Wendorff, Rudolf. *Zeit und Kultur: Geschichte des Zeitbewusstseins in Europa*. Opladen, 1980.
Whitrow, G. J. *The Nature of Time*. Harmondsworth, Eng. 1975.
Whorf, Benjamin L. *Language, Thought and Reality*. Cambridge, Mass., 1956.
Wiggershaus, Rolf. *Die Frankfurter Schule: Geschichte, theoretische Entwicklung, politische Bedeutung*. Munich and Vienna, 1986.
Williams, Raymond. "Culture." In *Marx: The First Hundred Years*, edited by David McLellan. New York, 1983.
Winfield, Richard. "The Dilemmas of Labor." *Telos* 24 (Summer 1975), pp. 113–28.
Wittgenstein, Ludwig. *Philosophical Investigations*. Translated by G. E. M. Anscombe. New York, 1958.
Wolff, Robert Paul. *Understanding Marx: A Reconstruction and Critique of "Capital."* Princeton, 1984.
Wright, Erik O. *Classes*. London, 1985.
Zeleny, Jindrich. *Die Wissenschaftslogik bei Marx und "Das Kapital."* Frankfurt, 1970.